ŒUVRES
COMPLÈTES
DE MOLIÈRE

COLLATIONNÉES SUR LES TEXTES ORIGINAUX ET COMMENTÉES

PAR

M. LOUIS MOLAND

DEUXIÈME ÉDITION

SOIGNEUSEMENT REVUE ET CONSIDÉRABLEMENT AUGMENTÉE

Une composition de Staal, gravée sur acier, accompagne chaque pièce

TOME ONZIÈME

PARIS
GARNIER FRÈRES, LIBRAIRES-ÉDITEURS

6, RUE DES SAINTS-PÈRES

AVIS AUX SOUSCRIPTEURS. — Le premier volume, consacré entièrement à la **Vie de Molière** et aux documents biographiques, paraîtra en dernier lieu.

CHEFS-D'ŒUVRE

DE LA

LITTÉRATURE

FRANÇAISE

7 quinquies

PARIS. — IMPRIMERIE A. QUANTIN
7, RUE SAINT-BENOIT

ŒUVRES
COMPLÈTES
DE MOLIÈRE

TOME ONZIÈME

LES FOURBERIES DE SCAPIN.

ACTE II — SCÈNE IX.

Garnier frères Éditeurs

ŒUVRES
COMPLÈTES
DE MOLIÈRE

COLLATIONNÉES SUR LES TEXTES ORIGINAUX ET COMMENTÉES

PAR

M. LOUIS MOLAND

DEUXIÈME ÉDITION

SOIGNEUSEMENT REVUE ET CONSIDÉRABLEMENT AUGMENTÉE

Une composition de Staal, gravée sur acier, accompagne chaque pièce

TOME ONZIÈME

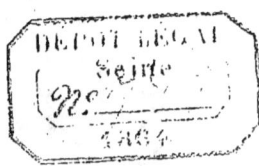

PARIS
GARNIER FRÈRES, LIBRAIRES-ÉDITEURS
6, RUE DES SAINTS-PÈRES, 6

MDCCCLXXXIV

PSYCHÉ

TRAGI-COMÉDIE ET BALLET, EN CINQ ACTES

17 janvier 1671.

NOTICE PRÉLIMINAIRE.

Le philosophe de Madaure, le rhéteur Apulée, est le premier écrivain qui nous ait transmis la brillante fable de Psyché. Elle forme un épisode de son roman fantastique des *Métamorphoses* ou de *l'Ane d'or*. Une vieille femme « radoteuse » raconte cette histoire à une jeune prisonnière, pour la distraire des chagrins de sa captivité :

Un roi et une reine avaient trois filles, toutes trois fort belles. La cadette surtout était d'une perfection si rare et si merveilleuse que les habitants du pays l'adoraient avec un respect religieux, comme si c'eût été Vénus elle-même. Vénus s'irrita de ces hommages rendus à une mortelle, et elle chargea son fils Cupidon de la venger. Cupidon, au lieu de servir le courroux de sa mère, se laissa toucher par les attraits de Psyché. Il écarte tous ses rivaux, et il fait rendre par Apollon un oracle qui enjoint au roi d'exposer sa fille sur un rocher, où elle deviendra l'épouse et la victime d'un affreux dragon. Psyché est conduite, avec une pompe funèbre, sur une montagne escarpée où on la laisse seule. Psyché, tremblante d'effroi, baignée de larmes, attend le monstre dont elle doit être la proie, lorsque tout à coup l'haleine délicate de Zéphyre, gonflant les plis de la robe dont elle est revêtue, la soulève, la transporte doucement, et la dépose dans une vallée profonde, sur un gazon émaillé de fleurs. Elle pénètre dans un merveilleux palais, construit avec un art tout divin; elle y est servie par des êtres invisibles. Des instruments mystérieux lui donnent des concerts. Tous les soins l'entourent. L'époux qui lui a été prédit vient lui rendre visite, mais il vient lorsque la nuit est obscure, et il se retire avant l'aube du jour; et il recommande bien à Psyché de ne pas chercher à voir son visage. Psyché désire la présence de ses sœurs, malgré les avis de son mari, qui finit par céder à ses instances. Zéphyre amène les sœurs de Psyché dans ce délicieux séjour. Celles-ci, apprenant que leur cadette a épousé un dieu, tandis qu'elles ne sont que les femmes de vulgaires humains, se sentent mordues au cœur par la jalousie. Elles s'efforcent par leurs mauvais conseils de la précipiter d'une si haute fortune. Sachant la recommandation faite à Psyché par son époux, elles lui persuadent que ce mari, qui redoute tant d'être aperçu, n'est autre que le monstre prédit par l'oracle, le cruel dragon qui doit un jour la dévorer. Elles l'engagent à cacher une lampe derrière un épais rideau, à s'armer d'un poignard, puis, au milieu de la nuit, à dévoiler la lumière, à reconnaître le monstre et à le frapper.

Psyché, bouleversée par leurs paroles, se résout à suivre les conseils de ses sœurs. Lorsqu'elle a dégagé de sa cachette la lampe qu'elle a préparée, au lieu d'un affreux dragon elle voit endormi le plus brillant des dieux. Elle se penche pour admirer cette tête radieuse. Une goutte d'huile bouillante tombe sur l'épaule de Cupidon. Celui-ci se réveille, s'envole dans les airs et disparaît.

« O Psyché, Psyché! s'écrie M. Cousin en faisant allusion à ce passage du conte, respecte ton bonheur; n'en sonde pas trop le mystère; garde-toi d'approcher la redoutable lumière de l'invisible amant dont ton cœur est épris. Au premier rayon de la lampe fatale, l'Amour s'éveille et s'envole. Image charmante de ce qui se passe dans l'âme, lorsqu'à la sereine et insouciante confiance du sentiment succède la réflexion avec son triste cortège! »

Psyché, abandonnée et désespérée, erre à travers le monde. Elle va voir d'abord ses deux sœurs et leur raconte le triste événement. Les sœurs, croyant prendre la place de leur cadette, courent, chacune de son côté, au rocher d'où Zéphyre les a précédemment transportées dans le palais de Cupidon; elles s'élancent; mais Zéphyre n'est plus là pour les soutenir, et elles se brisent dans leur chute.

Cependant Vénus, qui est instruite de tout ce qui s'est passé, fait chercher Psyché pour satisfaire elle-même cette fois sa vengeance. Elle la jette en esclavage et lui impose des travaux qu'il paraît impossible d'accomplir; elle lui tend des pièges presque inévitables. Une première fois elle lui montre un vaste amas de froment, d'orge, de millet et d'autres semences, et lui ordonne de séparer ces graines. Les fourmis, ayant pitié de la malheureuse Psyché, viennent à son secours; elles accourent par nombreux bataillons et démêlent grain à grain tout le monceau. Une autre fois Vénus commande à son esclave de lui rapporter de la laine qu'elle dérobera à un troupeau de béliers sauvages et furieux. Un roseau compatissant indique à Psyché les buissons auxquels ce troupeau laisse, en prenant ses ébats, une partie de sa toison, et Psyché en fait une récolte abondante. Vénus l'envoie encore puiser une bouteille à la source inaccessible d'un des affluents du Cocyte. L'aigle vient à son aide, et, prenant le flacon entre ses serres, le remplit lui-même et le rapporte à Psyché. Enfin Vénus l'envoie présenter une boîte à Proserpine et lui demander un peu du trésor de beauté dont font usage les déesses. C'est la plus perfide des embûches que la reine de Cnide ait tendues à sa belle-fille, devenue sa servante. Psyché descend aux enfers et échappe à un nombre infini de périls. Mais lorsqu'elle revoit la lumière des cieux, elle ne peut s'empêcher de jeter un coup d'œil curieux sur la boîte qu'elle rapporte. « Ainsi, dit-elle, je tiens ici le secret de la beauté immortelle des déesses; pourquoi n'en déroberais-je pas un tant soit peu pour moi-même? » Cédant à la tentation, elle ouvre la boîte; et il s'en exhale des vapeurs léthargiques qui la plongent dans un assoupissement mortel.

Mais Cupidon, retenu captif dans le palais maternel, s'échappe par une fenêtre. Il vole à tire d'ailes vers Psyché, qu'il n'a pas cessé d'aimer. Il la réveille; puis il va implorer l'appui de Jupiter. Le maître de l'Olympe intervient; il apaise sa fille Vénus; il place Psyché parmi les divinités et l'unit à jamais à Cupidon; et « au bout de neuf mois il leur naquit une fille que nous nommons la Volupté ».

D'où vient la fable de Psyché? De savants mythologues croient avoir découvert le conte primitif, ou du moins un récit qui dérive directement de celui-ci. Ce conte est indien : il a été recueilli, en 1833, de la bouche d'une blanchisseuse de Benarès, et publié dans l'*Asiatic Journal*.

La fille d'un pauvre bûcheron, nommée Tulisa, étant un jour occupée à ramasser du bois mort auprès d'un puits en ruines, au milieu d'une forêt, entend tout à coup une voix qui paraît sortir du puits et qui lui dit : « Veux-tu être ma femme? » Elle s'enfuit effrayée. La même aventure lui arrive encore une fois, et alors elle en parle à ses parents, qui l'engagent à se rendre encore au puits et, si la voix lui fait la même question, à lui répondre : « Adressez-vous à mon père. » Tulisa obéit, et la voix lui dit : « Envoie-moi ton père. » Le bonhomme vient, et la voix lui ayant promis de le rendre riche, il donne son consentement. Tulisa est mariée à son prétendant invisible, et transportée dans un magnifique palais où elle vit heureuse.

Une indiscrète curiosité détruit ce bonheur. L'époux invisible était le roi des serpents; il est redevenu serpent par la faute de Tulisa. Mais il y a heureusement pour celle-ci un moyen de la réparer. Elle est soumise à des épreuves successives comme la Psyché grecque; elle en vient à bout avec l'aide des abeilles et des écureuils, et son époux finit par reprendre la forme humaine et remonter sur son trône.

Ce conte populaire, encore vivant dans l'Inde, donne l'explication de cette expression du récit d'Apulée : *Vipereum malum*, de « ce monstre de la race des serpents » auquel le père de Psyché est obligé de livrer sa fille. Mais la Grèce, avec son génie original, en fit un monstre métaphorique, Éros, l'Amour, qui porte ses ravages dans la terre entière. La victime, représentée sous la forme d'une jeune fille à ailes de papillon (voyez le beau groupe de Canova au musée du Louvre) fut nommée Psyché (Psyché signifiant à la fois *âme* et *papillon*). Dès lors le vieux conte, qui était tout simplement un conte de bonne femme et qui dans Apulée encore n'est guère autre chose, *anilis fabula*, dit-il lui-même, devint une sorte de mythe, vague et mal coordonné, mais saisissable au moins dans ses traits principaux. Les sculpteurs grecs et romains se plurent à figurer Psyché torturée, éprouvée par Éros; Éros et Psyché se tenant embrassés, etc. Il en reste des monuments, statues, bas-reliefs, pierres gravées, qui se répartissent, quant à leur date, de la période macédonienne à la basse époque romaine. Après le siècle des Antonins, dans lequel l'*Ane d'or* d'Apulée fut écrit, on trouve même sur des pierres gravées des épisodes évidemment empruntés à ce livre : par exemple, Psyché aidée par les fourmis à trier diverses graines confondues en un même monceau, Psyché recevant d'un aigle une amphore sans doute remplie de l'eau du Styx.

Elle fut, dès le XIIIe siècle, renouvelée avec une curieuse originalité par l'un de nos plus gracieux conteurs du moyen âge, Denys Piramus, l'auteur du roman de *Partenopeus de Blois*. Elle lui servit à peindre les nobles et délicates épreuves de l'amour chevaleresque. Le poète espagnol Calderon fit sur le même sujet un *auto sacramentale,* un petit drame mystique, dans lequel Éros (l'Amour) figure le Christ, Psyché l'âme du fidèle qui aspire incessamment vers lui, et où l'hyménée final des deux amants dans l'Olympe symbolise l'union de l'homme et de Dieu dans l'Eucharistie. Mais déjà, dans l'Italie de la Renaissance, le divin Raphaël avait traduit la fable grecque avec ses pinceaux, et, plus fidèle au sens primitif, lui avait fait exprimer la passion ingénue et le souverain pouvoir de la beauté pure. Non seulement il en tira la matière des douze tableaux dont il décora la Farnésine ; son crayon reproduisit encore l'histoire de Psyché dans une suite de trente-deux dessins qui furent gravés par Marc-Antoine ou plutôt par ses élèves.

Vasari nous a laissé la description d'une brillante féerie[1] qui fut représentée à la même époque, et qui montre combien les esprits étaient alors familiarisés avec ces aimables inventions de la mythologie antique.

Au commencement du XVIIe siècle, le poète italien Marini fit, avec les aventures de Psyché et de l'Amour, le quatrième chant de son poème de l'*Adone*.

En France, la fable de Psyché était vulgarisée. Elle avait fourni le sujet d'un ballet qu'on trouve dans un des recueils de la Bibliothèque de l'Arsenal[2], le ballet de « Psyché ou la Puis-

---

1. Dans le *Apparato per le nozze del principe don Francesco*, tome VII, p. 337, seqq. *Vita de' più eccelenti pittori, sculptori ed architetti*. Firenze, M DCC LXXII.
2. B. L. F., n° 9773.

sance de l'Amour, dansé par Sa Majesté (Louis XIV avait dix-huit ans) le 16 de janvier 1656 ».

Elle séduisit La Fontaine, qui, vers 1664-1665, à ce que l'on croit, se mit à la raconter à sa manière, tantôt en prose, tantôt en rimes; il en composa son roman des *Amours de Psyché et de Cupidon,* qui parut en 1669.

La Fontaine a donné aux aventures fabuleuses de Psyché un cadre très réel et très curieux : c'est la promenade des quatre amis Polyphile, Ariste, Acanthe et Gelaste, dans les jardins de Versailles; leurs réflexions et leurs discussions interrompent par intervalles le narrateur, et forment prologue et épilogue. On a cherché naturellement à reconnaître sous ces noms tirés du grec les illustres compagnons que fréquentait La Fontaine au moment où il composa son roman. Mais on n'a pas été d'accord tout de suite sur le nom réel qu'il fallait assigner à chacun d'eux. Dans Polyphile tout le monde reconnaît l'auteur lui-même; cela ne saurait faire aucun doute. Walkenaer voit ensuite Boileau dans Acanthe, Racine dans Ariste, et Molière dans Gelaste. M. Saint-Marc Girardin voyait d'abord Racine dans Acanthe, Molière dans Ariste, et Boileau dans Gelaste[1]. Mais il s'est depuis rangé à l'opinion qui a prévalu communément, et qui reconnaît Racine dans Acanthe, Boileau dans Ariste, et Molière dans Gelaste[2].

Il ne nous paraît pas douteux que Polyphile soit La Fontaine, Ariste Boileau, Acanthe Racine.

Faut-il voir Molière dans le personnage de Gelaste, le défenseur de la comédie? Nous avons accepté jadis[3] cette hypothèse; mais en examinant plus à fond ce personnage, nous avons changé d'avis.

Il est improbable que La Fontaine ait donné un rôle à Molière dans sa petite mise en scène. Lorsque La Fontaine conçut le plan de son roman et commença à y travailler, vers 1664-1665, Molière, directeur d'un théâtre, agent actif des divertissements du roi, auteur et acteur, n'avait pas le temps d'aller se promener

---

1. *Cours de littérature dramatique,* t. IV, p. 16.
2. *OEuvres complètes de Racine,* t. II, p. 400-403.
3. *OEuvres complètes de Molière,* édition 1863, t. I, p. CLXXXIII.

nonchalamment, comme le font La Fontaine et ses trois amis. A cette époque surtout il cherchait, à force de démarches, de lectures publiques et de visites, à obtenir de faire jouer le *Tartuffe*. Il y eût eu une invraisemblance extrême à lui supposer ce loisir.

La Fontaine travaillait encore à *Psyché* en 1667 et en 1668 ; il fait mention, à un endroit de son roman, d'*Andromaque*, représentée en 1667. Dans l'épilogue du recueil des fables de 1668, il dit :

> Retournons à Psyché. Damon, vous m'exhortez
> A peindre ses malheurs et ses félicités :
>   J'y consens ; peut-être ma veine
>   En sa faveur s'échauffera.
> Heureux si ce travail est la dernière peine
>   Que son époux me causera.

Si l'on s'en tenait à ces dates, l'impossibilité serait plus absolue encore, car la rupture de Racine et de Molière eut lieu au mois de décembre 1665. Mais on suppose que La Fontaine n'a fait alors que retoucher son roman ou qu'il a placé la promenade à Versailles avant l'époque de cette rupture. Il faut donc poursuivre notre démonstration.

Remarquez que Molière, en 1664-1665, était au beau moment de sa carrière, tandis que La Fontaine, Boileau, Racine, ne faisaient tous trois que débuter. Il avait sa renommée faite, sa faveur à la cour, sa position au théâtre. Or, dans le quatuor décrit par La Fontaine, Gelaste est ordinairement nommé le dernier. Il n'a pas le beau rôle dans la discussion : il exprime des sentiments vulgaires et des idées médiocres. La première observation qu'il fait est celle-ci, après la description de Vénus voyageant sur la mer : « J'aimerois mieux voir votre déesse au milieu d'un bois, habillée comme elle étoit quand elle plaida sa cause devant un berger. » Ce n'est certes pas à ce trait qu'on reconnaîtra Molière.

Suivez la discussion des quatre amis sur le mérite comparé du pathétique et du plaisant, du tragique et du comique, et vous verrez que nous avons affaire à un joyeux épicurien, n'ayant qu'une crainte, c'est que la douleur, même feinte, ne projette une ombre sur son esprit. « On ne se lasse jamais de rire, dit-il. On peut se lasser du jeu, de la bonne chère, des dames; mais de rire, point. Avez-vous entendu dire à qui que ce soit : Il y a huit jours entiers que nous rions ; je vous prie, pleurons aujourd'hui? »

A quoi Ariste réplique : « Vous apportez des raisons si triviales que j'en ai honte pour vous. »

Vous figurez-vous Boileau presque inconnu, à vingt-neuf ou trente ans, parlant ainsi à Molière, qui en a quarante-trois ou quarante-quatre? disant un peu plus loin : « Vous êtes le plus frivole défenseur de la comédie que j'aie vu depuis longtemps, » à Molière, qui a fait *l'École des femmes, le Misanthrope* et le *Tartuffe?* Vous figurez-vous Acanthe, c'est-à-dire Racine, à vingt-six ou vingt-sept ans, le raillant de son penchant à contredire et à engager de longues et opiniâtres disputes?

Celui qui a l'avantage dans la controverse, c'est sans contredit Boileau, sous le nom d'Ariste. Il cite déjà Longin : « La tragédie a encore cela au-dessus de la comédie, que le style dont elle se sert est sublime ; et les beautés du sublime, si nous en croyons Longin et la vérité, sont bien plus grandes et ont un tout autre effet que celles du médiocre. Elles enlèvent l'âme, et se font sentir à tout le monde avec la soudaineté des éclairs. »

Enfin, pour qu'il ne puisse rester aucun doute sur l'erreur qu'on a commise en prenant Gelaste pour Molière, je citerai encore ce mot. Après avoir raconté comment Psyché et l'Amour se retrouvèrent au dénoûment et comment ils versèrent, dans les bras l'un de l'autre, des torrents de larmes, Polyphile ajoute : « Et considérez, je vous prie, ce que c'est d'aimer : le couple d'amants le mieux d'accord et le plus passionné qu'il y eût au monde employoit l'occasion à verser des pleurs et à pousser des soupirs. Amants heureux, il n'y a que vous qui connoissiez le plaisir ! A cette exclamation, Polyphile, tout transporté, laissa tomber l'écrit qu'il tenoit; et Acanthe, se souvenant de quelque chose, fit un soupir. Gelaste leur dit avec un sourire moqueur : Courage, messieurs les amants! voilà qui est bien, et vous faites votre devoir. Oh ! les gens heureux, et trois fois heureux que vous êtes ! Moi, misérable, je ne saurois soupirer après le plaisir de verser des pleurs. »

NOTICE PRÉLIMINAIRE.

Molière ignorant la douceur des larmes et dédaignant les soupirs des amants! Il faut, en vérité, connaître bien peu la vie du grand comique pour supposer qu'un ami ait pu lui prêter cette insensibilité. En 1664, Molière écrivait à La Mothe Le Vayer, qui avait perdu son fils : « Si je n'ai pas trouvé d'assez fortes raisons pour vous obliger à pleurer sans contrainte, il en faut accuser le peu d'éloquence d'un homme qui ne sauroit persuader ce qu'il sait si bien faire. »

Il faut donc renoncer à voir Molière figurer dans le roman de La Fontaine sous les traits de Gelaste. Mais quel serait alors ce personnage? Ce masque me paraît convenir à Chapelle, moqueur, insoucieux, ennemi du pathétique et de tout ce qui est capable d'engendrer la mélancolie, répondant plus tard à Racine, quand celui-ci lui demanda son avis sur la touchante *Bérénice* :

> Marion pleure, Marion crie,
> Marion veut qu'on la marie;

admirateur déclaré de Molière et de la comédie, contradicteur habituel de Boileau, avec qui il aimait à avoir de longues et opiniâtres discussions. Le quatuor de *Psyché* se composait donc, selon nous, de Boileau, Racine, Chapelle et La Fontaine, ce qui forme déjà un groupe assez remarquable.

Si Molière n'assista point à la lecture de *Psyché* dans les jardins de Versailles, il n'est pas douteux que son attention dut cependant être attirée sur ce sujet de Psyché par la publication du roman de son ami, et il n'est pas surprenant que le même sujet se soit présenté à son esprit lorsqu'il s'agit d'inaugurer, au commencement de l'année 1671, la vaste salle des Machines que Louis XIV avait fait construire aux Tuileries « pour les divers spectacles et pour les délassements de son esprit et le divertissement de ses peuples[1] ».

Les aventures de Psyché, qui, comme le disait Lamotte, auraient pu faire inventer l'opéra, étaient tout à fait propres à satisfaire les intentions du monarque. Molière avait déjà tracé

---

1. Ce sont les termes de l'abbé de Pure dans son ouvrage intitulé *Idée des Spectacles anciens et nouveaux*. Voyez, pour la description de cette salle, le livre du Ballet à la suite de la pièce.

le plan de sa pièce ; déjà il avait écrit le premier acte, la première scène du second acte, et la première aussi du troisième. Mais le roi ayant déclaré qu'il voulait plusieurs représentations de l'ouvrage avant le carême, Molière fut forcé de prendre pour collaborateur Pierre Corneille, qui versifia les autres scènes dans l'espace d'une quinzaine de jours. Quinault composa les paroles destinées à être chantées ; et Lulli, auteur de la musique, fournit pour sa part les paroles italiennes du premier intermède. « C'est sans doute un fait remarquable dans l'histoire des lettres, dit Auger, qu'une pièce de théâtre composée par trois hommes de génie (sans parler du musicien), créateurs en France l'un de la tragédie, l'autre de la comédie, et l'autre de l'opéra. »

La tragédie-ballet de Psyché n'est pas indigne d'une telle collaboration. Le plan que Molière a tracé est des plus hardis qu'il ait conçus ; la grande scène du second acte, où le roi conduit à la fois les fiançailles et le deuil de sa fille, est ce qu'il a écrit de plus touchant dans le genre élevé. Les plaintes du père de Psyché pleurant sa fille, plaintes inspirées par un profond sentiment de tendresse paternelle, ont fait supposer que Molière dut les écrire sous l'impression de la mort de son fils aîné, qu'il perdit à une époque incertaine.

L'apparition dans le royaume des ombres des deux princes qui se sont tués par amour est d'une grandeur shakspearienne. Corneille, qui avait alors soixante-cinq ans, fit preuve d'une délicatesse, d'une suavité, d'une mollesse de style que la jeunesse de son talent n'avait pas possédées au même degré : « La déclaration de l'Amour à Psyché, dit Voltaire, passe encore pour être un des morceaux les plus tendres et les plus naturels qui soient au théâtre. »

Tout ce qu'a écrit Corneille dans les quatre derniers actes, ajoute un critique moderne, est d'une ampleur de style, d'une élévation, d'une aisance magistrales. Quelle langue noble, mâle, souple, harmonieuse ! Quels beaux vers et quels tendres sentiments ! Je ne parle pas seulement de cette scène immortelle que tout le monde sait par cœur, la scène de la déclaration, mais y a-t-il rien de plus magnifique au théâtre que ce cri longtemps contenu que laisse éclater enfin l'Amour offensé ?

NOTICE PRÉLIMINAIRE.

> Eh bien! je suis le dieu le plus puissant des dieux,
> Absolu sur la terre, absolu dans les cieux ;
> Dans les eaux, dans les airs, mon pouvoir est suprême,
> En un mot, je suis l'Amour même.....

Psyché fut représentée aux Tuileries le 17 janvier 1671. On écrit de Paris à la Gazette, sous la date du 24 janvier : « Le 17 de ce mois, Leurs Majestés, avec lesquelles étoient monseigneur le Dauphin, Monsieur, Mademoiselle, Mademoiselle d'Orléans, et tous les seigneurs et dames de la cour, prirent, pour la première fois, dans la salle des Machines, au palais des Tuileries, le divertissement d'un grand ballet dansé dans les entr'actes de la tragi-comédie de *Psyché,* représentée par la troupe du roi avec tout l'éclat et toute la pompe imaginables, etc. »

« De Paris, le 31 janvier 1671 :

« Le 24, Leurs Majestés retournèrent en cette ville, où elles ont continué plusieurs fois le divertissement du grand ballet. »

Robinet, de son côté, s'exprime comme il suit, dans sa lettre du 24 :

> Le dix-sept de ce mois tout juste,
> Ce Ballet pompeux, grand, auguste,
> Et bien digne, *veramente,*
> De divertir la majesté
> Du premier monarque du monde
> Tant sur la terre que sur l'onde,
> Fut, pour le premier coup, dansé
> En ce vaste salon, dressé
> Dans le palais des Tuileries
> Pour les royales momeries,
> Avec tant de grands ornements
> Si merveilleux et si charmants,
> Tant de colonnes, de pilastres
> Valant plusieurs mille piastres,
> Tant de niches, tant de balcons,
> Et, depuis son brillant plat-fonds
> Jusques en bas, tant de peintures,
> D'enrichissements et dorures,
> Que l'on croit, sur la foi des yeux,
> Être en quelque canton des cieux.

Après une longue description dont quelques traits nous serviront par la suite, il termine ainsi son compte rendu :

> La scène, au reste, incessamment,
> Comme par un enchantement,

En différents objets se change ;
Et, par une surprise étrange,
On y voit tantôt des palais
De marbre, en un tourne-main faits ;
Puis, en moins de rien, à leur place,
Sans qu'il en reste nulle trace,
Des mers, des jardins, des déserts,
Enfin les cieux et les enfers.
Mais il m'en faudroit faire un livre
Gros comme cil qui s'en délivre
Chez Ballard, imprimeur du roi,
(Je vous le dis de bonne foi),
Pour tout raconter, tout déduire
Et parfaitement vous instruire
De ce spectacle si royal.
Ainsi donc, en auteur féal,
D'y recourir je vous avise.

Dans la lettre du 7 février 1671, on lit encore ces vers :

Le fameux Ballet de Psyché
Qu'assez bien l'on trouva touché
Dans ma pénultième épitre
Où j'en fis un fort long chapitre,
Ce spectacle plein de beautés
Est encor de Leurs Majestés
Le cher ébat carnavaliste
Et le principal sur la liste
Des autres divertissements.

Il fallut faire de grands frais pour la transporter sur le théâtre du Palais-Royal. Voici les renseignements que nous offre à ce propos le registre de La Grange. Ces détails offrent par leur exactitude et par leur minutie même un certain intérêt :

« Il est à remarquer, dit-il, que le dimanche 15 mars de la présente année 1671, avant que de fermer le théâtre, la troupe a résolu de faire rétablir les dedans de la salle, qui avoient été faits à la hâte, lors de l'établissement, et à la légère ; et que par délibération il a été conclu de refaire tout le théâtre, particulièrement la charpente, et le rendre propre pour des machines ; de raccommoder toutes les loges et amphithéâtre, bancs et balcons, tant pour ce qui regarde les ouvrages de menuiserie que de tapisseries et ornements et commodités ; plus, de faire un grand plafond qui règne par toute la salle, qui, jusques audit jour 15ᵉ de mars, n'avoit été couverte que d'une grande toile bleue suspendue avec des cordages. De plus, il a été résolu de faire peindre ledit plafond, loges, amphithéâtre, et généralement tout ce qui concerne la décoration de ladite salle, où l'on a augmenté un troisième rang de loges qui n'y étoit point ci-devant; plus, d'avoir dorénavant, à toutes sortes de représentations, tant simples que de machines, un concert de douze violons, ce qui n'a été exécuté qu'après la représentation de *Psyché*.

« Sur ladite délibération de la troupe, on a commencé à travailler auxdits ouvrages de réparation et de décoration de la salle le 18 mars, qui étoit un mercredi, et on a fini un mercredi 15 avril de la présente année. La dépense générale s'est montée, en bois de menuiserie, charpenterie, serrureries, peintures, toiles, clous, cordages, ustensiles, journées d'ouvriers, et généralement toutes choses nécessaires, à dix-neuf cent quatre-vingt-neuf livres dix sols.

« Les Italiens sont entrés dans la moitié de la dépense, et ont remboursé à la troupe pour ladite moitié neuf cent quatre-vingt-quatorze livres quinze sols.

« Ledit jour, mercredi 15ᵉ d'avril, après une délibération de la compagnie de représenter *Psyché*, qui avoit été faite pour le roi l'hiver dernier et représentée sur le grand théâtre du palais des Tuileries, on commença à faire travailler tant aux machines, décorations, musique, ballet et généralement tous les ornements nécessaires pour ce grand spectacle.

« Jusques ici les musiciens et musiciennes n'avoient point voulu paroître en public; ils chantoient à la comédie dans des loges grillées et treillissées; mais on surmonta cet obstacle, et, avec quelque légère dépense, on trouva des personnes qui chantèrent sur le théâtre à visage découvert, habillées comme les comédiens, savoir :

   Mˡˡᵉ De Rieux. Mˡˡᵉˢ Turpin.
   MM. Forestier.   Grandpré.
    Mosnier.   MM. Ribou.
    Champenois.   Poussin.

« Tous lesdits frais et dépenses pour la préparation de *Psyché*, en charpenterie, menuiserie, bois, serrurerie, peintures, toiles, cordages, contrepoids, machines, ustensiles, bas de soie pour les danseurs et musiciens, vin des répétitions, plaques de fer-blanc, ouvriers, fils de fer et laiton, et généralement toutes choses, se sont montés à la somme de quatre mille trois cent cinquante-neuf livres un sol.

FRAIS ORDINAIRES :

12 danseurs à 5 l. 10 s., ci.	66 l.
4 petits danseurs à 3 l.	12
3 voix à 11 l.	33
4 voix à 5 l. 10 s.	22
Symphonie 4 escus.	12
12 violons.	36
2 petites Grâces à 5 l. 10 s.	11
6 assistants, Amours, Zéphirs, etc.	9
Baigneur et garçon tailleur.	6
2 sauteurs.	11
Machinistes et 2 menuisiers.	7
Ouvriers à 1 l.	16
Mlle de L'Étang	11
M. de Beauchamp.	11
	263 l.
Chandelle.	30 l.
Concierge à cause du feu.	3
Soldats.	15
Frais ordinaires.	40
En tout.	351 l.

Trois cent cinquante-une livres.

« Dans le cours de la pièce, M. de Beauchamp (premier danseur de l'époque et maître à danser du roi) a reçu de récompense, pour avoir fait le ballet et conduit la musique, onze cents livres, non compris les onze livres par jour que la troupe lui a données tant pour battre la mesure à la musique que pour entretenir les ballets. »

Psyché parut pour la première fois à la ville le 24 juillet. Robinet consacra à la nouvelle mise en scène une grande partie de la lettre du 1er août, et ne lui marchanda pas les éloges :

    Illec ainsi qu'aux Tuileries
    Il a les mêmes ornements,
    Même éclat, mêmes agréments ;

Les airs, les chœurs, la symphonie
Sans la moindre cacophonie,
Sont ici comme ils étoient là.
Vous y voyez, outre cela,
Les divers changements de scène
Qu'on ne s'imagine qu'à peine,
Les mers, les jardins, les déserts,
Les palais, les cieux, les enfers,
Les mêmes dieux, mêmes déesses
Soit à blondes ou brunes tresses.
On y voit aussi tous les vols,
Les aériens caracols,
Les machines et les entrées
Qui furent là tant admirées.

Psyché eut trente-huit représentations consécutives. La première représentation produisit mille vingt-deux livres dix sous de recette; la deuxième, mille soixante-douze livres. Il est remarquable que les deux dernières de cette première série produisent onze cent dix-neuf livres dix sous et treize cent quatre-vingt-huit livres quinze sols.

Deux fois reprise dans le courant de l'année suivante, 15 janvier et 11 novembre 1672, elle eut quatorze représentations la première fois, et trente et une la seconde[1]. Ce fut donc un grand succès, qui égala presque ceux du *Tartuffe* et de *l'École des Femmes*.

La pièce fut imprimée la même année : « *Psiché*, tragédie-ballet par J.-B. P. Molière. Et se vend pour l'autheur, à Paris, chez Pierre Lemonnier, au Palais, vis-à-vis la porte de l'église de la Sainte-Chapelle, à l'image S. Louis et au Feu divin. 1671. Avec privilège du Roy. » Privilège du 31 décembre 1670. — Achevé d'imprimer pour la première fois le 6 octobre 1671.

Une seconde édition eut lieu deux ans plus tard : « *Psiché*, tragédie-ballet, par J.-B. P. Molière. A Paris, chez Claude Barbin, au Palais, sur le second perron de la Sainte-Chapelle. 1673. Avec privilège du Roy. »

La tragédie-ballet fut enfin réimprimée dans l'édition des Œuvres complètes de Molière de 1682.

---

1. « Vendredi, 11 novembre, on a repris *Psyché*. Les frais extraordinaires se sont montés à cent louis d'or pour remettre toutes choses en état et remettre des musiciens, musiciennes et danseurs, à la place de ceux qui avoient pris parti ailleurs. » (*Registre de La Grange.*)

Avant toutes ces éditions de la pièce, on avait eu le livre du Ballet : « *Psiché,* tragi-comédie et ballet dansé devant Sa Majesté au mois de janvier 1671. A Paris, par Robert Ballard, seul imprimeur du Roi pour la musique, rue S. Jean de Beauvais, au Mont-Parnasse. 1671. Avec privilège de Sa Majesté. » La mise en scène, telle qu'elle est décrite dans le livre du Ballet, présente de notables différences avec la mise en scène qui est indiquée dans les éditions de la pièce. Ces différences se comprennent aisément, puisque l'un se réfère à la mise en scène des Tuileries, et les autres à celle du Palais-Royal. Il y eut réellement, dans cette occasion, deux représentations assez distinctes pour qu'on ne puisse les identifier ; deux spectacles qu'il est intéressant de comparer l'un à l'autre. Nous publions à la suite de la pièce le livre du Ballet, qui permet de faire cette comparaison.

En 1678, sept ans après la *Psyché* de Molière et de Corneille, parut sous le même titre un opéra dont Lulli avait aussi composé la musique. L'auteur des paroles était Fontenelle, qui ne se fit point connaître. On retrouvait dans le nouvel ouvrage beaucoup des morceaux chantés de la tragédie-ballet, dont il n'était qu'une transformation.

L. M.

LE LIBRAIRE AU LECTEUR[1].

Cet ouvrage n'est pas tout d'une main. M. Quinault a fait les paroles qui s'y chantent en musique, à la réserve de la plainte italienne. M. de Molière* a dressé le plan de la pièce, et réglé la disposition, où il s'est plus attaché aux beautés et à la pompe du spectacle qu'à l'exacte régularité. Quant à la versification, il n'a pas eu le loisir de la faire entière. Le carnaval approchoit; et les ordres pressants du roi, qui se vouloit donner ce magnifique divertissement plusieurs fois avant le carême, l'ont mis dans la nécessité de souffrir un peu de secours. Ainsi il n'y a que le prologue, le premier acte, la première scène du second, et la première du troisième, dont les vers soient de lui. M. Corneille** a employé une quinzaine au reste; et par ce moyen Sa Majesté s'est trouvée servie dans le temps qu'elle l'avoit ordonné.

* Var. *M. Molière* (1682).
** Var. *M. Corneille l'aîné* (1682).

1. Cet avis, que présentent toutes les éditions de la pièce, est probablement de Molière lui-même.

PSYCHÉ

PERSONNAGE	ACTEURS
JUPITER.	Du Croisy.
VÉNUS.	M#lle# Debrie.
L'AMOUR.	Baron[1].
ÆGIALE, ⎫ Grâces	⎰ M#lle# Beauval.
PHAÈNE, ⎭	⎱ M#lle# Du Croisy[2].
PSYCHÉ.	M#lle# Molière.
LE ROI, père de Psyché.	La Thorillière.
AGLAURE, ⎫ sœurs de Psyché.	⎰ M#lle# Marotte[3].
CIDIPPE, ⎭	⎱ M#lle# Beauval.
CLÉOMÈNE, ⎫ princes amants de Psyché.	⎰ Hubert.
AGÉNOR, ⎭	⎱ La Grange.
LE ZÉPHYRE.	Molière[4].
LYCAS.	Chateauneuf.
LE DIEU D'UN FLEUVE.	Debrie.

1. Baron, alors âgé de dix-huit ans, joua avec un grand succès ce personnage de l'Amour.

2. Comme on le voit dans le livre du Ballet, les rôles des deux Grâces avaient été remplis aux Tuileries par les petites La Thorillière et Du Croisy. La fille de La Thorillière ne joua pas à la ville. Robinet, dans sa lettre du 1#er# août 1671, nomme M#lles# Du Croisy et Beauval,

    Deux agréables pouponnes
    Au plus de six et de dix ans.

La fille de Du Croisy, née en 1658, avait douze à treize ans ; elle épousa par la suite le comédien Paul Poisson, et passe pour avoir fourni les renseignements de la « Lettre sur la vie et les ouvrages de Molière et sur les comédiens de son temps, » publiée dans le *Mercure de France* en mai 1740.

La petite Beauval était sans doute une fille de l'actrice de ce nom.

3. M#lle# Marotte, que Robinet, dans sa lettre du 1#er# août, nomme M#lle# Létang, n'est autre que cette Marie Ragueneau de Létang que La Grange épousa l'année suivante (Pâques 1672), et qui entra alors à demi-part dans la compagnie.

4. Ce n'est pas sans étonnement qu'on voit, sur le livre du Ballet, le nom de Molière attaché à ce rôle insignifiant ; Molière, âgé de cinquante ans, ne devait guère avoir le physique de l'emploi ; mais il ne se refusait pas à faire ce qu'on nomme au théâtre une *utilité*. Il paraît du reste qu'il savait donner à ce personnage un caractère tout particulier, car si l'on en croit Robinet dans sa lettre du 1#er# août :

    Un Zéphyre fort goguenard,
    Et qui d'aimer sait très bien l'art,
    Aide à l'Amour ; et c'est, pour rire,
    Molière qui fait ce Zéphyre.

Voyez ci-après, page 73.

PSYCHÉ

TRAGÉDIE-BALLET [1]

PROLOGUE.

La scène représente, sur le devant, un lieu champêtre, et dans l'enfoncement, un rocher percé à jour, au travers duquel on voit la mer en éloignement.

Flore paroît au milieu du théâtre, accompagnée de Vertumne, dieu des arbres et des fruits, et de Palémon, dieu des eaux. Chacun de ces dieux conduit une troupe de divinités : l'un mène à sa suite des dryades et des sylvains, et l'autre des dieux des fleuves et des naïades. Flore chante ce récit pour inviter Vénus à descendre en terre :

> Ce n'est plus le temps de la guerre ;
> Le plus puissant des rois
> Interrompt ses exploits,
> Pour donner la paix à la terre.
> Descendez, mère des Amours,
> Venez nous donner de beaux jours.

Vertumne et Palémon, avec les divinités qui les accompa-

---

1. *Psyché* est ainsi qualifiée dans les éditions originales. Le livre du Ballet dit : *Tragi-comédie et ballet*.

gnent, joignent leurs voix à celle de Flore, et chantent ces paroles :

CHOEUR DES DIVINITÉS de la terre et des eaux,
composé de Flore, nymphes, Palémon, Vertumne, sylvains, faunes, dryades et naïades.

Nous goûtons une paix profonde ;
Les plus doux jeux sont ici-bas.
On doit ce repos plein d'appas
   Au plus grand roi du monde[1].
Descendez, mère des Amours,
Venez nous donner de beaux jours.

Il se fait ensuite une entrée de ballet, composée de deux dryades, quatre sylvains, deux fleuves, et deux naïades; après aquelle Vertumne et Palémon chantent ce dialogue :

VERTUMNE.

Rendez-vous, beautés cruelles,
Soupirez à votre tour.

PALÉMON.

Voici la reine des belles,
Qui vient inspirer l'amour.

VERTUMNE.

Un bel objet toujours sévère
Ne se fait jamais bien aimer.

PALÉMON.

C'est la beauté qui commence de plaire ;
Mais la douceur achève de charmer.

TOUS DEUX ENSEMBLE.

C'est la beauté qui commence de plaire ;
Mais la douceur achève de charmer.

---

1. On jouissait encore des douceurs de la paix signée à Aix-la-Chapelle le 2 mai 1668 ; et le roi venait de détacher l'Angleterre de la ligue que cette puissance, la Hollande et l'Espagne, avaient formée contre lui.

PROLOGUE.

VERTUMNE.

Souffrons tous qu'Amour nous blesse ;
Languissons, puisqu'il le faut.

PALÉMON.

Que sert un cœur sans tendresse ?
Est-il un plus grand défaut ?

VERTUMNE.

Un bel objet toujours sévère
Ne se fait jamais bien aimer.

PALÉMON.

C'est la beauté qui commence de plaire ;
Mais la douceur achève de charmer.

TOUS DEUX ENSEMBLE.

C'est la beauté qui commence de plaire,
Mais la douceur achève de charmer.

FLORE répond au dialogue de Vertumne et de Palémon par ce menuet ; *
et les autres divinités y mêlent leurs danses.

Est-on sage,
Dans le bel âge,
Est-on sage
De n'aimer pas ?
Que sans cesse
L'on se presse
De goûter les plaisirs ici-bas.
La sagesse
De la jeunesse,
C'est de savoir jouir de ses appas.

L'Amour charme
Ceux qu'il désarme ;

---

* VAR. *Par un menuet qu'elle chante.* Nous empruntons cette variante au même texte reproduit dans une composition ultérieure, le livre du *Ballet des ballets*. (Voyez la Notice préliminaire de *la Comtesse d'Escarbagnas*.)

L'Amour charme,
Cédons-lui tous.
Notre peine
Seroit vaine
De vouloir résister à ses coups ;
Quelque chaîne
Qu'un amant prenne,
La liberté n'a rien qui soit si doux.

Vénus descend du ciel dans une grande machine, avec l'Amour son fils, et deux petites Grâces nommées Ægiale et Phaène [1] ; et les divinités de la terre et des eaux recommencent de joindre toutes leurs voix, et continuent par leurs danses de lui témoigner la joie qu'elles ressentent à son abord.

CHOEUR de toutes les divinités de la terre et des eaux.

Nous goûtons une paix profonde,
Les plus doux jeux sont ici-bas ;
On doit ce repos plein d'appas
    Au plus grand roi du monde.
Descendez, mère des Amours,
Venez nous donner de beaux jours [2].

VÉNUS, dans sa machine.

Cessez, cessez pour moi tous vos chants d'allégresse ;
De si rares honneurs ne m'appartiennent pas ;

---

1. Nous connaissons trois Grâces, sous les noms de Thalie, d'Euphrosine et d'Aglaé ; mais quelques anciens les ont nommées différemment, et d'autres en ont reconnu plus de trois. *Ægiale* et *Phaène* étaient ou deux de ces noms différents, ou deux de ces Grâces surnuméraires. Les mythologues sont partagés sur ce point.
2. Quinault, comme on l'a vu dans l'avertissement, ayant été chargé de faire les paroles destinées à être chantées, cette première partie du prologue est de lui probablement. Le reste, qui était récité, est de la main de Molière.

PROLOGUE.

Et l'hommage qu'ici votre bonté m'adresse
Doit être réservé pour de plus doux appas.
  C'est une trop vieille méthode
  De me venir faire sa cour ;
  Toutes les choses ont leur tour,
  Et Vénus n'est plus à la mode.
  Il est d'autres attraits naissants
  Où l'on va porter ses encens.
Psyché, Psyché la belle, aujourd'hui tient ma place ;
Déjà tout l'univers s'empresse à l'adorer ;
  Et c'est trop que, dans ma disgrâce,
Je trouve encor quelqu'un qui me daigne honorer.
On ne balance point entre nos deux mérites ;
A quitter mon parti tout s'est licencié,
Et du nombreux amas de Grâces favorites
Dont je traînois partout les soins et l'amitié,
Il ne m'en est resté que deux des plus petites,
  Qui m'accompagnent par pitié.
  Souffrez que ces demeures sombres
Prêtent leur solitude aux troubles de mon cœur,
  Et me laissez, parmi leurs ombres,
  Cacher ma honte et ma douleur.

Flore et les autres déités se retirent, et Vénus, avec sa suite, sort de sa machine.

ÆGIALE.

Nous ne savons, déesse, comment faire,
Dans ce chagrin qu'on voit vous accabler.
  Notre respect veut se taire,
  Notre zèle veut parler.

VÉNUS.

Parlez ; mais si vos soins aspirent à me plaire,

Laissez tous vos conseils pour une autre saison,
  Et ne parlez de ma colère
  Que pour dire que j'ai raison.
C'étoit là, c'étoit là la plus sensible offense
Que ma divinité pût jamais recevoir ;
  Mais j'en aurai la vengeance,
  Si les dieux ont du pouvoir.

PHAÈNE.

Vous avez plus que nous de clarté, de sagesse,
Pour juger ce qui peut être digne de vous ;
Mais, pour moi, j'aurois cru qu'une grande déesse
  Devroit moins se mettre en courroux.

VÉNUS.

Et c'est là la raison de ce courroux extrême.
Plus mon rang a d'éclat, plus l'affront est sanglant ;
Et, si je n'étois pas dans ce degré suprême,
Le dépit de mon cœur seroit moins violent.
Moi, la fille du dieu qui lance le tonnerre,
  Mère du dieu qui fait aimer ;
Moi, les plus doux souhaits du ciel et de la terre,
Et qui ne suis venue au jour que pour charmer ;
  Moi qui, par tout ce qui respire,
Ai vu de tant de vœux encenser mes autels,
Et qui de la beauté, par des droits immortels,
Ai tenu de tout temps le souverain empire ;
Moi, dont les yeux ont mis deux grandes déités
Au point de me céder le prix de la plus belle,
Je me vois ma victoire et mes droits disputés
  Par une chétive mortelle !
Le ridicule excès d'un fol entêtement
Va jusqu'à m'opposer une petite fille !
Sur ses traits et les miens j'essuierai constamment

Un téméraire jugement,
Et du haut des cieux, où je brille,
J'entendrai prononcer aux mortels prévenus :
Elle est plus belle que Vénus[1] !

ÆGIALE.

Voilà comme l'on fait; c'est le style des hommes :
Ils sont impertinents dans leurs comparaisons.

PHAÈNE.

Ils ne sauroient louer, dans le siècle où nous sommes,
Qu'ils n'outragent les plus grands noms.

VÉNUS.

Ah! que de ces trois mots la rigueur insolente
Venge bien Junon et Pallas,

---

1. Ce discours de Vénus est imité d'Apulée. Voici le texte de cet écrivain, dont la latinité africaine n'est pourtant pas tout à fait dépourvue de grâce et d'élégance ; *Hæc honorum cœlestium ad puellæ mortalis cultum immodica translatio veræ Veneris incendit animos; et, impatiens indignationis, capite quassanti fremens altius, sic secum disserit : En rerum naturæ prisca parens, en elementorum origo initialis, en orbis totius alma Venus, quæ cum mortali puella partiario majestatis honore tractor! Et nomen meum cœlo conditum terrenis sordibus profanatur! Nimirum communi numinis piamento vicariæ venerationis incertum sustinebo, et imaginem meam circumferet puella moritura! Frustra me pastor ille, cujus justitiam fidemque magnus comprobavit Jupiter, ob eximiam speciem tantis prætulit deabus*, etc. « En voyant que les honneurs divins passaient d'une manière si exagérée à une simple mortelle, la véritable Vénus s'enflamma d'un violent dépit; elle ne put contenir son indignation; et, secouant la tête avec le frémissement de la colère : Qui, moi! se dit-elle, moi! Vénus, l'âme première de la nature, l'origine et le germe de tous les éléments; moi qui féconde l'univers entier; moi, partager avec une jeune fille, avec une mortelle, les honneurs dus à mon rang suprême! Faut-il que je sois ainsi traitée! Faut-il que, consacré dans le ciel, mon nom soit profané et souillé sur la terre! Ainsi donc les hommages qu'on rend à ma divinité, une autre les partagera! Je verrai les hommes incertains si c'est celle-là ou si c'est Vénus qu'ils doivent adorer! Et qui me représentera parmi les hommes? Une créature destinée à la mort! Ce sera inutilement que le fameux berger dont le puissant Jupiter confirma l'équitable et juste sentence m'aura préférée, à cause de l'excellence de mes charmes, à deux grandes déesses, etc. » (Traduction de V. Bétolaud.)

Et console leurs cœurs de la gloire éclatante
Que la fameuse pomme acquit à mes appas !
Je les vois s'applaudir de mon inquiétude,
Affecter à toute heure un ris malicieux,
Et, d'un fixe regard, chercher avec étude
   Ma confusion dans mes yeux.
Leur triomphante joie, au fort d'un tel outrage,
Semble me venir dire, insultant mon courroux :
Vante, vante, Vénus, les traits de ton visage !
Au jugement d'un seul tu l'emportas sur nous ;
   Mais, par le jugement de tous,
Une simple mortelle a sur toi l'avantage.
Ah ! ce coup-là m'achève, il me perce le cœur ;
Je n'en puis plus souffrir les rigueurs sans égales,
Et c'est trop de surcroît à ma vive douleur
   Que le plaisir de mes rivales.
Mon fils, si j'eus jamais sur toi quelque crédit,
   Et si jamais je te fus chère,
Si tu portes un cœur à sentir le dépit
   Qui trouble le cœur d'une mère
   Qui si tendrement te chérit,
Emploie, emploie ici l'effort de ta puissance
   A soutenir mes intérêts ;
   Et fais à Psyché, par tes traits,
   Sentir les traits de ma vengeance.
   Pour rendre son cœur malheureux,
Prends celui de tes traits le plus propre à me plaire,
   Le plus empoisonné de ceux
   Que tu lances dans ta colère.
Du plus bas, du plus vil, du plus affreux mortel,
Fais que jusqu'à la rage elle soit enflammée,
Et qu'elle ait à souffrir le supplice cruel

D'aimer et n'être point aimée [1].

L'AMOUR.

Dans le monde on n'entend que plaintes de l'Amour ;
On m'impute partout mille fautes commises,
Et vous ne croiriez point le mal et les sottises
    Que l'on dit de moi chaque jour.
    Si pour servir votre colère...

VÉNUS.

Va, ne résiste point aux souhaits de ta mère ;
    N'applique tes raisonnements
    Qu'à chercher les plus prompts moments
De faire un sacrifice à ma gloire outragée.
Pars, pour toute réponse à mes empressements,
Et ne me revois point que je ne sois vengée [2].

L'Amour s'envole, et Vénus se retire avec les Grâces.

---

1. La Fontaine, qui prête à Vénus une tirade pareille, la fait suivre de cette réflexion : « Ces extrémités où s'emporta la déesse marquent merveilleusement bien le naturel et l'esprit des femmes : rarement se pardonnent-elles l'avantage de la beauté. Et je dirai en passant que l'offense la plus irrémissible parmi ce sexe, c'est quand l'une d'elles en défait une autre en pleine assemblée ; cela se venge ordinairement comme les assassinats et les trahisons. »

2. Ce prologue annonce et prépare le sujet de la pièce. L'entretien de Vénus avec son fils et les deux petites Grâces qui sont restées à son service est plein de naturel et de vivacité. La déesse de la beauté s'y montre animée de tous ces sentiments que la malice des hommes attribue à son sexe, l'insatiable désir de plaire, l'amour de la vengeance, et la haine des conseils qui contrarient la passion. On reconnaît là le génie de Molière ; et le style même, en dépit de la noblesse des personnages, a une teinte de familiarité qui décèle le poète comique.

ACTE PREMIER.

La scène est changée en une grande ville, où l'on découvre, des deux côtés, des palais et des maisons de différents ordres d'architecture.

SCÈNE PREMIÈRE.
AGLAURE, CIDIPPE.

AGLAURE.

Il est des maux, ma sœur, que le silence aigrit :
Laissons, laissons parler mon chagrin et le vôtre,
    Et de nos cœurs l'un à l'autre
    Exhalons le cuisant dépit.
    Nous nous voyons sœurs d'infortune ;
Et la vôtre et la mienne ont un si grand rapport
Que nous pouvons mêler toutes les deux en une,
    Et, dans notre juste transport,
    Murmurer, à plainte commune,
    Des cruautés de notre sort.
    Quelle fatalité secrète,
    Ma sœur, soumet tout l'univers
    Aux attraits de notre cadette,
    Et, de tant de princes divers
    Qu'en ces lieux la fortune jette,
    N'en présente aucun à nos fers ?
Quoi ! voir de toutes parts, pour lui rendre les armes,

Les cœurs se précipiter,
Et passer devant nos charmes
Sans s'y vouloir arrêter !
Quel sort ont nos yeux en partage?
Et qu'est-ce qu'ils ont fait aux dieux,
De ne jouir d'aucun hommage
Parmi tous ces tributs de soupirs glorieux,
Dont le superbe avantage
Fait triompher d'autres yeux ?
Est-il pour nous, ma sœur, de plus rude disgrâce
Que de voir tous les cœurs mépriser nos appas,
Et l'heureuse Psyché jouir avec audace
D'une foule d'amants attachés à ses pas?

CIDIPPE.

Ah! ma sœur, c'est une aventure
A faire perdre la raison ;
Et tous les maux de la nature
Ne sont rien en comparaison.

AGLAURE.

Pour moi, j'en suis souvent jusqu'à verser des larmes.
Tout plaisir, tout repos par là m'est arraché ;
Contre un pareil malheur ma constance est sans armes.
Toujours à ce chagrin mon esprit attaché
Me tient devant les yeux la honte de nos charmes,
Et le triomphe de Psyché.
La nuit, il m'en repasse une idée éternelle,
Qui sur toute chose prévaut.
Rien ne me peut chasser cette image cruelle ;
Et, dès qu'un doux sommeil me vient délivrer d'elle,
Dans mon esprit aussitôt
Quelque songe la rappelle,
Qui me réveille en sursaut.

CIDIPPE.
Ma sœur, voilà mon martyre :
Dans vos discours je me voi ;
Et vous venez là de dire
Tout ce qui se passe en moi.

AGLAURE.
Mais encor, raisonnons un peu sur cette affaire.
Quels charmes si puissants en elle sont épars?
Et par où, dites-moi, du grand secret de plaire
L'honneur est-il acquis à ses moindres regards?
    Que voit-on dans sa personne,
    Pour inspirer tant d'ardeurs?
    Quel droit de beauté lui donne
    L'empire de tous les cœurs?
Elle a quelques attraits, quelque éclat de jeunesse :
On en tombe d'accord ; je n'en disconviens pas ;
Mais lui cède-t-on fort pour quelque peu d'aînesse,
    Et se voit-on sans appas?
Est-on d'une figure à faire qu'on se raille?
N'a-t-on point quelques traits et quelques agréments,
Quelque teint, quelques yeux, quelque air et quelque taille,
A pouvoir dans nos fers jeter quelques amants?
    Ma sœur, faites-moi la grâce
    De me parler franchement :
Suis-je faite d'un air, à votre jugement,
Que mon mérite au sien doive céder la place?
    Et, dans quelque ajustement,
    Trouvez-vous qu'elle m'efface?

CIDIPPE.
Qui? vous, ma sœur? nullement.
Hier, à la chasse, près d'elle,
Je vous regardai longtemps ;

ACTE I, SCÈNE I.

Et, sans vous donner d'encens,
Vous me parûtes plus belle.
Mais moi, dites, ma sœur, sans me vouloir flatter,
Sont-ce des visions que je me mets en tête,
Quand je me crois taillée à pouvoir mériter
La gloire de quelque conquête?

AGLAURE.

Vous, ma sœur, vous avez, sans nul déguisement,
Tout ce qui peut causer une amoureuse flamme.
Vos moindres actions brillent d'un agrément
Dont je me sens toucher l'âme;
Et je serois votre amant
Si j'étois autre que femme.

CIDIPPE.

D'où vient donc qu'on la voit l'emporter sur nous deux?
Qu'à ses premiers regards les cœurs rendent les armes?
Et que d'aucun tribut de soupirs et de vœux
On ne fait honneur à nos charmes?

AGLAURE.

Toutes les dames, d'une voix,
Trouvent ses attraits peu de chose;
Et du nombre d'amants qu'elle tient sous ses lois,
Ma sœur, j'ai découvert la cause:

CIDIPPE.

Pour moi, je la devine; et l'on doit présumer
Qu'il faut que là-dessous soit caché du mystère.
Ce secret de tout enflammer
N'est point de la nature un effet ordinaire;
L'art de la Thessalie entre dans cette affaire;
Et quelque main a su, sans doute, lui former
Un charme pour se faire aimer.

AGLAURE.

Sur un plus fort appui ma croyance se fonde;
Et le charme qu'elle a pour attirer les cœurs,
C'est un air en tout temps désarmé de rigueurs,
Des regards caressants que la bouche seconde,
  Un souris chargé de douceurs,
  Qui tend les bras à tout le monde,
  Et ne vous promet que faveurs.
Notre gloire n'est plus aujourd'hui conservée;
Et l'on n'est plus au temps de ces nobles fiertés
Qui, par un digne essai d'illustres cruautés,
Vouloient voir d'un amant la constance éprouvée.
De tout ce noble orgueil, qui nous seyoit si bien,
On est bien descendu dans le siècle où nous sommes;
Et l'on en est réduite à n'espérer plus rien,
A moins que l'on se jette à la tête des hommes[1].

CIDIPPE.

Oui, voilà le secret de l'affaire; et je voi
  Que vous le prenez mieux que moi.
C'est pour nous attacher à trop de bienséance
Qu'aucun amant, ma sœur, à nous ne veut venir;
  Et nous voulons trop soutenir
L'honneur de notre sexe et de notre naissance.
Les hommes maintenant aiment ce qui leur rit;
L'espoir, plus que l'amour, est ce qui les attire:
  Et c'est par là que Psyché nous ravit
  Tous les amants qu'on voit sous son empire.

---

1. Cette tirade fait peut-être allusion au changement qui s'était opéré dans les mœurs depuis la première représentation des *Précieuses*. Psyché est douce, aimable, sans pruderie : c'est ce qui lui attire les hommages de tous les hommes. Ses sœurs ont, au contraire, des sentiments romanesques, et sont aussi fières que les héroïnes de Mlle de Scudéry. Il y a dans cette opposition les éléments d'une excellente scène de comédie. (PETITOT.)

Suivons, suivons l'exemple, ajustons-nous au temps;
Abaissons-nous, ma sœur, à faire des avances;
Et ne ménageons plus de tristes bienséances,
Qui nous ôtent les fruits du plus beau de nos ans.

AGLAURE.

J'approuve la pensée, et nous avons matière
D'en faire l'épreuve première
Aux deux princes qui sont les derniers arrivés.
Ils sont charmants, ma sœur; et leur personne entière
Me... Les avez-vous observés?

CIDIPPE.

Ah! ma sœur, ils sont faits tous deux d'une manière
Que mon âme... Ce sont deux princes achevés.

AGLAURE.

Je trouve qu'on pourroit rechercher leur tendresse
Sans se faire déshonneur.

CIDIPPE.

Je trouve que, sans honte, une belle princesse
Leur pourroit donner son cœur.

AGLAURE.

Les voici tous deux, et j'admire
Leur air et leur ajustement.

CIDIPPE.

Ils ne démentent nullement
Tout ce que nous venons de dire.

SCÈNE II.

CLÉOMÈNE, AGÉNOR, AGLAURE, CIDIPPE.

AGLAURE.

D'où vient, princes, d'où vient que vous fuyez ainsi?
Prenez-vous l'épouvante en nous voyant paroître?

CLÉOMÈNE.
On nous faisoit croire qu'ici
La princesse Psyché, madame, pourroit être.
AGLAURE.
Tous ces lieux n'ont-ils rien d'agréable pour vous,
Si vous ne les voyez ornés de sa présence?
AGÉNOR.
Ces lieux peuvent avoir des charmes assez doux;
Mais nous cherchons Psyché dans notre impatience.
CIDIPPE.
Quelque chose de bien pressant
Vous doit, à la chercher, pousser tous deux, sans doute.
CLÉOMÈNE.
Le motif est assez puissant,
Puisque notre fortune enfin en dépend toute.
AGLAURE.
Ce seroit trop à nous, que de nous informer
Du secret que ces mots nous peuvent enfermer.
CLÉOMÈNE.
Nous ne prétendons point en faire de mystère :
Aussi bien, malgré nous, paroîtroit-il au jour;
Et le secret ne dure guère,
Madame, quand c'est de l'amour.
CIDIPPE.
Sans aller plus avant, princes, cela veut dire
Que vous aimez Psyché tous deux?
AGÉNOR.
Tous deux soumis à son empire,
Nous allons, de concert, lui découvrir nos feux.
AGLAURE.
C'est une nouveauté, sans doute, assez bizarre,
Que deux rivaux si bien unis.

ACTE I, SCÈNE II.

CLÉOMÈNE.
Il est vrai que la chose est rare,
Mais non pas impossible à deux parfaits amis.

CIDIPPE.
Est-ce que dans ces lieux il n'est qu'elle de belle?
Et n'y trouvez-vous point à séparer vos vœux?

AGLAURE.
Parmi l'éclat du sang[1], vos yeux n'ont-ils vu qu'elle
  A pouvoir mériter vos feux?

CLÉOMÈNE.
Est-ce que l'on consulte au moment qu'on s'enflamme?
  Choisit-on qui l'on veut aimer?
  Et, pour donner toute son âme,
Regarde-t-on quel droit on a de nous charmer?

AGÉNOR.
  Sans qu'on ait le pouvoir d'élire,
  On suit, dans une telle ardeur,
  Quelque chose qui nous attire;
  Et, lorsque l'amour touche un cœur,
  On n'a point de raisons à dire.

AGLAURE.
En vérité, je plains les fâcheux embarras
  Où je vois que vos cœurs se mettent.
Vous aimez un objet dont les riants appas
Mêleront des chagrins à l'espoir qu'ils vous jettent;
  Et son cœur ne vous tiendra pas
  Tout ce que ses yeux vous promettent.

CIDIPPE.
L'espoir qui vous appelle au rang de ses amants

---

1. *Parmi l'éclat du sang,* pour dire: parmi les personnes d'un sang illustre.

Trouvera du mécompte aux douceurs qu'elle étale ;
Et c'est pour essuyer de très fâcheux moments,
Que les soudains retours de son âme inégale.

AGLAURE.

Un clair discernement de ce que vous valez
Nous fait plaindre le sort où cet amour vous guide ;
Et vous pouvez trouver tous deux, si vous voulez,
Avec autant d'attraits, une âme plus solide.

CIDIPPE.

Par un choix plus doux de moitié,
Vous pouvez de l'amour sauver votre amitié ;
Et l'on voit en vous deux un mérite si rare
Qu'un tendre avis veut bien prévenir, par pitié,
Ce que votre cœur se prépare.

CLÉOMÈNE.

Cet avis généreux fait, pour nous, éclater
Des bontés qui nous touchent l'âme ;
Mais le ciel nous réduit à ce malheur, madame,
De ne pouvoir en profiter.

AGÉNOR.

Votre illustre pitié veut en vain nous distraire
D'un amour dont tous deux nous redoutons l'effet ;
Ce que notre amitié, madame, n'a pas fait,
Il n'est rien qui le puisse faire.

CIDIPPE.

Il faut que le pouvoir de Psyché... La voici.

SCÈNE III.

PSYCHÉ, CIDIPPE, AGLAURE, CLÉOMÈNE, AGÉNOR.

CIDIPPE.
Venez jouir, ma sœur, de ce qu'on vous apprête.
AGLAURE.
Préparez vos attraits à recevoir ici
Le triomphe nouveau d'une illustre conquête.
CIDIPPE.
Ces princes ont tous deux si bien senti vos coups
Qu'à vous le découvrir leur bouche se dispose.
PSYCHÉ.
Du sujet qui les tient si rêveurs parmi nous
  Je ne me croyois pas la cause ;
  Et j'aurois cru toute autre chose,
  En les voyant parler à vous.
AGLAURE.
  N'ayant ni beauté ni naissance
A pouvoir mériter leur amour et leurs soins,
  Ils nous favorisent au moins
  De l'honneur de la confidence.
CLÉOMÈNE, à Psyché.
L'aveu qu'il nous faut faire à vos divins appas
Est sans doute, madame, un aveu téméraire ;
  Mais tant de cœurs près du trépas
Sont, par de tels aveux, forcés à vous déplaire,
Que vous êtes réduite à ne les punir pas
  Des foudres de votre colère.
  Vous voyez en nous deux amis
Qu'un doux rapport d'humeurs sut joindre dès l'enfance ;

Et ces tendres liens se sont vus affermis
Par cent combats d'estime et de reconnoissance.
Du destin ennemi les assauts rigoureux,
Les mépris de la mort, et l'aspect des supplices,
Par d'illustres éclats de mutuels offices,
Ont de notre amitié signalé les beaux nœuds;
Mais, à quelques essais qu'elle se soit trouvée,
  Son grand triomphe est en ce jour;
Et rien ne fait tant voir sa constance éprouvée
Que de se conserver au milieu de l'amour.
Oui, malgré tant d'appas, son illustre constance
Aux lois qu'elle nous fait a soumis tous nos vœux;
Elle vient, d'une douce et pleine déférence,
Remettre à votre choix le succès de nos feux;
Et, pour donner un poids à notre concurrence,
Qui des raisons d'État entraîne la balance
  Sur le choix de l'un de nous deux,
Cette même amitié s'offre, sans répugnance,
D'unir nos deux États au sort du plus heureux.

AGÉNOR.

  Oui, de ces deux États, madame,
Que sous votre heureux choix nous nous offrons d'unir,
  Nous voulons faire à notre flamme
  Un secours pour vous obtenir.
Ce que, pour ce bonheur, près du roi votre père
  Nous nous sacrifions tous deux,
N'a rien de difficile à nos cœurs amoureux;
Et c'est au plus heureux faire un don nécessaire
  D'un pouvoir dont le malheureux,
  Madame, n'aura plus affaire.

PSYCHÉ.

Le choix que vous m'offrez, princes, montre à mes yeux

ACTE I, SCÈNE III.

De quoi remplir les vœux de l'âme la plus fière ;
Et vous me le parez tous deux d'une manière
Qu'on ne peut rien offrir qui soit plus précieux.
Vos feux, votre amitié, votre vertu suprême,
Tout me relève en vous l'offre de votre foi,
Et j'y vois un mérite à s'opposer lui-même
  A ce que vous voulez de moi.
Ce n'est pas à mon cœur qu'il faut que je défère,
  Pour entrer sous de tels liens ;
Ma main, pour se donner, attend l'ordre d'un père,
Et mes sœurs ont des droits qui vont devant les miens.
Mais, si l'on me rendoit sur mes vœux absolue,
 Vous y pourriez avoir trop de part à la fois ;
Et toute mon estime, entre vous suspendue,
Ne pourroit sur aucun laisser tomber mon choix.
  A l'ardeur de votre poursuite
Je répondrois assez de mes vœux les plus doux ;
  Mais c'est, parmi tant de mérite,
Trop que deux cœurs pour moi, trop peu qu'un cœur pour vous.
De mes plus doux souhaits j'aurois l'âme gênée
  A l'effort de votre amitié ;
Et j'y vois l'un de vous prendre une destinée
  A me faire trop de pitié.
Oui, princes, à tous ceux dont l'amour suit le vôtre
 Je vous préférerois tous deux avec ardeur ;
  Mais je n'aurois jamais le cœur
De pouvoir préférer l'un de vous deux à l'autre.
  A celui que je choisirois
Ma tendresse feroit un trop grand sacrifice ;
Et je m'imputerois à barbare injustice
  Le tort qu'à l'autre je ferois.
Oui, tous deux vous brillez de trop de grandeur d'âme

Pour en faire aucun malheureux ;
Et vous devez chercher dans l'amoureuse flamme
Le moyen d'être heureux tous deux.
Si votre cœur me considère
Assez pour me souffrir de disposer de vous,
J'ai deux sœurs capables de plaire,
Qui peuvent bien vous faire un destin assez doux ;
Et l'amitié me rend leur personne assez chère
Pour vous souhaiter leurs époux.

CLÉOMÈNE.

Un cœur dont l'amour est extrême
Peut-il bien consentir, hélas!
D'être donné par ce qu'il aime?
Sur nos deux cœurs, madame, à vos divins appas
Nous donnons un pouvoir suprême :
Disposez-en pour le trépas ;
Mais pour une autre que vous-même,
Ayez cette bonté de n'en disposer pas.

AGÉNOR.

Aux princesses, madame, on feroit trop d'outrage,
Et c'est, pour leurs attraits, un indigne partage
Que les restes d'une autre ardeur.
Il faut d'un premier feu la pureté fidèle
Pour aspirer à cet honneur
Où votre bonté nous appelle ;
Et chacune mérite un cœur
Qui n'ait soupiré que pour elle.

AGLAURE.

Il me semble, sans nul courroux,
Qu'avant que de vous en défendre,
Princes, vous deviez bien attendre
Qu'on se fût expliqué sur vous.

ACTE I, SCÈNE IV.

Nous croyez-vous un cœur si facile et si tendre ?
Et, lorsqu'on parle ici de vous donner à nous,
    Savez-vous si l'on veut vous prendre[1] ?

CIDIPPE.

Je pense que l'on a d'assez hauts sentiments
Pour refuser un cœur qu'il faut qu'on sollicite,
Et qu'on ne veut devoir qu'à son propre mérite
    La conquête de ses amants.

PSYCHÉ.

J'ai cru pour vous, mes sœurs, une gloire assez grande,
Si la possession d'un mérite si haut...

SCÈNE IV.

PSYCHÉ, AGLAURE, CIDIPPE, CLÉOMÈNE, AGÉNOR, LYCAS.

LYCAS, à Psyché.

Ah ! madame !

PSYCHÉ.

Qu'as-tu ?

LYCAS.

Le roi...

PSYCHÉ.

Quoi ?

---

1. On peut comparer à cette situation celle d'Arsinoé, acte V, scène VI, du *Misanthrope*.

    Hé ! croyez-vous, monsieur, qu'on ait cette pensée
    Et que de vous avoir on soit tant empressée ? etc.

et celle d'Armande, acte I, scène II, des *Femmes savantes* :

    Hé ! qui vous dit, monsieur, que l'on ait cette envie,
    Et que de vous enfin si fort on se soucie ? etc.

C'est Molière qui tient la plume, et l'acte se tient jusqu'à présent dans le ton de la comédie.

PSYCHÉ.

LYCAS.
Vous demande.
PSYCHÉ.
De ce trouble si grand que faut-il que j'attende ?
LYCAS.
Vous ne le saurez que trop tôt.
PSYCHÉ.
Hélas! que pour le roi tu me donnes à craindre !
LYCAS.
Ne craignez que pour vous; c'est vous que l'on doit plaindre.
PSYCHÉ.
C'est pour louer le ciel, et me voir hors d'effroi,
De savoir que je n'aie à craindre que pour moi.
Mais apprends-moi, Lycas, le sujet qui te touche.
LYCAS.
Souffrez que j'obéisse à qui m'envoie ici,
Madame, et qu'on vous laisse apprendre de sa bouche
Ce qui peut m'affliger ainsi.
PSYCHÉ.
Allons savoir sur quoi l'on craint tant ma foiblesse.

SCÈNE V.

AGLAURE, CIDIPPE, LYCAS.

AGLAURE.
Si ton ordre n'est pas jusqu'à nous étendu,
Dis-nous quel grand malheur nous couvre ta tristesse.
LYCAS.
Hélas! ce grand malheur, dans la cour répandu,
Voyez-le vous-même, princesse,
Dans l'oracle qu'au roi les destins ont rendu.
Voici ses propres mots, que la douleur, madame,

A gravés au fond de mon âme :
« Que l'on ne pense nullement
A vouloir de Psyché conclure l'hyménée ;
Mais qu'au sommet d'un mont elle soit promptement
    En pompe funèbre menée ;
    Et que, de tous abandonnée,
Pour époux elle attende en ces lieux constamment
Un monstre dont on a la vue empoisonnée,
Un serpent qui répand son venin en tous lieux,
Et trouble dans sa rage et la terre et les cieux[1]. »

1. Cet oracle est à double sens, comme ils l'étaient presque tous. Les paroles où sont décrits les ravages du monstre et ses moyens de nuire s'appliquent fort bien à l'Amour, dont on dit métaphoriquement les mêmes choses. C'est l'Amour lui-même qui a fait rendre cet oracle ambigu, qui semble répondre aux désirs de vengeance de Vénus, et qui, dans la réalité, doit servir les vues de l'Amour sur Psyché. Cette imagination est d'Apulée. Voici le texte latin de l'oracle :

> Montis in excelsi scopulo desiste puellam
>   Ornatam mundo funerei thalami :
> Nec speres generum mortali stirpe creatum,
>   Sed sævum atque ferum vipereumque malum ;
> Qui pinnis volitans super æthera, cuncta fatigat,
>   Flammaque et ferro singula debilitat :
> Quem tremit ipse Jovis : quo numina terrificantur :
>   Flumina quem horrescunt et stygiæ tenebræ.

Dans l'imitation de La Fontaine, l'allégorie est plus transparente encore :

> L'époux que les destins gardent à votre fille
> Est un monstre cruel qui déchire les cœurs,
> Qui trouble maint État, détruit mainte famille,
> Se nourrit de soupirs, se baigne dans les pleurs.
> A l'univers entier il déclare la guerre,
> Courant de bout en bout un flambeau dans la main :
> On le craint dans les cieux, on le craint sur la terre ;
> Le Styx n'a pu borner son pouvoir souverain.
> C'est un empoisonneur, c'est un incendiaire,
> Un tyran qui de fers charge jeunes et vieux,
> Qu'on lui livre Psyché, qu'elle tâche à lui plaire :
> Tel est l'arrêt du sort, de l'Amour et des dieux.
> Menez-la sur un roc, au haut d'une montagne,
> En des lieux où l'attend le monstre son époux ;
> Qu'une pompe funèbre en ces lieux l'accompagne,
> Car elle doit mourir pour ses sœurs et pour vous.

Après un arrêt si sévère,
Je vous quitte, et vous laisse à juger entre vous
Si par de plus cruels et plus sensibles coups
Tous les dieux nous pouvoient expliquer leur colère.

SCÈNE VI.

AGLAURE, CIDIPPE.

CIDIPPE.

Ma sœur, que sentez-vous à ce soudain malheur
Où nous voyons Psyché par les destins plongée ?

AGLAURE.

Mais vous, que sentez-vous, ma sœur ?

CIDIPPE.

A ne vous point mentir, je sens que, dans mon cœur,
Je n'en suis pas trop affligée.

AGLAURE.

Moi, je sens quelque chose au mien
Qui ressemble assez à la joie.
Allons, le Destin nous envoie
Un mal que nous pouvons regarder comme un bien.

PREMIER INTERMÈDE.

La scène est changée en des rochers affreux, et fait voir en éloignement une grotte effroyable.

C'est dans ce désert que Psyché doit être exposée, pour obéir à l'oracle. Une troupe de personnes affligées y viennent déplorer sa disgrâce. Une partie de cette troupe désolée témoigne sa pitié par des plaintes touchantes et par des concerts lugubres ; et l'autre exprime sa désolation par une danse pleine de toutes les marques du plus violent désespoir.

PLAINTES EN ITALIEN

CHANTÉES PAR UNE FEMME DÉSOLÉE ET DEUX HOMMES AFFLIGÉS.

FEMME DÉSOLÉE.

Deh! piangete al pianto mio,
Sassi duri, antiche selve;
Lagrimate, fonti, e belve,
D'un bel volto il fato rio.

PREMIER HOMME AFFLIGÉ.
Ahi dolore!

SECOND HOMME AFFLIGÉ.
Ahi martire!

PREMIER HOMME AFFLIGÉ.
Cruda morte!

SECOND HOMME AFFLIGÉ.
Empia sorte!

TOUS TROIS.

Che condanni a morir tanta beltà !
Cieli ! stelle ! ahi crudeltà !

[FEMME DÉSOLÉE.

Rispondete a miei lamenti,
Antri cavi, ascose rupi ;
Deh ! ridite, fondi cupi,
Del mio duolo i mesti accenti.

PREMIER HOMME AFFLIGÉ.

Ahi dolore !

SECOND HOMME AFFLIGÉ.

Ahi martire !

PREMIER HOMME AFFLIGÉ.

Cruda morte !

FEMME DÉSOLÉE, ET SECOND HOMME AFFLIGÉ.

Empia sorte !

TOUS TROIS.

Che condanni a morir tanta beltà !
Cieli ! stelle ! ahi crudeltà !]*

SECOND HOMME AFFLIGÉ.

Com' esser può fra voi, o numi eterni,
Chi voglia estinta una beltà innocente ?
Ahi ! che tanto rigor, cielo inclemente,
Vince di crudeltà gli stessi inferni.

PREMIER HOMME AFFLIGÉ.

Nume fiero !

SECOND HOMME AFFLIGÉ.

Dio severo !

---

* Ce qui est entre crochets est tiré du livre du Ballet, et ne se trouve pas dans les éditions originales de la pièce.

PREMIER INTERMÈDE.

LES DEUX HOMMES AFFLIGÉS.

Perchè tanto rigor
Contro innocente cor?
Ahi! sentenza inudita!
Dar morte a la beltà, ch' altrui dà vita!

FEMME DÉSOLÉE.

Ahi! ch' indarno si tarda!
Non resiste a li dei mortale affetto,
Alto impero ne sforza,
Ove comanda il ciel, l' uom cede a forza.

PREMIER HOMME AFFLIGÉ.

Ahi dolore!

SECOND HOMME AFFLIGÉ.

Ahi martire!

PREMIER HOMME AFFLIGÉ.

Cruda morte!

FEMME DÉSOLÉE, ET SECOND HOMME AFFLIGÉ.

Empia sorte!

TOUS TROIS.

Che condanni a morir tanta beltà!
Cieli! stelle! ahi crudeltà [1]!

Ces plaintes sont entrecoupées et finies par une entrée de ballet de huit personnes affligées,* [qui par leurs attitudes expriment leur douleur].

* L'édition de 1682 ajoute les quelques mots placés entre crochets.

1. Voici une imitation des couplets italiens en vers français :

FEMME AFFLIGÉE.

Mêlez vos pleurs avec mes larmes,
Durs rochers, froides eaux, et vous, tigres affreux;
Pleurez le destin rigoureux
D'un objet dont le crime est d'avoir trop de charmes.

UN HOMME AFFLIGÉ.
O dieux! quelle douleur!
AUTRE HOMME AFFLIGÉ.
Ah! quel malheur!
UN HOMME AFFLIGÉ.
Rigueur mortelle!
AUTRE HOMME.
Fatalité cruelle!
TOUS TROIS.
Faut-il, hélas!
Qu'un sort barbare
Puisse condamner au trépas
Une beauté si rare!
Cieux, astres, pleins de dureté!
Ah! quelle cruauté!
FEMME AFFLIGÉE.
Répondez à ma plainte, échos de ces bocages;
Qu'un bruit lugubre éclate au fond de ces forêts;
Que les antres profonds, les cavernes sauvages,
Répétent les accents de mes tristes regrets.
AUTRE HOMME AFFLIGÉ.
Quel de vous, ô grands dieux! avec tant de furie,
Veut détruire tant de beauté?
Impitoyable ciel, par cette barbarie
Voulez-vous surmonter l'enfer en cruauté!
UN HOMME AFFLIGÉ.
Dieu plein de haine!
AUTRE HOMME AFFLIGÉ.
Divinité trop inhumaine!
LES DEUX HOMMES.
Pourquoi ce courroux si puissant
Contre un cœur innocent?
O rigueur inouïe!
Trancher de si beaux jours,
Lorsqu'ils donnent la vie
A tant d'amours!
FEMME AFFLIGÉE.
Que c'est un vain secours contre un mal sans remède,
Que d'inutiles pleurs et des cris superflus!
Quand le ciel a donné des ordres absolus,
Il faut que l'effort humain cède.
UN HOMME AFFLIGÉ.
O dieux! quelle douleur!
AUTRE HOMME AFFLIGÉ.
Ah! quel malheur!

PREMIER INTERMÈDE.

UN HOMME AFFLIGÉ.
Rigueur mortelle !
AUTRE HOMME.
Fatalité cruelle !
TOUS TROIS.
Faut-il, hélas !
Qu'un sort barbare
Puisse condamner au trépas
Une beauté si rare !
Cieux, astres, pleins de dureté,
Ah ! quelle cruauté !

Cette imitation se trouve pour la première fois, non pas dans l'opéra de 1678, comme on le dit ordinairement, mais dans le livre du *Ballet des ballets* imprimé en 1671, de sorte qu'il n'est pas impossible que Molière lui-même en soit l'auteur. (Voyez la Notice de *la Comtesse d'Escarbagnas*.)

ACTE DEUXIÈME.

SCÈNE PREMIÈRE.

LE ROI, PSYCHÉ, AGLAURE, CIDIPPE,
LYCAS, suite.

PSYCHÉ.

De vos larmes, seigneur, la source m'est bien chère ;
Mais c'est trop aux bontés que vous avez pour moi
Que de laisser régner les tendresses de père
    Jusque dans les yeux d'un grand roi.
Ce qu'on vous voit ici donner à la nature,
Au rang que vous tenez, seigneur, fait trop d'injure,
Et j'en dois refuser les touchantes faveurs.
    Laissez moins sur votre sagesse
    Prendre d'empire à vos douleurs ;
Et cessez d'honorer mon destin par des pleurs
Qui dans le cœur d'un roi montrent de la foiblesse.

LE ROI.

Ah ! ma fille, à ces pleurs laisse mes yeux ouverts.
Mon deuil est raisonnable, encor qu'il soit extrême ;
Et lorsque pour toujours on perd ce que je perds,
La sagesse, crois-moi, peut pleurer elle-même.
    En vain l'orgueil du diadème
Veut qu'on soit insensible à ces cruels revers ;
En vain de la raison les secours sont offerts

Pour vouloir d'un œil sec voir mourir ce qu'on aime :
L'effort en est barbare aux yeux de l'univers,
Et c'est brutalité plus que vertu suprême.
 Je ne veux point, dans cette adversité,
  Parer mon cœur d'insensibilité,
   Et cacher l'ennui qui me touche.
   Je renonce à la vanité
   De cette dureté farouche
   Que l'on appelle fermeté ;
   Et de quelque façon qu'on nomme
Cette vive douleur dont je ressens les coups,
Je veux bien l'étaler, ma fille, aux yeux de tous,
Et dans le cœur d'un roi montrer le cœur d'un homme.
PSYCHÉ.
Je ne mérite pas cette grande douleur :
Opposez, opposez un peu de résistance
  Aux droits qu'elle prend sur un cœur
Dont mille événements ont marqué la puissance.
Quoi ! faut-il que pour moi vous renonciez, seigneur,
  A cette royale constance
Dont vous avez fait voir, dans les coups du malheur,
  Une fameuse expérience ?
LE ROI.
La constance est facile en mille occasions.
  Toutes les révolutions
Où nous peut exposer la fortune inhumaine,
La perte des grandeurs, les persécutions,
Le poison de l'envie et les traits de la haine,
  N'ont rien que ne puissent sans peine
  Braver les résolutions
D'une âme où la raison est un peu souveraine ;
  Mais ce qui porte des rigueurs

A faire succomber les cœurs
Sous le poids des douleurs amères,
Ce sont, ce sont les rudes traits
De ces fatalités sévères
Qui nous enlèvent pour jamais
Les personnes qui nous sont chères.
La raison, contre de tels coups,
N'offre point d'armes secourables ;
Et voilà, des dieux en courroux,
Les foudres les plus redoutables
Qui se puissent lancer sur nous.

PSYCHÉ.

Seigneur, une douceur ici vous est offerte :
Votre hymen a reçu plus d'un présent des dieux ;
Et, par une faveur ouverte,
Ils ne vous ôtent rien, en m'ôtant à vos yeux,
Dont ils n'aient pris le soin de réparer la perte.
Il vous reste de quoi consoler vos douleurs ;
Et cette loi du ciel, que vous nommez cruelle,
Dans les deux princesses mes sœurs,
Laisse à l'amitié paternelle
Où placer toutes ses douceurs.

LE ROI.

Ah ! de mes maux soulagement frivole !
Rien, rien ne s'offre à moi qui de toi me console.
C'est sur mes déplaisirs que j'ai les yeux ouverts ;
Et, dans un destin si funeste,
Je regarde ce que je perds,
Et ne vois point ce qui me reste.

PSYCHÉ.

Vous savez mieux que moi qu'aux volontés des dieux,
Seigneur, il faut régler les nôtres ;

Et je ne puis vous dire, en ces tristes adieux,
Que ce que beaucoup mieux vous pouvez dire aux autres.
      Les dieux sont maîtres souverains
      Des présents qu'ils daignent nous faire ;
      Ils ne les laissent dans nos mains
      Qu'autant de temps qu'il peut leur plaire.
      Lorsqu'ils viennent les retirer,
      On n'a nul droit de murmurer
Des grâces que leur main ne veut plus nous étendre.
Seigneur, je suis un don qu'ils ont fait à vos vœux ;
Et, quand par cet arrêt ils veulent me reprendre,
Ils ne vous ôtent rien que vous ne teniez d'eux ;
Et c'est sans murmurer que vous devez me rendre.
          LE ROI.
      Ah ! cherche un meilleur fondement
Aux consolations que ton cœur me présente ;
Et, de la fausseté de ce raisonnement,
      Ne fais point un accablement
      A cette douleur si cuisante,
      Dont je souffre ici le tourment.
Crois-tu là me donner une raison puissante
Pour ne me plaindre point de cet arrêt des cieux ?
      Et dans le procédé des dieux,
      Dont tu veux que je me contente,
      Une rigueur assassinante
      Ne paroît-elle pas aux yeux ?
Vois l'état où ces dieux me forcent à te rendre,
Et l'autre où te reçut mon cœur infortuné :
Tu connoîtras par là qu'ils me viennent reprendre
      Bien plus que ce qu'ils m'ont donné.
      Je reçus d'eux en toi, ma fille,
Un présent que mon cœur ne leur demandoit pas ;

J'y trouvois alors peu d'appas,
Et leur en vis, sans joie, accroître ma famille.
　　Mais mon cœur, ainsi que mes yeux,
S'est fait de ce présent une douce habitude :
J'ai mis quinze ans de soins, de veilles et d'études
　　A me le rendre précieux ;
　Je l'ai paré de l'aimable richesse
　　De mille brillantes vertus ;
En lui j'ai renfermé, par des soins assidus,
Tous les plus beaux trésors que fournit la sagesse ;
A lui j'ai de mon âme attaché la tendresse ;
J'en ai fait de ce cœur le charme et l'allégresse,
La consolation de mes sens abattus,
　　Le doux espoir de ma vieillesse.
　　Ils m'ôtent tout cela, ces dieux !
Et tu veux que je n'aie aucun sujet de plainte
Sur cet affreux arrêt dont je souffre l'atteinte !
Ah ! leur pouvoir se joue avec trop de rigueur
　　Des tendresses de notre cœur.
Pour m'ôter leur présent, leur falloit-il attendre
　　Que j'en eusse fait tout mon bien ?
Ou plutôt, s'ils avoient dessein de le reprendre,
N'eût-il pas été mieux de ne me donner rien[1] ?

PSYCHÉ.

　　Seigneur, redoutez la colère
De ces dieux contre qui vous osez éclater.

LE ROI.

　Après ce coup, que peuvent-ils me faire ?

---

1. M. Jal a relevé sur les registres de Saint-Eustache la date de l'enterrement du premier enfant de Molière : né le 19 janvier 1664, cet enfant fut enterré le 10 novembre de la même année. On ne peut donc supposer, comme nous l'avions fait dans notre première édition, que Molière, en écrivant ces plaintes, fut sous l'impression de la mort de cet enfant.

ACTE II, SCÈNE I.

Ils m'ont mis en état de ne rien redouter.

PSYCHÉ.

Ah! seigneur, je tremble des crimes
Que je vous fais commettre, et je dois me haïr...

LE ROI.

Ah! qu'ils souffrent du moins mes plaintes légitimes ;
Ce m'est assez d'effort que de leur obéir ;
Ce doit leur être assez que mon cœur t'abandonne
Au barbare respect qu'il faut qu'on ait pour eux,
Sans prétendre gêner la douleur que me donne
L'épouvantable arrêt d'un sort si rigoureux.
Mon juste désespoir ne sauroit se contraindre ;
Je veux, je veux garder ma douleur à jamais ;
Je veux sentir toujours la perte que je fais ;
De la rigueur du ciel je veux toujours me plaindre ;
Je veux, jusqu'au trépas, incessamment pleurer
Ce que tout l'univers ne peut me réparer.

PSYCHÉ.

Ah! de grâce, seigneur, épargnez ma foiblesse ;
J'ai besoin de constance en l'état où je suis.
Ne fortifiez point l'excès de mes ennuis
    Des larmes de votre tendresse.
Seuls ils sont assez forts, et c'est trop pour mon cœur
    De mon destin et de votre douleur.

LE ROI.

Oui, je dois t'épargner mon deuil inconsolable.
Voici l'instant fatal de m'arracher de toi ;
Mais comment prononcer ce mot épouvantable ?
Il le faut toutefois ; le ciel m'en fait la loi :
    Une rigueur inévitable
M'oblige à te laisser en ce funeste lieu.

Adieu; je vais... Adieu[1].

(Ce qui suit jusqu'à la fin de la pièce est de M. C...,* à la réserve de la première scène du troisième acte, qui est de la même main que ce qui a précédé.)

SCÈNE II

PSYCHÉ, AGLAURE, CIDIPPE.

PSYCHÉ.

Suivez le roi, mes sœurs, vous essuierez ses larmes,
    Vous adoucirez ses douleurs;
  Et vous l'accableriez d'alarmes,
Si vous vous exposiez encore à mes malheurs.
    Conservez-lui ce qui lui reste :
Le serpent que j'attends peut vous être funeste,
    Vous envelopper dans mon sort,
Et me porter en vous une seconde mort.
    Le ciel m'a seule condamnée
    A son haleine empoisonnée;
    Rien ne sauroit me secourir,
Et je n'ai pas besoin d'exemple pour mourir[2].

---

* VAR. *De monsieur de Corneille l'aîné* (1682).

1. La situation de Psyché et de son père est la même que celle d'Iphigénie et d'Agamemnon. Le père de Psyché est plus touchant que le roi de Mycènes, parce qu'il ne mérite en rien son malheur, qu'il ne peut rien pour s'y soustraire, et que rien ne pourra l'en consoler. Mais, d'un autre côté, Iphigénie, laissant échapper ces regrets si naturels dans une jeune fille qui va perdre, avec la vie qu'elle aime, un amant qu'elle chérit encore davantage, est bien plus attendrissante que Psyché encourageant son père à la constance, et lui remontrant ce qu'il doit à sa qualité de roi et à son respect pour les dieux.

2. Quand on ne serait pas averti par une note que Corneille vient de prendre la plume, ce vers,

    Et je n'ai pas besoin d'exemple pour mourir,

suffirait pour déceler sa main.

ACTE II, SCÈNE II.

AGLAURE.

Ne nous enviez pas ce cruel avantage,
De confondre nos pleurs avec vos déplaisirs,
De mêler nos soupirs à vos derniers soupirs :
D'une tendre amitié souffrez ce dernier gage.

PSYCHÉ.

C'est vous perdre inutilement.

CIDIPPE.

C'est en votre faveur espérer un miracle,
Ou vous accompagner jusques au monument.

PSYCHÉ.

Que peut-on se promettre après un tel oracle?

AGLAURE.

Un oracle jamais n'est sans obscurité :
On l'entend d'autant moins que mieux on croit l'entendre [1];
Et peut-être, après tout, n'en devez-vous attendre
    Que gloire et que félicité.
Laissez-nous voir, ma sœur, par une digne issue
Cette frayeur mortelle heureusement déçue,
    Ou mourir du moins avec vous,
Si le ciel à nos vœux ne se montre plus doux.

PSYCHÉ.

Ma sœur, écoutez mieux la voix de la nature,
    Qui vous appelle auprès du roi.
    Vous m'aimez trop, le devoir en murmure ;
    Vous en savez l'indispensable loi.
Un père vous doit être encor plus cher que moi.
Rendez-vous toutes deux l'appui de sa vieillesse;
Vous lui devez chacune un gendre et des neveux :
Mille rois, à l'envi, vous gardent leur tendresse ;

---

1. Ce vers et le précédent se trouvent dans *Horace,* acte III, scène III.

Mille rois, à l'envi, vous offriront leurs vœux.
L'oracle me veut seule; et seule aussi je veux
    Mourir, si je puis, sans foiblesse,
Ou ne vous avoir pas pour témoins toutes deux
De ce que, malgré moi, la nature m'en laisse.

AGLAURE.

Partager vos malheurs, c'est vous importuner.

CIDIPPE.

J'ose dire un peu plus, ma sœur, c'est vous déplaire.

PSYCHÉ.

    Non; mais enfin c'est me gêner [1],
Et peut-être du ciel redoubler la colère.

AGLAURE.

    Vous le voulez, et nous partons.
Daigne ce même ciel, plus juste et moins sévère,
Vous envoyer le sort que nous vous souhaitons,
    Et que notre amitié sincère,
En dépit de l'oracle et malgré vous, espère.

PSYCHÉ.

Adieu. C'est un espoir, ma sœur, et des souhaits
Qu'aucun des dieux ne remplira jamais.

SCÈNE III.

PSYCHÉ, seule.

    Enfin, seule et toute à moi-même,
Je puis envisager cet affreux changement
    Qui, du haut d'une gloire extrême,
    Me précipite au monument.

---

1. On se rappellera l'observation que nous avons déjà faite sur l'énergie que conservait ce mot au xviie siècle, et que depuis lors il a perdue.

Cette gloire étoit sans seconde ;
L'éclat s'en répandoit jusqu'aux deux bouts du monde.
Tout ce qu'il a de rois sembloient faits pour m'aimer ;
　　Tous leurs sujets, me prenant pour déesse,
　　　Commençoient à m'accoutumer
　　　Aux encens qu'ils m'offroient sans cesse ;
Leurs soupirs me suivoient, sans qu'il m'en coûtât rien ;
Mon âme restoit libre en captivant tant d'âmes ;
　　　Et j'étois, parmi tant de flammes,
Reine de tous les cœurs et maîtresse du mien.
　　　O ciel ! m'auriez-vous fait un crime
　　　De cette insensibilité ?
Déployez-vous sur moi tant de sévérité,
Pour n'avoir à leurs vœux rendu que de l'estime ?
　　　Si vous m'imposiez cette loi
Qu'il fallût faire un choix pour ne pas vous déplaire,
　　　Puisque je ne pouvois le faire,
　　　Que ne le faisiez-vous pour moi ?
Que ne m'inspiriez-vous ce qu'inspire à tant d'autres
Le mérite, l'amour, et... Mais que vois-je ici ?

SCÈNE IV.

CLÉOMÈNE, AGÉNOR, PSYCHÉ.

CLÉOMÈNE.

Deux amis, deux rivaux, dont l'unique souci
Est d'exposer leurs jours pour conserver les vôtres.

PSYCHÉ.

Puis-je vous écouter, quand j'ai chassé deux sœurs ?
Princes, contre le ciel pensez-vous me défendre ?
Vous livrer au serpent qu'ici je dois attendre,
Ce n'est qu'un désespoir qui sied mal aux grands cœurs ;

Et mourir alors que je meurs,
C'est accabler une âme tendre
Qui n'a que trop de ses douleurs.

AGÉNOR.

Un serpent n'est pas invincible :
Cadmus, qui n'aimoit rien, défit celui de Mars.
Nous aimons, et l'Amour sait rendre tout possible
Au cœur qui suit ses étendards,
A la main dont lui-même il conduit tous les dards.

PSYCHÉ.

Voulez-vous qu'il vous serve en faveur d'une ingrate
Que tous ses traits n'ont pu toucher?
Qu'il dompte sa vengeance au moment qu'elle éclate,
Et vous aide à m'en arracher?
Quand même vous m'auriez servie,
Quand vous m'auriez rendu la vie,
Quel fruit espérez-vous de qui ne peut aimer?

CLÉOMÈNE.

Ce n'est point par l'espoir d'un si charmant salaire
Que nous nous sentons animer;
Nous ne cherchons qu'à satisfaire
Aux devoirs d'un amour qui n'ose présumer
Que jamais, quoi qu'il puisse faire,
Il soit capable de vous plaire,
Et digne de vous enflammer.
Vivez, belle princesse, et vivez pour un autre :
Nous le verrons d'un œil jaloux,
Nous en mourrons, mais d'un trépas plus doux
Que s'il nous falloit voir le vôtre;
Et, si nous ne mourons en vous sauvant le jour,
Quelque amour qu'à nos yeux vous préfériez au nôtre,
Nous voulons bien mourir de douleur et d'amour.

PSYCHÉ.

Vivez, princes, vivez, et de ma destinée
Ne songez plus à rompre ou partager la loi :
Je crois vous l'avoir dit, le ciel ne veut que moi ;
  Le ciel m'a seule condamnée.
Je pense ouïr déjà les mortels sifflements
  De son ministre qui s'approche :
Ma frayeur me le peint, me l'offre à tous moments ;
Et, maîtresse qu'elle est de tous mes sentiments,
Elle me le figure au haut de cette roche.
J'en tombe de foiblesse, et mon cœur abattu
Ne soutient plus qu'à peine un reste de vertu.
Adieu, princes, fuyez, qu'il ne vous empoisonne.

AGÉNOR.

Rien ne s'offre à nos yeux encor qui les étonne ;
Et, quand vous vous peignez un si proche trépas,
  Si la force vous abandonne,
  Nous avons des cœurs et des bras
  Que l'espoir n'abandonne pas.
Peut-être qu'un rival a dicté cet oracle,
Que l'or a fait parler celui qui l'a rendu.
  Ce ne seroit pas un miracle
Que, pour un dieu muet, un homme eût répondu ;
Et, dans tous les climats, on n'a que trop d'exemples
Qu'il est, ainsi qu'ailleurs, des méchants dans les temples.

CLÉOMÈNE.

Laissez-nous opposer au lâche ravisseur,
A qui le sacrilège indignement vous livre,
Un amour qu'a le ciel choisi pour défenseur
De la seule beauté pour qui nous voulons vivre.
Si nous n'osons prétendre à sa possession,
Du moins, en son péril, permettez-nous de suivre

L'ardeur et les devoirs de notre passion.
PSYCHÉ.

    Portez-les à d'autres moi-mêmes [1],
    Princes, portez-les à mes sœurs,
    Ces devoirs, ces ardeurs extrêmes
    Dont pour moi sont remplis vos cœurs ;
    Vivez pour elles, quand je meurs ;
Plaignez de mon destin les funestes rigueurs,
Sans leur donner en vous de nouvelles matières.
    Ce sont mes volontés dernières ;
    Et l'on a reçu, de tout temps,
Pour souveraines lois les ordres des mourants.
CLÉOMÈNE.

Princesse...
PSYCHÉ.

    Encore un coup, princes, vivez pour elles.
Tant que vous m'aimerez, vous devez m'obéir ;
Ne me réduisez pas à vouloir vous haïr,
    Et vous regarder en rebelles,
    A force de m'être fidèles.
Allez, laissez-moi seule expirer en ce lieu,
Où je n'ai plus de voix que pour vous dire adieu.
Mais je sens qu'on m'enlève, et l'air m'ouvre une route
D'où vous n'entendrez plus cette mourante voix.
Adieu, princes ; adieu pour la dernière fois :
Voyez si de mon sort vous pouvez être en doute.
(Psyché est enlevée en l'air par deux Zéphyrs.)

1. Anciennement, *même*, adverbe ou adjectif singulier, prenait un *s* final, et Corneille l'a plusieurs fois écrit de cette manière. Ici, il n'a peut-être pas cru user de la même licence ; il a peut-être considéré *moi-même*, dans cette phrase, comme un véritable substantif, susceptible de nombre, et cru pouvoir dire *d'autres moi-mêmes*, en parlant de plusieurs personnes, comme on dit *un autre moi-même*, en parlant d'une seule.

PSYCHÉ.

Garnier frères Paris

ACTE II, SCÈNE V.

AGÉNOR.

Nous la perdons de vue. Allons tous deux chercher
  Sur le faîte de ce rocher,
 Prince, les moyens de la suivre.

CLÉOMÈNE.

Allons-y chercher ceux de ne lui point survivre.

SCÈNE V.

L'AMOUR, en l'air[1].

Allez mourir, rivaux d'un dieu jaloux,
  Dont vous méritez le courroux,
Pour avoir eu le cœur sensible aux mêmes charmes.
Et toi, forge, Vulcain, mille brillants attraits
   Pour orner un palais
Où l'Amour de Psyché veut essuyer les larmes,
   Et lui rendre les armes.

---

1. Ces vers étaient probablement récités par le même jeune acteur qui avait rempli le rôle de l'Amour dans le prologue, c'est-à-dire, suivant l'indication du livre du Ballet, par La Thorillière le fils. Baron ne prenait sans doute ce personnage qu'au commencement de l'acte suivant, où l'Amour se transfigure pour tromper les yeux de Psyché. (Voyez ci-après page 70, et le livre du Ballet.)

Ces acteurs qui se succèdent dans le même personnage font songer aux mystères dramatiques du moyen âge, où un rôle, retraçant parfois une vie entière, se divisait, selon les périodes, entre plusieurs acteurs; et dans esquels on trouve, par exemple, cet avertissement : « Ci commence la grand Nostre-Dame, » pour indiquer l'endroit où une grande personne remplaçait l'enfant qui avait joué jusque-là.

DEUXIÈME INTERMÈDE.

La scène se change en une cour magnifique, ornée de colonnes de lapis, enrichies de figures d'or, qui forment un palais pompeux et brillant que l'Amour destine pour Psyché. Six Cyclopes, avec quatre Fées, y font une entrée de ballet, où ils achèvent en cadence quatre gros vases d'argent que les Fées leur ont apportés. Cette entrée est entrecoupée par ce récit de Vulcain, qu'il fait à deux reprises :

PREMIER COUPLET.

Dépêchez, préparez ces lieux
Pour le plus aimable des dieux :
Que chacun pour lui s'intéresse ;
N'oubliez rien des soins qu'il faut.
  Quand l'Amour presse,
On n'a jamais fait assez tôt.

L'Amour ne veut point qu'on diffère :
 Travaillez, hâtez-vous,
Frappez, redoublez vos coups :
 Que l'ardeur de lui plaire
Fasse vos soins les plus doux.

SECOND COUPLET.

Servez bien un dieu si charmant ;
Il se plaît dans l'empressement ;

Que chacun pour lui s'intéresse;
N'oubliez rien de ce qu'il faut.
    Quand l'Amour presse,
On n'a jamais fait assez tôt.

L'Amour ne veut point qu'on diffère;
    Travaillez, hâtez-vous,
  Frappez, redoublez vos coups;
    Que l'ardeur de lui plaire
  Fasse vos soins les plus doux[1].

[1]. Voici comment Robinet décrit cet intermède :

> Une autre (entrée), de Cyclopes, suit;
> Mais nullement à petit bruit :
> Car, n'étant pas des gens d'extases,
> Ils achèvent de pompeux vases
> Pour un beau palais dont l'Amour
> Consacre à Psyché le séjour,
> L'aimant, et trahissant sa mère
> Comme un faux et malin compère.
> Et des Fées aux forgerons,
> Faisant des pas légers et prompts,
> Apportent ces vases superbes,
> Dignes des beaux vers des Malherbes.

ACTE TROISIÈME.

SCÈNE PREMIÈRE.
L'AMOUR, ZÉPHYRE.

ZÉPHYRE.
Oui, je me suis galamment acquitté
De la commission que vous m'avez donnée ;
Et, du haut du rocher, je l'ai, cette beauté,
Par le milieu des airs doucement amenée
    Dans ce beau palais enchanté,
    Où vous pouvez en liberté
    Disposer de sa destinée.
Mais vous me surprenez par ce grand changement
    Qu'en votre personne vous faites ;
Cette taille, ces traits, et cet ajustement,
    Cachent tout à fait qui vous êtes ;
Et je donne au plus fin à pouvoir, en ce jour,
    Vous reconnoître pour l'Amour.

L'AMOUR[1].
Aussi ne veux-je pas qu'on puisse me connoître ;
Je ne veux à Psyché découvrir que mon cœur,
Rien que les beaux transports de cette vive ardeur

---

1. C'est ici, selon toute apparence, que Baron prenait le rôle. Les observations de Zéphyre ne s'expliqueraient guère si l'Amour avait paru précédemment sous les mêmes traits.

Que ses doux charmes y font naître ;
Et, pour en exprimer l'amoureuse langueur,
Et cacher ce que je puis être
Aux yeux qui m'imposent des lois,
J'ai pris la forme que tu vois.
           ZÉPHYRE.
En tout vous êtes un grand maître ;
C'est ici que je le connois.
Sous des déguisements de diverse nature,
On a vu les dieux amoureux
Chercher à soulager cette douce blessure
Que reçoivent les cœurs de vos traits pleins de feux ;
Mais en bon sens vous l'emportez sur eux ;
Et voilà la bonne figure
Pour avoir un succès heureux
Près de l'aimable sexe où l'on porte ses vœux.
Oui, de ces formes-là l'assistance est bien forte ;
Et, sans parler ni de rang ni d'esprit,
Qui peut trouver moyen d'être fait de la sorte
Ne soupire guère à crédit.
           L'AMOUR.
J'ai résolu, mon cher Zéphyre,
De demeurer ainsi toujours ;
Et l'on ne peut le trouver à redire
A l'aîné de tous les Amours.
Il est temps de sortir de cette longue enfance
Qui fatigue ma patience ;
Il est temps désormais que je devienne grand.
           ZÉPHYRE.
Fort bien. Vous ne pouvez mieux faire ;
Et vous entrez dans un mystère
Qui ne demande rien d'enfant.

L'AMOUR.

Ce changement, sans doute, irritera ma mère.

ZÉPHYRE.

Je prévois là-dessus quelque peu de colère.
  Bien que les disputes des ans
Ne doivent point régner parmi des immortelles,
Votre mère Vénus est de l'humeur des belles,
  Qui n'aiment point de grands enfants[1].
  Mais où je la trouve outragée,
C'est dans le procédé que l'on vous voit tenir;
  Et c'est l'avoir étrangement vengée
Que d'aimer la beauté qu'elle vouloit punir!
Cette haine où ses vœux prétendent que réponde
La puissance d'un fils que redoutent les dieux...

L'AMOUR.

Laissons cela, Zéphyre, et me dis si tes yeux
Ne trouvent pas Psyché la plus belle du monde.
Est-il rien sur la terre, est-il rien dans les cieux
Qui puisse lui ravir le titre glorieux
  De beauté sans seconde?
  Mais je la vois, mon cher Zéphyre,
Qui demeure surprise à l'éclat de ces lieux.

ZÉPHYRE.

Vous pouvez vous montrer pour finir son martyre,
  Lui découvrir son destin glorieux,
Et vous dire entre vous tout ce que peuvent dire
  Les soupirs, la bouche et les yeux.

---

1. Le germe de cette idée plaisante est dans Apulée, qui fait dire à Vénus elle-même : *Felix vero ego quæ in ipso ætatis meæ flore vocabor avia.* « Ne serai-je pas fort heureuse de m'entendre appeler grand'mère à la fleur de mon âge? »

En confident discret, je sais ce qu'il faut faire
Pour ne pas interrompre un amoureux mystère [1].

SCÈNE II.

PSYCHÉ, seule.

Où suis-je ? et, dans un lieu que je croyois barbare,
Quelle savante main a bâti ce palais,
  Que l'art, que la nature pare
  De l'assemblage le plus rare
  Que l'œil puisse admirer jamais ?
  Tout rit, tout brille, tout éclate
Dans ces jardins, dans ces appartements,
  Dont les pompeux ameublements
  N'ont rien qui n'enchante et ne flatte ;
Et, de quelque côté que tournent mes frayeurs,
Je ne vois sous mes pas que de l'or ou des fleurs.

Le ciel auroit-il fait cet amas de merveilles
  Pour la demeure d'un serpent ?
Et lorsque, par leur vue, il amuse et suspend

---

1. Cette scène a été écrite par Molière. On peut remarquer que Molière jouant Zéphyre avait eu soin d'écrire tout son rôle et n'avait à réciter sur le théâtre que ce qui était de lui.

Il ne garda pas, du reste, ce rôle longtemps. Robinet nous apprend, dans sa lettre du 23 janvier 1672, que Mlle Du Croisy la jeune, celle qui faisait d'abord l'une des deux petites Grâces, venait de remplacer Molière. Voyez, ci-après, la Notice préliminaire des *Femmes savantes*. Robinet reparle de cette jeune actrice :

  Du Croisy, la jeune pucelle,
  Et pourtant si spirituelle,

dans sa lettre du 23 juin 1672, et de nouveau dans sa lettre du 26 novembre de la même année, où, toujours complimenteur, il écrit :

  Que son Zéphyr, des plus galants,
  Des plus jeunes, des plus brillants
  Qui soient sous l'empire de Flore,
  Me donna de plaisir encore !

Cf. la lettre du 3 octobre 1671.

De mon destin jaloux les rigueurs sans pareilles,
    Veut-il montrer qu'il s'en repent?
Non, non ; c'est de sa haine, en cruautés féconde,
    Le plus noir, le plus rude trait,
Qui, par une rigueur nouvelle et sans seconde,
    N'étale ce choix qu'elle a fait
    De ce qu'a de plus beau le monde
Qu'afin que je le quitte avec plus de regret.

    Que mon espoir est ridicule,
  S'il croit par là soulager mes douleurs[1] !
Tout autant de moments que ma mort se recule
    Sont autant de nouveaux malheurs :
  Plus elle tarde, et plus de fois je meurs.

Ne me fais plus languir, viens prendre ta victime,
    Monstre qui dois me déchirer.
Veux-tu que je te cherche, et faut-il que j'anime
    Tes fureurs à me dévorer?
Si le ciel veut ma mort, si ma vie est un crime,
De ce peu qui m'en reste ose enfin t'emparer :
    Je suis lasse de murmurer
    Contre un châtiment légitime.
    Je suis lasse de soupirer ;
    Viens, que j'achève d'expirer.

---

1. Comment faut-il entendre ces vers ? Ce mot d'*espoir*, lorsque Psyché vient d'imputer au ciel un raffinement de cruauté, semble assez peu compréhensible. Mais dans l'intervalle d'une strophe à l'autre, Psyché est sans doute revenue à sa première pensée que le ciel a peut-être quelque repentir de sa cruauté ; et c'est sur cette pensée qu'elle reprend :

    Que mon espoir est ridicule, etc.

Quelques éditeurs ont proposé et adopté :

    Que *son* espoir est ridicule, etc.

l'espoir du ciel. Cette leçon ne nous paraît point préférable à celle qu'on lit dans le texte, et que présentent uniformément les éditions originales.

SCÈNE III.

L'AMOUR, PSYCHÉ, ZÉPHYRE.

L'AMOUR.

Le voilà, ce serpent, ce monstre impitoyable,
Qu'un oracle étonnant pour vous a préparé,
Et qui n'est pas, peut-être, à tel point effroyable
　　Que vous vous l'êtes figuré[1].

PSYCHÉ.

Vous, seigneur, vous seriez ce monstre dont l'oracle
　　A menacé mes tristes jours,
Vous qui semblez plutôt un dieu qui, par miracle,
　　Daigne venir lui-même à mon secours !

L'AMOUR.

Quel besoin de secours au milieu d'un empire
　　　Où tout ce qui respire
N'attend que vos regards pour en prendre la loi,
Où vous n'avez à craindre autre monstre que moi ?

PSYCHÉ.

Qu'un monstre tel que vous inspire peu de crainte !
　　Et que, s'il a quelque poison,
　　Une âme auroit peu de raison
　　De hasarder la moindre plainte
　　Contre une favorable atteinte

---

1. Tout le monde sait que, dans le conte d'Apulée, l'Amour est invisible pour Psyché, et que c'est dans l'ombre de la nuit seulement qu'il approche d'elle. Molière n'a pas cru apparemment que ces scènes nocturnes et non éclairées pussent être agréables au théâtre. Il a mieux aimé que l'Amour et Psyché, visibles l'un pour l'autre, fussent aussi vus sans peine par le spectateur ; et au voile de la nuit, dont l'Amour s'enveloppe dans le conte, il a substitué le voile d'une espèce de déguisement : le dieu, sans ailes, sans arc et sans flambeau, se montre à son amante sous la figure d'un jeune et beau mortel.

Dont tout le cœur craindroit la guérison !
A peine je vous vois, que mes frayeurs cessées
Laissent évanouir l'image du trépas,
Et que je sens couler dans mes veines glacées
Un je ne sais quel feu que je ne connois pas.
J'ai senti de l'estime et de la complaisance,
    De l'amitié, de la reconnoissance ;
De la compassion les chagrins innocents
    M'en ont fait sentir la puissance ;
Mais je n'ai point encor senti ce que je sens.
Je ne sais ce que c'est, mais je sais qu'il me charme,
    Que je n'en conçois point d'alarme.
Plus j'ai les yeux sur vous, plus je m'en sens charmer.
Tout ce que j'ai senti n'agissoit point de même ;
    Et je dirois que je vous aime,
Seigneur, si je savois ce que c'est que d'aimer.
Ne les détournez point, ces yeux qui m'empoisonnent,
Ces yeux tendres, ces yeux perçants, mais amoureux,
Qui semblent partager le trouble qu'ils me donnent.
    Hélas ! plus ils sont dangereux,
    Plus je me plais à m'attacher sur eux.
Par quel ordre du ciel, que je ne puis comprendre,
    Vous dis-je plus que je ne dois,
Moi de qui la pudeur devroit du moins attendre
Que vous m'expliquassiez le trouble où je vous vois ?
Vous soupirez, seigneur, ainsi que je soupire ;
Vos sens, comme les miens, paroissent interdits.
C'est à moi de m'en taire, à vous de me le dire ;
    Et cependant c'est moi qui vous le dis [1].

---

1. Mlle Molière aurait, suivant A. Martin, inspiré au vieux Corneille ces vers émus. « Un an plus tard, dit ce commentateur, il lui rendit un nouvel hommage, dans *Pulchérie*, sous le nom de Martian. Robinet (*Lettre en vers*,

ACTE III, SCÈNE III.

L'AMOUR.

Vous avez eu, Psyché, l'âme toujours si dure
    Qu'il ne faut pas vous étonner
    Si, pour en réparer l'injure,
L'Amour, en ce moment, se paye avec usure

du 26 novembre 1672) dit expressément que Corneille composa *Pulchérie* par l'effet de l'*extrême estime* que lui avait inspirée mademoiselle Molière :

> .... L'auteur a fait ce poème
> Par l'effet d'une estime extrême
> Pour la merveilleuse Psyché
> Par qui chacun est alléché,
> Où mademoiselle Molière,
> Qui, de façon si singulière,
> Et bref, avecque tant d'appas
> Qui font courir les gens à tas,
> Encor maintenant représente
> Ladite Psyché si charmante.

D'autre part, Fontenelle nous apprend que Corneille se peignit lui-même dans cette pièce sous le nom de Martian, vieillard amoureux de Pulchérie ; or Pulchérie, c'était mademoiselle Molière elle-même, qui vit ainsi successivement à ses pieds les deux plus beaux génies du siècle, Molière et Corneille. Tout le monde alors remarqua le passage où ce dernier a exprimé avec une admirable énergie les supplices d'une passion au déclin de l'âge,

> Qui n'ose souhaiter ni même accepter rien.

Le rapprochement de ces deux anecdotes, rapportées par Fontenelle et Robinet, ne laisse aucun doute sur la passion de Corneille, et cette passion explique la verve des vers de Psyché et du rôle de Martian. Tous les détails amoureux de la pièce de *Pulchérie* viennent d'ailleurs à l'appui de notre opinion ; ainsi dans *Pulchérie*, Martian déclare qu'il aime depuis dix ans :

> J'aime, et depuis dix ans ma flamme et mon silence
> Font à mon triste cœur égale violence.

Or, la passion de Corneille datait précisément de dix années, puisqu'il ne vit mademoiselle Molière qu'en 1662, époque à laquelle il vint se fixer à Paris, et que *Pulchérie* ne fut jouée qu'en 1672. »

Nous croyons que M. Aimé Martin a eu tort de changer l'estime extrême, dont parle Robinet, en une passion. Cette estime extrême n'empêcha pas Corneille de quitter le Palais-Royal et de porter *Pulchérie* au théâtre du Marais, où cette comédie héroïque fut représentée le 25 novembre 1672. Ce ne fut pas Mlle Molière qui fut Pulchérie, ce fut Mlle Dupin. Il est bien à croire que, si le grand Corneille s'attendrit ainsi à la fin de sa carrière, la cause principale en doit être attribuée, non à Mlle Molière, mais à l'émulation qu'inspiraient au vieux tragique les succès de Racine, son rival.

De ceux qu'elle a dû lui donner.
Ce moment est venu qu'il faut que votre bouche
Exhale des soupirs si longtemps retenus;
Et qu'en vous arrachant à cette humeur farouche
Un amas de transports aussi doux qu'inconnus
Aussi sensiblement tout à la fois vous touche,
Qu'ils ont dû vous toucher durant tant de beaux jours
Dont cette âme insensible a profané le cours.

PSYCHÉ.

N'aimer point, c'est donc un grand crime?

L'AMOUR.

En souffrez-vous un rude châtiment?

PSYCHÉ.

C'est punir assez doucement.

L'AMOUR.

C'est lui choisir sa peine légitime,
Et se faire justice, en ce glorieux jour,
D'un manquement d'amour par un excès d'amour.

PSYCHÉ.

Que n'ai-je été plus tôt punie!
J'y mets le bonheur de ma vie.
Je devrois en rougir, ou le dire plus bas;
Mais le supplice a trop d'appas.
Permettez que, tout haut, je le die et redie:
Je le dirois cent fois, et n'en rougirois pas.
Ce n'est point moi qui parle; et de votre présence
L'empire surprenant, l'aimable violence,
Dès que je veux parler s'empare de ma voix.
C'est en vain qu'en secret ma pudeur s'en offense,
Que le sexe et la bienséance
Osent me faire d'autres lois:
Vos yeux de ma réponse eux-mêmes font le choix

ACTE III, SCÈNE III.

Et ma bouche asservie à leur toute-puissance
Ne me consulte plus sur ce que je me dois.

L'AMOUR.

Croyez, belle Psyché, croyez ce qu'ils vous disent,
 Ces yeux qui ne sont point jaloux ;
 Qu'à l'envi les vôtres m'instruisent
 De tout ce qui se passe en vous.
 Croyez-en ce cœur qui soupire,
Et qui, tant que le vôtre y voudra repartir,
 Vous dira bien plus d'un soupir,
 Que cent regards ne peuvent dire.
 C'est le langage le plus doux ;
C'est le plus fort, c'est le plus sûr de tous.

PSYCHÉ.

 L'intelligence en étoit due
A nos cœurs, pour les rendre également contents.
 J'ai soupiré, vous m'avez entendue;
 Vous soupirez, je vous entends.
 Mais ne me laissez plus en doute,
Seigneur, et dites-moi si par la même route,
Après moi, le Zéphyre ici vous a rendu
 Pour me dire ce que j'écoute.
Quand j'y suis arrivée, étiez-vous attendu ?
Et quand vous lui parlez, êtes-vous entendu ?

L'AMOUR.

J'ai dans ce doux climat un souverain empire,
 Comme vous l'avez sur mon cœur ?
L'Amour m'est favorable, et c'est en sa faveur
Qu'à mes ordres Éole a soumis le Zéphyre.
C'est l'Amour qui, pour voir mes feux récompensés,
 Lui-même a dicté cet oracle
 Par qui vos beaux jours menacés

D'une foule d'amants se sont débarrassés,
Et qui m'a délivré de l'éternel obstacle
  De tant de soupirs empressés
Qui ne méritoient pas de vous être adressés.
Ne me demandez point quelle est cette province,
   Ni le nom de son prince :
 Vous le saurez quand il en sera temps.
Je veux vous acquérir, mais c'est par mes services,
Par des soins assidus et par des vœux constants,
  Par les amoureux sacrifices
   De tout ce que je suis,
   De tout ce que je puis,
Sans que l'éclat du rang pour moi vous sollicite,
Sans que de mon pouvoir je me fasse un mérite :
Et, bien que souverain dans cet heureux séjour,
Je ne vous veux, Psyché, devoir qu'à mon amour.
Venez en admirer avec moi les merveilles,
Princesse, et préparez vos yeux et vos oreilles
  A ce qu'il a d'enchantements :
 Vous y verrez des bois et des prairies
  Contester sur leurs agréments
  Avec l'or et les pierreries ;
Vous n'entendrez que des concerts charmants ;
De cent beautés vous y serez servie,
Qui vous adoreront sans vous porter envie,
  Et brigueront à tous moments,
  D'une âme soumise et ravie,
  L'honneur de vos commandements.

    PSYCHÉ.

 Mes volontés suivent les vôtres ;
 Je n'en saurois plus avoir d'autres :
Mais votre oracle enfin vient de me séparer

De deux sœurs et du roi mon père,
Que mon trépas imaginaire
Réduit tous trois à me pleurer.
Pour dissiper l'erreur dont leur âme accablée
De mortels déplaisirs se voit pour moi comblée,
Souffrez que mes sœurs soient témoins
Et de ma gloire et de vos soins.
Prêtez-leur, comme à moi, les ailes du Zéphyre,
Qui leur puissent de votre empire,
Ainsi qu'à moi, faciliter l'accès ;
Faites-leur voir en quel lieu je respire ;
Faites-leur de ma perte admirer le succès.

L'AMOUR.

Vous ne me donnez pas, Psyché, toute votre âme
Ce tendre souvenir d'un père et de deux sœurs
Me vole une part des douceurs
Que je veux toutes pour ma flamme.
N'ayez d'yeux que pour moi, qui n'en ai que pour vous
Ne songez qu'à m'aimer, ne songez qu'à me plaire :
Et, quand de tels soucis osent vous en distraire..

PSYCHÉ.

Des tendresses du sang peut-on être jaloux ?

L'AMOUR.

Je le suis, ma Psyché, de toute la nature.
Les rayons du soleil vous baisent trop souvent ;
Vos cheveux souffrent trop les caresses du vent ;
Dès qu'il les flatte, j'en murmure.
L'air même que vous respirez
Avec trop de plaisir passe par votre bouche
Votre habit de trop près vous touche ;
Et, sitôt que vous soupirez,
Je ne sais quoi qui m'effarouche

Craint, parmi vos soupirs, des soupirs égarés.
Mais vous voulez vos sœurs; allez, partez, Zéphyre;
Psyché le veut, je ne l'en puis dédire [1].

(Zéphyre s'envole.)

SCÈNE IV.
L'AMOUR, PSYCHÉ.

L'AMOUR.

Quand vous leur ferez voir ce bienheureux séjour,
De ces trésors faites-leur cent largesses,
Prodiguez-leur caresses sur caresses;
Et du sang, s'il se peut, épuisez les tendresses,
Pour vous rendre toute à l'amour.
Je n'y mêlerai point d'importune présence;
Mais ne leur faites pas de si longs entretiens :
Vous ne sauriez pour eux avoir de complaisance,

---

1. Cette tirade est toujours citée comme un modèle de grâce et de sentiment. Elle développe une pensée qui a été fréquemment exprimée par les poètes; on peut surtout en rapprocher un passage de la tragédie de *Pyrame et Thisbé*, par Théophile de Viaud (1621). Pyrame dit à Thisbé :

> Mais je me sens jaloux de tout ce qui te touche,
> De l'air qui si souvent entre et sort par ta bouche;
> Je crois qu'à ton sujet le soleil fait le jour
> Avecque des flambeaux et d'envie et d'amour.
> Les fleurs que sous tes pas tous les chemins produisent,
> Dans l'honneur qu'elles ont de te plaire, me nuisent;
> Si je pouvois complaire à mon jaloux dessein,
> J'empêcherois tes yeux de regarder ton sein;
> Ton ombre suit ton corps de trop près, ce me semble;
> Car nous deux seulement devons aller ensemble.
> Bref, un si rare objet m'est si doux et si cher
> Que ta main seulement me nuit de te toucher.

(*Pyrame et Thisbé*, acte IV, scène 1.)

Avec l'Amour invisible, tel qu'il est dans Apulée et dans La Fontaine, la passion est nécessairement moins expansive; et les scènes entre les deux amants ont un autre caractère, qu'il n'eût pas été facile sans doute de traduire au théâtre.

ACTE III, SCÈNE IV.

Que vous ne dérobiez aux miens.
PSYCHÉ.
Votre amour me fait une grâce
Dont je n'abuserai jamais.
L'AMOUR.
Allons voir cependant ces jardins, ces palais,
Où vous ne verrez rien que votre éclat n'efface.
Et vous, petits Amours, et vous, jeunes Zéphyrs,
Qui pour âmes n'avez que de tendres soupirs,
Montrez tous à l'envi ce qu'à voir ma princesse
Vous avez senti d'allégresse.

TROISIÈME INTERMÈDE.

Il se fait une entrée de ballet de quatre Amours et de quatre Zéphyrs, interrompue deux fois par un dialogue chanté par un Amour et un Zéphyr.

PREMIER COUPLET.

LE ZÉPHYR.

Aimable jeunesse,
Suivez la tendresse ;
Joignez aux beaux jours
La douceur des amours.
C'est pour vous surprendre
Qu'on vous fait entendre
Qu'il faut éviter leurs soupirs,
Et craindre leurs désirs :
Laissez-vous apprendre
Quels sont leurs plaisirs.

LE ZÉPHYR et L'AMOUR chantent ensemble.

Chacun est obligé d'aimer
A son tour ;
Et plus on a de quoi charmer,
Plus on doit à l'Amour.

LE ZÉPHYR SEUL.

Un cœur jeune et tendre
Est fait pour se rendre ;

Il n'a point à prendre
De fâcheux détour.
LES DEUX ENSEMBLE.
Chacun est obligé d'aimer
A son tour ;
Et plus on a de quoi charmer,
Plus on doit à l'Amour.
L'AMOUR SEUL.
Pourquoi se défendre ?
Que sert-il d'attendre ?
Quand on perd un jour,
On le perd sans retour.
LES DEUX ENSEMBLE.
Chacun est obligé d'aimer
A son tour ;
Et plus on a de quoi charmer,
Plus on doit à l'Amour.

SECOND COUPLET.

LE ZÉPHYR.
L'Amour a des charmes,
Rendons-lui les armes ;
Ses soins et ses pleurs
Ne sont pas sans douceurs.
Un cœur, pour le suivre,
A cent maux se livre.
Il faut, pour goûter ses appas,
Languir jusqu'au trépas.
Mais ce n'est pas vivre
Que de n'aimer pas.
LE ZÉPHYR et L'AMOUR chantent ensemble.
S'il faut des soins et des travaux,

En aimant,
On est payé de mille maux
Par un heureux moment.

LE ZÉPHYR SEUL.

On craint, on espère;
Il faut du mystère.
Mais on n'obtient guère
De bien sans tourment.

LES DEUX ENSEMBLE.

S'il faut des soins et des travaux,
En aimant,
On est payé de mille maux
Par un heureux moment.

L'AMOUR SEUL[1].

Que peut-on mieux faire
Qu'aimer et que plaire?
C'est un soin charmant,
Que l'emploi d'un amant.

LES DEUX ENSEMBLE.

S'il faut des soins et des travaux,
En aimant,
On est payé de mille maux
Par un heureux moment.

---

1. Robinet vante beaucoup la « jeunette Turpin » qui chanta ces couplets à la ville :

> . . . . Une mignonne
> Qui mérite qu'on la couronne
> Pour sa manière de chanter
> Et son aimable petit geste,
> Qui, ma foi, paroît tout céleste
> Et vaut que la ville et la cour
> Aille admirer ce jeune Amour

ACTE QUATRIÈME.

Le théâtre devient un autre palais magnifique, coupé dans le fond par un vestibule, au travers duquel on voit un jardin superbe et charmant, décoré de plusieurs vases d'orangers, et d'arbres chargés de toutes sortes de fruits.

SCÈNE PREMIÈRE
AGLAURE, CIDIPPE.

AGLAURE.

Je n'en puis plus, ma sœur; j'ai vu trop de merveilles.
L'avenir aura peine à les bien concevoir;
Le soleil qui voit tout, et qui nous fait tout voir,
    N'en a vu jamais de pareilles.
    Elles me chagrinent l'esprit;
Et ce brillant palais, ce pompeux équipage,
    Font un odieux étalage
Qui m'accable de honte autant que de dépit.
    Que la Fortune indignement nous traite,
        Et que sa largesse indiscrète
Prodigue aveuglément, épuise, unit d'efforts,
        Pour faire de tant de trésors
        Le partage d'une cadette[1]!

---

1. Ces reproches adressés à la Fortune sont imités d'Apulée :
En orba et sæva et iniqua Fortuna! Hiccine tibi complacuit ut utroque parente cognatæ diversam sortem sustineremus? Et nos quidem, quæ natu

CIDIPPE.

J'entre dans tous vos sentiments ;
J'ai les mêmes chagrins ; et, dans ces lieux charmants,
    Tout ce qui vous déplaît me blesse ;
Tout ce que vous prenez pour un mortel affront,
    Comme vous, m'accable, et me laisse
L'amertume dans l'âme et la rougeur au front.

AGLAURE.

    Non, ma sœur, il n'est point de reines
Qui, dans leur propre État, parlent en souveraines
    Comme Psyché parle en ces lieux.
On l'y voit obéie avec exactitude ;
Et de ses volontés une amoureuse étude
    Les cherche jusque dans ses yeux.
    Mille beautés s'empressent autour d'elle,
    Et semblent dire, à nos regards jaloux :
Quels que soient nos attraits, elle est encor plus belle ;
Et nous, qui la servons, le sommes plus que vous.
    Elle prononce, on exécute ;
Aucun ne s'en défend, aucun ne s'en rebute.
    Flore, qui s'attache à ses pas,
Répand à pleines mains, autour de sa personne,

---

majores sumus, maritis advenis ancillæ deditæ, extorres et Lare et ipsa patria degamus, longe parentum velut exulantes : hæc autem novissima, quam fœtu satiante postremus partus effudit, tantis opibus et deo marito potita, quæ nec uti recte tanta bonorum copia novit.

« Voyez combien la Fortune est aveugle et cruelle ! Déesse injuste, tu as voulu que, filles d'un même père et d'une même mère, nous eussions une destinée différente. Nous qui sommes les aînées, on nous a mariées à des étrangers dont nous sommes les très humbles servantes. Éloignées du toit qui nous vit naître, de notre patrie même et de nos parents, nous sommes en quelque sorte exilées. Au contraire, cette cadette, dernier fruit d'une fécondité qu'elle a tarie, est en possession d'une telle opulence ! La voilà l'épouse d'un dieu, elle qui ne sait pas même profiter convenablement d'une si grande abondance de biens. »

ACTE IV, SCÈNE I.

Ce qu'elle a de plus doux appas;
Zéphyre vole aux ordres qu'elle donne,
Et son amante et lui, s'en laissant trop charmer,
Quittent, pour la servir, les soins de s'entr'aimer.

CIDIPPE.

Elle a des dieux à son service,
Elle aura bientôt des autels;
Et nous ne commandons qu'à de chétifs mortels,
De qui l'audace et le caprice,
Contre nous, à toute heure, en secret révoltés,
Opposent à nos volontés
Ou le murmure ou l'artifice.

AGLAURE.

C'étoit peu que, dans notre cour,
Tant de cœurs, à l'envi, nous l'eussent préférée;
Ce n'étoit pas assez que, de nuit et de jour,
D'une foule d'amants elle y fût adorée.
Quand nous nous consolions de la voir au tombeau
Par l'ordre imprévu d'un oracle,
Elle a voulu de son destin nouveau
Faire en notre présence éclater le miracle,
Et choisir nos yeux pour témoins
De ce qu'au fond du cœur nous souhaitions le moins[1].

CIDIPPE.

Ce qui le plus me désespère,

---

1. Dans Apulée, l'une des sœurs reproche également à Psyché d'avoir étalé avec orgueil devant elles les trésors qu'elle possède:
Recordare enim quam superbe, quam arroganter nobiscum egerit, et ipsa jactatione immodicæ ostentationis tumentem suum prodiderit animum.
« Souvenez-vous avec quelle fierté et quelle arrogance elle en a usé envers nous, avec quelle ostentation insupportable elle nous a fait voir toutes ses richesses. »

C'est cet amant parfait et si digne de plaire
        Qui se captive sous ses lois.
Quand nous pourrions choisir entre tous les monarques,
        En est-il un, de tant de rois,
        Qui porte de si nobles marques?
    Se voir du bien par delà ses souhaits,
N'est souvent qu'un bonheur qui fait des misérables;
Il n'est ni train pompeux ni superbes palais
Qui n'ouvrent quelque porte à des maux incurables;
Mais avoir un amant d'un mérite achevé,
        Et s'en voir chèrement aimée,
        C'est un bonheur si haut, si relevé,
    Que sa grandeur ne peut être exprimée.

AGLAURE.

N'en parlons plus, ma sœur, nous en mourrions d'ennui.
        Songeons plutôt à la vengeance,
Et trouvons le moyen de rompre entre elle et lui
        Cette adorable intelligence.
La voici. J'ai des coups tout prêts à lui porter,
        Qu'elle aura peine d'éviter.

SCÈNE II.

PSYCHÉ, AGLAURE, CIDIPPE.

PSYCHÉ.

Je viens vous dire adieu; mon amant vous renvoie,
        Et ne sauroit plus endurer
Que vous lui retranchiez un moment de la joie
Qu'il prend de se voir seul à me considérer.
Dans un simple regard, dans la moindre parole
        Son amour trouve des douceurs

Qu'en faveur du sang je lui vole,
Quand je les partage à des sœurs.

AGLAURE.

La jalousie est assez fine;
Et ces délicats sentiments
Méritent bien qu'on s'imagine
Que celui qui pour vous a ces empressements
Passe le commun des amants.
Je vous en parle ainsi, faute de le connoître.
Vous ignorez son nom, et ceux dont il tient l'être;
Nos esprits en sont alarmés.
Je le tiens un grand prince, et d'un pouvoir suprême,
Bien au delà du diadème;
Ses trésors, sous vos pas confusément semés,
Ont de quoi faire honte à l'abondance même;
Vous l'aimez autant qu'il vous aime;
Il vous charme, et vous le charmez.
Votre félicité, ma sœur, seroit extrême,
Si vous saviez qui vous aimez.

PSYCHÉ.

Que m'importe? j'en suis aimée.
Plus il me voit, plus je lui plais.
Il n'est point de plaisirs dont l'âme soit charmée
Qui ne préviennent mes souhaits.
Et je vois mal de quoi la vôtre est alarmée,
Quand tout me sert dans ce palais.

AGLAURE.

Qu'importe qu'ici tout vous serve,
Si toujours cet amant vous cache ce qu'il est?
Nous ne nous alarmons que pour votre intérêt.
En vain tout vous y rit, en vain tout vous y plaît,
Le véritable amour ne fait point de réserve;

Et qui s'obstine à se cacher
Sent quelque chose en soi qu'on lui peut reprocher.
  Si cet amant devient volage
(Car souvent, en amour, le change est assez doux;
  Et j'ose le dire entre nous,
Pour grand que soit l'éclat dont brille ce visage,
Il en peut être ailleurs d'aussi belles que vous);
Si, dis-je, un autre objet sous d'autres lois l'engage;
  Si, dans l'état où je vous voi,
  Seule en ses mains, et sans défense,
  Il va jusqu'à la violence,
  Sur qui vous vengera le roi
Ou de ce changement, ou de cette insolence?

PSYCHÉ.

Ma sœur, vous me faites trembler.
Juste ciel, pourrois-je être assez infortunée...

CIDIPPE.

Que sait-on si déjà les nœuds de l'hyménée...

PSYCHÉ.

N'achevez pas; ce seroit m'accabler.

AGLAURE.

Je n'ai plus qu'un mot à vous dire.
Ce prince qui vous aime, et qui commande aux vents,
Qui nous donne pour char les ailes du Zéphyre,
Et de nouveaux plaisirs vous comble à tous moments,
Quand il rompt à vos yeux l'ordre de la nature,
Peut-être à tant d'amour mêle un peu d'imposture;
Peut-être ce palais n'est qu'un enchantement;
Et ces lambris dorés, ces amas de richesses,
  Dont il achète vos tendresses,
Dès qu'il sera lassé de souffrir vos caresses,
  Disparoîtront en un moment.

ACTE IV, SCÈNE II.

Vous savez, comme nous, ce que peuvent les charmes [1].
PSYCHÉ.
Que je sens à mon tour de cruelles alarmes!
AGLAURE.
Notre amitié ne veut que votre bien.
PSYCHÉ.
Adieu, mes sœurs ; finissons l'entretien.
J'aime, et je crains qu'on ne s'impatiente.
    Partez ; et demain, si je puis,
    Vous me verrez ou plus contente,
Ou dans l'accablement des plus mortels ennuis.
AGLAURE.
Nous allons dire au roi quelle nouvelle gloire,
Quel excès de bonheur le ciel répand sur vous.
CIDIPPE.
Nous allons lui conter d'un changement si doux
    La surprenante et merveilleuse histoire.
PSYCHÉ.
Ne l'inquiétez point, ma sœur, de vos soupçons ;
Et, quand vous lui peindrez un si charmant empire...
AGLAURE.
Nous savons toutes deux ce qu'il faut taire ou dire,
Et n'avons pas besoin, sur ce point, de leçons.

    Zéphyre enlève les deux sœurs de Psyché dans un nuage qui

---

1. Les soupçons que les deux sœurs inspirent à Psyché sont ici d'une autre nature que dans Apulée et dans La Fontaine. Cette différence tient à celle de la catastrophe. Dans le conte, l'Amour ne veut pas être vu de Psyché, ce qui donne à la fois les moyens de lui persuader qu'il est un monstre effroyable, et de la déterminer à le tuer. Dans la tragi-comédie, l'Amour n'est pas invisible, mais seulement inconnu : pour engager Psyché à lui arracher son secret, il n'y avait d'autre moyen que de mettre en doute la sincérité des sentiments que cet amant lui exprime et la réalité des prodiges dont il l'entoure.

descend jusqu'à terre, et dans lequel il les emporte avec rapidité.

SCÈNE III.

L'AMOUR, PSYCHÉ.

L'AMOUR.

Enfin vous êtes seule, et je puis vous redire,
Sans avoir pour témoins vos importunes sœurs,
Ce que des yeux si beaux ont pris sur moi d'empire,
   Et quels excès ont les douceurs
    Qu'une sincère ardeur inspire
   Sitôt qu'elle assemble deux cœurs.
Je puis vous expliquer de mon âme ravie
   Les amoureux empressements,
  Et vous jurer qu'à vous seule asservie
Elle n'a pour objet de ses ravissements
Que de voir cette ardeur, de même ardeur suivie,
   Ne concevoir plus d'autre envie
  Que de régler mes vœux sur vos désirs,
Et de ce qui vous plaît faire tous mes plaisirs.
   Mais d'où vient qu'un triste nuage
   Semble offusquer l'éclat de ces beaux yeux?
   Vous manque-t-il quelque chose en ces lieux?
Des vœux qu'on vous y rend dédaignez-vous l'hommage?

PSYCHÉ.

Non, seigneur.

L'AMOUR.

    Qu'est-ce donc? et d'où vient mon malheur?
J'entends moins de soupirs d'amour que de douleur;
Je vois de votre teint les roses amorties
   Marquer un déplaisir secret;
   Vos sœurs à peine sont parties

ACTE IV, SCÈNE III.

Que vous soupirez de regret!
Ah! Psyché, de deux cœurs quand l'ardeur est la même,
Ont-ils des soupirs différents?
Et quand on aime bien, et qu'on voit ce qu'on aime,
Peut-on songer à des parents?

PSYCHÉ.

Ce n'est point là ce qui m'afflige.

L'AMOUR.

Est-ce l'absence d'un rival,
Et d'un rival aimé, qui fait qu'on me néglige?

PSYCHÉ.

Dans un cœur tout à vous que vous pénétrez mal!
Je vous aime, seigneur, et mon amour s'irrite
De l'indigne soupçon que vous avez formé.
Vous ne connoissez pas quel est votre mérite,
Si vous craignez de n'être pas aimé.
Je vous aime; et, depuis que j'ai vu la lumière,
Je me suis montrée assez fière
Pour dédaigner les vœux de plus d'un roi;
Et, s'il vous faut ouvrir mon âme tout entière,
Je n'ai trouvé que vous qui fût digne de moi.
Cependant j'ai quelque tristesse
Qu'en vain je voudrois vous cacher;
Un noir chagrin se mêle à toute ma tendresse,
Dont je ne la puis détacher.
Ne m'en demandez point la cause;
Peut-être, la sachant, voudrez-vous m'en punir;
Et, si j'ose aspirer encore à quelque chose,
Je suis sûre du moins de ne point l'obtenir.

L'AMOUR.

Eh! ne craignez-vous point qu'à mon tour je m'irrite
Que vous connoissiez mal quel est votre mérite,

Ou feigniez de ne pas savoir
Quel est sur moi votre absolu pouvoir?
Ah! si vous en doutez, soyez désabusée.
Parlez.

PSYCHÉ.

J'aurai l'affront de me voir refusée.

L'AMOUR.

Prenez en ma faveur de meilleurs sentiments;
L'expérience en est aisée.
Parlez, tout se tient prêt à vos commandements.
Si, pour m'en croire, il vous faut des serments,
J'en jure vos beaux yeux, ces maîtres de mon âme,
Ces divins auteurs de ma flamme;
Et, si ce n'est assez d'en jurer vos beaux yeux,
J'en jure par le Styx, comme jurent les dieux.

PSYCHÉ.

J'ose craindre un peu moins, après cette assurance.
Seigneur, je vois ici la pompe et l'abondance;
Je vous adore, et vous m'aimez;
Mon cœur en est ravi, mes sens en sont charmés;
Mais, parmi ce bonheur suprême,
J'ai le malheur de ne savoir qui j'aime:
Dissipez cet aveuglement,
Et faites-moi connoître un si parfait amant.

L'AMOUR.

Psyché, que venez-vous de dire?

PSYCHÉ.

Que c'est le bonheur où j'aspire;
Et si vous ne me l'accordez...

L'AMOUR.

Je l'ai juré, je n'en suis plus le maître :

ACTE IV, SCÈNE III.

Mais vous ne savez pas ce que vous demandez.
Laissez-moi mon secret. Si je me fais connoître,
　　Je vous perds, et vous me perdez.
　Le seul remède est de vous en dédire.

PSYCHÉ.

　C'est là sur vous mon souverain empire?

L'AMOUR.

Vous pouvez tout, et je suis tout à vous.
　　Mais, si nos feux vous semblent doux,
Ne mettez point d'obstacle à leur charmante suite;
　　Ne me forcez point à la fuite;
C'est le moindre malheur qui nous puisse arriver
　　D'un souhait qui vous a séduite.

PSYCHÉ.

　Seigneur, vous voulez m'éprouver ;
　　Mais je sais ce que j'en dois croire.
De grâce, apprenez-moi tout l'excès de ma gloire,
Et ne me cachez plus pour quel illustre choix
　　J'ai rejeté les vœux de tant de rois.

L'AMOUR.

Le voulez-vous?

PSYCHÉ.

　　　Souffrez que je vous en conjure.

L'AMOUR.

Si vous saviez, Psyché, la cruelle aventure
　　Que par là vous vous attirez...

PSYCHÉ.

　Seigneur, vous me désespérez.

L'AMOUR.

Pensez-y bien; je puis encor me taire.

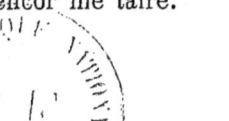

PSYCHÉ.

Faites-vous des serments pour n'y point satisfaire[1]?
L'AMOUR.
Hé bien! je suis le dieu le plus puissant des dieux,
Absolu sur la terre, absolu dans les cieux;
Dans les eaux, dans les airs, mon pouvoir est suprême :
 En un mot, je suis l'Amour même,
Qui de mes propres traits m'étois blessé pour vous[2];
Et, sans la violence, hélas! que vous me faites,
Et qui vient de changer mon amour en courroux,
 Vous m'alliez avoir pour époux.
 Vos volontés sont satisfaites;
 Vous avez su qui vous aimiez;
Vous connoissez l'amant que vous charmiez;
 Psyché, voyez où vous en êtes.
Vous me forcez vous-même à vous quitter;
Vous me forcez vous-même à vous ôter

---

1. Dans Apulée et dans La Fontaine, Psyché, par le conseil de ses sœurs, s'arme d'une lampe pour voir, pendant la nuit, son mystérieux époux, et d'un poignard pour l'égorger. Une goutte d'huile, échappée de la lampe et tombée sur l'épaule de l'Amour, réveille le dieu, qui s'envole, après avoir accablé de reproches sa trop curieuse amante. Molière, pour les raisons que nous avons dites plus haut, n'ayant pas cru devoir amener la catastrophe par les mêmes moyens, les a ingénieusement remplacés par le serment terrible que l'Amour fait à Psyché de lui accorder ce qu'elle demandera, serment qu'il est obligé de tenir en se faisant connaître. L'opéra de 1678 revint à la donnée primitive et la traduisit sur la scène : « Psyché lève le rideau qui ferme l'alcôve, et on voit l'Amour endormi sur un lit très riche. Il est dans la figure d'enfant que les peintres ont accoutumé de lui donner. La suite d'un grand appartement se découvre au travers de cette alcôve...

« Lorsque la lampe étincelle, l'Amour s'éveille et s'élève à plomb par un vol qui le dérobe aux yeux de Psyché... » (Acte III, scène III.)

2. Ces deux vers sont imités d'Apulée : *Prœclarus ille sagittarius, ipse me telo meo percussi.* « Moi, le plus habile des archers, je me suis blessé pour vous d'un de mes traits. »

ACTE IV, SCÈNE IV.

    Tout l'effet de votre victoire.
Peut-être vos beaux yeux ne me reverront plus.
Ce palais, ces jardins, avec moi disparus,
Vont faire évanouir votre naissante gloire.
    Vous n'avez pas voulu m'en croire,
  Et, pour tout fruit de ce doute éclairci,
    Le Destin, sous qui le ciel tremble,
Plus fort que mon amour, que tous les dieux ensemble,
Vous va montrer sa haine, et me chasse d'ici.

L'Amour disparoît; et dans l'instant qu'il s'envole, le superbe jardin s'évanouit. Psyché demeure seule au milieu d'une vaste campagne, et sur le bord sauvage d'un grand fleuve où elle veut se précipiter. Le dieu du fleuve paroît assis sur un amas de joncs et de roseaux, et appuyé sur une grande urne d'où sort une grosse source d'eau.

SCÈNE IV.
PSYCHÉ, LE DIEU DU FLEUVE.

PSYCHÉ.

Cruel Destin! funeste inquiétude!
    Fatale curiosité!
Qu'avez-vous fait, affreuse solitude,
    De toute ma félicité?
  J'aimois un dieu, j'en étois adorée,
Mon bonheur redoubloit de moment en moment;
    Et je me vois seule, éplorée,
Au milieu d'un désert, où, pour accablement,
    Et confuse et désespérée,
Je sens croître l'amour quand j'ai perdu l'amant.
    Le souvenir m'en charme et m'empoisonne,
Sa douceur tyrannise un cœur infortuné

Qu'aux plus cuisants chagrins ma flamme a condamné.
O ciel! quand l'Amour m'abandonne,
Pourquoi me laisse-t-il l'amour qu'il m'a donné?
Source de tous les biens, inépuisable et pure,
  Maître des hommes et des dieux,
  Cher auteur des maux que j'endure,
Êtes-vous pour jamais disparu de mes yeux?
  Je vous en ai banni moi-même :
Dans un excès d'amour, dans un bonheur extrême,
D'un indigne soupçon mon cœur s'est alarmé.
Cœur ingrat! tu n'avois qu'un feu mal allumé ;
Et l'on ne peut vouloir, du moment que l'on aime,
  Que ce que veut l'objet aimé.
Mourons, c'est le parti qui seul me reste à suivre,
  Après la perte que je fais.
  Pour qui, grands dieux! voudrois-je vivre?
  Et pour qui former des souhaits?
Fleuve, de qui les eaux baignent ces tristes sables,
  Ensevelis mon crime dans tes flots ;
  Et, pour finir des maux si déplorables,
Laisse-moi dans ton lit assurer mon repos.

    LE DIEU DU FLEUVE.
  Ton trépas souilleroit mes ondes[1],

---

1. Dans Apulée, « Psyché se précipite dans un fleuve, mais le fleuve indulgent, pour honorer sans doute le dieu qui a coutume d'enflammer les eaux mêmes, et aussi par un sentiment de crainte personnelle, la soulève aussitôt sur ses vagues sans lui faire aucun mal ; et il la dépose sur le gazon fleuri dont ses rives sont bordées ». La Fontaine explique comme il suit la sollicitude du fleuve : « La crainte qu'il eut que les poètes ne le diffamassent, si la première beauté du monde, fille de roi et femme d'un dieu, se noyoit chez lui, et ne l'appelassent frère du Styx; cette crainte, dis-je, l'obligea de commander à ses nymphes qu'elles recueillissent Psyché, et qu'elles la portassent vers l'autre rive, qui étoit moins haute et plus agréable que celle-là. »

ACTE IV, SCÈNE V.

Psyché, le ciel te le défend ;
Et peut-être qu'après des douleurs si profondes,
Un autre sort t'attend.
Fuis plutôt de Vénus l'implacable colère :
Je la vois qui te cherche et qui te veut punir ;
L'amour du fils a fait la haine de la mère.
Fuis, je saurai la retenir.

PSYCHÉ.

J'attends ses fureurs vengeresses ;
Qu'auront-elles pour moi qui ne me soit trop doux ?
Qui cherche le trépas ne craint dieux ni déesses,
Et peut braver tout leur courroux.

SCÈNE V.

VÉNUS, PSYCHÉ, LE DIEU DU FLEUVE.

VÉNUS.

Orgueilleuse Psyché, vous m'osez donc attendre,
Après m'avoir sur terre enlevé mes honneurs ;
Après que vos traits suborneurs
Ont reçu les encens qu'aux miens seuls on doit rendre ?
J'ai vu mes temples désertés ;
J'ai vu tous les mortels, séduits par vos beautés,
Idolâtrer en vous la beauté souveraine,
Vous offrir des respects jusqu'alors inconnus,
Et ne se mettre pas en peine
S'il étoit une autre Vénus :
Et je vous vois encor l'audace
De n'en pas redouter les justes châtiments,
Et de me regarder en face,
Comme si c'étoit peu que mes ressentiments !

PSYCHÉ.

Si de quelques mortels on m'a vue adorée,
Est-ce un crime pour moi d'avoir eu des appas,
  Dont leur âme inconsidérée
Laissoit charmer des yeux qui ne vous voyoient pas?
  Je suis ce que le ciel m'a faite;
Je n'ai que les beautés qu'il m'a voulu prêter.
Si les vœux qu'on m'offroit vous ont mal satisfaite,
Pour forcer tous les cœurs à vous les reporter,
  Vous n'aviez qu'à vous présenter,
  Qu'à ne leur cacher plus cette beauté parfaite
  Qui, pour les rendre à leur devoir,
Pour se faire adorer, n'a qu'à se faire voir.

VÉNUS.

  Il falloit vous en mieux défendre.
Ces respects, ces encens se doivent refuser;
  Et, pour les mieux désabuser,
Il falloit, à leurs yeux, vous-même me les rendre.
  Vous avez aimé cette erreur,
Pour qui vous ne deviez avoir que de l'horreur.
Vous avez bien fait plus : votre humeur arrogante,
  Sur le mépris de mille rois,
  Jusques aux cieux a porté de son choix
  L'ambition extravagante.

PSYCHÉ.

J'aurois porté mon choix, déesse, jusqu'aux cieux?

VÉNUS.

  Votre insolence est sans seconde.
  Dédaigner tous les rois du monde,
  N'est-ce pas aspirer aux dieux?

PSYCHÉ.

Si l'Amour pour eux tous m'avoit endurci l'âme,

ACTE IV, SCÈNE V.

Et me réservoit toute à lui,
En puis-je être coupable? et faut-il qu'aujourd'hui,
Pour prix d'une si belle flamme,
Vous vouliez m'accabler d'un éternel ennui?

VÉNUS.

Psyché, vous deviez mieux connoître
Qui vous étiez, et quel étoit ce dieu.

PSYCHÉ.

Et m'en a-t-il donné ni le temps ni le lieu,
Lui qui de tout mon cœur d'abord s'est rendu maître?

VÉNUS.

Tout votre cœur s'en est laissé charmer,
Et vous l'avez aimé dès qu'il vous a dit : J'aime.

PSYCHÉ.

Pouvois-je n'aimer pas le dieu qui fait aimer,
Et qui me parloit pour lui-même?
C'est votre fils : vous savez son pouvoir;
Vous en connoissez le mérite.

VÉNUS.

Oui, c'est mon fils; mais un fils qui m'irrite,
Un fils qui me rend mal ce qu'il sait me devoir,
Un fils qui fait qu'on m'abandonne,
Et qui, pour mieux flatter ses indignes amours,
Depuis que vous l'aimez ne blesse plus personne
Qui vienne à mes autels implorer mon secours.
Vous m'en avez fait un rebelle :
On m'en verra vengée, et hautement, sur vous;
Et je vous apprendrai s'il faut qu'une mortelle
Souffre qu'un dieu soupire à ses genoux.
Suivez-moi, vous verrez, par votre expérience,
A quelle folle confiance
Vous portoit cette ambition.

Venez, et préparez autant de patience
Qu'on vous voit de présomption [1].

[1]. L'entretien de Vénus et de Psyché me rappelle involontairement celui du loup et de l'agneau : c'est la faible innocence aux prises avec la force injuste, dont la fureur croît avec la douceur de l'autre, et dont l'iniquité augmente à mesure qu'elle lui est démontrée. Molière, dans son plan, et Corneille, dans la manière dont il l'a exécuté, semblent s'être attachés à rassembler sur Psyché tout ce que peuvent exciter d'intérêt la jeunesse, la beauté et l'infortune. (AUGER.)

Mlle Molière joua à ravir ce rôle de Psyché. On a raconté que cette actrice et le jeune Baron s'enflammèrent l'un pour l'autre, dans l'exaltation de leur commun triomphe. Nous avons dit, dans la notice consacrée à Baron, le degré de confiance que nous paraît mériter cette anecdote.

QUATRIÈME INTERMÈDE.

La scène représente les enfers. On y voit une mer toute de feu, dont les flots sont dans une perpétuelle agitation. Cette mer effroyable est bornée par des ruines enflammées ; et au milieu de ses flots agités, au travers d'une gueule affreuse, paroît le palais infernal de Pluton. Huit furies en sortent et forment une entrée de ballet, où elles se réjouissent de la rage qu'elles ont allumée dans l'âme de la plus douce des divinités. Un lutin mêle quantité de sauts périlleux à leurs danses, cependant que Psyché, qui a passé aux enfers par le commandement de Vénus, repasse dans la barque de Caron, avec la boîte qu'elle a reçue de Proserpine pour cette déesse[1].

1. Dans l'intervalle du quatrième acte au quatrième intermède, il s'est écoulé un espace de temps pendant lequel Psyché a été soumise aux épreuves que raconte Apulée : le monceau de graines à démêler ; la laine des brebis sauvages à recueillir ; le flacon à remplir à la source inaccessible. Elle s'acquitte en ce moment de la dernière et de la plus dangereuse commission que lui ait imposée son implacable marâtre ; elle est descendue aux enfers pour demander à Proserpine une boîte du fard qui conserve aux déesses leur beauté immortelle.

ACTE CINQUIÈME.

SCÈNE PREMIÈRE.

PSYCHÉ, seule.

Effroyables replis des ondes infernales,
Noirs palais où Mégère et ses sœurs font leur cour,
    Éternels ennemis du jour,
Parmi vos Ixions et parmi vos Tantales,
Parmi tant de tourments qui n'ont point d'intervalles,
    Est-il, dans votre affreux séjour,
    Quelques peines qui soient égales
Aux travaux où Vénus condamne mon amour?
    Elle n'en peut être assouvie;
Et, depuis qu'à ses lois je me trouve asservie,
Depuis qu'elle me livre à ses ressentiments,
    Il m'a fallu, dans ces cruels moments,
        Plus d'une âme et plus d'une vie
        Pour remplir ses commandements.
    Je souffrirois tout avec joie
Si, parmi les rigueurs que sa haine déploie,
Mes yeux pouvoient revoir, ne fût-ce qu'un moment,
    Ce cher, cet adorable amant.
Je n'ose le nommer; ma bouche, criminelle
    D'avoir trop exigé de lui,
S'en est rendue indigne; et, dans ce dur ennui,

La souffrance la plus mortelle
Dont m'accable à toute heure un renaissant trépas,
Est celle de ne le voir pas.
Si son courroux duroit encore,
Jamais aucun malheur n'approcheroit du mien ;
Mais, s'il avoit pitié d'une âme qui l'adore,
Quoi qu'il fallût souffrir, je ne souffrirois rien.
Oui, Destins, s'il calmoit cette juste colère,
Tous mes malheurs seroient finis :
Pour me rendre insensible aux fureurs de la mère,
Il ne faut qu'un regard du fils.
Je n'en veux plus douter, il partage ma peine,
Il voit ce que je souffre, et souffre comme moi.
Tout ce que j'endure le gêne ;
Lui-même il s'en impose une amoureuse loi.
En dépit de Vénus, en dépit de mon crime,
C'est lui qui me soutient, c'est lui qui me ranime
Au milieu des périls où l'on me fait courir ;
Il garde la tendresse où son feu le convie,
Et prend soin de me rendre une nouvelle vie
Chaque fois qu'il me faut mourir.
Mais que me veulent ces deux ombres
Qu'à travers le faux jour de ces demeures sombres
J'entrevois s'avancer vers moi ?

SCÈNE II.

PSYCHÉ, CLÉOMÈNE, AGÉNOR.

PSYCHÉ.

Cléomène, Agénor, est-ce vous que je vois ?
Qui vous a ravi la lumière ?

CLÉOMÈNE.

La plus juste douleur qui d'un beau désespoir
    Nous eût pu fournir la matière :
Cette pompe funèbre, où du sort le plus noir
    Vous attendiez la rigueur la plus fière,
    L'injustice la plus entière.

AGÉNOR.

Sur ce même rocher où le ciel en courroux
    Vous promettoit, au lieu d'époux,
Un serpent dont soudain vous seriez dévorée,
    Nous tenions la main préparée
A repousser sa rage, ou mourir avec vous.
Vous le savez, princesse; et, lorsqu'à notre vue,
Par le milieu des airs vous êtes disparue,
Du haut de ce rocher, pour suivre vos beautés,
Ou plutôt pour goûter cette amoureuse joie
D'offrir pour vous au monstre une première proie,
D'amour et de douleur l'un et l'autre emportés,
    Nous nous sommes précipités.

CLÉOMÈNE.

Heureusement déçus au sens de votre oracle,
Nous en avons ici reconnu le miracle,
Et su que le serpent prêt à vous dévorer
    Étoit le dieu qui fait qu'on aime,
Et qui, tout dieu qu'il est, vous adorant lui-même,
    Ne pouvoit endurer
Qu'un mortel comme nous osât vous adorer.

AGÉNOR.

    Pour prix de vous avoir suivie,
Nous jouissons ici d'un trépas assez doux.
    Qu'avions-nous affaire de vie,
    Si nous ne pouvions être à vous?

ACTE V, SCÈNE II.

Nous revoyons ici vos charmes,
Qu'aucun des deux là-haut n'auroit revus jamais.
Heureux si nous voyons la moindre de vos larmes
Honorer des malheurs que vous nous avez faits!

PSYCHÉ.

Puis-je avoir des larmes de reste,
Après qu'on a porté les miens au dernier point?
Unissons nos soupirs dans un sort si funeste ;
   Les soupirs ne s'épuisent point.
Mais vous soupireriez, princes, pour une ingrate.
Vous n'avez point voulu survivre à mes malheurs ;
   Et quelque douleur qui m'abatte,
   Ce n'est point pour vous que je meurs.

CLÉOMÈNE.

L'avons-nous mérité, nous dont toute la flamme
N'a fait que vous lasser du récit de nos maux?

PSYCHÉ.

Vous pouviez mériter, princes, toute mon âme,
   Si vous n'eussiez été rivaux.
   Ces qualités incomparables,
Qui de l'un et de l'autre accompagnoient les vœux,
   Vous rendoient tous deux trop aimables
   Pour mépriser aucun des deux.

AGÉNOR.

Vous avez pu, sans être injuste ni cruelle,
Nous refuser un cœur réservé pour un dieu.
Mais revoyez Vénus. Le Destin nous rappelle,
   Et nous force à vous dire adieu.

PSYCHÉ.

Ne vous donne-t-il point le loisir de me dire
   Quel est ici votre séjour?

CLÉOMÈNE.

Dans des bois toujours verts, où d'amour on respire,
 Aussitôt qu'on est mort d'amour.
D'amour on y revit, d'amour on y soupire,
Sous les plus douces lois de son heureux empire ;
Et l'éternelle nuit n'ose en chasser le jour,
  Que lui-même il attire
 Sur nos fantômes qu'il inspire,
Et dont aux enfers même il se fait une cour[1].

AGÉNOR.

Vos envieuses sœurs, après nous descendues,
  Pour vous perdre se sont perdues ;
  Et l'une et l'autre tour à tour,
Pour le prix d'un conseil qui leur coûte la vie,
A côté d'Ixion, à côté de Titye,
Souffrent tantôt la roue, et tantôt le vautour.
L'Amour, par les Zéphyrs, s'est fait prompte justice

---

1. Dans La Fontaine, Psyché va de même aux enfers. Quelques traits de la description peu terrible qu'a tracée ce poète peuvent être rapprochés de ce que dit ici Cléomène ; voici le sort réservé aux amants moins parfaits que les deux princes de Molière :

> En un lieu séparé l'on voit ceux de qui l'âme
> A violé les droits de l'amoureuse flamme,
> Offensé Cupidon, méprisé ses autels,
> Refusé le tribut qu'il impose aux mortels.
> Là souffre un monde entier d'ingrates, de coquettes ;
> Là, Mégère punit les langues indiscrètes,
> Surtout ceux qui, tachés du plus noir des forfaits,
> Se sont vantés d'un bien qu'on ne leur fit jamais.
> Par de cruels vautours l'inhumaine est rongée ;
> Dans un fleuve glacé la volage est plongée ;
> Et l'insensible expie en des lieux embrasés,
> Aux yeux de ses amants, les maux qu'elle a causés.
> Ministres, confidents, domestiques perfides,
> Y lassent sous le fouet le bras des Euménides.
> Près d'eux sont les auteurs de maint hymen forcé ;
> L'amant chiche, et la dame au cœur intéressé ;
> La troupe des censeurs, peuple à l'amour rebelle,
> Ceux enfin dont les vers ont noirci quelque belle.

De leur envenimée et jalouse malice;
Ces ministres ailés de son juste courroux,
Sous couleur de les rendre encore auprès de vous,
Ont plongé l'une et l'autre au fond d'un précipice[1],
Où le spectacle affreux de leurs corps déchirés
N'étale que le moindre et le premier supplice
  De ces conseils dont l'artifice
  Fait les maux dont vous soupirez.

PSYCHÉ.

Que je les plains!

CLÉOMÈNE.

   Vous êtes seule à plaindre;
Mais nous demeurons trop à vous entretenir;
Adieu. Puissions-nous vivre en votre souvenir!
Puissiez-vous, et bientôt, n'avoir plus rien à craindre!
Puisse, et bientôt, l'Amour vous enlever aux cieux,
  Vous y mettre à côté des dieux,
Et, rallumant un feu qui ne se puisse éteindre,
Affranchir à jamais l'éclat de vos beaux yeux
  D'augmenter le jour en ces lieux[2]!

---

1. Apulée a raconté la punition des deux sœurs, punition qui, dans le conteur africain, est une vengeance de Psyché qu'elles ont perdue. Mais il ne dit rien de leur sort dans les demeures de Pluton.

La Fontaine a expliqué à sa manière le châtiment qu'elles y subissent :

> Là les sœurs de Psyché, dans l'importune glace
> D'un miroir que sans cesse elles avoient en face,
> Revoyoient leur cadette heureuse et dans les bras,
> Non d'un monstre effrayant, mais d'un dieu plein d'appas.

« La Fontaine, dit M. Saint-Marc Girardin, a eu raison de punir les deux envieuses par où elles avaient péché. C'est le propre, en effet, de l'envie de se servir à elle-même de bourreau. L'envieux ne peut pas supporter le bonheur d'autrui; mais par là en même temps il détruit le sien. »

2. Cette rencontre aux enfers de Psyché et des deux princes qui ont péri pour elle est de l'invention de Molière. Elle rappelle la rencontre d'Énée et de Didon dans le même lieu, au sixième livre de l'*Énéide,* avec

SCÈNE III.

PSYCHÉ, seule.

Pauvres amants! Leur amour dure encore!
Tout morts qu'ils sont, l'un et l'autre m'adore,
Moi, dont la dureté reçut si mal leurs vœux!
Tu n'en fais pas ainsi, toi qui seul m'as ravie,
Amant que j'aime encor cent fois plus que ma vie,
    Et qui brises de si beaux nœuds!
Ne me fuis plus, et souffre que j'espère
Que tu pourras un jour rabaisser l'œil sur moi;
Qu'à force de souffrir j'aurai de quoi te plaire,
    De quoi me rengager ta foi.
Mais ce que j'ai souffert m'a trop défigurée,
    Pour rappeler un tel espoir.
    L'œil abattu, triste, désespérée,
    Languissante et décolorée,
    De quoi puis-je me prévaloir,
Si, par quelque miracle impossible à prévoir,
Ma beauté qui t'a plu ne se voit réparée?
    Je porte ici de quoi la réparer :
    Ce trésor de beauté divine,
Qu'en mes mains pour Vénus a remis Proserpine,
Enferme des appas dont je puis m'emparer;
    Et l'éclat en doit être extrême,
    Puisque Vénus, la beauté même,
    Les demande pour se parer.
En dérober un peu, seroit-ce un si grand crime?

---

cette différence que le héros troyen est beaucoup moins bien accueilli par celle dont il a causé la mort,

    Illa solo fixos oculos aversa tenebat...

Pour plaire aux yeux d'un dieu qui s'est fait mon amant,
Pour regagner son cœur et finir mon tourment,
    Tout n'est-il pas trop légitime[1]?
Ouvrons. Quelles vapeurs m'offusquent le cerveau?
Et que vois-je sortir de cette boîte ouverte?
Amour, si ta pitié ne s'oppose à ma perte,
Pour ne revivre plus je descends au tombeau.

(Elle s'évanouit, et l'Amour descend auprès d'elle en volant.)

SCÈNE IV.

L'AMOUR; PSYCHÉ, évanouie

L'AMOUR.

Votre péril, Psyché, dissipe ma colère,
Ou plutôt de mes feux l'ardeur n'a point cessé;
Et, bien qu'au dernier point vous m'ayez su déplaire,
    Je ne me suis intéressé
    Que contre celle de ma mère :
J'ai vu tous vos travaux, j'ai suivi vos malheurs;
Mes soupirs ont partout accompagné vos pleurs.

---

1. Citons encore Apulée : *Mente capitur temeraria curiositate :* « *Et ecce, inquit, inepta ego divinæ formositatis gerula, quæ ne tantillum quidem indidem mihi delibo, vel sic illi amatori meo formoso placitura.* » *Et cum dicto reserat pyxidem. Nec quidquam ibi rerum, nec formositas ulla, sed infernus somnus ac vere stygius.* « Une curiosité téméraire s'empare de son esprit : « Quoi! dit-elle, me voilà en possession de la beauté des « déesses; et j'aurois la sottise de n'en pas dérober délicatement un tant « soit peu pour moi! Peut-être sera-ce un moyen de plaire ainsi à l'être « charmant que j'adore. » En disant ces mots, elle ouvre la boîte : il n'y avait absolument rien en fait de beauté; mais à peine en a-t-elle soulevé le couvercle qu'aussitôt s'en exhale une vapeur léthargique, vrai sommeil du Styx. »

Même catastrophe dans le récit de La Fontaine. Seulement il fait sortir de la boîte une épaisse fumée qui noircit le teint de Psyché et la rend semblable à une Éthiopienne. Il naît de là de nouveaux incidents étrangers à la fable antique.

Tournez les yeux vers moi; je suis encor le même.
Quoi! je dis et redis tout haut que je vous aime,
Et vous ne dites point, Psyché, que vous m'aimez!
Est-ce que pour jamais vos beaux yeux sont fermés?
Qu'à jamais la clarté leur vient d'être ravie?
O mort! devois-tu prendre un dard si criminel,
Et, sans aucun respect pour mon être éternel,
  Attenter à ma propre vie!
 Combien de fois, ingrate déité,
  Ai-je grossi ton noir empire
 Par les mépris et par la cruauté
 D'une orgueilleuse ou farouche beauté!
  Combien même, s'il le faut dire,
 T'ai-je immolé de fidèles amants,
  A force de ravissements!
  Va, je ne blesserai plus d'âmes,
  Je ne percerai plus de cœurs
Qu'avec des dards trempés aux divines liqueurs
Qui nourrissent du ciel les immortelles flammes,
Et n'en lancerai plus que pour faire à tes yeux
  Autant d'amants, autant de dieux.
  Et vous, impitoyable mère,
  Qui la forcez à m'arracher
  Tout ce que j'avois de plus cher,
Craignez, à votre tour, l'effet de ma colère.
  Vous me voulez faire la loi,
Vous qu'on voit si souvent la recevoir de moi;
Vous, qui portez un cœur sensible comme un autre,
Vous enviez au mien les délices du vôtre!
Mais dans ce même cœur j'enfoncerai des coups
Qui ne seront suivis que de chagrins jaloux;
Je vous accablerai de honteuses surprises.

ACTE V, SCÈNE V.

Et choisirai partout, à vos vœux les plus doux,
Des Adonis et des Anchises
Qui n'auront que haine pour vous.

SCÈNE V.

VÉNUS, L'AMOUR; PSYCHÉ, évanouie.

VÉNUS.

La menace est respectueuse;
Et, d'un enfant qui fait le révolté,
La colère présomptueuse...

L'AMOUR.

Je ne suis plus enfant, et je l'ai trop été;
Et ma colère est juste autant qu'impétueuse.

VÉNUS.

L'impétuosité s'en devroit retenir;
Et vous pourriez vous souvenir
Que vous me devez la naissance.

L'AMOUR.

Et vous pourriez n'oublier pas
Que vous avez un cœur et des appas
Qui relèvent de ma puissance;
Que mon arc de la vôtre est l'unique soutien;
Que sans mes traits elle n'est rien;
Et que si les cœurs les plus braves
En triomphe, par vous, se sont laissé traîner,
Vous n'avez jamais fait d'esclaves
Que ceux qu'il m'a plu d'enchaîner!
Ne me vantez donc plus ces droits de la naissance
Qui tyrannisent mes désirs;
Et, si vous ne voulez perdre mille soupirs,
Songez, en me voyant, à la reconnoissance,

Vous qui tenez de ma puissance
Et votre gloire et vos plaisirs.

VÉNUS.

Comment l'avez-vous défendue,
Cette gloire dont vous parlez?
Comment me l'avez-vous rendue?
Et, quand vous avez vu mes autels désolés,
　　Mes temples violés,
　　Mes honneurs ravalés,
Si vous avez pris part à tant d'ignominie,
　　Comment en a-t-on vu punie
　　Psyché, qui me les a volés?
Je vous ai commandé de la rendre charmée
　　Du plus vil de tous les mortels,
Qui ne daignât répondre à son âme enflammée
　　Que par des rebuts éternels,
　　Par les mépris les plus cruels;
　　Et vous-même l'avez aimée !
Vous avez contre moi séduit des immortels ;
C'est pour vous qu'à mes yeux les Zéphyrs l'ont cachée ;
　　Qu'Apollon même, suborné,
　　Par un oracle adroitement tourné,
　　Me l'avoit si bien arrachée
　　Que si sa curiosité,
　　Par une aveugle défiance,
　　Ne l'eût rendue à ma vengeance,
Elle échappoit à mon cœur irrité.
Voyez l'état où votre amour l'a mise,
　　Votre Psyché : son âme va partir;
Voyez; et, si la vôtre en est encore éprise,
　　Recevez son dernier soupir.
Menacez, bravez-moi, cependant qu'elle expire :

ACTE V, SCÈNE V.

Tant d'insolence vous sied bien ;
Et je dois endurer quoi qu'il vous plaise dire,
Moi qui, sans vos traits, ne puis rien.

L'AMOUR.

Vous ne pouvez que trop, déesse impitoyable !
Le Destin l'abandonne à tout votre courroux ;
Mais soyez moins inexorable
Aux prières, aux pleurs d'un fils à vos genoux.
Ce doit vous être un spectacle assez doux
De voir d'un œil Psyché mourante,
Et de l'autre ce fils, d'une voix suppliante,
Ne vouloir plus tenir son bonheur que de vous.
Rendez-moi ma Psyché, rendez-lui tous ses charmes ;
Rendez-la, déesse, à mes larmes ;
Rendez à mon amour, rendez à ma douleur,
Le charme de mes yeux et le choix de mon cœur.

VÉNUS.

Quelque amour que Psyché vous donne,
De ses malheurs par moi n'attendez pas la fin.
Si le Destin me l'abandonne,
Je l'abandonne à son destin.
Ne m'importunez plus ; et, dans cette infortune,
Laissez-la, sans Vénus, triompher ou périr.

L'AMOUR.

Hélas ! si je vous importune,
Je ne le ferois pas si je pouvois mourir.

VÉNUS.

Cette douleur n'est pas commune,
Qui force un immortel à souhaiter la mort.

L'AMOUR.

Voyez, par son excès, si mon amour est fort.
Ne lui ferez-vous grâce aucune ?

VÉNUS.

Je vous l'avoue, il me touche le cœur,
Votre amour ; il désarme, il fléchit ma rigueur :
 Votre Psyché reverra la lumière.

L'AMOUR.

Que je vous vais partout faire donner d'encens !

VÉNUS.

Oui, vous la reverrez dans sa beauté première ;
 Mais de vos vœux reconnoissants
 Je veux la déférence entière ;
Je veux qu'un vrai respect laisse à mon amitié
 Vous choisir une autre moitié.

L'AMOUR.

 Et moi, je ne veux plus de grâce :
 Je reprends toute mon audace ;
 Je veux Psyché, je veux sa foi ;
Je veux qu'elle revive, et revive pour moi ;
Et tiens indifférent que votre haine lasse
 En faveur d'une autre se passe.
Jupiter, qui paroît, va juger entre nous
De mes emportements et de votre courroux.

 Après quelques éclairs et des roulements de tonnerre, Jupiter paroît en l'air sur son aigle.

SCÈNE VI.

JUPITER, VÉNUS, L'AMOUR ; PSYCHÉ, évanouie.

L'AMOUR.

 Vous, à qui seul tout est possible,
 Père des dieux, souverain des mortels,
Fléchissez la rigueur d'une mère inflexible,

ACTE V, SCÈNE VI.

Qui, sans moi, n'auroit point d'autels.
J'ai pleuré, j'ai prié, je soupire, menace,
    Et perds menaces et soupirs.
Elle ne veut pas voir que de mes déplaisirs
Dépend du monde entier l'heureuse ou triste face;
    Et que, si Psyché perd le jour,
Si Psyché n'est à moi, je ne suis plus l'Amour.
Oui, je romprai mon arc, je briserai mes flèches,
    J'éteindrai jusqu'à mon flambeau,
Je laisserai languir la Nature au tombeau;
Ou, si je daigne aux cœurs faire encor quelques brèches,
Avec ces pointes d'or qui me font obéir
Je vous blesserai tous là-haut pour des mortelles,
    Et ne décocherai sur elles
Que des traits émoussés qui forcent à haïr,
    Et qui ne font que des rebelles,
    Des ingrates et des cruelles[1].
    Par quelle tyrannique loi
Tiendrai-je à vous servir mes armes toujours prêtes,

---

1. Ces flèches, les unes d'or, les autres de plomb, dont l'effet est tout contraire, sont une fiction d'Ovide :

> Fugat hoc, facit illud amorem;
> Quod facit auratum est et cuspide fulget acuta :
> Quod fugat obtusum est et habet sub arundine plumbum.
>   (*Metamorphoseon*, lib. I.)

Voltaire a employé la même idée dans ces vers de *Nanine* :

> Je vous l'ai dit, l'Amour a deux carquois:
> L'un est rempli de ces traits tout de flamme,
> Dont la douceur porte la paix dans l'âme,
> Et rend plus purs nos goûts, nos sentiments,
> Nos soins plus vifs, nos plaisirs plus touchants ;
> L'autre n'est plein que de flèches cruelles
> Qui, répandant les soupçons, les querelles,
> Rebutent l'âme, y portent la tiédeur,
> Font succéder les dégoûts à l'ardeur.
>   (*Nanine,* acte I, scène 1.)

Et vous ferai-je à tous conquêtes sur conquêtes,
Si vous me défendez d'en faire une pour moi?
   JUPITER, à Vénus.
 Ma fille, sois-lui moins sévère;
Tu tiens de sa Psyché le destin en tes mains.
La Parque, au moindre mot, va suivre ta colère.
Parle, et laisse-toi vaincre aux tendresses de mère,
Ou redoute un courroux que moi-même je crains.
  Veux-tu donner le monde en proie
A la haine, au désordre, à la confusion;
   Et d'un dieu d'union,
 D'un dieu de douceurs et de joie,
Faire un dieu d'amertume et de division?
  Considère ce que nous sommes,
Et si les passions doivent nous dominer.
 Plus la vengeance a de quoi plaire aux hommes,
 Plus il sied bien aux dieux de pardonner.
   VÉNUS.
 Je pardonne à ce fils rebelle;
Mais voulez-vous qu'il me soit reproché
  Qu'une misérable mortelle,
L'objet de mon courroux, l'orgueilleuse Psyché,
  Sous ombre qu'elle est un peu belle,
  Par un hymen dont je rougis,
Souille mon alliance et le lit de mon fils?
   JUPITER.
 Hé bien! je la fais immortelle,
 Afin d'y rendre tout égal.
   VÉNUS.
Je n'ai plus de mépris ni de haine pour elle,
Et l'admets à l'honneur de ce nœud conjugal.
 Psyché, reprenez la lumière,

ACTE V, SCÈNE VI.

Pour ne la reperdre jamais.
Jupiter a fait votre paix ;
Et je quitte cette humeur fière
Qui s'opposoit à vos souhaits.

PSYCHÉ, sortant de son évanouissement.

C'est donc vous, ô grande déesse,
Qui redonnez la vie à ce cœur innocent !

VÉNUS.

Jupiter vous fait grâce, et ma colère cesse.
Vivez, Vénus l'ordonne ; aimez, elle y consent

PSYCHÉ, à l'Amour.

Je vous revois enfin, cher objet de ma flamme !

L'AMOUR, à Psyché.

Je vous possède enfin, délices de mon âme !

JUPITER.

Venez, amants, venez aux cieux
Achever un si grand et si digne hyménée.
Viens-y, belle Psyché, changer de destinée ;
Viens prendre place au rang des dieux.

Deux grandes machines descendent aux deux côtés de Jupiter, cependant qu'il dit ces derniers vers. Vénus, avec sa suite, monte dans l'une, l'Amour et Psyché dans l'autre, et tous ensemble remontent au ciel.

Les divinités qui avoient été partagées entre Vénus et son fils se réunissent en les voyant d'accord ; et toutes ensemble, par des concerts, des chants et des danses, célèbrent la fête des noces de l'Amour.

Apollon paroît le premier, et, comme dieu de l'harmonie, commence à chanter, pour inviter les autres dieux à se réjouir.

RÉCIT D'APOLLON.

Unissons-nous, troupe immortelle :
Le dieu d'amour devient heureux amant,

Et Vénus a repris sa douceur naturelle
 En faveur d'un fils si charmant;
Il va goûter en paix, après un long tourment,
Une félicité qui doit être éternelle.

TOUTES LES DIVINITÉS chantent ensemble ce couplet
à la gloire de l'Amour.

 Célébrons ce grand jour,
 Célébrons tous une fête si belle;
Que nos chants en tous lieux en portent la nouvelle;
Qu'ils fassent retentir le céleste séjour.
 Chantons, répétons tour à tour,
 Qu'il n'est point d'âme si cruelle
 Qui tôt ou tard ne se rende à l'Amour.

APOLLON continue.

 Le dieu qui nous engage
 A lui faire la cour
 Défend qu'on soit trop sage.
 Les plaisirs ont leur tour :
 C'est leur plus doux usage
 Que de finir les soins du jour.
 La nuit est le partage
 Des jeux et de l'amour.

 Ce seroit grand dommage
 Qu'en ce charmant séjour
 On eût un cœur sauvage.
 Les plaisirs ont leur tour :
 C'est leur plus doux usage
 Que de finir les soins du jour.
 La nuit est le partage
 Des jeux et de l'amour.

Deux Muses, qui ont toujours évité de s'engager sous les lois

ACTE V, SCÈNE VI.

de l'Amour, conseillent aux belles qui n'ont point encore aimé de s'en défendre avec soin, à leur exemple.

CHANSON DES MUSES.

Gardez-vous, beautés sévères :
Les amours font trop d'affaires ;
Craignez toujours de vous laisser charmer :
Quand il faut que l'on soupire,
Tout le mal n'est pas de s'enflammer ;
Le martyre
De le dire
Coûte plus cent fois que d'aimer.

SECOND COUPLET DES MUSES.

On ne peut aimer sans peines ;
Il est peu de douces chaînes ;
A tout moment on se sent alarmer.
Quand il faut que l'on soupire,
Tout le mal n'est pas de s'enflammer ;
Le martyre
De le dire
Coûte plus cent fois que d'aimer.

Bacchus fait entendre qu'il n'est pas si dangereux que l'Amour.

RÉCIT DE BACCHUS.

Si quelquefois
Suivant nos douces lois,
La raison se perd et s'oublie,
Ce que le vin nous cause de folie
Commence et finit en un jour ;
Mais quand un cœur est enivré d'amour,
Souvent c'est pour toute la vie.

Mome déclare qu'il n'a point de plus doux emploi que de médire, et que ce n'est qu'à l'Amour seul qu'il n'ose se jouer.

RÉCIT DE MOME.

Je cherche à médire
Sur la terre et dans les cieux ;
Je soumets à ma satire
Les plus grands des dieux.
Il n'est dans l'univers que l'Amour qui m'étonne,
Il est le seul que j'épargne aujourd'hui ;
Il n'appartient qu'à lui
De n'épargner personne.

ENTRÉE DE BALLET

COMPOSÉE DE DEUX MÉNADES ET DE DEUX ÉGIPANS
QUI SUIVENT BACCHUS.

ENTRÉE DE BALLET

COMPOSÉE DE QUATRE POLICHINELLES ET DE DEUX MATASSINS
QUI SUIVENT MOME, ET VIENNENT JOINDRE LEUR PLAISANTERIE
ET LEUR BADINAGE AUX DIVERTISSEMENTS
DE CETTE GRANDE FÊTE.

Bacchus et Mome, qui les conduisent, chantent au milieu d'eux chacun une chanson, Bacchus à la louange du vin, et Mome une chanson enjouée sur le sujet et les avantages de la raillerie.

RÉCIT DE BACCHUS.

Admirons le jus de la treille :
Qu'il est puissant, qu'il a d'attraits !
Il sert aux douceurs de la paix,
Et dans la guerre il fait merveille :
Mais surtout pour les amours
Le vin est d'un grand secours.

ACTE V, SCÈNE VI.

RÉCIT DE MOME.

Folâtrons, divertissons-nous,
Raillons, nous ne saurions mieux faire;
La raillerie est nécessaire
　　Dans les jeux les plus doux.
Sans la douceur que l'on goûte à médire,
On trouve peu de plaisirs sans ennui :
　　Rien n'est si plaisant que de rire,
　　Quand on rit aux dépens d'autrui.

　　Plaisantons, ne pardonnons rien;
　　Rions, rien n'est plus à la mode;
　　On court péril d'être incommode
　　　En disant trop de bien.
Sans la douceur que l'on goûte à médire,
On trouve peu de plaisirs sans ennui;
　　Rien n'est si plaisant que de rire,
　　Quand on rit aux dépens d'autrui.

Mars arrive au milieu du théâtre, suivi de sa troupe guerrière, qu'il excite à profiter de leur loisir, en prenant part aux divertissements.

RÉCIT DE MARS.

Laissons en paix toute la terre;
Cherchons de doux amusements.
Parmi les jeux les plus charmants,
Mêlons l'image de la guerre.

ENTRÉE DE BALLET.

Suivants de Mars, qui font, en dansant avec [des drapeaux et]* des enseignes, une manière d'exercice.

* Les mots entre crochets ne sont que dans l'édition de 1682.

DERNIÈRE ENTRÉE DE BALLET.

Les troupes différentes de la suite d'Apollon, de Bacchus, de Mome et de Mars, après avoir achevé leurs entrées particulières, s'unissent ensemble, et forment la dernière entrée, qui renferme toutes les autres.

Un chœur de toutes les voix et de tous les instruments, qui sont au nombre de quarante[1], se joint à la danse générale, et termine la fête des noces de l'Amour et de Psyché.

DERNIER CHOEUR.

Chantons les plaisirs charmants
    Des heureux amants.
  Que tout le ciel s'empresse
    A leur faire sa cour.
  Célébrons ce beau jour
Par mille doux chants d'allégresse ;
  Célébrons ce beau jour
Par mille doux chants pleins d'amour.

Dans le grand salon du palais des Tuileries, où *Psyché* a été représentée devant Leurs Majestés, il y avoit des timbales, des trompettes et des tambours mêlés dans ces derniers concerts ; et ce dernier couplet se chantoit ainsi :

Chantons les plaisirs charmants
    Des heureux amants.
  Répondez-nous, trompettes,
    Timbales et tambours ;
    Accordez-vous toujours
Avec le doux son des musettes ;
    Accordez-vous toujours
Avec le doux chant des amours.

---

1. Comparez ce tableau final avec celui qui est tracé par le livre du Ballet, ci-après, page 138.

PSYCHÉ

TRAGI-COMÉDIE ET BALLET

Dansé devant Sa Majesté au mois de janvier 1671[1].

DESCRIPTION DE LA SALLE.

Le lieu destiné pour la représentation et pour les spectateurs de cet assemblage de tant de magnifiques divertissements est une salle faite exprès pour les plus grandes fêtes et qui seule peut passer pour un très superbe spectacle. Sa longueur est de quarante toises. Elle est partagée en deux parties, l'une pour le théâtre, et l'autre pour l'assemblée. Cette dernière partie est celle que l'on voit la première ; elle a des beautés qui amusent agréablement les regards jusqu'au moment où la scène doit s'ouvrir. La face du théâtre, ainsi que les deux retours, est un grand ordre corinthien qui comprend toute la hauteur de l'édifice. On entre dans le parterre par deux portes différentes, à droit et à gauche. Ces entrées ont, des deux côtés, des colonnes sur des piédestaux, et des pilastres carrés élevés à la hauteur du théâtre. On monte ensuite sur un haut dais réservé pour les places des personnes royales et de ce qu'il y a de plus considérable à la cour. Cet espace est bordé d'une balustrade par devant, et de degrés en amphithéâtre tout à l'entour. Des colonnes, posées sur le haut

---

1. Qui rédigea ce livret ? Est-ce Molière ? est-ce Quinault, ou quelque autre ? Il est fort possible, fort probable même que Molière prit ce soin. Les arguments de chaque acte ne sont peut-être que le canevas qu'il avait livré à son collaborateur Corneille. Il est sûr, du moins, que, soigneux comme il était, il dut diriger et surveiller attentivement l'exécution du livre destiné à être distribué dans la salle des Tuileries. C'est une raison de plus pour qu'on n'hésite point à insérer ce canevas dans les œuvres de Molière ; mais nous ne répéterons pas les couplets, ce qui ferait double emploi ; nous nous bornerons à en citer le premier vers ; et l'on se reportera, pour en avoir la suite, au texte de la pièce.

de ces degrés, soutiennent des galeries sous lesquelles, entre les colonnes, on a placé des balcons qui sont ornés, ainsi que le plafond et tout ce qui paroît dans la salle, de ce que l'architecture, la sculpture, la peinture et la dorure ont de plus beau, de plus riche et de plus éclatant[1].

1. Nous allons compléter cette description de la salle, en empruntant quelques détails à l'ouvrage de l'abbé de Pure, intitulé : *Idée des spectacles anciens et nouveaux*, et publié en 1668 :

« Cette salle, dit-il, fut bâtie dans les alignements du dessin du Louvre, et ses dehors sont symétriques avec le reste de la façade. Voici les dimensions et le devis, tant du dedans que du dehors, qui m'a été donné par le sieur Charles Vigarani, fils de l'architecte Gaspard Vigarani :

« Le corps de la salle est partagé en deux parties inégales : la première comprend le théâtre et ses accompagnements ; la seconde contient le parterre, les corridors et les loges qui font face au théâtre et qui occupent le reste du salon de trois côtés, l'un qui regarde la cour, l'autre le jardin, et le troisième le corps du palais des Tuileries.

« La première partie, ou le théâtre, qui s'ouvre par une façade également riche et artiste, depuis son ouverture jusqu'à la muraille qui est du côté du pavillon, vers les vieilles écuries, a de profondeur vingt-deux toises. Son ouverture est de trente-deux pieds sur la largeur, ou entre les corridors et châssis qui règnent des deux côtés. La hauteur, ou celle des châssis, est de vingt-quatre pieds jusqu'aux nuages.

« Par-dessus les nuages jusqu'au tirant du comble, pour la retraite ou pour le mouvement des machines, il y a trente-sept pieds. Sous le plancher ou parquet du théâtre, pour les enfers ou pour les changements des mers, il y a quinze pieds de profondeur.

« La seconde partie, ou celle du parterre, qui est du côté de l'appartement des Tuileries, a de largeur, entre les deux murs, soixante-trois pieds ; entre les corridors, quarante-neuf. Sa profondeur, depuis le théâtre jusqu'au susdit appartement, est de quatre-vingt-treize pieds. Chaque corridor est de six pieds, et la hauteur du parterre jusqu'au plafond est de quarante-neuf pieds. Ce plafond a deux beautés aussi riches que surprenantes par sa dorure et par sa dureté. Celle-ci est toutefois la plus considérable, quoique la matière en soit commune et de peu de prix, car ce n'est que du carton, mais composé et pétri d'une manière si particulière qu'il est rendu aussi dur que de la pierre et que les plus solides matières. Le reste de la hauteur jusqu'au comble, où sont les rouages et les mouvements, est de soixante-deux pieds. »

Cette salle ne servit qu'aux représentations de *Psyché*. Elle fut ensuite abandonnée jusqu'en 1716, époque où on la raccommoda, comme disent les frères Parfait, pour les ballets qui y furent exécutés afin d'amuser la jeunesse de Louis XV. Lorsqu'après le premier incendie du théâtre du Palais-Royal, en 1763, Soufflot fut chargé de loger aux Tuileries l'Opéra français, il lui construisit une nouvelle salle sur l'espace occupé jadis par la scène du théâtre des Machines. Cette salle servit ensuite d'asile à la Comédie française lorsqu'en 1770 elle fut forcée d'abandonner son théâtre du faubourg Saint-Germain. Les dispositions intérieures en furent changées en 1792, pour bâtir la salle de la Convention nationale, à laquelle on arrivait par un perron donnant sur la terrasse des Feuillants. C'est là que fut prononcée, contre le petit-fils de Louis XIV, la sentence du 20 janvier 1793.

PROLOGUE.

Trente lustres qui éclairent la salle de l'assemblée se haussent pour laisser la vue du spectacle libre dans le moment que la toile qui ferme le théâtre se lève. La scène représente, sur le devant, des lieux champêtres. Un peu plus loin paroît un port de mer fortifié de plusieurs tours; dans l'enfoncement on voit un grand nombre de vaisseaux d'un côté, et de l'autre une ville d'une très vaste étendue.

Flore est au milieu du théâtre, suivie de ses nymphes, et accompagnée, à droit et à gauche, de Vertumne, dieu des arbres et des fruits, et de Palémon, dieu des eaux. Chacun de ces dieux conduit une troupe de divinités; l'un mène à sa suite des dryades et des sylvains, et l'autre des dieux des fleuves et des naïades.

Une grande machine descend du ciel au milieu de deux autres plus petites. Elles sont toutes trois enveloppées d'abord dans des nuages qui, en descendant, roulent, s'ouvrent, s'étendent, et occupent enfin toute la largeur du théâtre. On découvre une des Grâces dans chacune des petites machines, et la plus grande est occupée par Vénus et par son fils, environnés de six Amours. Aussitôt que Flore aperçoit Vénus, elle la presse de venir achever par ses charmes les douceurs que la Paix a commencé de faire goûter sur la terre, et, par un récit qu'elle chante, elle témoigne l'impatience qu'elle a de profiter du retour de la plus aimable des déesses et qui préside à la plus belle des saisons.

Flore : Mademoiselle Hilaire.
Nymphes de Flore qui chantent : Mademoiselle Desfronteaux, messieurs Gingan cadet, Langeais, Gillet, Oudot et Jannot.
Vertumne : M. de La Grille.
Palémon : M. Gaye.

BALLET DE PSYCHÉ.

SUITE DE VERTUMNE ET DE PALÉMON.

Sylvains : Messieurs Le Gros, Hédouin, Beaumont, Fernon l'aîné, Fernon le cadet, Rebel, Sérignan et Lemaire.

Fleuves : Messieurs Bony, Estival, Don, Gingan l'aîné, Morel, Deschamps, Bernard, Rossignol, Bomaviel et Miracle.

Naïades : Les sieurs Thierry, La Montagne, Mathieu, Perchot, Pierrot et Renier.

DANSEURS.

Quatre Dryades : Messieurs Delorge, Bonard, Chauveau et Favre.

Quatre Sylvains : Messieurs Chicanneau, La Pierre, Favier et Magny.

Quatre Fleuves : Messieurs Beauchamp, Mayeu, Desbrosses et Saint-André cadet.

Quatre Naïades : Messieurs Lestang, Arnal, Favier cadet et Foignard cadet.

Vénus : Mademoiselle Debrie.

L'Amour : La Thorillière le fils [1].

Six Amours : Thorillon, Baraillon [2], Pierre Lionnois, Maugé, Dauphin et Duchesne.

Deux Grâces : Mesdemoiselles La Thorillière et Du Croisy.

---

1. Ce fils de La Thorillière avait alors quatorze ans; il était né en 1656. Il devait parcourir une longue et brillante carrière théâtrale jusqu'à sa mort en 1731. Robinet paraît avoir ignoré le nom du jeune acteur qui joua ce rôle, car voici comment il s'exprime dans sa lettre du 1er août :

> Son fils (le fils de Vénus), nommé le dieu d'Amour,
> Qui là devient homme en un jour,
> Pour mieux contenter son amante,
> Savoir Psyché toute charmante,
> Est comme enfant représenté
> Par un, lequel, en vérité,
> S'acquitte à miracle du rôle
> De ce petit céleste drôle;
> Et, comme homme fait et formé,
> Par ce jeune acteur tant aimé
> Qui partout le *Baron* se nomme
> Et lequel des mieux joue en somme.

Robinet nomme La Thorillière fils dans sa lettre du 26 novembre 1672.

2. Ce Baraillon était sans doute un fils du tailleur de la troupe, M. Baraillon, souvent mentionné sur le registre de La Grange.

RÉCIT DE FLORE, *chanté par M*^{lle} *Hilaire*[1].
Ce n'est plus le temps de la guerre, etc.

Les nymphes de Flore, Vertumne et Palémon, avec les divinités qui les accompagnent, joignent leurs voix à celle de Flore pour presser Vénus de descendre sur la terre.

CHŒUR DES DIVINITÉS DE LA TERRE ET DES EAUX.

Nous goûtons une paix profonde, etc.

Vertumne et Palémon font, en chantant, une manière de dialogue pour exciter les plus insensibles à cesser de l'être à la vue

---

[1]. Robinet nous dit dans la lettre du 24 janvier :

> Cette Flore, qui fait florès,
> Est représentée (à peu près)
> Par l'illustre sirène Hilaire,
> Qui toujours a le don de plaire
> Avec son angélique voix
> Ainsi que la première fois.
> En charmant chacun, elle appelle
> Vénus, l'amoureuse immortelle,
> Afin qu'elle vienne ici-bas
> Achever par ses doux appas
> Les plaisirs dont la paix foisonne,
> Grâces à Louis qui la donne
> En interrompant ses exploits
> Qui pourroient établir ses lois
> Chez tous les peuples que la terre
> Dans sa vaste rondeur enserre.

Mais il n'est pas besoin de dire que la célèbre cantatrice ne fut pas de ces musiciens et musiciennes qui, dérogeant aux anciens usages, les uns moyennant onze livres par soirée, les autres moyennant cinq livres dix sous (La Grange, parmi les frais journaliers des représentations de *Psyché* à la ville, compte trois voix à onze livres, total, trente-trois livres; et quatre voix à cinq livres dix sous, total, vingt-deux livres), consentirent à « chanter sur le théâtre à visage découvert, habillés comme des comédiens ». La cantatrice qui accepta de représenter Flore au Palais-Royal se nommait Mlle de Rieux. Robinet, dans la lettre du 1er août, en parle dans ces termes flatteurs :

> Une assez grande damoiselle,
> Blondine, gracieuse et belle,
> Et d'assez bon air s'agitant,
> Représente Flore en chantant;
> Et, n'ayant guère de pareilles,
> Charme les yeux et les oreilles
> Par sa voix, et par des appas
> Que toutes chanteuses n'ont pas.

Ce dernier trait est une épigramme à l'adresse de Mlle Hilaire, qui n'était pas jolie.

de Vénus et de l'Amour. Les dryades, les sylvains, les dieux des fleuves et les naïades expriment en même temps par leurs danses la joie que leur inspire la présence de ces deux charmantes divinités.

<small>DIALOGUE DE VERTUMNE ET DE PALÉMON</small>, *chanté par MM. de La Grille et Gaye.*

Rendez-vous, beautés cruelles, etc.

Flore répond au dialogue de Vertumne et de Palémon par un menuet qu'elle chante : elle fait entendre que l'on ne doit pas perdre le temps des plaisirs et que c'est une folie à la jeunesse d'être sans amour. Les divinités qui suivent Vertumne et Palémon mêlent leurs danses au chant de Flore, et chacun fait connoître son empressement à contribuer à la réjouissance générale.

<small>MENUET DE FLORE</small>, *chanté par Mlle Hilaire.*

Est-on sage, etc.

Les divinités de la terre et des eaux, voyant approcher Vénus, recommencent de joindre toutes leurs voix et continuent par leurs danses de lui témoigner le plaisir qu'elles ressentent à son abord et la douce espérance dont son retour les flatte.

<small>CHŒUR DE TOUTES LES DIVINITÉS DE LA TERRE ET DES EAUX.</small>

Nous goûtons une paix profonde, etc.

Vénus descend avec son fils et les Grâces. Elle ne peut dissimuler la confusion qu'elle a des honneurs que l'on rend à la beauté de Psyché, au mépris de la sienne. Elle oblige les divinités qui se réjouissent de son retour sur la terre de la laisser seule avec l'Amour. Elle lui exagère son dépit, et l'ayant conjuré de la venger, elle se va cacher aux yeux de tout le monde, en attendant le succès de sa vengeance. L'Amour part du bord du théâtre, et, après avoir fait un tour en l'air en volant, il se va perdre dans les nues.

<small>NOMS DES ACTEURS.</small>

L'Amour : Baron.
Psyché : Mademoiselle Molière.
Deux sœurs de Psyché : Mesdemoiselles Marotte et Beauval.

Le père de Psyché : La Thorillière.
Son capitaine des gardes : Châteauneuf.
Les deux amants de Psyché : Hubert et La Grange.
Vénus : Mademoiselle Debrie.
Deux Grâces : Les petites La Thorillière et Du Croisy.
Deux petits Amours : Thorillon et Barillonnet.
Un Fleuve : Debrie.
Jupiter : Du Croisy.
Zéphyre : Molière.
Deux suivants et deux pages.

ARGUMENT DU PREMIER ACTE.

La scène est changée en une grande allée de cyprès, où l'on découvre, des deux côtés, des tombeaux superbes des anciens rois de la famille de Psyché. Cette décoration est coupée dans le fond par un magnifique arc de triomphe, à travers duquel on voit un éloignement de la même allée qui s'étend jusqu'à perte de vue.

Scène première. Les deux sœurs de Psyché expriment la jalousie qu'elles ont contre leur cadette.

Scène II. Elles veulent se rendre agréables à Cléomène et à Agénor, deux jeunes princes; mais elles les découvrent l'un et l'autre amoureux de Psyché.

Scène III. Les deux princes déclarent leur amour à Psyché.

Scène IV. Lycas, avec douleur, vient chercher Psyché de la part du roi son père.

Scène V. Les deux sœurs apprennent de Lycas la réponse funeste que l'oracle a rendue au roi sur la destinée de Psyché.

PREMIER INTERMÈDE.

La scène se change en des rochers affreux, et fait voir en éloignement une effroyable solitude. C'est dans ce désert que Psyché doit être exposée pour obéir à l'oracle. Une troupe de personnes affligées y viennent déplorer sa disgrâce. Une partie de cette troupe désolée témoigne sa pitié par des plaintes touchantes et par des concerts lugubres ; et l'autre exprime sa désolation par toutes les marques du plus violent désespoir.

Femme désolée qui plaint le malheur de Psyché : Mademoiselle Hilaire.

Hommes affligés qui plaignent sa disgrâce : Messieurs Morel et Langeais.

Dix flûtes : Les sieurs Philbert, Descouteaux, Piesche le fils; Nicolas, Louis, Martin et Colin Hottere; Fossart, Du Clos et Boutet.

PLAINTES EN ITALIEN, *chantées par Mlle Hilaire, MM. Morel et Langeais.*

Deh ! piangete, etc.

ENTRÉE D'HOMMES AFFLIGÉS ET DE FEMMES DÉSOLÉES.

Hommes : Messieurs Dolivet, Le Chantre, Saint-André l'aîné et Saint-André le cadet, La Montagne et Foignard l'aîné.

Femmes : Messieurs Bonard, Joubert, Dolivet le fils, Isaac, Vaignard l'aîné, et Girard.

ARGUMENT DU DEUXIÈME ACTE.

Scène première. Le père de Psyché fait éclater sa douleur et lui dit le dernier adieu.

Scène II. Les deux sœurs prennent aussi congé de Psyché.

Scène III. Les deux princes viennent trouver Psyché pour s'opposer ou s'exposer à tous les périls qui la pourront menacer. Elle est enfin enlevée par le Zéphyre, qui la fait emporter sur un amas de nuages par un tourbillon de vent. Les deux princes, qui la perdent de vue, s'abandonnent au désespoir.

DEUXIÈME INTERMÈDE.

Le théâtre se change en une cour magnifique, coupée dans le fond par un grand vestibule qui est soutenu par des colonnes

BALLET DE PSYCHÉ.

extrêmement enrichies. On voit, au travers de ce vestibule, un palais pompeux et brillant que l'Amour a destiné pour Psyché.

Des Cyclopes travaillent en diligence pour achever de grands vases d'or que des Fées leur apportent, et qui doivent être de nouveaux ornements du palais de l'Amour.

ENTRÉE DES CYCLOPES ET DES FÉES.

Huit Cyclopes : Messieurs Beauchamp, Chicanneau, Mayeu, La Pierre, Favier, Desbrosses, Joubert et Saint-André le cadet.

Huit Fées : Messieurs Noblet, Magny, Delorge, Lestang, La Montagne, Foignard l'aîné et Foignard le cadet, Vaignard l'aîné.

ARGUMENT DU TROISIÈME ACTE.

Scène première. Le Zéphyre, confident de l'Amour, lui rend compte de la commission qu'il a eue d'enlever Psyché.

Scène II. Psyché témoigne son étonnement à la vue de ce superbe palais qui s'accorde si mal avec ce qu'elle attend.

Scène III. L'Amour, sans se faire connoître, lui découvre sa passion, que Psyché reçoit favorablement. Elle lui demande à voir ses sœurs; l'Amour lui promet de les faire venir, et en donne l'ordre au Zéphyre, qui traverse en l'air tout le théâtre et s'envole dans les nuages par un mouvement rapide.

TROISIÈME INTERMÈDE.

De petits Zéphyrs sont invités à se mêler dans les doux jeux des Amours par des chansons qu'un Zéphyr et deux petits Amours chantent; et tous ensemble s'efforcent par leurs chants et par leurs danses de contribuer aux divertissements que l'Amour veut donner à Psyché.

Zéphyr qui chante : Jannot.
Deux Amours chantants : Renier et Pierrot.
Huit Zéphyrs dansants : Messieurs Bouteville, Des-Airs, Artus, Vaignard le cadet, Germain, Pécourt, Demirail et Lestang le jeune.

Huit Amours dansants : Le chevalier Pol, messieurs Bouilland, Thibaut, La Montagne, Dolivet fils, Daluseau, Vitrou et La Thorillière.

CHANSON DU ZÉPHYR.

Aimable jeunesse, etc.

DIALOGUE DES DEUX AMOURS.

Ils chantent ensemble. Chacun est obligé d'aimer, etc.
Un Amour chante seul. Un cœur jeune et tendre, etc.
Les deux Amours chantent ensemble. Chacun est obligé d'aimer, etc.
Le second Amour chante seul. Pourquoi se défendre? etc.
Les deux Amours ensemble. Chacun est obligé d'aimer, etc.

SECOND COUPLET DE LA CHANSON DU ZÉPHYR.

L'amour a des charmes, etc.

SECOND COUPLET DU DIALOGUE DES DEUX AMOURS.

Ils chantent ensemble. S'il faut des soins et des travaux, etc.
Un Amour seul. On craint, on espère, etc.
Les deux Amours ensemble. S'il faut des soins et des travaux, etc.
Le second Amour seul. Que peut-on mieux faire, etc.
Les deux Amours ensemble. S'il faut des soins et des travaux, etc.

ARGUMENT DU QUATRIÈME ACTE.

Le théâtre devient un jardin superbe et charmant. On y voit des berceaux de verdure soutenus par des termes d'or, et décorés de vases d'orangers et d'arbres de toutes sortes de fruits. Le milieu du théâtre est rempli des fleurs les plus belles et les plus rares, environnées de haies de buis. On découvre dans l'enfoncement plusieurs dômes de rocailles ornés de coquillages, de fontaines et de statues; et toute cette agréable vue se termine par un magnifique palais.

Scène première. Les deux sœurs de Psyché s'étonnent à la vue de toutes les merveilles qu'elles rencontrent; et la félicité de Psyché redouble leur jalousie contre elle.

Scène II. Elles profitent de la bonne foi de Psyché; et, lorsqu'elles s'en doivent séparer, le Zéphyre les enlève par un nuage en globe qui descend du ciel et qui s'allonge jusqu'à terre. Ce nuage enveloppe les deux sœurs, et s'étant étendu sur toute la largeur du théâtre, il les emporte avec rapidité.

Scène III. Psyché, malgré la résistance de l'Amour, veut savoir ce qu'il est; l'Amour, lié par un serment, est contraint de se découvrir, et part en colère pour retourner au ciel. Dans l'instant qu'il s'envole, le superbe jardin s'évanouit, et Psyché se trouve seule au milieu d'une vaste campagne et sur le bord sauvage d'une grande rivière.

Scène IV. Psyché, au désespoir du départ de son amant, accuse sa curiosité et se veut précipiter dans le fleuve.

Scène V. Le dieu du fleuve paroît assis sur un amas de joncs et de roseaux, et appuyé sur une grande urne d'où sort une grosse source d'eau. Il retient Psyché, et l'avertit que Vénus la cherche.

Scène VI. Vénus fait des reproches à Psyché, qui essaye de s'excuser. La déesse, irritée, lui ordonne de la suivre pour éprouver sa constance.

QUATRIÈME INTERMÈDE.

La scène représente les enfers. On y voit une mer toute de feu, dont les flots sont dans une perpétuelle agitation. Cette mer effroyable est bornée par des ruines enflammées; et, au milieu de ses flots agités, au travers d'une gueule affreuse, paroît le palais infernal de Pluton.

Des furies se réjouissent de la rage qu'elles ont allumée dans l'âme de la plus douce des divinités. Des lutins se mêlent avec les furies; ils essayent par des figures étonnantes d'épouvanter Psyché, qui est descendue aux enfers, mais les charmes de sa beauté obligent les furies et les lutins de se retirer.

ENTRÉE DES FURIES ET DES LUTINS.

Douze Furies : Messieurs Beauchamp, Hidieu, Chicanneau, Mayeu, Desbrosses, Magny, Foignard l'aîné et Foignard le cadet, Joubert, Lestang, Favier l'aîné et Saint-André le cadet.

Quatre Lutins faisant des sauts périlleux : Cobus, Maurice, Poulet et Petit-Jean.

ARGUMENT DU CINQUIÈME ACTE.

Scène première. Psyché passe dans une barque, et après plusieurs travaux paroît avec la boîte qu'elle a été prendre dans les enfers par l'ordre de Vénus.

Scène II. Elle trouve les ombres des deux princes ses amants, que le désespoir avoit fait mourir.

Scène III. Psyché, sans songer au malheur que lui avoit produit sa première curiosité, veut essayer sur elle la vertu de ce qu'elle porte dans la boîte; et, en l'ouvrant, elle tombe évanouie.

Scène IV. L'Amour descend en volant, et vient promptement au secours de Psyché. Il la croit morte, et s'abandonne au désespoir.

Scène V. Vénus paroît en l'air sur son char; et la mère et le fils s'emportent l'un contre l'autre.

Scène VI. Jupiter s'avance pour arrêter leurs emportements. Lorsque Vénus l'aperçoit, elle se retire vers l'un des côtés du théâtre. Jupiter met enfin d'accord Vénus et son fils, et commande à l'Amour d'enlever Psyché au ciel pour y célébrer leurs noces.

DERNIER INTERMÈDE.

Le théâtre se change et représente le ciel. Le grand palais de Jupiter descend et laisse voir dans l'éloignement, par trois suites de perspective, les autres palais des dieux du ciel les plus puissants. Un nuage sort du théâtre, sur lequel l'Amour et Psyché se placent et sont enlevés par un second nuage, qui vient en descendant se joindre au premier. Une troupe de petits Amours vient dans cinq machines, dont les mouvements sont tous différents, pour témoigner leur joie au dieu des Amours. Et dans le même temps Jupiter et Vénus se croisent en l'air et se rangent près de l'Amour et de Psyché.

Les divinités des cieux, qui avoient été partagées entre Vénus et son fils, se réunissent en les voyant d'accord. Elles paroissent au nombre de trois cents sur des nuages, dont tout le théâtre est rempli ; et toutes ensemble par des concerts, des chants et des danses, célèbrent la fête des noces de l'Amour.

Apollon conduit les Muses et les Arts ; Bacchus est accompagné de Silène, des Égipans et des Ménades. Mome, dieu de la raillerie, mène avec lui une troupe enjouée de polichinelles et de matassins ; et Mars paroît à la tête d'une troupe de guerriers suivis de timbales, de tambours et de trompettes.

Apollon, dieu de l'harmonie, commence le premier à chanter, pour inviter les dieux à se réjouir.

RÉCIT D'APOLLON, chanté par M. Langeais.

Unissons-nous, troupe immortelle, etc.
Jusqu'à   Une félicité qui doit être éternelle.

Toutes les divinités célestes chantent ensemble à la gloire de l'Amour.

CHŒUR DES DIVINITÉS CÉLESTES.

Célébrons ce grand jour, etc.
Jusqu'à   Qui tôt ou tard ne se rende à l'Amour.

Bacchus fait entendre qu'il n'est pas si dangereux que l'Amour.

RÉCIT DE BACCHUS, chanté par M. Gaye.

Si quelquefois, etc.
Jusqu'à   Souvent, c'est pour toute la vie.

Mome déclare qu'il n'a pas de plus doux emploi que de médire, et que ce n'est qu'à l'Amour seul qu'il n'ose se jouer.

RÉCIT DE MOME, chanté par M. Morel.

Je cherche à médire, etc.
Jusqu'à   De n'épargner personne.

Mars avoue que, malgré toute sa valeur, il n'a pu s'empêcher de céder à l'Amour :

RÉCIT DE MARS, chanté par M. Estival.

Mes plus fiers ennemis, vaincus ou pleins d'effroi,
Ont vu toujours ma valeur triomphante ;
L'Amour est le seul qui se vante
D'avoir pu triompher de moi.

Tous les dieux du ciel unissent leurs voix et engagent les timbales et les trompettes à répondre à leurs chants et à se mêler avec leurs plus doux concerts.

<small>CHŒUR DES DIEUX</small>, *où se mêlent les trompettes et les timbales.*

Chantons les plaisirs charmants
Des heureux amants.
Répondez-nous, trompettes,
Timbales et tambours;
Accordez-vous toujours
Avec le doux son des musettes;
Accordez-vous toujours
Avec le doux chant des amours.

ENTRÉE DE LA SUITE D'APOLLON.

SUITE D'APOLLON.

Les neuf Muses : Mlle Hilaire, Mlle Desfronteaux, Mlles Piesche sœurs; MM. Gillet, Oudot, Henry Hilaire, Descouteaux et Piesche cadet.

Concertants : MM. Chaudron père, Piesche l'aîné, Marchand, Laquaisse cadet, Clérambaut, Le Doux, Pesan, Gervais, Camille, Henry, Verdier, Bernard, Mercier, Chevalier, Desnoyers, Edme Verdier et Saint-Père.

Les Arts, travestis en bergers galants pour paroître avec plus d'agrément dans cette fête, commencent les premiers à danser. Apollon vient joindre une chanson à leurs danses, et les sollicite d'oublier les soins qu'ils ont accoutumé de prendre le jour, pour profiter des divertissements de cette nuit bienheureuse.

Arts travestis en bergers galants : MM. Beauchamp, Chicanneau, La Pierre, Favier l'aîné, Magny, Noblet, Desbrosses, Lestang, Foignard l'aîné et Foignard le cadet.

<small>CHANSON D'APOLLON</small>, *chantée par M. Langeais.*
Le dieu qui nous engage, etc.

Au milieu de l'entrée de la suite d'Apollon, deux des Muses qui ont toujours évité de s'engager sous les lois de l'Amour, conseillent aux belles qui n'ont point encore aimé, de s'en défendre avec soin à leur exemple.

<small>CHANSON DES MUSES,</small> *chantée par Mlle Hilaire et par Mlle Desfronteaux.*

Gardez-vous, beautés sévères, etc.

ENTRÉE DE LA SUITE DE BACCHUS.

SUITE DE BACCHUS.

Concertants : MM. de La Grille, Le Gros, Gingan l'aîné, Bernard, Rossignol, La Forest, Miracle cadet, Renier et Jannot.

Violons : MM. Dumanoir père et fils, Balus père et fils, Chaudron fils, Lepeintre, Lique, Leroux, Le Gros, Varin, Joubert, Rafié, Desmatins, Léger, L'Espine et Leroux cadet.

Bassons : Les sieurs Colin Hottere et Philidor.

Hautbois : Les sieurs Du Clos, Duchot et Philidor cadet.

Les Ménades et les Égipans viennent danser à leur tour. Bacchus s'avance au milieu d'eux, et chante une chanson à la louange du vin.

Six Ménades : MM. Isaac, Paysan, Joubert, Dolivet fils, Breteau et Desforges.

Six Égipans : MM. Dolivet, Hidieu, Le Chantre, Royer, Saint-André l'aîné et Saint-André le cadet.

<small>CHANSON DE BACCHUS,</small> *chantée par M. Gaye.*

Admirons le jus de la treille, etc.

Silène, nourricier de Bacchus, paroît monté sur son âne. Il chante une chanson qui fait connoître les avantages que l'on trouve à suivre les lois du dieu du vin.

<small>CHANSON DE SILÈNE,</small> *chantée par M. Blondel.*

Bacchus veut qu'on boive à longs traits ;
On ne se plaint jamais
Sous son heureux empire :
Tout le jour on n'y fait que rire,
Et la nuit on y dort en paix.

Ce dieu rend nos vœux satisfaits;
Que sa cour a d'attraits!
Chantons-y bien sa gloire :
Tout le jour on n'y fait que boire,
Et la nuit on y dort en paix.

Deux Satyres se joignent à Silène, et tous trois chantent ensemble un trio à la louange de Bacchus et des douceurs de son empire.

TRIO DE SILÈNE ET DE DEUX SATYRES, *chanté par MM. Blondel, de La Grille et Bernard.*

Voulez-vous des douceurs parfaites?
Ne les cherchez qu'au fond des pots.
UN SATYRE.
Les grandeurs sont sujettes
A cent peines secrètes.
SECOND SATYRE.
L'amour fait perdre le repos.
TOUS ENSEMBLE.
Voulez-vous des douceurs parfaites?
Ne les cherchez qu'au fond des pots.
UN SATYRE.
C'est là que sont les ris, les jeux, les chansonnettes.
SECOND SATYRE.
C'est dans le vin qu'on trouve les bons mots.
TOUS ENSEMBLE.
Voulez-vous des douceurs parfaites?
Ne les cherchez qu'au fond des pots.

Deux autres Satyres enlèvent Silène de dessus son âne, qui leur sert à voltiger et à former des jeux agréables et surprenants.

Deux Satyres voltigeurs : MM. de Meniglaise et de Vieux-Amant.

ENTRÉE DE LA SUITE DE MOME.

SUITE DE MOME.

Concertants : MM. Don, Beaumont, Fernon l'aîné, Fernon cadet, Gingan cadet, Deschamps, Horat, La Montagne et Pierrot.
Violons : Les sieurs Marchand, Laquaisse, Huguenet, Magny, Brouard, Fossard, Huguenet cadet, Destouches, Guenin, Roullé,

BALLET DE PSYCHÉ.

Charpentier, Ardelet, Lafontaine, Charlot, et Martinot père et fils.

Bassons : Les sieurs Nicolas et Martin Hottere.

Hautbois : Les sieurs Piesche père, Plumet et Louis Hottere.

Une troupe de Polichinelles et de Matassins viennent joindre leurs plaisanteries et leurs badinages aux divertissements de cette grande fête. Mome, qui les conduit, chante au milieu d'eux une chanson enjouée sur le sujet des avantages et des plaisirs de la raillerie.

Six Matassins dansants : MM. Delorge, Bonard, Arnal, Favier cadet, Goyer et Bureau.

Six Polichinelles : MM. Manceau, Girard, Lavallée, Favre, Lefebure et La Montagne.

CHANSON DE MOME, *chantée par M. Morel.*

Folâtrons, divertissons-nous, etc.

ENTRÉE DE LA SUITE DE MARS.

SUITE DE MARS.

Concertants : MM. Bony, Hédouin, Sérignan, La Griffonnière, Lemaire, Desuelois, David, Beaumaviel, Miracle, Perchot, Thierry et Mathieu.

Violons : MM. Masuel, Thaumin, Chicanneau, Bonnefons, Laplace, Regnaut, Passe, Dubois, Duvivier, Nivelon, Lejeune, Dufresne, Allais, Dumont, Lebret, d'Auche, Converset et Rousselet fils.

Basson : Rousset.

Flûtes : Philbert, Boutet et Paisible.

M. Rebel, *conducteur*.

Daire, *timbalier*. Ferrier, *sacq debout*.

Trompettes : Du Clos, Denis, Larivière, L'Orange, La Plaine, Pellissier, Pètre, Roussillon et Rodolfe.

Mars vient au milieu du théâtre, suivi de sa troupe guerrière, qu'il excite à profiter de leur loisir en prenant part aux divertissements.

CHANSON DE MARS, *chantée par M. Estival.*
Laissons en paix toute la terre, etc.

Quatre hommes portant des masses et des boucliers ; quatre autres armés de demi-piques, et quatre autres avec des enseignes font, en dansant, une manière d'exercice.

Quatre Enseignes : MM. Beauchamp, Mayeu, La Pierre et Favier.
Quatre Piquiers : MM. Noblet, Chicanneau, Magny et Lestang.
Quatre Porte-masses et rondaches : MM. Camet, La Haye, Leduc et Dubuisson.

DERNIÈRE ENTRÉE.

Les quatre troupes différentes de la suite d'Apollon, de Bacchus, de Mome et de Mars, après avoir achevé leurs entrées particulières, s'unissent ensemble et forment la dernière entrée, qui renferme toutes les autres. Un chœur de toutes les voix et de tous les instruments se joint à la danse générale, et termine la fête des noces de l'Amour et de Psyché.

CHŒUR.

Chantons les plaisirs charmants
Des heureux amants.
Répondez-nous, trompettes,
Timbales et tambours ;
Accordez-vous toujours
Avec le doux son des musettes ;
Accordez-vous toujours
Avec le doux chant des amours [1].

1. La plus notable différence qu'on remarque entre les deux leçons du dernier intermède, celle des éditions originales et celle du livre du Ballet, c'est que dans celles-là chacune des principales divinités ne fait qu'un récit, tandis que dans celle-ci chacune d'elles fait d'abord un récit, puis revient chanter une chanson. L'intermède est donc, d'un côté, presque double de ce qu'il est de l'autre.

FIN DE PSYCHÉ.

LES
FOURBERIES DE SCAPIN

COMÉDIE EN TROIS ACTES

24 mai 1671

NOTICE PRÉLIMINAIRE.

Au printemps de l'année 1671, pendant que le roi, suivi de sa cour, visitait les places de Flandre, Molière, rendu enfin à son théâtre, voulut inaugurer par une pièce nouvelle la salle du Palais-Royal, nouvellement restaurée, et dans laquelle *Psyché* n'avait pas encore paru, et il composa *les Fourberies de Scapin*.

Les *Fourberies de Scapin* sont une composition singulière, à la fois antique, italienne et française; pleine d'harmonie et de clarté, quoique formée d'éléments complexes; presque toute empruntée, et pourtant d'une liberté de mouvement, d'une vivacité d'action, d'un entrain tout original.

Elle est tirée de la quatrième pièce de Térence, *Phormion*, jouée à Rome 159 ans avant J.-C. Une courte analyse de cette comédie latine permettra d'apprécier ce que Molière lui prit et ce qu'il ne jugea pas à propos de lui prendre. Voici le sujet de *Phormion*. Un Athénien, Chrémès, mari d'une riche citoyenne, Nausistrata, dont il a un fils nommé Phédria, ne s'est point contenté de cette union légitime. Dans un voyage qu'il a fait à Lemnos, Chrémès est devenu amoureux d'une jeune femme qu'il a épousée secrètement, en prenant le faux nom de Stilpon, et qui lui a donné une fille appelée Phanium. Personne ne connaît cette union clandestine, excepté Démiphon, frère de Chrémès. Aussi, dans l'intention de mieux cacher le mystère de sa naissance, Chrémès et Démiphon sont convenus entre eux de marier Phanium à Antiphon, fils de ce dernier. Sur ces entrefaites, Démiphon s'embarque pour la Cilicie, afin de mettre ordre à certaines affaires, et Chrémès pour Lemnos, dans le dessein d'en ramener Phanium avec sa mère. Chrémès ne retrouve plus celles qu'il vient chercher. La mère de Phanium, contrainte par l'indigence, et voyant sa fille arrivée à ses quinze ans, s'est embarquée avec Phanium et la nourrice Sophrona, dans l'espoir de rencontrer à Athènes le prétendu Stilpon. Elle y fait des recherches inutiles. Le chagrin l'abat, la maladie s'empare d'elle, et elle meurt, laissant sa fille aux soins de Sophrona.

Antiphon, que le hasard a conduit chez Phanium, a vu la jeune fille au désespoir; il s'est épris de cette beauté éplorée. Il veut épouser Phanium et il supplie Géta, un esclave de confiance à qui Chrémès et Démiphon ont, en partant, laissé le gouvernement de leurs fils, de lui en faciliter les moyens. Géta met son pupille en rapport avec Phormion le parasite. Phormion est un chevalier d'industrie, retors et délié en affaires, connaissant tous les détours de la chicane et sachant crier d'autant plus fort qu'il a moins raison. L'intrigant, par une comédie jouée devant la justice, ajuste le mariage d'Antiphon avec Phanium. Les deux vieillards arrivent, et comme ils sont loin de se douter que l'union accomplie pendant leur voyage est précisément celle qu'ils projetaient, ils avisent aux moyens de la rompre.

De son côté Phédria, le fils de Chrémès, amoureux d'une joueuse de cithare, a besoin de trente mines d'argent (somme équivalant à 900 francs environ de notre monnaie) pour payer à Dorion, marchand d'esclaves, le prix de celle qu'il veut acquérir. Géta s'ingénie pour arracher cet argent aux vieillards; il les assure que Phormion consentira, moyennant cette somme, à faire rompre le mariage contracté par son entremise, et lui-même épousera Phanium. Les vieillards, dans la crainte des procès, remettent la somme à Phormion, qui la remet à Phédria, des mains duquel elle passe dans celles du marchand d'esclaves.

Les choses en sont à ce point, quand le hasard fait rencontrer Chrémès par la nourrice Sophrona. Elle reconnait en lui le Stilpon de Lemnos, le mari de sa défunte maîtresse, le père de l'orpheline que vient d'épouser Antiphon. L'explication qu'ils ont ensemble fait comprendre à Chrémès que le fils de Démiphon a précisément la femme qui lui était destinée, et que le sort a conduit l'affaire au gré de leurs plus chers désirs. Les vieillards se proposent de traiter l'intrigant Phormion comme il le mérite ; mais Géta, qui a surpris leur secret, raconte l'aventure à son complice. Phormion attire par ses cris la fière et revêche Nausistrata, à qui il révèle le mariage clandestin qu'avait contracté son mari. Nausistrata, indignée, exige de Chrémès qu'il pardonne l'escroquerie des trente mines, qu'il laisse à son fils Phédria sa joueuse de cithare, et qu'il reçoive même à sa table l'impudent Phormion.

Dans la comédie de Molière, le personnage de Nausistrata ne se retrouve plus; mais Géronte, c'est Chrémès; Argante, c'est Démiphon; Octave, amoureux d'Hyacinte, c'est Antiphon; Léandre, c'est Phédria; Scapin, c'est Phormion; et Sylvestre a quelques parties du rôle de Géta; toutefois, il est plus exact de dire que Scapin résume en lui les deux personnages, l'agent d'intrigues et l'esclave de la comédie latine.

Térence a donc fourni le fond de la pièce. Les détails, les motifs de chaque scène, qui souvent forme à elle seule dans Molière toute une petite comédie, sont d'origine italienne ou française.

Ce qui semble revenir plus spécialement à la farce italienne, c'est l'idée de la confession de Scapin, acte II, scène v; elle existait, suivant Cailhava, dans un canevas italien intitulé *Pantalon père de famille*. Un fils de Pantalon vole un étui d'or sur la toilette de sa belle-mère. On accuse Arlequin; on le menace de le faire pendre s'il n'avoue son larcin; il se met à genoux et déclare une infinité de vols dont on ne l'avait pas soupçonné. Il ne manque à ce canevas que d'avoir une date certaine.

La farce française a contribué pour le fameux sac qui choquait si fort Boileau (acte III, scène II). Ce jeu comique fut très probablement suggéré à Molière par les parades de Tabarin. On sait que ce bouffon, célèbre au commencement du XVIIe siècle, attirait la foule autour des tréteaux d'un charlatan nommé Mondor, qui vendait du baume sur le Pont-Neuf. « Comme tous les opérateurs importants, dit M. Fournel[1], Mondor avait une troupe

---

1. *Les Spectacles populaires.* Paris, E. Dentu, éditeur, 1863. Page 250.

comique, un orchestre, et donnait des représentations. Une estampe du temps, placée en tête des *Œuvres* de Tabarin, représente son théâtre avec ses accompagnements élémentaires et indispensables : une estrade, décorée, dans le fond, d'un lambeau de tapisserie ; sur le devant, Tabarin et Mondor ; derrière eux, un joueur de violon, un joueur de rebec, et un valet qui ouvre un coffre pour passer les fioles et les boîtes à Mondor. » Parmi les farces tabariniques qui s'exécutaient sur ce théâtre en plein vent, et dont les canevas ont été recueillis, il en est deux, les deux premières, où un sac joue le principal rôle. Il suffira de citer l'argument de la seconde : « Lucas va en marchandise, donne sa fille en garde à Tabarin, laquelle l'envoie vers le capitaine Rodomont. Ce capitaine donne une chaîne à Tabarin pour sa maîtresse ; Tabarin le fait entrer dans un sac, il veut garder la fidélité à son maître. Lucas arrive de voyage ; le capitaine enfermé dans le sac, pour sortir, trouve une invention, qui est de persuader à Lucas qu'on l'a mis en ce sac à cause qu'il ne vouloit se marier à une vieille qui avoit cinquante mille écus. Lucas, comme les vieillards sont ordinairement avaricieux, demande la place du capitaine Rodomont, et s'enferme dans le sac. Tabarin et Isabelle viennent pour frotter le capitaine, et, après l'avoir bien battu, trouvent que c'est Lucas et demeurent bien étonnés. » Voyez le Recueil tabarinique, fréquemment réédité de nos jours.

On a relevé dans cette pièce une double imitation plus caractérisée que celles que Molière s'est ordinairement permises. Cyrano de Bergerac est auteur d'une comédie intitulée *le Pédant joué*, qui fut publiée chez Ch. de Sercy, in-4° et in-12, en 1654, mais qui avait été composée plus anciennement. Or la scène XI du deuxième acte des *Fourberies de Scapin*, où Scapin raconte à Géronte que Léandre, son fils, étant allé se promener sur le port, est monté sur une galère turque qui l'amène en Barbarie si lui, Géronte, ne le rachète moyennant cinq cents écus, offre une frappante analogie avec la scène IV du deuxième acte du *Pédant joué*. Le mot de Géronte, devenu proverbial : « Qu'allait-il faire dans cette galère ? » est répété dans la scène IV de l'acte II du *Pédant joué*, comme il l'est dans la scène de Molière ; et les deux scènes ont le même but et sont tracées sur le même plan.

L'autre scène, qu'on trouve des deux parts, est celle où Zerbinette dans Molière, Genevote dans Cyrano, racontent en riant au vieillard la fourberie dont il a été victime. La comédie de Cyrano a été composée très probablement vers 1645. Une allusion qu'elle contient en donne la date presque certaine. *Les Fourberies de Scapin* ont été représentées en 1671. *Le Pédant joué* a donc sur elles une avance d'environ vingt-six ans. Il ne semble pas qu'il puisse y avoir doute sur celui des deux auteurs qui a le mérite de la priorité, et la tradition rapporte que Molière, lorsqu'on lui reprochait de s'être approprié les deux scènes de Cyrano, se contentait de répondre : « On reprend son bien où on le trouve. »

Toutefois on a, dans ces derniers temps, épilogué sur le sens de ce mot attribué à Molière. On a rappelé que le jeune Jean-Baptiste Poquelin, qui devait illustrer le nom de Molière, et Cyrano de Bergerac s'étaient rencontrés, dit-on, aux leçons du philosophe Gassendi. M. Victor Fournel et M. Paul Lacroix ont conjecturé qu'il a pu y avoir entre Molière et Cyrano, qui n'avait que trois ans de plus que lui, un échange d'idées et même d'essais comiques ; que Molière a pu esquisser alors les deux scènes en question, dont Cyrano aurait le premier fait usage ; mais que l'auteur des *Fourberies de Scapin,* utilisant plus tard ces idées à son tour, était peut-être en droit de dire littéralement qu'il reprenait son bien où il le trouvait.

M. Jules Guillemot, ayant entrepris d'arranger *le Pédant joué* pour une représentation aux matinées dramatiques du théâtre de la Gaîté en janvier 1878, reprit la thèse pour son compte et la fortifia de quelques observations nouvelles. Dans une lettre adressée par lui à M. Eugène Tassin, chargé de faire la conférence préparatoire, il dit : « Rappelez-vous bien l'histoire de la galère dans *les Fourberies de Scapin.* Scapin et Léandre sont allés se promener sur le port ; ils avisent une galère turque « assez « bien équipée ». C'est alors qu'un jeune Turc de bonne mine les invite à y entrer en leur présentant la main. Il leur fait mille civilités, leur offre la collation, puis il lève l'ancre, et vous savez le reste. Toutes ces circonstances justifient à merveille les regrets de Géronte et sa persistance si *nature,* et partant si comique, à répéter sans cesse : « Qu'allait-il faire dans cette galère ? »

Rien de pareil dans *le Pédant joué.* La capture a lieu en plein Paris; Corbinelli raconte au pédant Granger qu'il venait de s'embarquer avec son fils Charlot Granger pour passer de la porte de Nesles au quai de l'École (Saint-Germain-l'Auxerrois). « Mais, « ajoute-t-il, à peine avons-nous éloigné la côte que nous avons « été pris par une galère turque. » Rien de plus, et pourtant ceci n'empêchera pas Cyrano de garder le mot de Molière, qui donne en quelque sorte le *la* à cette excellente scène et qui en est comme l'incomparable refrain. « Pourquoi faire, aussi, aller « dans la galère d'un Turc, d'un Turc? — Aller sans dessein dans « une galère! »

« Mais permettez, ombre de Cyrano! (C'est toujours M. Guillemot qui parle.) Le fils de Granger n'a jamais songé à aller dans la galère du Turc; on l'y a fait entrer de force. Et ce mot, si caractéristique chez Molière, n'a plus chez vous aucune raison d'être. Vous confondez votre pièce avec *les Fourberies,* et vous commettez une méprise bien étrange, et d'autant plus étrange, si votre comédie est vraiment antérieure à celle de Molière! Vous êtes le voleur, avouez-le, car vous voilà pris la main dans le sac...

« Admettons, si vous voulez, l'hypothèse de M. Fournel. L'idée de la scène est due à une collaboration de jeunesse entre les deux écrivains. Chacun a repris son bien où il le trouvait. Soit! Mais visiblement Molière n'emprunte rien à Cyrano; et Cyrano s'approprie le *Qu'allait-il faire?* en oubliant de le motiver. »

Supposer que *les Fourberies de Scapin* aient été ébauchées par Molière dès l'âge de seize ou dix-sept ans (Cyrano entra au service à la fin de 1638 ou au commencement de 1639 au plus tard), c'est assez invraisemblable. Dire que, des deux auteurs, celui qui est venu vingt-six ans avant l'autre est le plagiaire, c'est un peu audacieux. L'hypothèse de la collaboration des deux écrivains à un scénario comique est une hypothèse bien hasardée. En dépit même de la tradition dont le Père Niceron s'est fait l'écho, les relations de jeunesse qu'ils ont pu avoir ensemble demeurent très problématiques.

Et cependant M. Guillemot a raison : la scène du *Pédant joué* a tous les caractères d'une scène empruntée et employée malhabilement. Il est évident que cette scène dut être primitivement imaginée dans une pièce dont l'action se passait au bord de la mer et sur les côtes exposées aux incursions barbaresques. Cyrano ne l'a fait entrer que de force dans son *Pédant joué*, dont la scène est à Paris; il a été obligé d'inventer pour cela cette facétie des Turcs qui seraient venus de Constantinople jusqu'à Saint-Cloud « entre deux eaux ». Mais comme la crédulité du pédant à un tel récit ne saurait être acceptée des spectateurs, l'effet de la scène est nul au théâtre, tandis que la scène de Molière fait toujours un extrême plaisir.

L'explication de ces difficultés, qui semblent insolubles, est pour nous très simple. C'est qu'il existait avant Cyrano et avant Molière une scène qu'ils ont tous deux imitée, l'un maladroitement, l'autre avec la supériorité de son génie. Cette scène prototype existait certainement dans la comédie italienne. Nous ne l'avons pas découverte jusqu'ici dans la comédie *soutenue*, c'està-dire dans une œuvre développée et écrite tout au long; mais la *commedia dell' arte* nous la laisse entrevoir. On l'aperçoit dans les canevas de Flaminio Scala, qui servaient à la troupe des *Gelosi*, qui jouèrent en France à plusieurs reprises, canevas au nombre de cinquante, imprimés en 1611. Nos lecteurs savent que, dans ces canevas, les scènes sont indiquées seulement en quelques mots, le propre de la *commedia dell'arte* étant de laisser les acteurs broder à leur fantaisie un thème indiqué sommairement. Dans le onzième de ces canevas, intitulé *il Capitano*, au premier acte, une scène est résumée ainsi : « Pedrolino, afin d'arracher à Pantalon l'argent dont son fils Horace a besoin, vient lui dire que ce fils est tombé entre les mains des bandits et mis à rançon de cent écus. Pantalon, après bien des grimaces, lui donne l'argent. »

Ou je me trompe fort, ou nous apercevons ici la scène qui a été le prototype des deux scènes françaises, avec une variante : les ravisseurs ne sont pas des corsaires, mais des bandits, et dès lors Pantalon ne pouvait plus s'écrier : « Qu'allait-il faire dans cette galère? » Mais on ne peut guère douter, quand on sait la transformation perpétuelle de ces canevas, que l'imagination du valet fripon ait eu recours aux corsaires aussi bien qu'aux bandits, selon le lieu de la scène, et selon que le voisinage des bandits ou des corsaires était plus vraisemblable ; on en peut d'autant moins douter que les corsaires barbaresques jouent un rôle plus considérable dans les pièces italiennes, où ils procurent toutes les péripéties dont on a besoin.

L'intervention des Turcs a dû se produire sur le théâtre italien, et j'oserai presque dire sur le théâtre italien de Paris. Là, quelque Pantalon a dû trouver l'exclamation si naturelle : *Che andava far in quella galera!* Cyrano et Molière l'auront tous deux entendue et ne l'auront pas oubliée. Et si Molière a dit, quand on lui parlait des ressemblances que sa pièce présentait avec celle de Cyrano : « On reprend son bien où on le trouve », c'est qu'il considérait comme son bien cette source abondante d'idées comiques où il a si largement puisé, et qu'il n'admettait pas qu'il fût obligé de renoncer à faire usage d'une de ces idées parce qu'un autre l'avait prise et gâtée avant lui.

La scène II du troisième acte du *Pédant joué* a beaucoup de ressemblance aussi avec la scène III du troisième acte des *Fourberies de Scapin*, où Zerbinette vient raconter à Géronte lui-même le tour que son fils lui a joué par l'intermédiaire de son valet. Mais le même phénomène bizarre se rencontre : cette scène, comparée à celle de Molière, a l'air d'une scène maladroitement empruntée, ajustée tout de travers. Genevote, venant raconter au pédant la fourberie dont il a été la dupe, sait parfaitement que c'est à la victime qu'elle s'adresse, tandis que Zerbinette est une étourdie qui, ayant ouï un bon tour, éprouve le besoin d'en faire part au premier venu. Elle commet ce que nous appelons un *impair*. On conçoit dès lors qu'elle dise au vieillard : « Mais il me semble que vous ne riez pas de mon conte! » Et les mines de Géronte pendant tout ce récit amusent le spectateur. Dans la scène de Cyrano, au contraire, Genevote fait de son interlocuteur un portrait archiburlesque, à brûle-pourpoint. Elle continue par une série d'injures directes et brutales, et s'interrompt de temps en temps pour lui dire : « Eh! bien, vous ne riez pas! » Le spectateur ne rit pas non plus, car la situation n'a pas plus de gaieté que de vraisemblance.

Nous reproduisons à la suite de la pièce les scènes du *Pédant joué*.

Les Fourberies de Scapin furent représentées sur le théâtre du Palais-Royal le dimanche 24 mai 1671, et eurent seize représentations consécutives suivies de deux autres au mois de juillet. Voici ce que Robinet, dans sa lettre en vers du 30 mai, dit de cette pièce :

> A Paris, pour finir enfin,
> On ne parle que d'un Scapin
> Qui surpasse défunt l'Espiègle
> Sur qui tout bon enfant se règle,
> Par ses ruses et petits tours
> Qui ne sont pas de tous les jours :
> Qui vend une montre à son maître,
> Qu'à sa maîtresse il doit remettre;
> Et lui jure que les filous
> L'ont prise en le rouant de coups;
> Qui des loups-garous lui suppose,
> Dans un dessein qu'il se propose,
> De lui faire, tout à son gré,
> Rompre le cou sur son degré,
> Pour l'empêcher de courre en ville
> Et l'arrêter à domicile;
> Qui boit certain bon vin qu'il a,
> Puis accuse de ce fait-là
> La pauvre et malheureuse ancelle
> Que pour lui le maître querelle;
> Qui sait deux pères attraper
> Et par des contes bleus duper,
> Si qu'il en escroque la bourse;
> Qui de leurs fils est la ressource;
> Qui fait enfin et cætera.
> Et cet étrange Scapin-là
> Est Molière en propre personne,
> Qui, dans une pièce qu'il donne
> Depuis dimanche seulement,
> Fait ce rôle admirablement,
> Tout ainsi que La Thorillière,
> Un furieux porte-rapière,
> Et la grande actrice Beauval,
> Un autre rôle jovial
> Qui vous feroit pâmer de rire,
> A moins que vous ne fussiez affligé
> De la forte migraine et du chagrin que j'ai.

Malgré cet éloge chaleureux du gazetier en vers, le succès des *Fourberies de Scapin* ne paraît pas avoir été très vif pendant cette première période.

NOTICE PRÉLIMINAIRE.

Les recettes sont modestes :

24 mai 1671. 1re reprńs................		545 l.	10 s.
26	—	....	440	»
29	—	....	596	10
31	—	....	756	»
2	juin	....	456	15
5	—	....	297	15
7	—	....	612	05
9	—	....	445	10
12	—	....	462	05
14	—	....	737	15
16	—	....	344	05
19	—	....	330	10
21	—	....	370	»
23	—	....	143	15
		(Part : 3 livres.)		
26	—	....	185	10
28	—	....	305	»
17	juillet	....	255	05
19	—	....	235	05

On ne les voit reparaître que longtemps après la mort de Molière, le 24 septembre 1677 ; elles ont alors cinq représentations et une douzaine d'autres jusqu'à la jonction des troupes en 1680. Elles semblent prendre ensuite plus de faveur, et obtiennent 78 représentations de 1680 à 1700, et 100 de 1700 à 1715.

De nos jours, *les Fourberies de Scapin* sont une des pièces de Molière qu'on voit le plus fréquemment sur les affiches de la Comédie française et de l'Odéon. La distribution actuelle à la Comédie française (19 juillet 1883) est celle-ci :

ARGANTE.................	MM. GARRAUD.
GÉRONTE.................	JOLIET.
OCTAVE.................	BOUCHER.
LÉANDRE.................	DAVRIGNY.
ZERBINETTE..............	Mmes J. SAMARY.
HYACINTE................	FRÉMAUX.
SCAPIN..................	MM. COQUELIN CADET.
SYLVESTRE...............	TRUFFIER.
NÉRINE..................	Mme THÉNARD.
CARLE...................	M. ROGER.

C'est une des pièces aussi qui ont le plus souvent excité la verve des moralistes. Tout récemment encore, un des auteurs dramatiques de nos jours le plus en vogue, M. Dumas fils, pour se justifier lui-même, prenait Molière à partie à propos des *Fourberies de Scapin* et de l'*Avare* : « Molière n'a pas craint, dit-il (notes du *Fils naturel,* édition dite des comédiens), de montrer sur le théâtre un père bafoué, maltraité par son fils. Dans *les Fourberies de Scapin,* Géronte est livré par son fils Léandre aux entreprises d'un valet qui pousse l'audace jusqu'à l'enfermer dans un sac et le rouer de coups de bâton. Dans *l'Avare,* Cléante surprend son père Harpagon en flagrant délit d'usure, et quand Harpagon menace de le déshériter, de le renoncer pour son fils, de lui donner sa malédiction, l'impertinent Cléante l'envoie promener et répond, comme l'on sait, qu'il n'a que faire de ses dons. » Nous avons déjà, dans la Notice de *l'Avare* (tome IX, p. 165), dit ce qu'il faut penser du reproche exprimé à propos de cette pièce par J.-J. Rousseau avant M. Alexandre Dumas. Nous pouvons ici répéter au sujet de Léandre et de Géronte ce que l'on doit opposer au blâme adressé au poète comique par ces grands moralistes : Molière peint les hommes tels qu'ils sont, lorsque certaines passions les dominent et les avilissent ; il fait entre-choquer les vices, qui se punissent les uns par les autres. Léandre et Cléante sont des enfants mal élevés, qui dressent contre les trésors de leurs pères toutes les batteries que peut imaginer la ruse. L'impudence de Cléante et de Léandre est la conséquence de la désorganisation où l'avarice paternelle peut jeter la famille. Des enfants indignes sont le châtiment de pères avilis. L'avarice chez Harpagon, la lésine chez Géronte, détruisent la piété qui doit exister entre un père et ses enfants. C'est là un fait saisissant que Molière a mis sous nos yeux. Il a vu, dans son imagination créatrice, des êtres ainsi vivants et agissants, et il les a jetés tout vifs sur les planches. La conclusion, c'est nous qui la tirons, et elle peut être différente et plus ou moins sévère, selon l'esprit de chacun.

Et puis, ne craignons pas de le dire, Molière était dans une tradition qui s'explique historiquement. La vieillesse, dans notre ancienne société, avait tant de privilèges ; les droits des pères étaient si fortement garantis par la législation, si solidement appuyés par les mœurs; leur autorité était tellement souveraine, tellement incontestée, qu'on sentait comme le besoin d'une contre-partie et d'une revanche. Or c'est dans le théâtre comique que cette contre-partie existait, et cela depuis les Romains. Le théâtre comique prenait parti pour la jeunesse contre la vieillesse; il donnait toujours raison aux jeunes gens, toujours tort aux vieillards. Comme le monde où Molière vécut était encore organisé puissamment dans le sens de l'autorité, le poète comique incline dans le sens contraire. A présent que la situation est toute différente, que les pouvoirs les plus légitimes sont mis en question, que la révolte est partout et jusque dans la famille, Molière peut paraître quelquefois pactiser avec elle. Comme toujours, pour comprendre et apprécier exactement ses œuvres, tant sous le rapport moral que sous tout autre rapport, il convient de les placer dans le milieu, déjà bien différent du nôtre, où il les a produites.

Ajoutons ici les réflexions de Voltaire sur le passage de l'*Art poétique* où Boileau fait particulièrement allusion à cette pièce :
« Si Molière, dit Voltaire, avait donné la farce des *Fourberies de Scapin* pour une vraie comédie, Despréaux aurait eu raison de dire dans son *Art poétique* :

> Étudiez la cour, et connoissez la ville :
> L'une et l'autre est toujours en modèles fertile.
> C'est par là que Molière, illustrant ses écrits,
> Peut-être de son art eût remporté le prix
> Si, moins ami du peuple, en ses doctes peintures
> Il n'eût point fait souvent grimacer ses figures,
> Quitté pour le bouffon l'agréable et le fin,
> Et sans honte à Térence allié Tabarin.
> Dans ce sac ridicule où Scapin s'enveloppe [1],
> Je ne reconnois plus l'auteur du *Misanthrope*.

1. Le fait que Molière remplissait le rôle de Scapin, fait que le témoignage de Robinet suffit à établir, donne tort décidément à la modification que l'on a quelquefois proposé de faire au vers de Boileau :

> Dans ce sac ridicule où Scapin l'enveloppe,
> Je ne reconnois plus l'auteur du *Misanthrope*.

L'enveloppe ne s'expliquerait bien que si Molière eût joué le personnage du vieux Géronte et fût entré lui-même dans le sac. Il faut donc s'en tenir à la leçon

> Dans ce sac ridicule où Scapin s'enveloppe, etc.

et accepter l'explication de Brossette d'après Boileau lui-même : « Ce n'est pas Scapin

« On pourrait répondre à ce grand critique que Molière n'a point allié Térence à Tabarin dans ses vraies comédies, où il surpasse Térence ; que s'il a déféré au goût du peuple, c'est dans ses farces, dont le seul titre annonce du bas comique ; et que ce bas comique était nécessaire pour soutenir sa troupe [1].

« Molière ne pensait pas que *les Fourberies de Scapin* et *le Mariage forcé* valussent *l'Avare*, *le Tartuffe*, *le Misanthrope*, *les Femmes savantes*, ou fussent même du même genre. De plus, comment Despréaux peut-il dire que *Molière peut-être de son art eût remporté le prix* ? Qui aura donc ce prix, si Molière ne l'a pas ? »

M. Paul Lacroix publia en 1865, dans la *Revue des provinces*, le troisième acte d'une pièce manuscrite qui lui avait été communiquée par M. Claudin, libraire. Ce manuscrit, petit in-4° de 56 feuillets, provenait d'une vente après décès, faite à Toulouse, des meubles, hardes et livres du marquis de Bournazel, descendant d'une ancienne famille toulousaine. La pièce qu'il contient est intitulée *Joguenet ou les Vieillards dupés*. M. Paul Lacroix la présenta au public comme le texte primitif des *Fourberies de Scapin*, comme une rédaction originale de cette comédie, datant de 1650 ou de 1655, c'est-à-dire antérieure d'au moins seize ans à celle que nous connaissons. Il n'hésitait pas à déclarer que le manuscrit était de l'écriture même de Molière, et qu'on possédait dans ce document le plus rare et le plus précieux des autographes.

La publication du bibliophile Jacob n'excita point beaucoup d'émotion, car on le sait coutumier d'assertions hasardeuses. Le bibliophile n'en fut nullement déconcerté. En 1868, il fit imprimer la pièce entière dans la collection moliéresque éditée par J. Gay à Genève, et sous ce titre, qui reproduisait toutes ses

---

qui s'enveloppe dans un sac, c'est le vieux Géronte, à qui Scapin persuade de s'y envelopper. Mais cela est dit figurément dans ce vers, parce que Scapin est le héros de la pièce. »

[1]. « Pour défendre Molière du reproche que lui adresse Boileau, dit M. Bazin, on a souvent allégué la nécessité où il était de plaire aux plus humbles spectateurs par des farces ; et l'on a oublié que, sauf *les Fourberies de Scapin* et *le Médecin malgré lui*, toutes ses pièces bouffonnes ont été faites pour la cour, tandis que toutes ses comédies sérieuses ont été offertes d'abord au public : ce qui déplace entièrement le blâme et l'excuse. »

premières affirmations : « *Joguenet ou les Vieillards dupés,* comédie en trois actes, par Molière, première forme des *Fourberies de Scapin,* publiée d'après un manuscrit contemporain et qui paraît être autographe. »

Voyons donc ce texte manuscrit et comparons-le avec celui mis au jour par Molière lui-même en 1671. D'abord, les noms des personnages sont tout différents : en voici la liste en regard de celle des *Fourberies*.

Dans *les Fourberies* :	Dans *Joguenet* :
Argante.	Alcantor.
Géronte.	Garganelle.
Octave.	Alcandre.
Léandre.	Valère.
Zerbinette.	Sylvie.
Hyacinte.	Lucrèce.
Scapin.	Joguenet.
Sylvestre.	Robin.
Nérine.	Florice.
Carle.	Fabien.

Dans le texte les principales différences sont celles que nous allons signaler. Vous vous souvenez qu'à la fin du deuxième acte des *Fourberies,* Scapin, irrité contre Géronte, qui a été cause des aveux douloureux qu'il vient d'être obligé de faire, dit d'abord à Léandre, fils de Géronte, qu'il n'a pu rien faire pour lui, bien qu'il tienne déjà dans la poche de sa casaque les cinq cents écus avec lesquels il pourra acheter Zerbinette. Léandre se désole. Scapin lui donne alors l'argent, mais à une condition, c'est que Léandre lui permettra, à lui Scapin, une petite vengeance contre Géronte son père, et Léandre, tout à sa joie, lui répond : « Tout ce que tu voudras. »

Cette espèce de marché entre un fils libertin et un valet fripon est ce qui a toujours paru le plus choquant dans la pièce de Molière. Le rédacteur de *Joguenet* l'a supprimé, mais il n'a pas supprimé la fausse alerte que le valet donne à l'amoureux de Zerbinette, en lui disant qu'il n'a pu rien faire pour lui. Or, pourquoi Scapin fait-il cette peur à Léandre ? C'est, comme l'a fort bien remarqué le commentateur Auger, pour le préparer à une joie plus vive et le disposer d'autant mieux à lui accorder la per-

NOTICE PRÉLIMINAIRE.

mission qu'il va lui demander. Du moment où le valet ne demande plus à son maître de permission, on ne voit point à quel propos il s'amuse à provoquer un désespoir inutile. Dans cette coupure incomplète et maladroite nous apercevons une première preuve que le rédacteur de *Joguenet* a opéré sur la pièce de Molière, bien loin de l'avoir composé antérieurement à celle-ci.

Au troisième acte, la fameuse scène du sac n'est plus, dans *Joguenet,* la scène du sac : c'est la scène de la couverte. Joguenet-Scapin dit à Garganelle-Géronte : « Attendez. Voici une affaire que je me suis trouvée bien à propos pour vous tirer des pattes de ces gens-là. Il faut que je vous enveloppe dans cette couverte... » S'il est une chose certaine c'est que, en supposant qu'il y ait eu des ébauches ou esquisses de la pièce des *Fourberies,* la scène du sac y devait être. Parmi les canevas qui avaient servi à la troupe de Molière pendant ses pérégrinations en province et qu'il reprit quelquefois dans les premiers temps de son séjour à Paris, on remarque une farce intitulée *Gorgibus dans le sac,* qui est inscrite sur le registre de La Grange aux dates des 31 janvier, 4 et 6 février 1661, 17 avril 1663, 13 et 15 juillet 1664. C'était là probablement un germe, un embryon de la scène des *Fourberies,* et déjà il s'agissait d'un sac et non d'une couverte. Pourquoi le compilateur de *Joguenet* a-t-il substitué une couverte au sac traditionnel ? Peut-être parce que Boileau avait publié son *Art poétique* et les vers du troisième chant sur le *sac ridicule où Scapin s'enveloppe.* Le compilateur se sera figuré qu'une couverte le serait moins.

De plus, dans *Joguenet,* le valet n'est pas seul à bâtonner Garganelle. Robin-Sylvestre, habillé en cavalier, et Fabien-Carle, en Égyptien, viennent l'y aider, ce qui dispense Joguenet de ce grand jeu de théâtre où Scapin contrefait à lui seul une foule de spadassins cherchant Géronte. Il en faut conclure que Joguenet ne s'était point senti capable ou n'avait pas été jugé capable d'exécuter ce jeu.

Le rôle de la nourrice est supprimé, quoiqu'il existe dans la liste des personnages. On parle d'elle, on ne la voit pas. Joguenet a appris par elle que Lucrèce-Hyacinte est la fille de Garganelle-Géronte, et vient tout simplement le dire à celui-ci. Vous vous rappelez la scène des *Fourberies :* Nérine, la nourrice, aperçoit Géronte ; elle se jette à ses genoux en disant : « Ah ! seigneur Pandolphe, que... » et Géronte l'interrompt : « Appelle-moi Géronte, et ne te sers plus de ce nom. Les raisons ont cessé qui m'avaient obligé de le prendre parmi vous à Tarente. » Le compilateur de *Joguenet* a conservé le mouvement, quoiqu'il eût recours à un personnage intermédiaire. Joguenet dit : « Une certaine Florice vient de m'apprendre que Lucrèce étoit de fort honnête condition et qu'elle étoit fille du seigneur Bandodini de la ville de Tarente, où vous avez resté autrefois sous le nom de Bandodini. » Et Garganelle reprend : « Appelle-moi Garganelle, et ne te sers plus de ce nom de Bandodini, car, à l'heure qu'il est, les raisons ont cessé qui m'avoient obligé de prendre ce nom dans ce pays-là. » Or, rien n'indique que Joguenet ait jamais eu l'occasion de donner auparavant ce nom à Garganelle ; il ne s'en est du moins jamais servi pendant le cours de la pièce. Ici encore le raccord est très maladroit et très apparent. Le rédacteur de *Joguenet,* supprimant le personnage de la nourrice, sans doute pour faire l'économie d'une actrice, n'a point changé des paroles qui étaient fort bien placées dans la bouche de celle-ci, mais qui n'ont plus de raison d'être dans celle du valet ambassadeur.

Garganelle, en faveur de la bonne nouvelle que le valet lui apporte, pardonne tout simplement à Joguenet le tour pendable qu'il lui a joué et les coups de bâton qu'il a reçus de lui et de ses complices. C'est d'un bon homme, et qui n'est point rancunier. Joguenet s'en tire à moins de frais que Scapin, qui est obligé de feindre qu'un marteau de tailleur de pierre lui est tombé sur la tête et lui a brisé le crâne. On l'apporte mourant sur la scène, et Géronte, moins débonnaire que Garganelle, ne lui pardonne qu'*in extremis.* Cet incident final n'existe pas dans *Joguenet.* La suppression du personnage de la nourrice a obligé l'auteur à modifier ainsi, d'une manière très désavantageuse, le dénoûment des *Fourberies.*

Ce qu'il y a de plus singulier dans la pièce manuscrite publiée par M. Paul Lacroix, c'est le style ; le texte des *Fourberies de Scapin* est presque entièrement conservé. Mais il est délayé, farci de phrases parasites. Le dialogue si vif de Molière est devenu traînant. Le bibliophile en conclut que la rédaction

NOTICE PRÉLIMINAIRE.

de *Joguenet* est la rédaction originale, et que Molière n'a fait dans les *Fourberies* que réduire, élaguer son œuvre primitive, supprimant un mot, une phrase, une réplique, pour accélérer le mouvement scénique. A première vue, en effet, un travail de suppressions et de ratures semblerait plus plausible ici que le travail contraire. Comment supposer qu'on se soit amusé à ralentir un dialogue qui va comme le vent, à le charger de phrases saugrenues, à l'alourdir tout exprès d'additions insignifiantes? Et c'est cependant ce qu'il faut admettre, quelque bizarre que puisse paraître une telle fantaisie. On se rend bien compte du procédé, lorsqu'on suit ligne à ligne, en présence l'un de l'autre, le texte du *Joguenet* et le texte des *Fourberies*. Tenez, voici un passage de la scène VII du deuxième acte de *Joguenet*.

JOGUENET.

Le moyen d'agir pour lui? Aurois-je le cœur, *après une avanie de la sorte?*

VALÈRE.

Je te conjure encore une fois, mon cher Joguenet, *d'oublier mon emportement et de me prêter ton adresse.*

ALCANDRE.

Tiens, *je joins mes prières aux siennes.* Il faut que tu lui rendes service, que diable, en tout cela!

JOGUENET.

Mais *j'ai cette insulte-là sur le cœur,* que je ne saurois digérer.

ALCANDRE.

Il faut être généreux et *quitter ton ressentiment.*

VALÈRE.

Voudrois-tu m'abandonner, Joguenet, *dans la cruelle extrémité où se voit réduit mon amour?*

JOGUENET.

A un homme fait comme moi, *me venir faire à l'improviste un affront comme celui-là,* devant tant de monde!

VALÈRE.

J'ai tort, je le confesse, d'avoir poussé ma colère si avant.

JOGUENET.

Me traiter de coquin, de fripon, de pendard, d'infâme! moi, un homme de cette importance!

VALÈRE.

J'en ai tous *les regrets* imaginables, * je te jure.

* LÉANDRE. *Tous les regrets du monde.*

JOGUENET.

Me vouloir, à moi, passer son épée au travers du corps, pour faire sortir tout mon sang!

VALÈRE.

Je t'en demande pardon de tout mon cœur; et s'il ne tient qu'à me jeter à tes genoux, m'y voilà, * Joguenet, *pour te conjurer encore une fois de ne me point abandonner* dans cette occasion ici.

Ce qui est en caractères italiques vous donne exactement le texte des *Fourberies*, sauf deux petites variantes. Vous voyez donc du premier coup d'œil ce qui est en plus dans *Joguenet*.

Quel a pu être le but d'un pareil remplissage? A-t-on voulu opérer ainsi une sorte de démarquage, comme nous disons maintenant, et quelqu'un a-t-il pu s'imaginer de faire passer de la sorte *Joguenet* pour une pièce nouvelle sur une scène provinciale? Ou bien quelque acteur, habitué à prendre des *temps*, à insister sur les effets, a-t-il voulu accommoder le texte de Molière à sa manière de dire? Cela ne s'explique pas bien. Mais il n'en est pas moins certain, et nous l'avons prouvé surabondamment, que le *Joguenet* est un remaniement des *Fourberies*. Nous en avons du reste des traces matérielles dans le manuscrit même. Dans la scène du sac, ou plutôt de la couverte, le nom de Scapin apparaît une fois au lieu de celui de Joguenet. Un lapsus de plume a rendu au valet le nom qu'il avait reçu de Molière. Le copiste, en cet endroit, s'est trahi lui-même.

Malgré toutes les affirmations du bibliophile Jacob, le manuscrit ne trouva point facilement acquéreur. En 1866, il fut vendu à M. C. Galuski, moyennant la modeste somme de 40 francs. Lorsque M. Paul Lacroix voulut publier en 1868 le *Joguenet* complet, il sollicita en vain de M. Galuski la permission de consulter de nouveau l'original. Et quand M. Lacroix, passant outre et se servant de ses anciennes notes, eut fait sa publication, M. Galuski s'en montra fort scandalisé. Il écrivit à la *Revue critique d'histoire et de littérature* (5 septembre 1868), pour se plaindre du procédé du bibliophile : « La publication de M. Lacroix, disait-il, rappelle assez bien le procédé de ces amis trop enthousiastes qui, pour témoigner leur admiration à Molière, faisaient, au sortir de la comédie, imprimer ses pièces de

---

* LÉANDRE. *Tu m'y vois.*

mémoire et de leur autorité privée. » Ainsi, pour deux louis, M. Galuski était devenu Molière, et M. Paul Lacroix comparé à ce sieur de Neuf-Villenaine qui se fit de son chef l'éditeur de *Sganarelle* et que Molière dut poursuivre devant les juges pour rentrer en possession de son œuvre.

En décembre 1874, dans un catalogue de librairie à prix marqués, le manuscrit fut mis en vente par M. Galuski, au prix de deux mille cinq cents francs. L'idée d'une telle plus-value ne pouvait provenir que des publications de M. P. Lacroix. Le vendeur n'était donc pas fondé à se plaindre du bibliophile. Nous ne savons si *Joguenet* a trouvé acquéreur à ce nouveau prix, bien différent du premier. Depuis lors, il n'a plus été question de lui; il est rentré dans l'obscurité et dans l'oubli, où il peut demeurer sans inconvénient aucun.

L'édition princeps de la pièce de Molière porte ce titre : « *Les Fourberies de Scapin,* comédie par J.-B. P. Molière. Et se vend pour l'autheur, à Paris, chez Pierre Le Monnier, au Palais, vis-à-vis la porte de l'église de la Sainte-Chapelle, à l'image S. Louis et au Feu divin. 1671. — Avec privilège du Roy. » On lit à la fin : « Achevé d'imprimer pour la première fois le 18e jour d'août 1671. »

LES
FOURBERIES DE SCAPIN

PERSONNAGES.	ACTEURS.
ARGANTE, père d'Octave et de Zerbinette . . .	HUBERT.
GÉRONTE, père de Léandre et d'Hyacinte . . .	DU CROISY.
OCTAVE, fils d'Argante, et amant d'Hyacinte . .	BARON.
LÉANDRE, fils de Géronte, et amant de Zerbinette.	LA GRANGE.
ZERBINETTE, crue Égyptienne et reconnue fille d'Argante, et amante de Léandre	Mlle BEAUVAL.
HYACINTE, fille de Géronte et amante d'Octave.	Mlle MOLIÈRE.
SCAPIN, valet de Léandre, et fourbe[1].	MOLIÈRE.
SYLVESTRE, valet d'Octave.	LA THORILLIÈRE.
NÉRINE, nourrice d'Hyacinte.	Mlle DEBRIE[2].
CARLE, fourbe	***
DEUX PORTEURS.	

La scène est à Naples[3].

1. Scapin est un des valets traditionnels de la *commedia dell' arte*. Son nom, suivant quelques étymologistes, vient de *scappare*, s'enfuir, s'échapper, soit à cause du caractère de poltronnerie qui lui était généralement attribué, mais qui ne lui a pas été conservé par Molière; soit à cause de la dextérité avec laquelle il savait se tirer des pas les plus difficiles. (Voyez pour l'histoire de ce type, *Masques et Bouffons*, par Maurice Sand, 1862, tome II, pages 205-256.)

2. Cette distribution est certaine pour les rôles de Scapin, Zerbinette, Sylvestre. Les *Fourberies de Scapin* ne figurent pas dans le répertoire des comédies qui se peuvent jouer en 1685, B. N. mst. f. fr. 2509. Il n'y a rien non plus de relatif à la mise en scène de cette pièce dans le manuscrit de Mahelot.

3. Le lieu de la scène indique tout de suite une œuvre aux libres allures, dans laquelle le poëte met de côté la vérité actuelle des mœurs et du costume, et donne carrière à sa fantaisie. On y respirera à peu près le même air que dans *l'Étourdi* et dans *le Sicilien*.

LES
FOURBERIES DE SCAPIN

COMÉDIE

ACTE PREMIER.

SCÈNE PREMIÈRE.

OCTAVE, SYLVESTRE.

OCTAVE.

Ah! fâcheuses nouvelles pour un cœur amoureux! Dures extrémités où je me vois réduit! Tu viens, Sylvestre, d'apprendre au port que mon père revient?

SYLVESTRE.

Oui.

OCTAVE.

Qu'il arrive ce matin même?

SYLVESTRE.

Ce matin même.

OCTAVE.

Et qu'il revient dans la résolution de me marier?

SYLVESTRE.

Oui.

OCTAVE.

Avec une fille du seigneur Géronte?

SYLVESTRE.

Du seigneur Géronte.

OCTAVE.

Et que cette fille est mandée de Tarente ici pour cela?

SYLVESTRE.

Oui.

OCTAVE.

Et tu tiens ces nouvelles de mon oncle?

SYLVESTRE.

De votre oncle.

OCTAVE.

A qui mon père les a mandées par une lettre?

SYLVESTRE.

Par une lettre.

OCTAVE.

Et cet oncle, dis-tu, sait toutes nos affaires?

SYLVESTRE.

Toutes nos affaires.

OCTAVE.

Ah! parle, si tu veux, et ne te fais point, de la sorte, arracher les mots de la bouche [1].

SYLVESTRE.

Qu'ai-je à parler davantage? vous n'oubliez aucune circonstance, et vous dites les choses tout justement comme elles sont.

---

1. Déjà nous avons rencontré un dialogue tourné à peu près de même, au commencement du deuxième acte de *Mélicerte,* et nous avons dit que Molière avait eu pour modèle l'exposition de la comédie de Rotrou intitulée

ACTE I, SCÈNE I.

OCTAVE.

Conseille-moi, du moins, et me dis ce que je dois faire dans ces cruelles conjonctures.

SYLVESTRE.

Ma foi, je m'y trouve autant embarrassé que vous; et j'aurois bon besoin que l'on me conseillât moi-même.

OCTAVE.

Je suis assassiné par ce maudit retour.

SYLVESTRE.

Je ne le suis pas moins.

OCTAVE.

Lorsque mon père apprendra les choses, je vais voir fondre sur moi un orage soudain d'impétueuses réprimandes.

SYLVESTRE.

Les réprimandes ne sont rien; et plût au ciel que j'en

---

la Sœur, où l'amoureux Lélie et Ergaste, son valet, entrent en scène par ces mots :

LÉLIE.
O fatale nouvelle, et qui me désespère!
Mon oncle te l'a dit, et le tient de mon père?
ERGASTE.
Oui.
LÉLIE.
Que pour Eroxène il destine ma foi?
Qu'il doit absolument m'imposer cette loi?
Qu'il promet Aurélie aux vœux de Polydore?
ERGASTE.
Je vous l'ai déjà dit, et vous le dis encore.
LÉLIE.
Et qu'exigeant de nous ce funeste devoir,
Il veut nous obliger d'épouser dès ce soir?
ERGASTE.
Dès ce soir.
LÉLIE.
Et tu crois qu'il te parloit sans feinte?
ERGASTE.
Sans feinte.
LÉLIE.
Oh! si d'amour tu ressentois l'atteinte,
Tu plaindrois moins ces mots qui te coûtent si cher, etc.

Voyez tome VIII, page 126.

fusse quitte à ce prix! mais j'ai bien la mine, pour moi, de payer plus cher vos folies; et je vois se former, de loin, un nuage de coups de bâton qui crèvera sur mes épaules [1].

OCTAVE.

O ciel! par où sortir de l'embarras où je me trouve?

SYLVESTRE.

C'est à quoi vous deviez songer avant que de vous y jeter.

OCTAVE.

Ah! tu me fais mourir par tes leçons hors de saison.

SYLVESTRE.

Vous me faites bien plus mourir par vos actions étourdies.

OCTAVE.

Que dois-je faire? Quelle résolution prendre? A quel remède recourir?

SCÈNE II.

OCTAVE, SCAPIN, SYLVESTRE.

SCAPIN.

Qu'est-ce, seigneur Octave? Qu'avez-vous? Qu'y a-t-il? Quel désordre est-ce là? Je vous vois tout troublé.

OCTAVE.

Ah! mon pauvre Scapin, je suis perdu; je suis désespéré; je suis le plus infortuné de tous les hommes.

SCAPIN.

Comment?

---

1. Dans *le Médecin volant*, Sganarelle dit : « Le nuage est fort épais, et j'ai bien peur que, s'il vient à crever, il ne grêle sur mon dos force coups de bâton. »

OCTAVE.

N'as-tu rien appris de ce qui me regarde?

SCAPIN.

Non.

OCTAVE.

Mon père arrive avec le seigneur Géronte, et ils me veulent marier.

SCAPIN.

Hé bien! qu'y a-t-il là de si funeste?

OCTAVE.

Hélas! tu ne sais pas la cause de mon inquiétude.

SCAPIN.

Non; mais il ne tiendra qu'à vous que je la sache bientôt; et je suis homme consolatif[1], homme à m'intéresser aux affaires des jeunes gens.

OCTAVE.

Ah! Scapin, si tu pouvois trouver quelque invention, forger quelque machine, pour me tirer de la peine où je suis, je croirois t'être redevable de plus que de la vie.

SCAPIN.

A vous dire la vérité, il y a peu de choses qui me soient impossibles, quand je m'en veux mêler. J'ai sans doute reçu du ciel un génie assez beau pour toutes les fabriques de ces gentillesses d'esprit, de ces galanteries

---

1. Autrefois *consolatif* s'employait fréquemment :

« Si oraison n'estoit profitable et consolative, Dieu ne l'eust ordonnée. » (AL. CHARTIER.)

« Cette dame estoit la plus bénigne, gracieuse... consolative, et toujours confortative. » (J. BOUCHET.)

« Ce que les extrèmes ont de consolatif, c'est qu'ils ne sont jamais médiocres. » (Cardinal DE RETZ.)

« Je vous dirai sur cela un beau mot de saint Augustin, et bien consolatif pour de certaines personnes. » (PASCAL.)

ingénieuses, à qui le vulgaire ignorant donne le nom de fourberies; et je puis dire, sans vanité, qu'on n'a guère vu d'homme qui fût plus habile ouvrier de ressorts et d'intrigues; qui ait acquis plus de gloire que moi dans ce noble métier. Mais, ma foi, le mérite est trop maltraité aujourd'hui; et j'ai renoncé à toutes choses depuis certain chagrin d'une affaire qui m'arriva.

OCTAVE.

Comment? quelle affaire, Scapin?

SCAPIN.

Une aventure où je me brouillai avec la justice.

OCTAVE.

La justice?

SCAPIN.

Oui. Nous eûmes un petit démêlé ensemble.

SYLVESTRE.

Toi et la justice?

SCAPIN.

Oui. Elle en usa fort mal avec moi; et je me dépitai de telle sorte contre l'ingratitude du siècle que je résolus de ne plus rien faire. Baste! ne laissez pas de me conter votre aventure.

OCTAVE.

Tu sais, Scapin, qu'il y a deux mois que le seigneur Géronte et mon père s'embarquèrent ensemble pour un voyage qui regarde certain commerce où leurs intérêts sont mêlés [1]?

---

1. Tout le récit qui va suivre est tiré du *Phormion,* mais dans Térence c'est un esclave qui parle, ce qui refroidit nécessairement un peu la scène. Molière, en mettant ce récit dans la bouche du héros de l'aventure, donne au contraire à cette scène tout le mouvement et tout l'intérêt dont elle est susceptible.

SCAPIN.
Je sais cela.
OCTAVE.
Et que Léandre et moi, nous fûmes laissés par nos pères, moi sous la conduite de Sylvestre, et Léandre sous ta direction.
SCAPIN.
Oui. Je me suis fort bien acquitté de ma charge.
OCTAVE.
Quelque temps après, Léandre fit rencontre d'une jeune Égyptienne dont il devint amoureux.
SCAPIN.
Je sais cela encore.
OCTAVE.
Comme nous sommes grands amis, il me fit aussitôt confidence de son amour, et me mena voir cette fille, que je trouvai belle, à la vérité, mais non pas tant qu'il vouloit que je la trouvasse. Il ne m'entretenoit que d'elle chaque jour, m'exagéroit à tous moments sa beauté et sa grâce, me louoit son esprit, et me parloit avec transport des charmes de son entretien, dont il me rapportoit jusqu'aux moindres paroles, qu'il s'efforçoit toujours de me faire trouver les plus spirituelles du monde. Il me querelloit quelquefois de n'être pas assez sensible aux choses qu'il me venoit dire, et me blâmoit sans cesse de l'indifférence où j'étois pour les feux de l'amour.
SCAPIN.
Je ne vois pas encore où ceci veut aller.
OCTAVE.
Un jour que je l'accompagnois pour aller chez les gens qui gardent l'objet de ses vœux, nous entendîmes, dans une petite maison d'une rue écartée, quelques plaintes

mêlées de beaucoup de sanglots. Nous demandons ce que c'est; une femme nous dit, en soupirant, que nous pouvions voir là quelque chose de pitoyable en des personnes étrangères; et qu'à moins que d'être insensibles, nous en serions touchés.

SCAPIN.

Où est-ce que cela nous mène?

OCTAVE.

La curiosité me fit presser Léandre de voir ce que c'étoit. Nous entrons dans une salle, où nous voyons une vieille femme mourante, assistée d'une servante qui faisoit des regrets, et d'une jeune fille toute fondante en larmes, la plus belle et la plus touchante qu'on puisse jamais voir.

SCAPIN.

Ah! ah!

OCTAVE.

Une autre auroit paru effroyable en l'état où elle étoit; car elle n'avoit pour habillement qu'une méchante petite jupe, avec des brassières de nuit qui étoient de simple futaine; et sa coiffure étoit une cornette jaune, retroussée au haut de sa tête, qui laissoit tomber en désordre ses cheveux sur ses épaules; et cependant, faite comme cela, elle brilloit de mille attraits, et ce n'étoit qu'agréments et que charmes que toute sa personne[1].

---

1. Citons quelques vers de Térence; c'est l'esclave Géta qui parle :

> . . . . Imus, venimus,
> Videmus; virgo pulchra : et quo magis diceres,
> Nihil aderat adjumenti ad pulchritudinem :
> Capillus passus, nudus pes, ipsa horrida,
> Lacrumæ, vestitus turpis : ut ni vis boni
> In ipsa inesset forma, hæc formam extinguerent.

« Nous partons, nous arrivons, nous la voyons. Belle personne! et ce qui te l'auroit fait trouver plus belle encore, c'est que rien ne relevoit ses attraits. Elle étoit échevelée, pieds nus, en désordre, éplorée, mal vêtue;

ACTE I, SCÈNE II.

SCAPIN.

Je sens venir les choses.

OCTAVE.

Si tu l'avois vue, Scapin, en l'état que je te dis, tu l'aurois trouvée admirable.

SCAPIN.

Oh! je n'en doute point; et, sans l'avoir vue, je vois bien qu'elle étoit tout à fait charmante.

OCTAVE.

Ses larmes n'étoient point de ces larmes désagréables qui défigurent un visage; elle avoit, à pleurer, une grâce touchante, et sa douleur étoit la plus belle du monde.

SCAPIN.

Je vois tout cela.

OCTAVE.

Elle faisoit fondre chacun en larmes, en se jetant amoureusement sur le corps de cette mourante, qu'elle appeloit sa chère mère; et il n'y avoit personne qui n'eût l'âme percée, de voir un si bon naturel.

SCAPIN.

En effet, cela est touchant; et je vois bien que ce bon naturel-là vous la fit aimer.

OCTAVE.

Ah! Scapin, un barbare l'auroit aimée[1].

---

de sorte que, si elle n'avait été naturellement très belle, tout cela aurait éteint sa beauté. »

1. Ce trait termine admirablement la délicieuse peinture qu'Octave vient de faire de son aimable affligée, de ses haillons qui relevaient ses charmes, de ses pleurs qui ajoutaient à sa grâce, et de sa douleur, *la plus belle du monde*. Ce mélange d'amour et de pitié rend Octave doublement intéressant. Tout ce qu'il y a de plus propre à toucher un cœur tendre s'était réuni pour émouvoir le sien : une honnête pauvreté, un malheur irréparable, une douleur sincère, et la beauté embellie par les larmes.

SCAPIN.

Assurément. Le moyen de s'en empêcher?

OCTAVE.

Après quelques paroles, dont je tâchai d'adoucir la douleur de cette charmante affligée, nous sortîmes de là; et demandant à Léandre ce qu'il lui sembloit de cette personne, il me répondit froidement qu'il la trouvoit assez jolie. Je fus piqué de la froideur avec laquelle il m'en parloit, et je ne voulus point lui découvrir l'effet que ses beautés avoient fait sur mon âme [1].

SYLVESTRE, à Octave.

Si vous n'abrégez ce récit, nous en voilà pour jusqu'à demain. Laissez-le-moi finir en deux mots [2]. (A Scapin.) Son cœur prend feu dès ce moment : il ne sauroit plus vivre qu'il n'aille consoler son aimable affligée. Ses fréquentes visites sont rejetées de la servante, devenue la gouvernante par le trépas de la mère. Voilà mon homme au désespoir; il presse, supplie, conjure : point d'affaire. On lui dit que la fille, quoique sans bien et sans appui, est de famille honnête, et qu'à moins que de l'épouser on ne peut souffrir ses poursuites. Voilà son amour augmenté par les difficultés. Il consulte dans sa tête, agite, raisonne,

---

1. Nous avons vu que Léandre reprochait à Octave de ne pas trouver son Égyptienne assez jolie, et de n'être pas assez sensible aux choses qu'il lui en venait dire. Octave de même a été piqué de ce que Léandre ne paraissait pas aussi frappé que lui des charmes d'Hyacinte. C'est ainsi qu'est fait le cœur d'un amant : rien ne le touche hors de l'objet dont il est épris; et il s'étonne qu'on n'en soit pas touché comme lui, lorsque lui-même reste indifférent à tout ce qui transporte les autres. (AUGER.)

2. Ce mouvement est imité de *la Sœur*, de Rotrou. Le valet Ergaste dit, comme Sylvestre :

    Si de ce long récit vous n'abrégez le cours,
    Le jour achèvera plus tôt que ce discours.
    Laissez-moi le finir avec une parole.

balance, prend sa résolution : le voilà marié avec elle depuis trois jours[1].

SCAPIN.

J'entends.

SYLVESTRE.

Maintenant, mets avec cela le retour imprévu du père, qu'on n'attendoit que dans deux mois; la découverte que l'oncle a faite du secret de notre mariage, et l'autre mariage qu'on veut faire de lui avec la fille que le seigneur Géronte a eue d'une seconde femme qu'on dit qu'il a épousée à Tarente.

OCTAVE.

Et, par-dessus tout cela, mets encore l'indigence où se trouve cette aimable personne, et l'impuissance où je me vois d'avoir de quoi la secourir.

SCAPIN.

Est-ce là tout? Vous voilà bien embarrassés tous deux pour une bagatelle! C'est bien là de quoi se tant alarmer! N'as-tu point de honte, toi, de demeurer court à si peu de chose? Que diable! te voilà grand et gros comme père et mère, et tu ne saurois trouver dans ta tête, forger dans ton esprit quelque ruse galante, quelque honnête petit stratagème pour ajuster vos affaires? Fi! peste soit du butor! Je voudrois bien que l'on m'eût donné autrefois nos vieillards à duper; je les aurois joués tous deux pardessous la jambe : et je n'étois pas plus grand que cela, que je me signalois déjà par cent tours d'adresse jolis.

---

1. Comparez le récit du procès que Phormion, d'intelligence avec Antiphon, intente à celui-ci, récit qui se termine par ce vers laconique :

Persuasum 'st homini. Factum 'st. Ventum 'st. Vincimur.
Duxit.

« L'avis prévaut. Assignations. Plaidoiries. Procès perdu. Mariage. »

SYLVESTRE.

J'avoue que le ciel ne m'a pas donné tes talents, et que je n'ai pas l'esprit, comme toi, de me brouiller avec la justice.

OCTAVE.

Voici mon aimable Hyacinte.

SCÈNE III.

HYACINTE, OCTAVE, SCAPIN, SYLVESTRE.

HYACINTE.

Ah! Octave, est-il vrai ce que Sylvestre vient de dire à Nérine, que votre père est de retour, et qu'il veut vous marier?

OCTAVE.

Oui, belle Hyacinte; et ces nouvelles m'ont donné une atteinte cruelle. Mais que vois-je? vous pleurez! Pourquoi ces larmes? Me soupçonnez-vous, dites-moi, de quelque infidélité? et n'êtes-vous pas assurée de l'amour que j'ai pour vous?

HYACINTE.

Oui, Octave, je suis sûre que vous m'aimez; mais je ne le suis pas que vous m'aimiez toujours.

OCTAVE.

Hé! peut-on vous aimer, qu'on ne vous aime toute sa vie?

HYACINTE.

J'ai ouï dire, Octave, que votre sexe aime moins longtemps que le nôtre, et que les ardeurs que les hommes font voir sont des feux qui s'éteignent aussi facilement qu'ils naissent.

OCTAVE.

Ah! ma chère Hyacinte, mon cœur n'est donc pas fait

comme celui des autres hommes ; et je sens bien, pour moi, que je vous aimerai jusqu'au tombeau.

HYACINTE.

Je veux croire que vous sentez ce que vous dites, et je ne doute point que vos paroles ne soient sincères ; mais je crains un pouvoir qui combattra dans votre cœur les tendres sentiments que vous pouvez avoir pour moi. Vous dépendez d'un père qui veut vous marier à une autre personne ; et je suis sûre que je mourrai si ce malheur m'arrive.

OCTAVE.

Non, belle Hyacinte, il n'y a point de père qui puisse me contraindre à vous manquer de foi ; et je me résoudrai à quitter mon pays, et le jour même, s'il est besoin, plutôt qu'à vous quitter. J'ai déjà pris, sans l'avoir vue, une aversion effroyable pour celle que l'on me destine ; et, sans être cruel, je souhaiterois que la mer l'écartât d'ici pour jamais. Ne pleurez donc point, je vous prie, mon aimable Hyacinte : car vos larmes me tuent, et je ne les puis voir sans me sentir percer le cœur.

HYACINTE.

Puisque vous le voulez, je veux bien essuyer mes pleurs, et j'attendrai, d'un œil constant, ce qu'il plaira au ciel de résoudre de moi.

OCTAVE.

Le ciel nous sera favorable.

HYACINTE.

Il ne sauroit m'être contraire, si vous m'êtes fidèle.

OCTAVE.

Je le serai, assurément.

HYACINTE.

Je serai donc heureuse.

SCAPIN, à part.

Elle n'est pas tant sotte, ma foi; et je la trouve assez passable [1].

OCTAVE, montrant Scapin.

Voici un homme qui pourroit bien, s'il le vouloit, nous être, dans tous nos besoins, d'un secours merveilleux.

SCAPIN.

J'ai fait de grands serments de ne me mêler plus du monde; mais, si vous m'en priez bien fort tous deux, peut-être...

OCTAVE.

Ah! s'il ne tient qu'à te prier bien fort pour obtenir ton aide, je te conjure de tout mon cœur de prendre la conduite de notre barque.

SCAPIN, à Hyacinte.

Et vous, ne me dites-vous rien?

HYACINTE.

Je vous conjure, à son exemple, par tout ce qui vous est le plus cher au monde, de vouloir servir notre amour.

SCAPIN.

Il faut se laisser vaincre, et avoir de l'humanité. Allez, je veux m'employer pour vous.

OCTAVE.

Crois que...

SCAPIN, à Octave.

Chut! (A Hyacinte.) Allez-vous-en, vous, et soyez en repos.

---

1. *Nil mirari* semble être la devise de Scapin. Le plus cruel embarras où fils de famille puisse se trouver n'a été à ses yeux qu'une *bagatelle*. De même une fille d'esprit ne lui paraît point *tant sotte;* et, si elle est jolie, il la trouve *passable*. En fait de personnes et de choses, il en a tant vu de toutes les façons qu'il ne peut plus s'émouvoir ni s'étonner de rien.

SCÈNE IV.

OCTAVE, SCAPIN, SYLVESTRE.

SCAPIN, à Octave.

Et vous, préparez-vous à soutenir avec fermeté l'abord de votre père.

OCTAVE.

Je t'avoue que cet abord me fait trembler par avance; et j'ai une timidité naturelle que je ne saurois vaincre.

SCAPIN.

Il faut pourtant paroître ferme au premier choc, de peur que, sur votre foiblesse, il ne prenne le pied de vous mener comme un enfant. Là, tâchez de vous composer par étude. Un peu de hardiesse[1]; et songez à répondre résolûment sur tout ce qu'il vous pourra dire.

OCTAVE.

Je ferai du mieux que je pourrai.

SCAPIN.

Çà, essayons un peu, pour vous accoutumer. Répétons un peu votre rôle, et voyons si vous ferez bien. Allons; la mine résolue, la tête haute, les regards assurés.

OCTAVE.

Comme cela?

SCAPIN.

Encore un peu davantage.

OCTAVE.

Ainsi?

SCAPIN.

Bon. Imaginez-vous que je suis votre père qui arrive,

---

1. Quelques éditeurs ont supprimé le point qui, dans les éditions originales, sépare les deux phrases, et ont écrit : *Là, tâchez de vous composer par étude un peu de hardiesse.*

et répondez-moi fermement, comme si c'étoit à lui-même.
— Comment! pendard, vaurien, infâme, fils indigne d'un père comme moi, oses-tu bien paroître devant mes yeux, après tes bons déportements, après le lâche tour que tu m'as joué pendant mon absence? Est-ce là le fruit de mes soins, maraud? est-ce là le fruit de mes soins? le respect qui m'est dû? le respect que tu me conserves? (Allons donc.) Tu as l'insolence, fripon, de t'engager sans le consentement de ton père, de contracter un mariage clandestin! Réponds-moi, coquin, réponds-moi. Voyons un peu tes belles raisons[1]... Oh! que diable, vous demeurez interdit!

OCTAVE.

C'est que je m'imagine que c'est mon père que j'entends.

SCAPIN.

Hé! oui; c'est par cette raison qu'il ne faut pas être comme un innocent.

OCTAVE.

Je m'en vais prendre plus de résolution, et je répondrai fermement.

SCAPIN.

Assurément?

OCTAVE.

Assurément.

SYLVESTRE.

Voilà votre père qui vient.

1. Lorsque Scapin contrefait Argante, s'il ne calque pas son ton, ses gestes, son maintien, et presque sa figure, enfin s'il ne s'identifie pas avec le père d'Octave, vieillard ridicule, avare et emporté, comment fera-t-il illusion à ce jeune amant, au point de lui persuader qu'il voit le redoutable Argante? (PRÉVILLE, *Réflexions sur l'art du comédien*.)

ACTE I, SCÈNE VI.

OCTAVE.

O ciel! je suis perdu [1]. (Il s'enfuit.)

SCÈNE V.

SCAPIN, SYLVESTRE.

SCAPIN.

Holà, Octave, demeurez. Octave! Le voilà enfui. Quelle pauvre espèce d'homme! Ne laissons pas d'attendre le vieillard.

SYLVESTRE.

Que lui dirai-je ?

SCAPIN.

Laisse-moi dire, moi, et ne fais que me suivre.

SCÈNE VI.

ARGANTE; SCAPIN ET SYLVESTRE,
dans le fond du théâtre.

ARGANTE, se croyant seul.

A-t-on jamais ouï parler d'une action pareille à celle-là?

SCAPIN, à Sylvestre.

Il a déjà appris l'affaire; et elle lui tient si fort en tête que, tout seul, il en parle haut.

ARGANTE, se croyant seul.

Voilà une témérité bien grande!

SCAPIN, à Sylvestre.

Écoutons-le un peu.

---

1. Cette scène est dans *Phormion*. Molière lui a donné, toutefois, plus d'animation et de mouvement, en faisant contrefaire Argante par Scapin.

ARGANTE, *se croyant seul.*

Je voudrois bien savoir ce qu'ils me pourront dire sur ce beau mariage.

SCAPIN, *à part.*

Nous y avons songé [1].

ARGANTE, *se croyant seul.*

Tâcheront-ils de me nier la chose?

SCAPIN, *à part.*

Non, nous n'y pensons pas.

ARGANTE, *se croyant seul.*

Ou s'ils entreprendront de l'excuser?

SCAPIN, *à part.*

Celui-là se pourra faire.

ARGANTE, *se croyant seul.*

Prétendront-ils m'amuser par des contes en l'air?

SCAPIN, *à part.*

Peut-être.

---

1. L'idée de ce dialogue entre deux personnes qui ne se parlent pas est dans *Phormion* :

DEMIPHO.
Itane tandem uxorem duxit Antipho injussu meo?
Nec meum imperium : ac mitto imperium : non simultatem meam
Revereri saltem? Non pudere? O facinus audax! O Geta
Monitor!

GETA.
    Vix tandem.

DEMIPHO.
    Quid mihi dicent, aut quam causam reperient,
Demiror.

GETA.
Atqui reperi jam : aliud cura, etc.

« DÉMIPHON. Voilà donc Antiphon marié sans mon consentement! N'avoir pas respecté mon autorité! Mais laissons là mon autorité : n'avoir pas au moins redouté ma colère! n'avoir pas de honte! Ah! quelle audace! ah! Géta, bon conseiller!

« GÉTA. A la fin, m'y voilà.

« DÉMIPHON. Que me diront-ils? quelle excuse trouveront-ils? J'en suis inquiet.

« GÉTA. L'excuse est déjà trouvée. Inquiétez-vous d'autre chose, etc. »

ARGANTE, se croyant seul.

Tous leurs discours seront inutiles.

SCAPIN, à part.

Nous allons voir.

ARGANTE, se croyant seul.

Ils ne m'en donneront point à garder.

SCAPIN, à part.

Ne jurons de rien.

ARGANTE, se croyant seul.

Je saurai mettre mon pendard de fils en lieu de sûreté.

SCAPIN, à part.

Nous y pourvoirons.

ARGANTE, se croyant seul.

Et pour le coquin de Sylvestre, je le rouerai de coups.

SYLVESTRE, à Scapin.

J'étois bien étonné s'il m'oublioit.

ARGANTE, apercevant Sylvestre.

Ah! ah! vous voilà donc, sage gouverneur de famille, beau directeur de jeunes gens!

SCAPIN.

Monsieur, je suis ravi de vous voir de retour.

ARGANTE.

Bonjour, Scapin. (A Sylvestre.) Vous avez suivi mes ordres vraiment d'une belle manière! et mon fils s'est comporté fort sagement pendant mon absence!

SCAPIN.

Vous vous portez bien, à ce que je vois?

ARGANTE.

Assez bien. (A Sylvestre.) Tu ne dis mot, coquin, tu ne dis mot.

SCAPIN.

Votre voyage a-t-il été bon?

ARGANTE.

Mon Dieu! fort bon. Laisse-moi un peu quereller en repos.

SCAPIN.

Vous voulez quereller?

ARGANTE.

Oui, je veux quereller.

SCAPIN.

Et qui, monsieur?

ARGANTE, montrant Sylvestre.

Ce maraud-là.

SCAPIN.

Pourquoi?

ARGANTE.

Tu n'as pas ouï parler de ce qui s'est passé dans mon absence?

SCAPIN.

J'ai bien ouï parler de quelque petite chose.

ARGANTE.

Comment! quelque petite chose! Une action de cette nature!

SCAPIN.

Vous avez quelque raison.

ARGANTE.

Une hardiesse pareille à celle-là!

SCAPIN.

Cela est vrai.

ARGANTE.

Un fils qui se marie sans le consentement de son père!

SCAPIN.

Oui, il y a quelque chose à dire à cela. Mais je serois d'avis que vous ne fissiez point de bruit.

ACTE I, SCÈNE VI.

ARGANTE.

Je ne suis pas de cet avis, moi; et je veux faire du bruit tout mon soûl. Quoi! tu ne trouves pas que j'aie tous les sujets du monde d'être en colère?

SCAPIN.

Si fait. J'y ai d'abord été, moi, lorsque j'ai su la chose; et je me suis intéressé pour vous, jusqu'à quereller votre fils. Demandez-lui un peu quelles belles réprimandes je lui ai faites, et comme je l'ai chapitré sur le peu de respect qu'il gardoit à un père dont il devoit baiser les pas.* On ne peut pas lui mieux parler, quand ce seroit vous-même. Mais quoi! je me suis rendu à la raison, et j'ai considéré que, dans le fond, il n'a pas tant de tort qu'on pourroit croire.

ARGANTE.

Que me viens-tu conter? Il n'a pas tant de tort de s'aller marier de but en blanc avec une inconnue?

SCAPIN.

Que voulez-vous? Il y a été poussé par sa destinée.

ARGANTE.

Ah! ah! voici une raison la plus belle du monde. On n'a plus qu'à commettre tous les crimes imaginables, tromper, voler, assassiner, et dire, pour excuse, qu'on y a été poussé par sa destinée.

SCAPIN.

Mon Dieu! vous prenez mes paroles trop en philosophe. Je veux dire qu'il s'est trouvé fatalement engagé dans cette affaire.

ARGANTE.

Et pourquoi s'y engageoit-il?

---

* Var. *Dont il devroit baiser les pas.* (1682.)

SCAPIN.

Voulez-vous qu'il soit aussi sage que vous ? Les jeunes gens sont jeunes, et n'ont pas toute la prudence qu'il leur faudroit pour ne rien faire que de raisonnable : témoin notre Léandre, qui, malgré toutes mes leçons, malgré toutes mes remontrances, est allé faire, de son côté, pis encore que votre fils. Je voudrois bien savoir si vous-même n'avez pas été jeune, et n'avez pas, dans votre temps, fait des fredaines comme les autres. J'ai ouï dire, moi, que vous avez été autrefois un compagnon parmi les femmes ;* que vous faisiez de votre drôle avec les plus galantes de ce temps-là, et que vous n'en approchiez point que vous ne poussassiez à bout.

ARGANTE.

Cela est vrai, j'en demeure d'accord ; mais je m'en suis toujours tenu à la galanterie, et je n'ai point été jusqu'à faire ce qu'il a fait.

SCAPIN.

Que vouliez-vous qu'il fît ? Il voit une jeune personne qui lui veut du bien (car il tient cela de vous, d'être aimé de toutes les femmes). ** Il la trouve charmante ; il lui rend des visites, lui conte des douceurs, soupire galamment, fait le passionné. Elle se rend à sa poursuite ; il pousse sa fortune. Le voilà surpris avec elle par ses parents, qui, la force à la main, le contraignent de l'épouser.

SYLVESTRE, à part.

L'habile fourbe que voilà !

SCAPIN.

Eussiez-vous voulu qu'il se fût laissé tuer ? Il vaut mieux encore être marié qu'être mort.

* Var. *Un bon compagnon parmi les femmes;* (1682).
** Var. (*Car il tient de vous, d'être aimé de toutes les femmes.*) (1682).

ACTE I, SCÈNE VI.

ARGANTE.

On ne m'a pas dit que l'affaire se soit ainsi passée.

SCAPIN, montrant Sylvestre.

Demandez-lui plutôt : il ne vous dira pas le contraire.

ARGANTE, à Sylvestre.

C'est par force qu'il a été marié ?

SYLVESTRE.

Oui, monsieur.

SCAPIN.

Voudrois-je vous mentir ?

ARGANTE.

Il devoit donc aller tout aussitôt protester de violence chez un notaire.

SCAPIN.

C'est ce qu'il n'a pas voulu faire.

ARGANTE.

Cela m'auroit donné plus de facilité à rompre ce mariage.

SCAPIN.

Rompre ce mariage !

ARGANTE.

Oui.

SCAPIN.

Vous ne le romprez point.

ARGANTE.

Je ne le romprai point ?

SCAPIN.

Non.

ARGANTE.

Quoi ! je n'aurai pas pour moi les droits de père, et la raison de la violence qu'on a faite à mon fils ?

SCAPIN.

C'est une chose dont il ne demeurera pas d'accord.

ARGANTE.

Il n'en demeurera pas d'accord?

SCAPIN.

Non.

ARGANTE.

Mon fils?

SCAPIN.

Votre fils. Voulez-vous qu'il confesse qu'il ait été capable de crainte, et que ce soit par force qu'on lui ait fait faire les choses? Il n'a garde d'aller avouer cela : ce seroit se faire tort, et se montrer indigne d'un père comme vous.

ARGANTE.

Je me moque de cela.

SCAPIN.

Il faut, pour son honneur et pour le vôtre, qu'il dise dans le monde que c'est de bon gré qu'il l'a épousée.

ARGANTE.

Et je veux, moi, pour mon honneur et pour le sien, qu'il dise le contraire.

SCAPIN.

Non, je suis sûr qu'il ne le fera pas.

ARGANTE.

Je l'y forcerai bien.

SCAPIN.

Il ne le fera pas, vous dis-je.

ARGANTE.

Il le fera, ou je le déshériterai.

SCAPIN.

Vous?

ARGANTE.

Moi.

SCAPIN.

Bon!

ARGANTE.

Comment, bon?

SCAPIN.

Vous ne le déshériterez point.

ARGANTE.

Je ne le déshériterai point?

SCAPIN.

Non.

ARGANTE.

Non?

SCAPIN.

Non.

ARGANTE.

Ouais! voici qui est plaisant! Je ne déshériterai pas mon fils?

SCAPIN.

Non, vous dis-je.

ARGANTE.

Qui m'en empêchera?

SCAPIN.

Vous-même.

ARGANTE.

Moi?

SCAPIN.

Oui. Vous n'aurez pas ce cœur-là.

ARGANTE.

Je l'aurai.

SCAPIN.

Vous vous moquez.

ARGANTE.

Je ne me moque point.

SCAPIN.

La tendresse paternelle fera son office.

ARGANTE.

Elle ne fera rien.

SCAPIN.

Oui, oui.

ARGANTE.

Je vous dis que cela sera.

SCAPIN.

Bagatelles.

ARGANTE.

Il ne faut point dire bagatelles.

SCAPIN.

Mon Dieu! je vous connois; vous êtes bon naturellement.

ARGANTE.

Je ne suis point bon, et je suis méchant quand je veux.* Finissons ce discours, qui m'échauffe la bile. (A Sylvestre.) Va-t'en, pendard; va-t-en me chercher mon fripon, tandis que j'irai rejoindre le seigneur Géronte, pour lui conter ma disgrâce.

SCAPIN.

Monsieur, si je vous puis être utile en quelque chose, vous n'avez qu'à me commander.

ARGANTE.

Je vous remercie. (A part.) Ah! pourquoi faut-il qu'il

---

* Toute la partie du dialogue depuis ces mots : *Il le fera ou je le déshériterai,* jusqu'à ceux-ci : *et je suis méchant quand je veux,* est omise dans l'édition de 1682. Ce passage se retrouve mot pour mot dans *le Malade imaginaire,* avec cette différence qu'Argan parle de mettre sa fille dans un couvent, et qu'Argante parle de déshériter son fils. C'est là sans doute ce qui aura engagé les éditeurs La Grange et Vinot à le faire disparaître des *Fourberies de Scapin,* quoiqu'on puisse trouver la raison bien insuffisante.

soit fils unique! et que n'ai-je à cette heure la fille que le ciel m'a ôtée, pour la faire mon héritière!

SCÈNE VII.
SCAPIN, SYLVESTRE.

SYLVESTRE.

J'avoue que tu es un grand homme, et voilà l'affaire en bon train; mais l'argent, d'autre part, nous presse pour notre subsistance, et nous avons de tous côtés des gens qui aboient après nous.

SCAPIN.

Laisse-moi faire, la machine est trouvée. Je cherche seulement dans ma tête un homme qui nous soit affidé, pour jouer un personnage dont j'ai besoin. Attends. Tiens-toi un peu. Enfonce ton bonnet en méchant garçon. Campe-toi sur un pied. Mets la main au côté. Fais les yeux furibonds. Marche un peu en roi de théâtre. Voilà qui est bien. Suis-moi. J'ai des secrets pour déguiser ton visage et ta voix.

SYLVESTRE.

Je te conjure, au moins, de ne m'aller point brouiller avec la justice.

SCAPIN.

Va, va, nous partagerons les périls en frères; et trois ans de galères de plus ou de moins ne sont pas pour arrêter un noble cœur.

ACTE DEUXIÈME.

SCÈNE PREMIÈRE.
GÉRONTE, ARGANTE.

GÉRONTE.
Oui, sans doute, par le temps qu'il fait, nous aurons ici nos gens aujourd'hui; et un matelot qui vient de Tarente m'a assuré qu'il avoit vu mon homme qui étoit près de s'embarquer. Mais l'arrivée de ma fille trouvera les choses mal disposées à ce que nous nous proposions; et ce que vous venez de m'apprendre de votre fils rompt étrangement les mesures que nous avions prises ensemble.

ARGANTE.
Ne vous mettez pas en peine; je vous réponds de renverser tout cet obstacle, et j'y vais travailler de ce pas.

GÉRONTE.
Ma foi, seigneur Argante, voulez-vous que je vous dise? l'éducation des enfants est une chose à quoi il faut s'attacher fortement.

ARGANTE.
Sans doute. A quel propos cela?

GÉRONTE.
A propos de ce que les mauvais déportements des

jeunes gens viennent le plus souvent de la mauvaise éducation que leurs pères leur donnent.

ARGANTE.

Cela arrive parfois. Mais que voulez-vous dire par là?

GÉRONTE.

Ce que je veux dire par là?

ARGANTE.

Oui.

GÉRONTE.

Que si vous aviez, en brave père, bien morigéné votre fils, il ne vous auroit pas joué le tour qu'il vous a fait.

ARGANTE.

Fort bien. De sorte donc que vous avez bien mieux morigéné le vôtre?

GÉRONTE.

Sans doute, et je serois bien fâché qu'il m'eût rien fait approchant de cela.

ARGANTE.

Et si ce fils, que vous avez, en brave père, si bien morigéné, avoit fait pis encore que le mien? Hé?

GÉRONTE.

Comment?

ARGANTE.

Comment?

GÉRONTE.

Qu'est-ce que cela veut dire?

ARGANTE.

Cela veut dire, seigneur Géronte, qu'il ne faut pas être si prompt à condamner la conduite des autres; et que ceux qui veulent gloser doivent bien regarder chez eux s'il n'y a rien qui cloche.

GÉRONTE.

Je n'entends point cette énigme.

ARGANTE.

On vous l'expliquera.

GÉRONTE.

Est-ce que vous auriez ouï dire quelque chose de mon fils?

ARGANTE.

Cela se peut faire.

GÉRONTE.

Et quoi, encore?

ARGANTE.

Votre Scapin, dans mon dépit, ne m'a dit la chose qu'en gros, et vous pourrez de lui, ou de quelque autre, être instruit du détail. Pour moi, je vais vite consulter un avocat, et aviser des biais que j'ai à prendre. Jusqu'au revoir.

SCÈNE II.

GÉRONTE, seul.

Que pourroit-ce être que cette affaire-ci? Pis encore que le sien! Pour moi, je ne vois pas ce que l'on peut faire de pis; et je trouve que se marier sans le consentement de son père est une action qui passe tout ce qu'on peut s'imaginer.

SCÈNE III.

GÉRONTE, LÉANDRE.

GÉRONTE.

Ah! vous voilà!

LÉANDRE, courant à Géronte pour l'embrasser.

Ah! mon père, que j'ai de joie de vous voir de retour!

GÉRONTE, refusant d'embrasser Léandre.

Doucement. Parlons un peu d'affaire.

LÉANDRE.

Souffrez que je vous embrasse, et que...

GÉRONTE, le repoussant encore.

Doucement, vous dis-je.

LÉANDRE.

Quoi! vous me refusez, mon père, de vous exprimer mon transport par mes embrassements?

GÉRONTE.

Oui. Nous avons quelque chose à démêler ensemble.

LÉANDRE.

Et quoi?

GÉRONTE.

Tenez-vous, que je vous voie en face.

LÉANDRE.

Comment?

GÉRONTE.

Regardez-moi entre deux yeux.

LÉANDRE.

Hé bien!

GÉRONTE.

Qu'est-ce donc qu'il s'est passé ici? *

LÉANDRE.

Ce qui s'est passé?

GÉRONTE.

Oui. Qu'avez-vous fait dans mon absence?**

LÉANDRE.

Que voulez-vous, mon père, que j'aie fait?

---

* Var. *Qu'est-ce donc qui s'est passé ici?* (1682.)
** Var. *Oui. Qu'avez-vous fait pendant mon absence?* (1682.)

GÉRONTE.

Ce n'est pas moi qui veux que vous ayez fait, mais qui demande ce que c'est que vous avez fait.

LÉANDRE.

Moi, je n'ai fait aucune chose dont vous ayez lieu de vous plaindre.

GÉRONTE.

Aucune chose?

LÉANDRE.

Non.

GÉRONTE.

Vous êtes bien résolu!

LÉANDRE.

C'est que je suis sûr de mon innocence.

GÉRONTE.

Scapin pourtant a dit de vos nouvelles

LÉANDRE.

Scapin!

GÉRONTE.

Ah! ah! ce mot vous fait rougir.

LÉANDRE.

Il vous a dit quelque chose de moi?

GÉRONTE.

Ce lieu n'est pas tout à fait propre à vider cette affaire, et nous allons l'examiner ailleurs. Qu'on se rende au logis; j'y vais revenir tout à l'heure. Ah! traître, s'il faut que tu me déshonores, je te renonce pour mon fils, et tu peux bien, pour jamais, te résoudre à fuir de ma présence.

SCÈNE IV.

LÉANDRE, seul.

Me trahir de cette manière! Un coquin qui doit, par cent raisons, être le premier à cacher les choses que je lui confie, est le premier à les aller découvrir à mon père. Ah! je jure le ciel que cette trahison ne demeurera pas impunie.

SCÈNE V.

OCTAVE, LÉANDRE, SCAPIN.

OCTAVE.

Mon cher Scapin, que ne dois-je point à tes soins? Que tu es un homme admirable! et que le ciel m'est favorable, de t'envoyer à mon secours!

LÉANDRE.

Ah! ah! vous voilà! Je suis ravi de vous trouver, monsieur le coquin.

SCAPIN.

Monsieur, votre serviteur. C'est trop d'honneur que vous me faites.

LÉANDRE, en mettant l'épée à la main.

Vous faites le méchant plaisant. Ah! je vous apprendrai...

SCAPIN, se mettant à genoux.

Monsieur!

OCTAVE, se mettant entre deux pour empêcher Léandre de frapper Scapin.

Ah! Léandre!

LÉANDRE.

Non, Octave, ne me retenez point, je vous prie.

SCAPIN, à Léandre.

Hé! monsieur!

OCTAVE, retenant Léandre.

De grâce!

LÉANDRE, voulant frapper Scapin.

Laissez-moi contenter mon ressentiment.

OCTAVE.

Au nom de l'amitié, Léandre, ne le maltraitez point.

SCAPIN.

Monsieur, que vous ai-je fait?

LÉANDRE, voulant frapper Scapin.

Ce que tu m'as fait, traître?

OCTAVE, retenant encore Léandre.

Hé! doucement.

LÉANDRE.

Non, Octave, je veux qu'il me confesse lui-même, tout à l'heure, la perfidie qu'il m'a faite. Oui, coquin, je sais le trait que tu m'as joué, on vient de me l'apprendre; et tu ne croyois pas peut-être que l'on me dût révéler ce secret ; mais je veux en avoir la confession de ta propre bouche, ou je vais te passer cette épée au travers du corps.

SCAPIN.

Ah! monsieur, auriez-vous bien ce cœur-là?

LÉANDRE.

Parle donc.

SCAPIN.

Je vous ai fait quelque chose, monsieur?

LÉANDRE.

Oui, coquin; et ta conscience ne te dit que trop ce que c'est.

SCAPIN.

Je vous assure que je l'ignore.

LÉANDRE, s'avançant pour frapper Scapin.

Tu l'ignores?

OCTAVE, retenant Léandre.

Léandre!

SCAPIN.

Hé bien! monsieur, puisque vous le voulez, je vous confesse que j'ai bu avec mes amis ce petit quartaut de vin d'Espagne dont on vous fit présent il y a quelques jours; et que c'est moi qui fis une fente au tonneau, et répandis de l'eau autour, pour faire croire que le vin s'étoit échappé.

LÉANDRE.

C'est toi, pendard, qui m'as bu mon vin d'Espagne, et qui as été cause que j'ai tant querellé la servante, croyant que c'étoit elle qui m'avoit fait le tour?

SCAPIN.

Oui, monsieur; je vous en demande pardon.

LÉANDRE.

Je suis bien aise d'apprendre cela. Mais ce n'est pas l'affaire dont il est question maintenant.

SCAPIN.

Ce n'est pas cela, monsieur?

LÉANDRE.

Non; c'est une autre affaire qui me touche bien plus, et je veux que tu me la dises.

SCAPIN.

Monsieur, je ne me souviens pas d'avoir fait autre chose.

LÉANDRE, voulant frapper Scapin.

Tu ne veux pas parler?

SCAPIN.

Hé!

OCTAVE, retenant Léandre.

Tout doux!

SCAPIN.

Oui, monsieur, il est vrai qu'il y a trois semaines que vous m'envoyâtes porter, le soir, une petite montre à la jeune Égyptienne que vous aimez. Je revins au logis, mes habits tout couverts de boue, et le visage plein de sang, et vous dis que j'avois trouvé des voleurs qui m'avoient bien battu, et m'avoient dérobé la montre. C'étoit moi, monsieur, qui l'avois retenue.

LÉANDRE.

C'est toi qui as retenu ma montre?

SCAPIN.

Oui, monsieur, afin de voir quelle heure il est.

LÉANDRE.

Ah! ah! j'apprends ici de jolies choses, et j'ai un serviteur fort fidèle, vraiment! Mais ce n'est pas cela encore que je demande.

SCAPIN.

Ce n'est pas cela?

LÉANDRE.

Non, infâme; c'est autre chose encore que je veux que tu me confesses.

SCAPIN, à part.

Peste!

LÉANDRE.

Parle vite, j'ai hâte.

SCAPIN.

Monsieur, voilà tout ce que j'ai fait.

LÉANDRE, voulant frapper Scapin.

Voilà tout ?

OCTAVE, se mettant au devant de Léandre.

Hé !

SCAPIN.

Hé bien ! oui, monsieur, vous vous souvenez de ce loup-garou, il y a six mois, qui vous donna tant de coups de bâton la nuit, et vous pensa faire rompre le cou dans une cave où vous tombâtes en fuyant.

LÉANDRE.

Hé bien !

SCAPIN.

C'étoit moi, monsieur, qui faisois le loup-garou.

LÉANDRE.

C'étoit toi, traître, qui faisois le loup-garou ?

SCAPIN.

Oui, monsieur ; seulement pour vous faire peur, et vous ôter l'envie de nous faire courir toutes les nuits comme vous aviez de coutume.

LÉANDRE.

Je saurai me souvenir, en temps et lieu, de tout ce que je viens d'apprendre. Mais je veux venir au fait, et que tu me confesses ce que tu as dit à mon père.

SCAPIN.

A votre père ?

LÉANDRE.

Oui, fripon, à mon père.

SCAPIN.

Je ne l'ai pas seulement vu depuis son retour.

LÉANDRE.

Tu ne l'as pas vu ?

SCAPIN.

Non, monsieur.

LÉANDRE.
Assurément?
SCAPIN.
Assurément. C'est une chose que je vais vous faire dire par lui-même.
LÉANDRE.
C'est de sa bouche que je le tiens pourtant.
SCAPIN.
Avec votre permission, il n'a pas dit la vérité.

SCÈNE VI.
LÉANDRE, OCTAVE, CARLE, SCAPIN.

CARLE.
Monsieur, je vous apporte une nouvelle qui est fâcheuse pour votre amour.
LÉANDRE.
Comment?
CARLE.
Vos Égyptiens sont sur le point de vous enlever Zerbinette; et elle-même, les larmes aux yeux, m'a chargé de venir promptement vous dire que, si dans deux heures vous ne songez à leur porter l'argent qu'ils vous ont demandé pour elle, vous l'allez perdre pour jamais.
LÉANDRE.
Dans deux heures?
CARLE.
Dans deux heures.

SCÈNE VII.

LÉANDRE, OCTAVE, SCAPIN.

LÉANDRE.

Ah! mon pauvre Scapin, j'implore ton secours.

SCAPIN, passant devant Léandre avec un air fier.

Ah! mon pauvre Scapin! Je suis mon pauvre Scapin, à cette heure qu'on a besoin de moi.

LÉANDRE.

Va, je te pardonne tout ce que tu viens de me dire, et pis encore, si tu me l'as fait.

SCAPIN.

Non, non; ne me pardonnez rien; passez-moi votre épée au travers du corps. Je serai ravi que vous me tuiez.

LÉANDRE.

Non. Je te conjure plutôt de me donner la vie, en servant mon amour.

SCAPIN.

Point, point; vous ferez mieux de me tuer.

LÉANDRE.

Tu m'es trop précieux; et je te prie de vouloir bien employer pour moi ce génie admirable qui vient à bout de toute chose.

SCAPIN.

Non. Tuez-moi, vous dis-je.

LÉANDRE.

Ah! de grâce! ne songe plus à tout cela, et pense à me donner le secours que je te demande.

OCTAVE.

Scapin, il faut faire quelque chose pour lui.

SCAPIN.

Le moyen, après une avanie de la sorte?

LÉANDRE.

Je te conjure d'oublier mon emportement, et de me prêter ton adresse.

OCTAVE.

Je joins mes prières aux siennes.

SCAPIN.

J'ai cette insulte-là sur le cœur.

OCTAVE.

Il faut quitter ton ressentiment.

LÉANDRE.

Voudrois-tu m'abandonner, Scapin, dans la cruelle extrémité où se voit mon amour?

SCAPIN.

Me venir faire à l'improviste un affront comme celui-là!

LÉANDRE.

J'ai tort, je le confesse.

SCAPIN.

Me traiter de coquin, de fripon, de pendard, d'infâme!

LÉANDRE.

J'en ai tous les regrets du monde.

SCAPIN.

Me vouloir passer son épée au travers du corps!

LÉANDRE.

Je t'en demande pardon de tout mon cœur; et s'il ne tient qu'à me jeter à tes genoux, tu m'y vois, Scapin, pour te conjurer encore une fois de ne me point abandonner.

OCTAVE.

Ah! ma foi, Scapin, il se faut rendre à cela.

SCAPIN.
Levez-vous. Une autre fois ne soyez point si prompt.
LÉANDRE.
Me promets-tu de travailler pour moi?
SCAPIN.
On y songera.
LÉANDRE.
Mais tu sais que le temps presse.
SCAPIN.
Ne vous mettez pas en peine. Combien est-ce qu'il vous faut?
LÉANDRE.
Cinq cents écus.
SCAPIN.
Et à vous?
OCTAVE.
Deux cents pistoles.
SCAPIN.
Je veux tirer cet argent de vos pères. (A Octave.) Pour ce qui est du vôtre, la machine est déjà toute trouvée. (A Léandre.) Et, quant au vôtre, bien qu'avare au dernier degré, il y faudra moins de façons encore; car vous savez que, pour l'esprit, il n'en a pas, grâces à Dieu, grande provision; et je le livre pour une espèce d'homme à qui l'on fera croire tout ce que l'on voudra. Cela ne vous offense point : il ne tombe entre lui et vous aucun soupçon de ressemblance; et vous savez assez l'opinion de tout le monde, qui veut qu'il ne soit votre père que pour la forme.
LÉANDRE.
Tout beau, Scapin!
SCAPIN.
Bon, bon; on fait bien scrupule de cela. Vous mo-

quez-vous? Mais j'aperçois venir le père d'Octave. Commençons par lui, puisqu'il se présente. Allez-vous-en tous deux. (A Octave.) Et vous, avertissez votre Sylvestre de venir vite jouer son rôle.

SCÈNE VIII.

ARGANTE, SCAPIN.

SCAPIN, à part.

Le voilà qui rumine.

ARGANTE, se croyant seul.

Avoir si peu de conduite et de considération! s'aller jeter dans un engagement comme celui-là! Ah! ah! jeunesse impertinente!

SCAPIN.

Monsieur, votre serviteur.

ARGANTE.

Bonjour, Scapin.

SCAPIN.

Vous rêvez à l'affaire de votre fils?

ARGANTE.

Je t'avoue que cela me donne un furieux chagrin.

SCAPIN.

Monsieur, la vie est mêlée de traverses. Il est bon de s'y tenir sans cesse préparé; et j'ai ouï dire, il y a longtemps, une parole d'un ancien que j'ai toujours retenue.

ARGANTE.

Quoi?

SCAPIN.

Que, pour peu qu'un père de famille ait été absent de chez lui, il doit promener son esprit sur tous les fâcheux accidents que son retour peut rencontrer; se figurer sa maison brûlée, son argent dérobé, sa femme morte, son fils estropié, sa fille subornée; et ce qu'il trouve qui ne lui est point arrivé, l'imputer à bonne fortune. Pour moi, j'ai pratiqué toujours cette leçon dans ma petite philosophie; et je ne suis jamais revenu au logis que je ne me sois tenu prêt à la colère de mes maîtres, aux réprimandes, aux injures, aux coups de pied au cul, aux bastonnades, aux étrivières; et ce qui a manqué à m'arriver, j'en ai rendu grâce à mon bon destin[1].

ARGANTE.

Voilà qui est bien; mais ce mariage impertinent, qui trouble celui que nous voulons faire, est une chose que je ne puis souffrir, et je viens de consulter des avocats pour le faire casser.

1. Cette tirade de Scapin est empruntée à Térence. Démiphon, dans le monologue dont celui de M. Argante (acte I, scène IV) est une imitation, dit :

> Peregrè rediens semper cogitet,
> Aut filii peccatum, aut uxoris mortem, aut morbum filiæ.
> Communia esse hæc ; fieri posse : ut ne quid animo sit novum.
> Quidquid præter spem eveniat, omne id deputare esse in lucro.

« Un père de famille, qui revient de voyage, devrait s'attendre à trouver son fils livré au désordre, sa femme morte, sa fille malade; se dire que ces accidents sont communs, qu'ils ont pu lui arriver. Avec cette prévoyance, rien ne l'étonnerait. Les malheurs dont il serait exempt contre son attente, il les regarderait comme autant de gagné. »

Et Géta, parodiant le discours du vieillard, dit à part lui :

> Incredibile quantum herum anteeo sapientia.
> Meditata mihi sunt omnia mea incommoda. Herus si redierit,
> Molendum usquè in pistrino; vapulandum; habendæ compedes;
> Opus ruri faciundum. Horum nihil quidquam accidet animo novum.
> Quidquid præter spem eveniet, omne id deputabo esse in lucro.

« On ne croirait pas combien je suis plus sage. J'ai déjà passé en revue toutes les infortunes dont je suis menacé. Au retour de mon maître, me suis-je dit, on m'enverra, pour le reste de mes jours, tourner la meule du moulin; je recevrai les étrivières; je serai chargé de chaînes; je serai condamné à travailler aux champs. Aucun de ces malheurs ne m'étonnera. Ceux dont je serai exempt, contre mon attente, je les regarderai comme autant de gagné. »

SCAPIN.

Ma foi, monsieur, si vous m'en croyez, vous tâcherez, par quelque autre voie, d'accommoder l'affaire. Vous savez ce que c'est que les procès en ce pays-ci, et vous allez vous enfoncer dans d'étranges épines.

ARGANTE.

Tu as raison, je le vois bien. Mais quelle autre voie ?

SCAPIN.

Je pense que j'en ai trouvé une. La compassion que m'a donnée tantôt votre chagrin m'a obligé à chercher dans ma tête quelque moyen pour vous tirer d'inquiétude; car je ne saurois voir d'honnêtes pères chagrinés par leurs enfants que cela ne m'émeuve, et, de tout temps, je me suis senti pour votre personne une inclination particulière.

ARGANTE.

Je te suis obligé.

SCAPIN.

J'ai donc été trouver le frère de cette fille qui a été épousée. C'est un de ces braves de profession, de ces gens qui sont tout coups d'épée, qui ne parlent que d'échiner, et ne font non plus de conscience de tuer un homme que d'avaler un verre de vin. Je l'ai mis sur ce mariage, lui ai fait voir quelle facilité offroit la raison de la violence pour le faire casser, vos prérogatives du nom de père, et l'appui que vous donneroient auprès de la justice et votre droit et votre argent et vos amis. Enfin, je l'ai tant tourné de tous les côtés qu'il a prêté l'oreille aux propositions que je lui ai faites d'ajuster l'affaire pour quelque somme; et il donnera son consentement à rompre le mariage, pourvu que vous lui donniez de l'argent.

ARGANTE.

Et qu'a-t-il demandé ?

SCAPIN.

Oh! d'abord des choses par-dessus les maisons.

ARGANTE.

Eh quoi?

SCAPIN.

Des choses extravagantes.

ARGANTE.

Mais encore?

SCAPIN.

Il ne parloit pas moins de cinq ou six cents pistoles.

ARGANTE.

Cinq ou six cents fièvres quartaines qui le puissent serrer! Se moque-t-il des gens?

SCAPIN.

C'est ce que je lui ai dit. J'ai rejeté bien loin de pareilles propositions, et je lui ai bien fait entendre que vous n'étiez point une dupe, pour vous demander des cinq ou six cents pistoles. Enfin, après plusieurs discours, voici où s'est réduit le résultat de notre conférence. « Nous voilà au temps, m'a-t-il dit, que je dois partir pour l'armée; je suis après à m'équiper, et le besoin que j'ai de quelque argent me fait consentir, malgré moi, à ce qu'on me propose. Il me faut un cheval de service, et je n'en saurois avoir un qui soit tant soit peu raisonnable, à moins de soixante pistoles. »

ARGANTE.

Hé bien! pour soixante pistoles, je les donne.

SCAPIN.

« Il faudra le harnois et les pistolets; et cela ira bien à vingt pistoles encore. »

ARGANTE.

Vingt pistoles et soixante, ce seroit quatre-vingts.

SCAPIN.

Justement.

ARGANTE.

C'est beaucoup; mais, soit; je consens à cela.

SCAPIN.

« Il me faut aussi un cheval pour monter mon valet,* qui coûtera bien trente pistoles. »

ARGANTE.

Comment, diantre! Qu'il se promène, il n'aura rien du tout.

SCAPIN.

Monsieur!

ARGANTE.

Non : c'est un impertinent.

SCAPIN.

Voulez-vous que son valet aille à pied?

ARGANTE.

Qu'il aille comme il lui plaira, et le maître aussi.

SCAPIN.

Mon Dieu, monsieur, ne vous arrêtez point à peu de chose. N'allez point plaider, je vous prie; et donnez tout, pour vous sauver des mains de la justice.

ARGANTE.

Hé bien! soit; je me résous à donner encore ces trente pistoles.

SCAPIN.

« Il me faut encore, a-t-il dit, un mulet pour porter... »

ARGANTE.

Oh! qu'il aille au diable avec son mulet! C'en est trop; et nous irons devant les juges.

SCAPIN.

De grâce, monsieur...

* VAR. *Il lui faut aussi un cheval pour monter son valet*, (1682).

ACTE II, SCÈNE VIII.

ARGANTE.

Non, je n'en ferai rien.

SCAPIN.

Monsieur, un petit mulet.

ARGANTE.

Je ne lui donnerois pas seulement un âne.

SCAPIN.

Considérez...

ARGANTE.

Non; j'aime mieux plaider.

SCAPIN.

Eh! monsieur, de quoi parlez-vous là, et à quoi vous résolvez-vous? Jetez les yeux sur les détours de la justice. Voyez combien d'appels et de degrés de juridiction; combien de procédures embarrassantes; combien d'animaux ravissants, par les griffes desquels il vous faudra passer : sergents, procureurs, avocats, greffiers, substituts, rapporteurs, juges, et leurs clercs. Il n'y a pas un de tous ces gens-là qui, pour la moindre chose, ne soit capable de donner un soufflet au meilleur droit du monde. Un sergent baillera de faux exploits, sur quoi vous serez condamné sans que vous le sachiez. Votre procureur s'entendra avec votre partie, et vous vendra à beaux deniers comptants. Votre avocat, gagné de même, ne se trouvera point lorsqu'on plaidera votre cause, ou dira des raisons qui ne feront que battre la campagne et n'iront point au fait. Le greffier délivrera par contumace des sentences et arrêts contre vous. Le clerc du rapporteur soustraira des pièces, ou le rapporteur même ne dira pas ce qu'il a vu; et quand, par les plus grandes précautions du monde, vous aurez paré tout cela, vous serez ébahi que vos juges auront été sollicités contre vous, ou par des gens dévots, ou par des femmes qu'ils aimeront. Eh! monsieur, si vous le pouvez, sauvez-vous de cet enfer-là. C'est être damné dès ce monde que d'avoir à plaider; et la seule pensée d'un procès seroit capable de me faire fuir jusqu'aux Indes[1].

ARGANTE.

A combien est-ce qu'il fait monter le mulet?

SCAPIN.

Monsieur, pour le mulet, pour le cheval et celui de son homme, pour le harnois et les pistolets, et pour payer quelque petite chose qu'il doit à son hôtesse, il demande en tout deux cents pistoles.

ARGANTE.

Deux cents pistoles!

---

1. Ce tableau représente avec des couleurs sombres la situation faite alors aux plaideurs.

En première ligne venait la plaie des degrés de juridiction, si nombreux qu'ils éternisaient les procès. On lit dans Chenu : « Tant de degrés de juridiction et de juges d'appel rendent les procès immortels et les provignent en sorte qu'un plaideur a passé en misère tout son bien, auparavant qu'il puisse obtenir jugement en dernier ressort, *tellement qu'il lui seroit plus expédient de tout quitter que de plaider.* »

Charondas n'est pas moins sévère que Molière dans ce passage : « Nous voyons la France, laquelle autrefois a été tant honorée des peuples voisins et étrangers pour la justice qui y régnoit, être aujourd'hui très mal renommée pour les corruptions qui aveuglent les juges et magistrats : tellement qu'il semble que les diverses lois et ordonnances qu'on y publie pour l'administration de la justice et institution de nouveaux officiers ne sont que nouveaux appâts pour nourrir et affriander les procès. »

Comme les juges, et plus qu'eux encore, les procureurs étaient suspects de corruption. Pussort déclare : « Qu'il pouvoit y avoir des procureurs gens de bien, mais qu'*universellement* on pouvoit dire qu'ils étoient la cause de tous les désordres de la justice. » Enfin, les accusations dirigées contre les clercs de procureurs, les greffiers, les avocats, les sergents, et tous les suppôts de la chicane, n'étaient pas, non plus, tellement exagérées que le discours de Scapin ne pût faire quelque impression, non seulement sur Argante, mais sur l'auditoire. (Consultez la petite brochure de M. Paringault : *la Langue du droit dans le théâtre de Molière;* Paris, A. Durand, 1861.)

ACTE II, SCÈNE VIII.

SCAPIN.

Oui.

ARGANTE, se promenant en colère le long du théâtre

Allons, allons ; nous plaiderons.

SCAPIN.

Faites réflexion...

ARGANTE.

Je plaiderai.

SCAPIN.

Ne vous allez point jeter...

ARGANTE.

Je veux plaider.

SCAPIN.

Mais pour plaider il vous faudra de l'argent. Il vous en faudra pour l'exploit; il vous en faudra pour le contrôle. Il vous en faudra pour la procuration, pour la présentation, conseils, productions, et journées du procureur. Il vous en faudra pour les consultations et plaidoiries des avocats; pour le droit de retirer le sac, et pour les grosses d'écritures. Il vous en faudra pour le rapport des substituts, pour les épices de conclusion[1]; pour l'enregistrement du greffier, façon d'appointement, sentences et arrêts, contrôles, signatures et expéditions de leurs clercs, sans parler de tous les présents qu'il vous faudra faire. Donnez cet argent-là à cet homme-ci, vous voilà hors d'affaire[2].

---

1. Anciennement, les plaideurs donnaient aux juges des dragées et des confitures, pour les remercier du gain d'un procès; et cela s'appelait des *épices*, parce qu'avant la découverte des Indes on employait, dans ces friandises, les épices au lieu de sucre; les épices du Palais, qui n'étaient d'abord qu'un présent volontaire, devinrent par la suite une véritable taxe qui se payait en argent, et n'en conservait pas moins le nom d'*épices*.

2. Il n'y a rien d'omis dans ce tableau des actes de la procédure, et il semble qu'il ait été tracé par un vieux juge ou par un procureur à chevrons.

Il est bien un peu question dans Térence de l'inconvénient des procès;

ARGANTE.

Comment! deux cents pistoles!

SCAPIN.

Oui. Vous y gagnerez. J'ai fait un petit calcul, en moi-même, de tous les frais de la justice; et j'ai trouvé qu'en donnant deux cents pistoles à votre homme, vous en aurez de reste, pour le moins, cent cinquante, sans compter les soins, les pas et les chagrins que vous vous épargnerez. Quand il n'y auroit à essuyer que les sottises que disent devant tout le monde de méchants plaisants d'avocats, j'aimerois mieux donner trois cents pistoles que de plaider[1].

ARGANTE.

Je me moque de cela, et je défie les avocats de rien dire de moi.

SCAPIN.

Vous ferez ce qu'il vous plaira; mais, si j'étois que de vous, je fuirois les procès.

ARGANTE.

Je ne donnerai point deux cents pistoles.

SCAPIN.

Voici l'homme dont il s'agit[2].

mais que sont quelques mots d'une vérité froide et commune, à côté des deux belles tirades dans lesquelles Scapin décrit d'une manière si énergique et si effrayante la foule d'*animaux ravissants* par les *griffes* desquels un pauvre plaideur doit *passer!*

1. Beaumarchais dira à son tour dans *le Mariage de Figaro* : « Lorsque, craignant l'emportement des plaideurs, les tribunaux ont toléré qu'on appelât des tiers, ils n'ont pas entendu que ces défenseurs modérés deviendroient impunément des insolents privilégiés. C'est dégrader le plus noble institut. »

2. Le fond de cette admirable scène appartient à Térence. Géta, le Scapin de la pièce latine, s'est chargé de procurer de l'argent, non pas, comme ici, aux deux jeunes amoureux, mais à l'un d'eux seulement, à Phédria ; et ce n'est pas du père de celui-ci, c'est du père d'Antiphon qu'il a d'abord dessein de le tirer. Cependant les deux vieillards se présentent à lui en

SCÈNE IX.

ARGANTE, SCAPIN; SYLVESTRE, déguisé en spadassin.

SYLVESTRE.

Scapin, fais-moi connoître* un peu cet Argante qui est père d'Octave.

* Var. *Scapin, faites-moi connoître* (1682).

même temps : il les aborde, les plaint, leur dit qu'ayant réfléchi sur leur malheur, il croit y avoir trouvé un remède, et leur persuade que Phormion, ce parasite qui a fait condamner Antiphon à épouser Phanium, consent à ce que le mariage soit cassé, et à prendre lui-même Phanium pour femme, si on veut lui donner quelque argent.

GETA.
A primo, homo insanibat.
CHREMES.
Cedo, quid postulat?
GETA.
Quid? nimium.
CHREMES.
Quantum libuit, dic.
GETA.
Si quis daret.
Talentum magnum.
CHREMES.
Immo malum hercle! ut nil pudet!
GETA.
Quod dixi adeo ei, etc.

« Géta. D'abord mon homme extravaguait.
« Chrémès. Dis-moi, combien demandait-il?
« Géta. Combien ? Beaucoup trop.
« Chrémès. Mais encore, que s'était-il mis en tête?
« Géta. « Si l'on me donnait un grand talent... » (disait-il).
« Chrémès. Une bonne peste, ma foi! N'a-t-il point de honte?
« Géta. C'est aussi ce que je lui ai dit, etc. »

Suivant Géta, le parasite Phormion, après avoir fait le calcul de ce qu'il lui fallait d'argent, a demandé d'abord dix mines pour dégager une *petite* terre, puis dix autres mines pour dégager une *petite* maison, puis encore dix autres mines pour acheter une *petite* esclave à sa femme, pour se procurer quelques *petits* meubles, et pour payer les frais de la noce. A chaque somme nouvelle, les deux vieillards font alternativement le même personnage qu'Argante fait ici tout seul : ils se récrient, ils accordent; ils s'empor-

SCAPIN.

Pourquoi, monsieur?

SYLVESTRE.

Je viens d'apprendre qu'il veut me mettre en procès, et faire rompre par justice le mariage de ma sœur.

SCAPIN.

Je ne sais pas s'il a cette pensée; mais il ne veut point consentir aux deux cents pistoles que vous voulez; et il dit que c'est trop.

SYLVESTRE.

Par la mort! par la tête! par la ventre! si je le trouve, je le veux échiner, dussé-je être roué tout vif.

(Argante, pour n'être point vu, se tient, en tremblant, couvert de Scapin.)

SCAPIN.

Monsieur, ce père d'Octave a du cœur, et peut-être ne vous craindra-t-il point.

SYLVESTRE.

Lui? lui? Par la sang[1]! par la tête! s'il étoit là, je lui donnerois tout à l'heure de l'épée dans le ventre. (Apercevant Argante.) Qui est cet homme-là?

SCAPIN.

Ce n'est pas lui, monsieur; ce n'est pas lui.

SYLVESTRE.

N'est-ce point quelqu'un de ses amis?

---

tent, ils accordent encore; enfin, chacun d'eux faisant une concession à mesure que l'autre exprime un refus, tous les articles passent, et le bonhomme Chrémès remet la somme entière à Géta.

1. *La sang.* C'est ainsi qu'on doit écrire, et l'on en voit la preuve dans le juron vulgaire, *par la sambleu.* Un peu plus haut, on a vu de même : *la ventre.* Il semblerait que ce dût être *le sang, le ventre*; mais il y a ellipse : on jurait anciennement *par la vertu du sang de Dieu, du ventre de Dieu*; on a retranché dans le discours les mots *vertu de,* et il est resté *par la sang, par la ventre,* etc.

ACTE II, SCÈNE IX.

SCAPIN.

Non, monsieur; au contraire, c'est son ennemi capital.

SYLVESTRE.

Son ennemi capital?

SCAPIN.

Oui.

SYLVESTRE.

Ah! parbleu, j'en suis ravi. (A Argante.) Vous êtes ennemi, monsieur, de ce faquin d'Argante? Hé?

SCAPIN.

Oui, oui; je vous en réponds.

SYLVESTRE prend rudement la main d'Argante.

Touchez là. Touchez. Je vous donne ma parole, et vous jure sur mon honneur, par l'épée que je porte, par tous les serments que je saurois faire, qu'avant la fin du jour je vous déferai de ce maraud fieffé, de ce faquin d'Argante. Reposez-vous sur moi.

SCAPIN.

Monsieur, les violences en ce pays ne sont guère souffertes.

SYLVESTRE.

Je me moque de tout, et je n'ai rien à perdre.

SCAPIN.

Il se tiendra sur ses gardes, assurément; et il a des parents, des amis et des domestiques, dont il se fera un secours contre votre ressentiment.

SYLVESTRE.

C'est ce que je demande, morbleu! c'est ce que je demande. (Il met l'épée à la main.) Ah, tête! ah, ventre! Que ne le trouvé-je à cette heure avec tout son secours! Que ne paroît-il à mes yeux au milieu de trente personnes! Que ne les vois-je fondre sur moi les armes à la main!

(Il se met en garde.) Comment! marauds, vous avez la hardiesse de vous attaquer à moi! Allons, morbleu, tue! (Il pousse de tous les côtés, comme s'il y avoit plusieurs personnes devant lui.) Point de quartier. Donnons. Ferme. Poussons. Bon pied, bon œil. Ah! coquins! ah! canaille! vous en voulez par là! je vous en ferai tâter votre soûl. Soutenez, marauds, soutenez. Allons. A cette botte. A cette autre. (Il se tourne du côté d'Argante et de Scapin.) A celle-ci. A celle-là. Comment, vous reculez! Pied ferme, morbleu; pied ferme[1]!

SCAPIN.

Eh! eh! eh! monsieur, nous n'en sommes pas.

SYLVESTRE.

Voilà qui vous apprendra à vous oser jouer à moi.

---

1. Le comédien Rosimond, dans *la Dupe amoureuse*, comédie jouée en 1670, un an avant *les Fourberies de Scapin*, a employé exactement le même moyen que Molière dans cette scène. Une suivante rusée, qui veut délivrer sa maîtresse d'un vieillard ridicule qui l'obsède, dit au valet Carrille :

> Dis-moi, pourrois-tu bien faire le fier-à-bras?
> Ne parler que de sang, de fer et de trépas?
> CARRILLE.
> Te moques-tu de moi? La chose est si facile!
> Combien en voyons-nous d'exemples à la ville!
> S'il ne faut que jurer un ventre, un têtebleu,
> Laisse faire Carrille, et tu verras beau jeu;
> Et si, pour mettre mieux à bout ton entreprise,
> Tu crois qu'un ton gascon soit encore de mise,
> Je puis facilement...

Marine répond que *cela ne nuira point*, donne quelques instructions à Carrille, et lui dit qu'il saura le reste à la maison. Carrille, habillé en capitan, revient, aborde le vieillard, et lui tient, pour l'effrayer, à peu près les mêmes discours que Sylvestre à Argante.

SCÈNE X.

ARGANTE, SCAPIN.

SCAPIN.

Hé bien! vous voyez combien de personnes tuées pour deux cents pistoles. Oh sus, je vous souhaite une bonne fortune.

ARGANTE, tout tremblant.

Scapin.

SCAPIN.

Plaît-il?

ARGANTE.

Je me résous à donner les deux cents pistoles.

SCAPIN.

J'en suis ravi pour l'amour de vous.

ARGANTE.

Allons le trouver; je les ai sur moi.

SCAPIN.

Vous n'avez qu'à me les donner. Il ne faut pas, pour votre honneur, que vous paroissiez là, après avoir passé ici pour autre que ce que vous êtes; et, de plus, je craindrois qu'en vous faisant connoître il n'allât s'aviser de vous en demander davantage.

ARGANTE.

Oui; mais j'aurois été bien aise de voir comme je donne mon argent.

SCAPIN.

Est-ce que vous vous défiez de moi?

ARGANTE.

Non pas; mais...

SCAPIN.

Parbleu! monsieur, je suis un fourbe, ou je suis honnête homme : c'est l'un des deux. Est-ce que je voudrois vous tromper, et que, dans tout ceci, j'ai d'autre intérêt que le vôtre et celui de mon maître, à qui vous voulez vous allier? Si je vous suis suspect, je ne me mêle plus de rien, et vous n'avez qu'à chercher, dès cette heure, qui accommodera vos affaires.

ARGANTE.

Tiens donc.

SCAPIN.

Non, monsieur, ne me confiez point votre argent. Je serai bien aise que vous vous serviez de quelque autre[1].

---

1. Ici nous retrouvons Plaute. Le fourbe Chrysale, dans *les Bacchis*, fait les mêmes difficultés que Scapin :

NICOBOLUS.
Cape hoc tibi aurum, Chrysale; i, fer filio...
CHRYSALUS.
Non equidem adcipiam; proin tu quæras, qui ferat.
Nolo ego mihi credi.
NICOBOLUS.
Cape vero, odiose facis.
CHRYSALUS.
Non equidem capiam.
NICOBOLUS.
At quæso.
CHRYSALUS.
Dico, ut res se habet.
NICOBOLUS.
Morare.
CHRYSALUS.
Nolo, inquam, aurum concredi mihi.
Vel da aliquem, qui me servet.
NICOBOLUS.
Ohe, odiose facis.
CHRYSALUS.
Cedo, si necesse 'st.
NICOBOLUS.
Cura hoc : jam ego huc revenero.
CHRYSALUS.
Curatum 'st.

« NICOBULE. Tiens, Chrysale, porte cet or à mon fils.

ACTE II, SCÈNE X.

ARGANTE.

Mon Dieu! tiens.

SCAPIN.

Non, vous dis-je, ne vous fiez point à moi. Que sait-on si je ne veux point vous attraper votre argent?

ARGANTE.

Tiens, te dis-je; ne me fais point contester davantage. Mais songe à bien prendre tes sûretés avec lui.

SCAPIN.

Laissez-moi faire; il n'a pas affaire à un sot.

ARGANTE.

Je vais t'attendre chez moi.

SCAPIN.

Je ne manquerai pas d'y aller. (Seul.) Et un. Je n'ai qu'à chercher l'autre. Ah! ma foi, le voici. Il semble que le ciel, l'un après l'autre, les amène dans mes filets.

« CHRYSALE. Non, charge un autre de cette commission; je ne veux pas de ta confiance.
« NICOBULE. Prends donc, tu me déplais.
« CHRYSALE. Non, je ne le recevrai pas.
« NICOBULE. Je t'en prie.
« CHRYSALE. Je te le dis tout net.
« NICOBULE. Tu perds le temps.
« CHRYSALE. Non, te dis-je; ne me confie pas cet or, ou fais-moi accompagner pour qu'on me garde à vue.
« NICOBULE. Oh! tu m'impatientes.
« CHRYSALE. Eh bien! donne donc, puisqu'il faut absolument.
« NICOBULE. Dépêche-toi; je serai bientôt de retour. (Il s'en va.)
« CHRYSALE. Ton affaire est faite. »

SCÈNE XI.

GÉRONTE, SCAPIN.

SCAPIN, feignant de ne point voir Géronte.

O ciel! ô disgrâce imprévue! ô misérable père! Pauvre Géronte, que feras-tu?

GÉRONTE, à part.

Que dit-il là de moi, avec ce visage affligé?

SCAPIN.

N'y a-t-il personne qui puisse me dire où est le seigneur Géronte?

GÉRONTE.

Qu'y a-t-il, Scapin?

SCAPIN, courant sur le théâtre sans vouloir entendre ni voir Géronte.

Où pourrai-je le rencontrer pour lui dire cette infortune?

GÉRONTE, arrêtant Scapin.

Qu'est-ce que c'est donc?

SCAPIN.

En vain je cours de tous côtés pour le pouvoir trouver.

GÉRONTE.

Me voici.

SCAPIN.

Il faut qu'il soit caché en quelque endroit qu'on ne puisse point deviner.

GÉRONTE, arrêtant Scapin.

Holà! Es-tu aveugle, que tu ne me vois pas?

SCAPIN.

Ah! monsieur, il n'y a pas moyen de vous rencontrer[1].

---

1. On trouve ce jeu de scène dans un grand nombre de pièces de l'ancien

ACTE II, SCÈNE XI.

GÉRONTE.

Il y a une heure que je suis devant toi. Qu'est-ce que c'est donc qu'il y a?

SCAPIN.

Monsieur...

GÉRONTE.

Quoi?

SCAPIN.

Monsieur, votre fils...

GÉRONTE.

Hé bien! mon fils...

SCAPIN.

Est tombé dans une disgrâce la plus étrange du monde.

GÉRONTE.

Et quelle?

SCAPIN.

Je l'ai trouvé tantôt tout triste de je ne sais quoi que vous lui avez dit, où vous m'avez mêlé assez mal à propos; et, cherchant à divertir cette tristesse, nous nous sommes allés promener sur le port. Là, entre autres plusieurs choses, nous avons arrêté nos yeux sur une galère turque assez bien équipée. Un jeune Turc de bonne mine nous a invités d'y entrer, et nous a présenté la main. Nous y avons passé. Il nous a fait mille civilités, nous a donné la collation, où nous avons mangé des fruits les plus excellents qui se puissent voir, et bu du vin que nous avons trouvé le meilleur du monde.

---

théâtre. Molière l'a employé dans *l'Amour médecin*, dans *Pourceaugnac*, et dans *le Malade imaginaire*. Comparez une comédie italienne, *l'Emilia*, de Luidgi Grotto (acte I, scène v), et une pièce française de Larivey, intitulée *la Constance* (acte IV, scène v).

GÉRONTE.

Qu'y a-t-il de si affligeant à tout cela?*

SCAPIN.

Attendez, monsieur, nous y voici. Pendant que nous mangions, il a fait mettre la galère en mer, et, se voyant éloigné du port, il m'a fait mettre dans un esquif, et m'envoie vous dire que si vous ne lui envoyez par moi, tout à l'heure, cinq cents écus, il va vous emmener votre fils en Alger.

GÉRONTE.

Comment, diantre! cinq cents écus!

SCAPIN.

Oui, monsieur ; et, de plus, il ne m'a donné pour cela que deux heures.

GÉRONTE.

Ah! le pendard de Turc! m'assassiner de la façon!

SCAPIN.

C'est à vous, monsieur, d'aviser promptement aux moyens de sauver des fers un fils que vous aimez avec tant de tendresse.

GÉRONTE.

Que diable alloit-il faire dans cette galère?

SCAPIN.

Il ne songeoit pas à ce qui est arrivé.

GÉRONTE.

Va-t'en, Scapin, va-t'en vite dire à ce Turc que je vais envoyer la justice après lui.

SCAPIN.

La justice en pleine mer! Vous moquez-vous des gens?

* VAR. Qu'y a-t-il de si affligeant en tout cela? (1682).

ACTE II, SCÈNE XI.

GÉRONTE.

Que diable alloit-il faire dans cette galère?

SCAPIN.

Une méchante destinée conduit quelquefois les personnes.

GÉRONTE.

Il faut, Scapin, il faut que tu fasses ici l'action d'un serviteur fidèle.

SCAPIN.

Quoi, monsieur?

GÉRONTE.

Que tu ailles dire à ce Turc qu'il me renvoie mon fils, et que tu te mets à sa place jusqu'à ce que j'aie amassé la somme qu'il demande.

SCAPIN.

Hé! monsieur, songez-vous à ce que vous dites? et vous figurez-vous que ce Turc ait si peu de sens que d'aller recevoir un misérable comme moi à la place de votre fils?

GÉRONTE.

Que diable alloit-il faire dans cette galère?

SCAPIN.

Il ne devinoit pas ce malheur. Songez, monsieur, qu'il ne m'a donné que deux heures.

GÉRONTE.

Tu dis qu'il demande...

SCAPIN.

Cinq cents écus.

GÉRONTE.

Cinq cents écus! N'a-t-il point de conscience?

SCAPIN.

Vraiment oui, de la conscience à un Turc!

GÉRONTE.

Sait-il bien ce que c'est que cinq cents écus?

SCAPIN.

Oui, monsieur; il sait que c'est mille cinq cents livres.

GÉRONTE.

Croit-il, le traître, que mille cinq cents livres se trouvent dans le pas d'un cheval?

SCAPIN.

Ce sont des gens qui n'entendent point de raison.

GÉRONTE.

Mais que diable alloit-il faire à cette galère?

SCAPIN.

Il est vrai. Mais quoi! on ne prévoyoit pas les choses. De grâce, monsieur, dépêchez!

GÉRONTE.

Tiens, voilà la clef de mon armoire.

SCAPIN.

Bon.

GÉRONTE.

Tu l'ouvriras.

SCAPIN.

Fort bien.

GÉRONTE.

Tu trouveras une grosse clef du côté gauche, qui est celle de mon grenier.

SCAPIN.

Oui.

GÉRONTE.

Tu iras prendre toutes les hardes qui sont dans cette grande manne, et tu les vendras aux fripiers, pour aller racheter mon fils.

ACTE II, SCÈNE XI.

SCAPIN, en lui rendant la clef.

Eh! monsieur, rêvez-vous? Je n'aurois pas cent francs de tout ce que vous dites; et, de plus, vous savez le peu de temps qu'on m'a donné.

GÉRONTE.

Mais que diable alloit-il faire à cette galère?

SCAPIN.

Oh! que de paroles perdues! Laissez là cette galère, et songez que le temps presse, et que vous courez risque de perdre votre fils. Hélas! mon pauvre maître! peut-être que je ne te verrai de ma vie, et qu'à l'heure que je parle on t'emmène esclave en Alger. Mais le ciel me sera témoin que j'ai fait pour toi tout ce que j'ai pu; et que, si tu manques à être racheté, il n'en faut accuser que le peu d'amitié d'un père.

GÉRONTE.

Attends, Scapin, je m'en vais querir cette somme.

SCAPIN.

Dépêchez donc vite, monsieur; je tremble que l'heure ne sonne.

GÉRONTE.

N'est-ce pas quatre cents écus que tu dis?

SCAPIN.

Non. Cinq cents écus.

GÉRONTE.

Cinq cents écus!

SCAPIN.

Oui.

GÉRONTE.

Que diable alloit-il faire à cette galère?

SCAPIN.

Vous avez raison; mais hâtez-vous.

GÉRONTE.

N'y avoit-il point d'autre promenade?

SCAPIN.

Cela est vrai. Mais faites promptement.

GÉRONTE.

Ah! maudite galère!

SCAPIN, à part.

Cette galère lui tient au cœur.

GÉRONTE.

Tiens, Scapin, je ne me souvenois pas que je viens justement de recevoir cette somme en or, et je ne croyois pas qu'elle dût m'être si tôt ravie. (Il lui présente sa bourse, qu'il ne laisse pourtant pas aller; et dans ses transports il fait aller son bras de côté et d'autre, et Scapin le sien pour avoir la bourse.) Tiens, va-t'en racheter mon fils.

SCAPIN.

Oui, monsieur.

GÉRONTE.

Mais dis à ce Turc que c'est un scélérat.

SCAPIN.

Oui.

GÉRONTE.

Un infâme.

SCAPIN.

Oui.

GÉRONTE.

Un homme sans foi, un voleur.

SCAPIN.

Laissez-moi faire.

GÉRONTE.

Qu'il me tire cinq cents écus contre toute sorte de droit.

ACTE II, SCÈNE XI.

SCAPIN.

Oui.

GÉRONTE.

Que je ne les lui donne ni à la mort, ni à la vie.

SCAPIN.

Fort bien.

GÉRONTE.

Et que, si jamais je l'attrape, je saurai me venger de lui.

SCAPIN.

Oui.

GÉRONTE remet la bourse dans sa poche, et s'en va.

Va, va vite requérir mon fils.

SCAPIN, allant après Géronte.

Holà, monsieur.

GÉRONTE.

Quoi?

SCAPIN.

Où est donc cet argent?

GÉRONTE.

Ne te l'ai-je pas donné?

SCAPIN.

Non, vraiment; vous l'avez remis dans votre poche.

GÉRONTE.

Ah! c'est la douleur qui me trouble l'esprit.

SCAPIN.

Je le vois bien.

GÉRONTE.

Que diable alloit-il faire dans cette galère? Ah! maudite galère! traître de Turc à tous les diables!

SCAPIN, seul.

Il ne peut digérer les cinq cents écus que je lui arrache;

mais il n'est pas quitte envers moi ; et je veux qu'il me paye en une autre monnoie l'imposture qu'il m'a faite auprès de son fils[1].

SCÈNE XII.

OCTAVE, LÉANDRE, SCAPIN.

OCTAVE.

Hé bien ! Scapin, as-tu réussi pour moi dans ton entreprise ?

LÉANDRE.

As-tu fait quelque chose pour tirer mon amour de la peine où il est ?

SCAPIN, à Octave.

Voilà deux cents pistoles que j'ai tirées de votre père.

OCTAVE.

Ah ! que tu me donnes de joie !

SCAPIN, à Léandre.

Pour vous, je n'ai pu faire rien.

LÉANDRE veut s'en aller.

Il faut donc que j'aille mourir, et je n'ai que faire de vivre si Zerbinette m'est ôtée.

---

1. Voyez, à la suite de la pièce, la scène du *Pédant joué,* qui a servi de modèle à celle-ci. La différence la plus considérable qu'on remarquera entre elles, c'est que Cyrano de Bergerac met une galère turque, armée en course, dans le bassin de la Seine, entre le Pont-Neuf et la tour de Nesle ; tandis que Molière fait arriver l'aventure à Naples, sur une côte qui était particulièrement exposée aux insultes des corsaires barbaresques. Ajoutons, avec M. Chasles, que la prise de Candie par les Turcs, malgré le secours amené de France aux Vénitiens par MM. de Beaufort et de Navailles, venait d'avoir lieu, après un siège de huit années, le 16 septembre 1669, et que cet événement donnait sans doute un nouvel intérêt aux récits d'enlèvements, de coups de main et de tragiques catastrophes dont la Méditerranée était le théâtre.

SCAPIN.

Holà! holà! tout doucement. Comme diantre vous allez vite!

LÉANDRE se retourne.

Que veux-tu que je devienne [1]?

SCAPIN.

Allez, j'ai votre affaire ici.

LÉANDRE revient.

Ah! tu me redonnes la vie.

SCAPIN.

Mais à condition que vous me permettrez, à moi, une petite vengeance contre votre père, pour le tour qu'il m'a fait.

LÉANDRE.

Tout ce que tu voudras.

SCAPIN.

Vous me le promettez devant témoin.

LÉANDRE.

Oui.

SCAPIN.

Tenez, voilà cinq cents écus.

LÉANDRE.

Allons-en promptement acheter celle que j'adore.

---

1. Pourquoi Scapin fait-il cette peur à Léandre? Sans doute pour le préparer à une joie plus vive, et le disposer d'autant mieux à lui accorder certaine permission qu'il va lui demander. (AUGER.)

ACTE TROISIÈME.

SCÈNE PREMIÈRE.

ZERBINETTE, HYACINTE, SCAPIN, SYLVESTRE.

SYLVESTRE.

Oui, vos amants ont arrêté entre eux que vous fussiez ensemble; et nous nous acquittons de l'ordre qu'ils nous ont donné.

HYACINTE, à Zerbinette.

Un tel ordre n'a rien qui ne me soit fort agréable. Je reçois avec joie une compagne de la sorte; et il ne tiendra pas à moi que l'amitié qui est entre les personnes que nous aimons ne se répande entre nous deux.

ZERBINETTE.

J'accepte la proposition, et ne suis point personne à reculer lorsqu'on m'attaque d'amitié.

SCAPIN.

Et lorsque c'est d'amour qu'on vous attaque?

ZERBINETTE.

Pour l'amour, c'est une autre chose; on y court un peu plus de risque, et je n'y suis pas si hardie.

SCAPIN.

Vous l'êtes, que je crois, contre mon maître mainte-

nant; et ce qu'il vient de faire pour vous doit vous donner
du cœur pour répondre comme il faut à sa passion.

ZERBINETTE.

Je ne m'y fie encore que de la bonne sorte; et ce n'est
pas assez pour m'assurer[1] entièrement, que ce qu'il vient
de faire. J'ai l'humeur enjouée, et sans cesse je ris; mais,
tout en riant, je suis sérieuse sur de certains chapitres; et
ton maître s'abusera s'il croit qu'il lui suffise de m'avoir
achetée pour me voir toute à lui. Il doit lui en coûter
autre chose que de l'argent; et, pour répondre à son
amour de la manière qu'il souhaite, il me faut un don de
sa foi, qui soit assaisonné de certaines cérémonies qu'on
trouve nécessaires.

SCAPIN.

C'est là aussi comme il l'entend. Il ne prétend à vous
qu'en tout bien et en tout honneur; et je n'aurois pas été
homme à me mêler de cette affaire s'il avoit une autre
pensée.

ZERBINETTE.

C'est ce que je veux croire, puisque vous me le dites;
mais, du côté du père, j'y prévois des empêchements.

SCAPIN.

Nous trouverons moyen d'accommoder les choses.

HYACINTE, à Zerbinette.

La ressemblance de nos destins doit contribuer encore
à faire naître notre amitié; et nous nous voyons toutes
deux dans les mêmes alarmes, toutes deux exposées à la
même infortune.

ZERBINETTE.

Vous avez cet avantage au moins, que vous savez de

---

1. *Assurer* s'employait souvent autrefois comme aujourd'hui *rassurer*, dans le sens de donner de la confiance, de la sécurité.

qui vous êtes née, et que l'appui de vos parents, que vous pouvez faire connoître, est capable d'ajuster tout, peut assurer votre bonheur, et faire donner un consentement au mariage qu'on trouve fait. Mais, pour moi, je ne rencontre aucun secours dans ce que je puis être ; et l'on me voit dans un état qui n'adoucira pas les volontés d'un père qui ne regarde que le bien.

HYACINTE.

Mais aussi avez-vous cet avantage que l'on ne tente point, par un autre parti, celui que vous aimez.

ZERBINETTE.

Le changement du cœur d'un amant n'est pas ce qu'on peut le plus craindre. On se peut naturellement croire assez de mérite pour garder sa conquête ; et ce que je vois de plus redoutable dans ces sortes d'affaires, c'est la puissance paternelle, auprès de qui tout le mérite ne sert de rien.

HYACINTE.

Hélas! pourquoi faut-il que de justes inclinations se trouvent traversées ? La douce chose que d'aimer, lorsque l'on ne voit point d'obstacles à ces aimables chaînes dont deux cœurs se lient ensemble !

SCAPIN.

Vous vous moquez ; la tranquillité en amour est un calme désagréable. Un bonheur tout uni nous devient ennuyeux ; il faut du haut et du bas dans la vie, et les difficultés qui se mêlent aux choses réveillent les ardeurs, augmentent les plaisirs.

ZERBINETTE.

Mon Dieu! Scapin, fais-nous un peu ce récit, qu'on m'a dit qui est si plaisant, du stratagème dont tu t'es avisé pour tirer de l'argent de ton vieillard avare. Tu sais qu'on ne perd point sa peine lorsqu'on me fait un conte, et que je le paye assez bien par la joie qu'on m'y voit prendre.

SCAPIN.

Voilà Sylvestre, qui s'en acquittera aussi bien que moi. J'ai dans la tête certaine petite vengeance dont je vais goûter le plaisir.

SYLVESTRE.

Pourquoi, de gaieté de cœur, veux-tu chercher à t'attirer de méchantes affaires?

SCAPIN.

Je me plais à tenter des entreprises hasardeuses.

SYLVESTRE.

Je te l'ai déjà dit, tu quitterois le dessein que tu as si tu m'en voulois croire.

SCAPIN.

Oui; mais c'est moi que j'en croirai.

SYLVESTRE.

A quoi diable te vas-tu amuser?

SCAPIN.

De quoi diable te mets-tu en peine?

SYLVESTRE,

C'est que je vois que, sans nécessité, tu vas courir risque de t'attirer une venue de coups de bâton[1].

SCAPIN.

Hé bien! c'est aux dépens de mon dos, et non pas du tien.

---

1. *Venue*, dans le sens de *récolte, bonne récolte*, parce que le grain de l'année est bien venu. Nicot, au mot *Venir*, donne pour exemple : « Grande *venue* de brebis et abondante, *bonus proventus*. »

SYLVESTRE.

Il est vrai que tu es maître de tes épaules, et tu en disposeras comme il te plaira.

SCAPIN.

Ces sortes de périls ne m'ont jamais arrêté ; et je hais ces cœurs pusillanimes qui, pour trop prévoir les suites des choses, n'osent rien entreprendre.

ZERBINETTE, à Scapin.

Nous aurons besoin de tes soins.

SCAPIN.

Allez. Je vous irai bientôt rejoindre. Il ne sera pas dit qu'impunément on m'ait mis en état de me trahir moi-même, et de découvrir des secrets qu'il étoit bon qu'on ne sût pas.

SCÈNE II.

GÉRONTE, SCAPIN.

GÉRONTE.

Hé bien ! Scapin, comment va l'affaire de mon fils ?

SCAPIN.

Votre fils, monsieur, est en lieu de sûreté ; mais vous courez maintenant, vous, le péril le plus grand du monde, et je voudrois, pour beaucoup, que vous fussiez dans votre logis.

GÉRONTE.

Comment donc ?

SCAPIN.

A l'heure que je parle, on vous cherche de toutes parts pour vous tuer.

GÉRONTE.

Moi ?

ACTE III, SCÈNE II.

SCAPIN.

Oui.

GÉRONTE.

Et qui?

SCAPIN.

Le frère de cette personne qu'Octave a épousée. Il croit que le dessein que vous avez de mettre votre fille à la place que tient sa sœur est ce qui pousse le plus fort à faire rompre leur mariage; et, dans cette pensée, il a résolu hautement de décharger son désespoir sur vous, et vous ôter la vie pour venger son honneur. Tous ses amis, gens d'épée comme lui, vous cherchent de tous les côtés, et demandent de vos nouvelles. J'ai vu même, deçà et delà, des soldats de sa compagnie qui interrogent ceux qu'ils trouvent, et occupent par pelotons toutes les avenues de votre maison : de sorte que vous ne sauriez aller chez vous, vous ne sauriez faire un pas, ni à droit, ni à gauche, que vous ne tombiez dans leurs mains.

GÉRONTE.

Que ferai-je, mon pauvre Scapin?

SCAPIN.

Je ne sais pas, monsieur; et voici une étrange affaire. Je tremble pour vous depuis les pieds jusqu'à la tête, et... Attendez. (Scapin se retourne et fait semblant d'aller voir au bout du théâtre s'il n'y a personne.)

GÉRONTE, en tremblant.

Hé?

SCAPIN, revenant.

Non, non, non, ce n'est rien.

GÉRONTE.

Ne saurois-tu trouver quelque moyen pour me tirer de peine?

SCAPIN.

J'en imagine bien un; mais je courrois risque, moi, de me faire assommer.

GÉRONTE.

Hé! Scapin, montre-toi serviteur zélé. Ne m'abandonne pas, je te prie.

SCAPIN.

Je le veux bien. J'ai une tendresse pour vous qui ne sauroit souffrir que je vous laisse sans secours.

GÉRONTE.

Tu en seras récompensé, je t'assure; et je te promets cet habit-ci, quand je l'aurai un peu usé.

SCAPIN.

Attendez. Voici une affaire que je me suis trouvée fort à propos pour vous sauver. Il faut que vous vous mettiez dans ce sac, et que...

GÉRONTE, croyant voir quelqu'un.

Ah!

SCAPIN.

Non, non, non, non, ce n'est personne. Il faut, dis-je, que vous vous mettiez là dedans, et que vous gardiez de remuer en aucune façon. Je vous chargerai sur mon dos comme un paquet de quelque chose, et je vous porterai ainsi au travers de vos ennemis, jusque dans votre maison, où, quand nous serons une fois, nous pourrons nous barricader, et envoyer quérir main forte contre la violence.

GÉRONTE.

L'invention est bonne.

SCAPIN.

La meilleure du monde. Vous allez voir. (A part.) Tu me payeras l'imposture.

GÉRONTE.

Hé?

SCAPIN.

Je dis que vos ennemis seront bien attrapés. Mettez-vous bien jusqu'au fond; et surtout prenez garde de ne vous point montrer et de ne branler pas, quelque chose qui puisse arriver.

GÉRONTE.

Laisse-moi faire, je saurai me tenir...

SCAPIN.

Cachez-vous. Voici un spadassin qui vous cherche. (En contrefaisant sa voix.) « Quoi! jé n'aurai pas l'abantage dé tuer cé Géronte, et quelqu'un, par charité, né m'enseignera pas où il est! » (A Géronte, avec sa voix ordinaire.) Ne branlez pas. (Reprenant son ton contrefait.) « Cadédis, jé lé trouberai, sé cachât-il au centre dé la terre. » (A Géronte, avec son ton naturel.) Ne vous montrez pas. (Tout le langage gascon est supposé de celui qu'il contrefait, et le reste de lui.) « Oh! l'homme au sac. — Monsieur. — Jé té vaille un louis, et m'enseigne où put être Géronte. — Vous cherchez le seigneur Géronte? — Oui, mordi, jé lé cherche. — Et pour quelle affaire, monsieur? — Pour quelle affaire? — Oui. — Jé beux, cadédis, lé faire mourir sous les coups de vaton. — Oh! monsieur, les coups de bâton ne se donnent point à des gens comme lui, et ce n'est pas un homme à être traité de la sorte. — Qui? cé fat dé Géronte, cé maraud, cé velitre? — Le seigneur Géronte, monsieur, n'est ni fat, ni maraud, ni bélître; et vous devriez, s'il vous plaît, parler d'autre façon. — Comment, tu mé traites, à moi, avec cette hautur? — Je défends, comme je dois, un homme d'honneur qu'on offense. — Est-ce que tu es des amis dé cé Géronte? — Oui, monsieur, j'en suis. — Ah! cadédis, tu es de ses amis :

à la vonne hure. (Il donne plusieurs coups de bâton sur le sac.) Tiens, boilà cé que jé té vaille pour lui. — (Il crie comme s'il recevoit les coups de bâton.) Ah, ah, ah, ah, monsieur. Ah, ah, monsieur, tout beau. Ah, doucement. Ah, ah, ah. — Va, porte-lui cela dé ma part. Adiusias. » Ah! Diable soit le Gascon! Ah! (En se plaignant et remuant le dos, comme s'il avoit reçu les coups de bâton.)

GÉRONTE, mettant la tête hors du sac.

Ah! Scapin, je n'en puis plus.

SCAPIN.

Ah! monsieur, je suis tout moulu, et les épaules me font un mal épouvantable.

GÉRONTE.

Comment! c'est sur les miennes qu'il a frappé.

SCAPIN.

Nenni, monsieur; c'étoit sur mon dos qu'il frappoit.

GÉRONTE.

Que veux-tu dire? J'ai bien senti les coups, et les sens bien encore.

SCAPIN.

Non, vous dis-je; ce n'est que le bout du bâton qui a été jusque sur vos épaules.

GÉRONTE.

Tu devois donc te retirer un peu plus loin, pour m'épargner...

SCAPIN lui remet la tête dans le sac.

Prenez garde; en voici un autre qui a la mine d'un étranger. (Cet endroit est de même que celui du Gascon, pour le changement de langage et le jeu de théâtre.) « Parti! moi courir comme une Basque, et moi ne pouvre point troufair de tout le jour sti tiable de Gironte. » Cachez-vous bien. « Dites-moi un peu, fous, monsir l'homme, s'il ve plaît, fous safoir

ACTE III, SCÈNE II.
245

point où l'est sti Gironte que moi cherchair? — Non, monsieur, je ne sais point où est Géronte. — Dites-moi-le, vous, frenchemente; moi li fouloir pas grande chose à lui. L'est seulemente pour ly donnair un petite régale sur le dos d'un douzaine de coups de bâtonne, et de trois ou quatre petites coups d'épée au trafers de son poitrine. — Je vous assure, monsieur, que je ne sais pas où il est. — Il me semble que j'y foi remuair quelque chose dans sti sac. — Pardonnez-moi, monsieur. — Ly est assurément quelque histoire là-tetans. — Point du tout, monsieur. — Moi l'avoir enfie de tonner ain coup d'épée dans ste sac. — Ah! monsieur, gardez-vous-en bien. — Montre-le-moi un peu, fous, ce que c'être là. — Tout beau, monsieur. — Quement? tout beau! — Vous n'avez que faire de vouloir voir ce que je porte. — Et moi, je le fouloir foir, moi. — Vous ne le verrez point. — Ahi! que de badinemente. — Ce sont hardes qui m'appartiennent. — Montre-moi, fous, te dis-je. — Je n'en ferai rien. — Toi ne faire rien? — Non. — Moi pailler de ste bâtonne dessus les épaules de toi. — Je me moque de cela. — Ah! toi faire le trôle! — (Il donne des coups de bâton sur le sac, et crie comme s'il les recevoit.) Ahi, ahi, ahi. Ah, monsieur, ah, ah, ah, ah. — Jusqu'au refoir : l'être là un petit leçon pour li apprendre à toi à parler insolentemente. » Ah! Peste soit du baragouineux! Ah!

GÉRONTE, sortant sa tête du sac.

Ah! je suis roué.

SCAPIN.

Ah! je suis mort.

GÉRONTE.

Pourquoi diantre faut-il qu'ils frappent sur mon dos?

SCAPIN, lui remettant la tête dans le sac.

Prenez garde; voici une demi-douzaine de soldats tout

ensemble. (Il contrefait plusieurs personnes ensemble.) « Allons, tâchons à trouver ce Géronte, cherchons partout. N'épargnons point nos pas. Courons toute la ville. N'oublions aucun lieu. Visitons tout. Furetons de tous les côtés. Par où irons-nous? Tournons par là. Non, par ici. A gauche. A droit. Nenni. Si fait. » (A Géronte, avec sa voix ordinaire.) Cachez-vous bien. « Ah! camarades, voici son valet. Allons, coquin, il faut que tu nous enseignes où est ton maître. — Hé! messieurs, ne me maltraitez point. — Allons, dis-nous où il est. Parle. Hâte-toi. Expédions. Dépêche vite. Tôt. — Hé! messieurs, doucement. (Géronte met doucement la tête hors du sac, et aperçoit la fourberie de Scapin.) — Si tu ne nous fais trouver ton maître tout à l'heure, nous allons faire pleuvoir sur toi une ondée de coups de bâton. — J'aime mieux souffrir toute chose que de vous découvrir mon maître. — Nous allons t'assommer. — Faites tout ce qu'il vous plaira. — Tu as envie d'être battu? — Je ne trahirai point mon maître.* — Ah! tu veux en tâter? Voilà... » Oh! (Comme il est près de frapper, Géronte sort du sac, et Scapin s'enfuit.)

GÉRONTE, seul.

Ah! infâme! ah! traître! ah! scélérat! C'est ainsi que tu m'assassines[1]?

SCÈNE III.

ZERBINETTE, GÉRONTE.

ZERBINETTE, riant, sans voir Géronte.

Ah, ah! Je veux prendre un peu l'air.

* Ces mots : *Je ne trahirai point mon maître*, sont omis dans l'édition de 1682.

1. Voyez la Notice préliminaire sur l'origine de cette scène, que, dès le temps de Molière, Tabarin passait pour avoir inspirée.

ACTE III, SCÈNE III.   247

GÉRONTE, à part, sans voir Zerbinette.

Tu me le payeras, je te jure.

ZERBINETTE, sans voir Géronte.

Ah, ah, ah, ah! La plaisante histoire! et la bonne dupe que ce vieillard!

GÉRONTE.

Il n'y a rien de plaisant à cela ; et vous n'avez que faire d'en rire.

ZERBINETTE.

Quoi? Que voulez-vous dire, monsieur?

GÉRONTE.

Je veux dire que vous ne devez pas vous moquer de moi.

ZERBINETTE.

De vous?

GÉRONTE.

Oui.

ZERBINETTE.

Comment! qui songe à se moquer de vous?

GÉRONTE.

Pourquoi venez-vous ici me rire au nez?

ZERBINETTE.

Cela ne vous regarde point, et je ris toute seule d'un conte qu'on vient de me faire, le plus plaisant qu'on puisse entendre. Je ne sais pas si c'est parce que je suis intéressée dans la chose; mais je n'ai jamais trouvé rien de si drôle qu'un tour qui vient d'être joué par un fils à son père, pour en attraper de l'argent.

GÉRONTE.

Par un fils à son père, pour en attraper de l'argent?

ZERBINETTE.

Oui. Pour peu que vous me pressiez, vous me trouverez assez disposée à vous dire l'affaire; et j'ai une démangeaison naturelle à faire part des contes que je sais.

GÉRONTE.

Je vous prie de me dire cette histoire.

ZERBINETTE.

Je le veux bien. Je ne risquerai pas grand'chose à vous la dire, et c'est une aventure qui n'est pas pour être longtemps secrète. La destinée a voulu que je me trouvasse parmi une bande de ces personnes qu'on appelle Égyptiens, et qui, rôdant de province en province, se mêlent de dire la bonne fortune, et quelquefois de beaucoup d'autres choses. En arrivant dans cette ville, un jeune homme me vit et conçut pour moi de l'amour. Dès ce moment il s'attache à mes pas; et le voilà d'abord comme tous les jeunes gens, qui croient qu'il n'y a qu'à parler, et qu'au moindre mot qu'ils nous disent leurs affaires sont faites; mais il trouva une fierté qui lui fit un peu corriger ses premières pensées. Il fit connoître sa passion aux gens qui me tenoient, et il les trouva disposés à me laisser à lui, moyennant quelque somme. Mais le mal de l'affaire étoit que mon amant se trouvoit dans l'état où l'on voit très souvent la plupart des fils de famille, c'est-à-dire qu'il étoit un peu dénué d'argent. Il a un père qui, quoique riche, est un avaricieux fieffé, le plus vilain homme du monde. Attendez. Ne me saurois-je souvenir de son nom? Haïe. Aidez-moi un peu. Ne pouvez-vous me nommer quelqu'un de cette ville qui soit connu pour être avare au dernier point?

GÉRONTE.

Non.

ZERBINETTE.

Il y a à son nom du ron... ronte... Or... Oronte...

Non. Gé... Géronte. Oui, Géronte, justement; voilà mon vilain, je l'ai trouvé : c'est ce ladre-là que je dis. Pour venir à notre conte, nos gens ont voulu aujourd'hui partir de cette ville ; et mon amant m'alloit perdre, faute d'argent, si, pour en tirer de son père, il n'avoit trouvé du secours dans l'industrie d'un serviteur qu'il a. Pour le nom du serviteur, je le sais à merveille. Il s'appelle Scapin ; c'est un homme incomparable, et il mérite toutes les louanges qu'on peut donner.

GÉRONTE, à part.

Ah! coquin que tu es!

ZERBINETTE.

Voici le stratagème dont il s'est servi pour attraper sa dupe. Ah, ah, ah, ah! Je ne saurois m'en souvenir, que je ne rie de tout mon cœur. Ah, ah, ah! Il est allé trouver ce chien d'avare... ah, ah, ah! et lui a dit qu'en se promenant sur le port avec son fils, hi, hi! ils avoient vu une galère turque, où on les avoit invités d'entrer ; qu'un jeune Turc leur y avoit donné la collation. Ah! Que, tandis qu'ils mangeoient, on avoit mis la galère en mer, et que le Turc l'avoit renvoyé, lui seul, à terre dans un esquif, avec ordre de dire au père de son maître qu'il emmenoit son fils en Alger s'il ne lui envoyoit tout à l'heure cinq cents écus. Ah, ah, ah! Voilà mon ladre, mon vilain dans de furieuses angoisses ; et la tendresse qu'il a pour son fils fait un combat étrange avec son avarice. Cinq cents écus qu'on lui demande sont justement cinq cents coups de poignard qu'on lui donne. Ah, ah, ah! Il ne peut se résoudre à tirer cette somme de ses entrailles ; et la peine qu'il souffre lui fait trouver cent moyens ridicules pour ravoir son fils. Ah, ah, ah! Il veut envoyer la justice en mer après la galère du Turc. Ah, ah, ah! Il sollicite son valet de s'aller offrir à tenir la place de son fils, jusqu'à ce qu'il ait amassé l'argent qu'il n'a pas envie de donner. Ah, ah, ah! Il abandonne, pour faire les cinq cents écus, quatre ou cinq vieux habits qui n'en valent pas trente. Ah, ah, ah! Le valet lui fait comprendre à tous coups l'impertinence de ses propositions; et chaque réflexion est douloureusement accompagnée d'un : « Mais que diable alloit-il faire à cette galère? Ah! maudite galère! Traître de Turc! » Enfin, après plusieurs détours, après avoir longtemps gémi et soupiré... Mais il me semble que vous ne riez point de mon conte. Qu'en dites-vous?

GÉRONTE.

Je dis que le jeune homme est un pendard, un insolent, qui sera puni par son père du tour qu'il lui a fait; que l'Égyptienne est une malavisée, une impertinente, de dire des injures à un homme d'honneur, qui saura lui apprendre à venir ici débaucher les enfants de famille; et que le valet est un scélérat, qui sera par Géronte envoyé au gibet avant qu'il soit demain [1].

---

1. Cette scène n'est pas imitée du *Pédant joué* au même degré que celle de la galère turque; il y a toutefois de la ressemblance. Genevote, aimée du pédant Granger, qu'elle déteste, vient le trouver (acte III, scène II) pour qu'il rie avec elle d'une aventure arrivée, il n'y a pas plus de deux heures, au plus ridicule personnage de Paris; et là-dessus elle lui raconte à lui-même comment on lui a escroqué de l'argent, en lui faisant accroire que son fils avait été pris et mis à rançon par un Turc. Elle s'interrompt plusieurs fois dans son récit pour dire au pédant : « Mais vous ne riez pas. » Voilà, sans doute, qui ressemble beaucoup à la scène de Molière; celle-ci diffère toutefois de la scène de Cyrano de Bergerac en un point fort essentiel, et qui met une grande distance entre elles deux : Genevote sait que Granger est le héros, c'est-à-dire la dupe de l'aventure, et Zerbinette ignore qui est Géronte.

SCÈNE IV.

ZERBINETTE, SYLVESTRE.

SYLVESTRE.

Où est-ce donc que vous vous échappez? Savez-vous bien que vous venez de parler là au père de votre amant?

ZERBINETTE.

Je viens de m'en douter, et je me suis adressée à lui-même sans y penser, pour lui conter son histoire.

SYLVESTRE.

Comment, son histoire?

ZERBINETTE.

Oui. J'étois toute remplie du conte, et je brûlois de le redire. Mais qu'importe? Tant pis pour lui. Je ne vois pas que les choses, pour nous, en puissent être ni pis ni mieux.

SYLVESTRE.

Vous aviez grande envie de babiller; et c'est avoir bien de la langue que de ne pouvoir se taire de ses propres affaires.

ZERBINETTE.

N'auroit-il pas appris cela de quelque autre?

SCÈNE V.

ARGANTE, ZERBINETTE, SYLVESTRE.

ARGANTE, derrière le théâtre.

Holà! Sylvestre.

SYLVESTRE, à Zerbinette.

Rentrez dans la maison. Voilà mon maître qui m'appelle.

SCÈNE VI.

ARGANTE, SYLVESTRE.

ARGANTE.

Vous vous êtes donc accordés, coquin, vous vous êtes accordés, Scapin, vous et mon fils, pour me fourber; et vous croyez que je l'endure?

SYLVESTRE.

Ma foi, monsieur, si Scapin vous fourbe, je m'en lave les mains, et vous assure que je n'y trempe en aucune façon.

ARGANTE.

Nous verrons cette affaire, pendard, nous verrons cette affaire; et je ne prétends pas qu'on me fasse passer la plume par le bec [1].

SCÈNE VII.

GÉRONTE, ARGANTE, SYLVESTRE.

GÉRONTE.

Ah! seigneur Argante, vous me voyez accablé de disgrâce.

ARGANTE.

Vous me voyez aussi dans un accablement horrible.

GÉRONTE.

Le pendard de Scapin, par une fourberie, m'a attrapé cinq cents écus.

---

1. *Faire passer à quelqu'un la plume par le bec*, l'attraper, le traiter comme un oison.

Pour empêcher les oisons de traverser les haies et d'entrer dans les jardins qu'elles entourent, on passe une plume par les deux ouvertures qui sont à la partie supérieure de leur bec. De là vient le proverbe *passer la plume par le bec*. De là vient aussi l'expression d'*oison bridé*.

ARGANTE.

Le même pendard de Scapin, par une fourberie aussi, m'a attrapé deux cents pistoles.

GÉRONTE.

Il ne s'est pas contenté de m'attraper cinq cents écus; il m'a traité d'une manière que j'ai honte de dire. Mais il me la payera.

ARGANTE.

Je veux qu'il me fasse raison de la pièce qu'il m'a jouée.

GÉRONTE.

Et je prétends faire de lui une vengeance exemplaire.

SYLVESTRE, à part.

Plaise au ciel que, dans tout ceci, je n'aie point ma part!

GÉRONTE.

Mais ce n'est pas encore tout, seigneur Argante; et un malheur nous est toujours l'avant-coureur d'un autre. Je me réjouissois aujourd'hui de l'espérance d'avoir ma fille, dont je faisois toute ma consolation; et je viens d'apprendre de mon homme qu'elle est partie il y a longtemps de Tarente, et qu'on y croit qu'elle a péri dans le vaisseau où elle s'embarqua.

ARGANTE.

Mais pourquoi, s'il vous plaît, la tenir à Tarente, et ne vous être pas donné la joie de l'avoir avec vous?

GÉRONTE.

J'ai eu mes raisons pour cela; et des intérêts de famille m'ont obligé jusques ici à tenir fort secret ce second mariage. Mais que vois-je?

SCÈNE VIII.

ARGANTE, GÉRONTE, NERINE, SYLVESTRE.

GÉRONTE.

Ah! te voilà, nourrice?

NÉRINE, se jetant aux genoux de Géronte.

Ah! seigneur Pandolphe, que...

GÉRONTE.

Appelle-moi Géronte, et ne te sers plus de ce nom. Les raisons ont cessé qui m'avoient obligé à le prendre parmi vous à Tarente.

NÉRINE.

Las! que ce changement de nom nous a causé de troubles et d'inquiétudes dans les soins que nous avons pris de vous venir chercher ici!

GÉRONTE.

Où est ma fille, et sa mère?

NÉRINE.

Votre fille, monsieur, n'est pas loin d'ici; mais, avant que de vous la faire voir, il faut que je vous demande pardon de l'avoir mariée, dans l'abandonnement où, faute de vous rencontrer, je me suis trouvée avec elle.

GÉRONTE.

Ma fille mariée?

NÉRINE.

Oui, monsieur.

GÉRONTE.

Et avec qui?

NÉRINE.

Avec un jeune homme nommé Octave, fils d'un certain seigneur Argante.

GÉRONTE.

O ciel!

ARGANTE.

Quelle rencontre!

GÉRONTE.

Mène-nous, mène-nous promptement où elle est.

NÉRINE.

Vous n'avez qu'à entrer dans ce logis.

GÉRONTE.

Passe devant. Suivez-moi, suivez-moi, seigneur Argante.

SYLVESTRE, seul.

Voilà une aventure qui est tout à fait surprenante[1].

SCÈNE IX.

SCAPIN, SYLVESTRE.

SCAPIN.

Hé bien! Sylvestre, que font nos gens?

SYLVESTRE.

J'ai deux avis à te donner. L'un, que l'affaire d'Octave est accommodée. Notre Hyacinte s'est trouvée la fille du seigneur Géronte; et le hasard a fait ce que la prudence des pères avoit délibéré. L'autre avis, c'est que les deux vieillards font contre toi des menaces épouvantables, et surtout le seigneur Géronte.

SCAPIN.

Cela n'est rien. Les menaces ne m'ont jamais fait mal; et ce sont des nuées qui passent bien loin sur nos têtes.

---

1. Molière emprunte à Térence ce dénoûment, comme il lui avait emprunté tout le fond de sa pièce. Cette scène est en partie traduite de la dernière scène du *Phormion*.

SYLVESTRE.

Prends garde à toi. Les fils se pourroient bien raccommoder avec les pères, et toi demeurer dans la nasse.

SCAPIN.

Laisse-moi faire, je trouverai moyen d'apaiser leur courroux, et...

SYLVESTRE.

Retire-toi, les voilà qui sortent.

SCÈNE X.

GÉRONTE, ARGANTE, HYACINTE, ZERBINETTE, NÉRINE, SYLVESTRE.

GÉRONTE.

Allons, ma fille, venez chez moi. Ma joie auroit été parfaite si j'y avois pu voir votre mère avec vous.

ARGANTE.

Voici Octave tout à propos.

SCENE XI.

ARGANTE, GÉRONTE, OCTAVE, HYACINTE, ZERBINETTE, NÉRINE, SYLVESTRE.

ARGANTE.

Venez, mon fils, venez vous réjouir avec nous de l'heureuse aventure de votre mariage. Le ciel...

OCTAVE.

Non, mon père, toutes vos propositions de mariage ne serviront de rien. Je dois lever le masque avec vous, et l'on vous a dit mon engagement.

ARGANTE.

Oui. Mais tu ne sais pas...

ACTE III, SCÈNE XI.

OCTAVE.

Je sais tout ce qu'il faut savoir.

ARGANTE.

Je te veux dire que la fille du seigneur Géronte...

OCTAVE.

La fille du seigneur Géronte ne me sera jamais de rien.

GÉRONTE.

C'est elle...

OCTAVE, à Géronte.

Non, monsieur; je vous demande pardon; mes résolutions sont prises.

SYLVESTRE, à Octave.

Écoutez...

OCTAVE.

Non. Tais-toi. Je n'écoute rien.

ARGANTE, à Octave.

Ta femme...

OCTAVE.

Non, vous dis-je, mon père; je mourrai plutôt que de quitter mon aimable Hyacinte. (Traversant le théâtre pour se mettre à côté d'Hyacinte.) Oui. Vous avez beau faire; la voilà, celle à qui ma foi est engagée. Je l'aimerai toute ma vie, et je ne veux point d'autre femme.

ARGANTE.

Hé bien! c'est elle qu'on te donne. Quel diable d'étourdi, qui suit toujours sa pointe!

HYACINTE, montrant Géronte.

Oui, Octave, voilà mon père que j'ai trouvé; et nous nous voyons hors de peine.

GÉRONTE.

Allons chez moi; nous serons mieux qu'ici pour nous entretenir.

HYACINTE, montrant Zerbinette.

Ah! mon père, je vous demande, par grâce, que je ne sois point séparée de l'aimable personne que vous voyez. Elle a un mérite qui vous fera concevoir de l'estime pour elle, quand il sera connu de vous.

GÉRONTE.

Tu veux que je tienne chez moi une personne qui est aimée de ton frère, et qui m'a dit tantôt au nez mille sottises de moi-même!

ZERBINETTE.

Monsieur, je vous prie de m'excuser. Je n'aurois pas parlé de la sorte si j'avois su que c'étoit vous; et je ne vous connoissois que de réputation.

GÉRONTE.

Comment! que de réputation?

HYACINTE.

Mon père, la passion que mon frère a pour elle n'a rien de criminel, et je réponds de sa vertu.

GÉRONTE.

Voilà qui est fort bien. Ne voudroit-on point que je mariasse mon fils avec elle? Une fille inconnue, qui fait le métier de coureuse!

SCÈNE XII.

ARGANTE, GÉRONTE, LÉANDRE,
OCTAVE, HYACINTE, ZERBINETTE, NÉRINE,
SYLVESTRE.

LÉANDRE.

Mon père, ne vous plaignez point que j'aime une inconnue, sans naissance et sans bien. Ceux de qui je l'ai rachetée viennent de me découvrir qu'elle est de cette ville, et d'honnête famille; que ce sont eux qui l'y ont dérobée à l'âge de quatre ans : et voici un bracelet qu'ils m'ont donné, qui pourra nous aider à trouver ses parents.

ARGANTE.

Hélas! à voir ce bracelet, c'est ma fille que je perdis à l'âge que vous dites.

GÉRONTE.

Votre fille?

ARGANTE.

Oui, ce l'est; et j'y vois tous les traits qui m'en peuvent rendre assuré. [Ma chère fille!...]*

HYACINTE.

O ciel! que d'aventures extraordinaires!

SCÈNE XIII.

ARGANTE, GÉRONTE, LÉANDRE,
OCTAVE, HYACINTE, ZERBINETTE, NÉRINE,
SYLVESTRE, CARLE.

CARLE.

Ah! messieurs, il vient d'arriver un accident étrange.

GÉRONTE.

Quoi?

CARLE.

Le pauvre Scapin...

GÉRONTE.

C'est un coquin que je veux faire pendre.

CARLE.

Hélas! monsieur, vous ne serez pas en peine de cela. En passant contre un bâtiment, il lui est tombé sur la tête

* Ces mots : *Ma chère fille*, ne sont que dans l'édition de 1682.

un marteau de tailleur de pierre, qui lui a brisé l'os et découvert toute la cervelle. Il se meurt, et il a prié qu'on l'apportât ici, pour vous pouvoir parler avant que de mourir.

ARGANTE.

Où est-il?

CARLE.

Le voilà.

SCÈNE XIV.

ARGANTE, GÉRONTE, LÉANDRE,
OCTAVE, HYACINTE, ZERBINETTE, NERINE,
SCAPIN, SYLVESTRE, CARLE.

SCAPIN, apporté par deux hommes, et la tête entourée de linges,
comme s'il avoit été bien blessé.

Ahi, ahi! messieurs, vous me voyez... ahi! vous me voyez dans un étrange état. Ahi! Je n'ai pas voulu mourir sans venir demander pardon à toutes les personnes que je puis avoir offensées. Ahi! Oui, messieurs, avant que de rendre le dernier soupir, je vous conjure de tout mon cœur de vouloir me pardonner tout ce que je puis avoir fait, et principalement le seigneur Argante et le seigneur Géronte. Ahi!

ARGANTE.

Pour moi, je te pardonne; va, meurs en repos.

SCAPIN, à Géronte.

C'est vous, monsieur, que j'ai le plus offensé par les coups de bâton que...

GÉRONTE.

Ne parle point davantage, je te pardonne aussi.

SCAPIN.

Ç'a été une témérité bien grande à moi, que les coups de bâton que je...

ACTE III, SCÈNE XIV.

GÉRONTE.

Laissons cela.

SCAPIN.

J'ai, en mourant, une douleur inconcevable des coups de bâton que...

GÉRONTE.

Mon Dieu! tais-toi.

SCAPIN.

Les malheureux coups de bâton que je vous...

GÉRONTE.

Tais-toi, te dis-je; j'oublie tout.

SCAPIN.

Hélas! quelle bonté! Mais est-ce de bon cœur, monsieur, que vous me pardonnez ces coups de bâton que...

GÉRONTE.

Hé! oui. Ne parlons plus de rien; je te pardonne tout: voilà qui est fait.

SCAPIN.

Ah! monsieur, je me sens tout soulagé depuis cette parole.

GÉRONTE.

Oui; mais je te pardonne à la charge que tu mourras.

SCAPIN.

Comment! monsieur?

GÉRONTE.

Je me dédis de ma parole, si tu réchappes.

SCAPIN.

Ahi, ahi. Voilà mes foiblesses qui me reprennent.

ARGANTE.

Seigneur Géronte, en faveur de notre joie, il faut lui pardonner sans condition.

GÉRONTE.

Soit.

ARGANTE.

Allons souper ensemble, pour mieux goûter notre plaisir.

SCAPIN.

Et moi, qu'on me porte au bout de la table, en attendant que je meure[1].

[1]. Scapin, c'est la scélératesse méridionale dans toute sa verve inventive, l'*in gegno* italien appliqué aux œuvres de sac et de corde. Il ment, il vole, il se parjure; et pourtant le plus sévère moraliste rit aux éclats de ses tours pendables. Il est si vif, si gai, si bon diable, si naïvement dénué de conscience et de sens moral! Se fâcher en voyant Scapin détrousser Géronte, autant vaudrait s'indigner à la vue d'un chat volant un fromage. Il est désintéressé, d'ailleurs, dans ses fourberies; il nage dans l'eau trouble sans y pêcher. Ce n'est pas à son profit qu'il escroque deux cents pistoles à Argante et cinq cents écus à Géronte, c'est au profit de son maître Léandre, et d'Octave, l'ami de son maître. Il s'agit de conquérir Zerbinette à Léandre et Hyacinte à Octave. Il y a des vieillards à berner, des coffres d'avares à forcer, des mascarades à conduire, des coups de bâton à donner et à recevoir. Le voilà qui s'exalte pour cette œuvre d'art et qui se lance dans l'aventure au galop de ses grandes bottes de sept lieues. On l'aime, ce sacripant de génie, pour son dévouement, pour sa verve, pour le brio d'artiste avec lequel il agence et fait mouvoir ses pittoresques machines. On admire son front de bronze, sa mimique carnavalesque, son imagination fertile, son impudence si haute en couleur. L'argent qu'il vole n'est pour lui que le nerf des guerres de l'amour. Les pistoles escroquées par Scapin ne chargent pas la conscience : elles sont à l'effigie de Mercure endormant Argus. Et puis ce qui serait un crime dans nos rues n'est qu'une peccadille sur les quais lumineux de cette Naples de comédie, aussi imaginaire que le pays bleu. Scapin lui-même n'est qu'à demi réel; incarnation bouffonne de l'esprit d'intrigue se moquant de la loi humaine, il tient à peine à la terre par la pointe de son pied subtil : la fantaisie purifie tout, et la fantaisie est l'élément de Scapin. (P. DE SAINT-VICTOR.)

FIN DES FOURBERIES DE SCAPIN.

LE PÉDANT JOUÉ

COMÉDIE

PAR

M. CYRANO DE BERGERAC

ACTE II.

SCÈNE IV.

CORBINELI, GRANGER, PAQUIER.

CORBINELI.
Hélas! tout est perdu, votre fils est mort!
GRANGER.
Mon fils est mort! Es-tu hors de sens?
CORBINELI.
Non, je parle sérieusement : votre fils, à la vérité, n'est pas mort; mais il est entre les mains des Turcs.
GRANGER.
Entre les mains des Turcs? Soutiens-moi, je suis mort.
CORBINELI.
A peine étions-nous entrés en bateau pour passer de la porte de Nesle au quai de l'École...
GRANGER.
Et qu'allois-tu faire à l'école, baudet?
CORBINELI.
Mon maître s'étant souvenu du commandement que vous lui avez fait d'acheter quelque bagatelle qui fût rare à Venise et de

peu de valeur à Paris, pour en régaler son oncle, s'étoit imaginé qu'une douzaine de cotrets n'étant pas chers, et ne s'en trouvant point, par toute l'Europe, de mignons comme en cette ville, il devoit en porter là. C'est pourquoi nous passions vers l'École pour en acheter; mais à peine avons-nous éloigné la côte, que nous avons été pris par une galère turque.

GRANGER.

Hé! de par le cornet retors de Triton, dieu marin! qui jamais ouït parler que la mer fût à Saint-Cloud? qu'il y eût là des galères, des pirates, ni des écueils?

CORBINELI.

C'est en cela que la chose est plus merveilleuse; et, quoiqu'on ne les ait point vus en France que là, que sait-on s'ils ne sont point venus de Constantinople jusqu'ici entre deux eaux?

PAQUIER.

En effet, monsieur, les Topinambours, qui demeurent quatre ou cinq cents lieues au delà du monde, vinrent bien autrefois à Paris; et l'autre jour encore les Polonois enlevèrent bien la princesse Marie en plein jour, à l'hôtel de Nevers, sans que personne osât branler[1]!

CORBINELI.

Mais ils ne se sont pas contentés de ceci, ils ont voulu poignarder votre fils...

PAQUIER.

Quoi! sans confession?

CORBINELI.

S'il ne se rachetoit par de l'argent.

GRANGER.

Ah! les misérables! c'étoit pour incuter la peur dans cette jeune poitrine.

PAQUIER.

En effet, les Turcs n'ont garde de toucher l'argent des chrétiens, à cause qu'il a une croix.

CORBINELI.

Mon maître ne m'a pas pu dire autre chose, sinon : « Va-t'en

---

[1]. Allusion au mariage de la princesse Louise-Marie de Gonzague avec Sigismond Ladislas, roi de Pologne. Ce mariage eut lieu en 1645; cela ferait croire que la comédie de Cyrano fut composée vers cette époque.

trouver mon père, et lui dis... » Ses larmes aussitôt suffoquant sa parole m'ont bien mieux expliqué qu'il n'eût su faire les tendresses qu'il a pour vous.

GRANGER.

Que diable aller faire aussi dans la galère d'un Turc ? d'un Turc ! *Perge.*

CORBINELI.

Ces écumeurs impitoyables ne me vouloient pas accorder la liberté de vous venir trouver, si je ne me fusse jeté aux genoux du plus apparent d'entre eux. « Eh ! monsieur le Turc, lui ai-je dit, permettez-moi d'aller avertir son père, qui vous enverra tout à l'heure sa rançon. »

GRANGER.

Tu ne devois point parler de rançon. Ils se seront moqués de toi.

CORBINELI.

Au contraire, à ce mot il a un peu rasséréné sa face. « Va, m'a-t-il dit ; mais si tu n'es ici de retour dans un moment, j'irai prendre ton maître dans son collège, et vous étranglerai tous trois aux antennes de notre navire. » J'avois si peur d'entendre encore quelque chose de plus fâcheux, ou que le diable ne vînt m'emporter étant en la compagnie de ces excommuniés, que je me suis promptement jeté dans un esquif, pour vous avertir des funestes particularités de cette rencontre.

GRANGER.

Que diable aller faire dans la galère d'un Turc ?

PAQUIER.

Qui n'a peut-être pas été à confesse depuis dix ans.

GRANGER.

Mais penses-tu qu'il soit bien résolu d'aller à Venise ?

CORBINELI.

Il ne respire autre chose.

GRANGER.

Le mal n'est donc pas sans remède. Paquier, donne-moi le réceptacle des instruments de l'immortalité, *scriptorium scilicet*[1].

---

1. C'est-à-dire : l'écritoire.

CORBINELI.

Qu'en désirez-vous faire?

GRANGER.

Écrire une lettre à ces Turcs.

CORBINELI.

Touchant quoi?

GRANGER.

Qu'ils me renvoient mon fils, parce que j'en ai affaire; qu'au reste ils doivent excuser la jeunesse, qui est sujette à beaucoup de fautes; et que, s'il lui arrive une autre fois de se laisser prendre, je leur promets, foi de docteur, de ne leur en plus obtondre la faculté auditive.

CORBINELI.

Ils se moqueront, par ma foi, de vous.

GRANGER.

Va-t'en donc leur dire, de ma part, que je suis tout prêt de leur répondre par-devant notaire que le premier des leurs qui me tombera entre les mains, je le leur renvoyerai pour rien. (Ha! que diable, que diable, aller faire en cette galère?) Ou dis-leur qu'autrement je vais m'en plaindre à la justice. Sitôt qu'ils l'auront remis en liberté, ne vous amusez ni l'un ni l'autre, car j'ai affaire de vous.

CORBINELI.

Tout cela s'appelle dormir les yeux ouverts.

GRANGER.

Mon Dieu, faut-il être ruiné à l'âge où je suis? Va-t'en avec Paquier, prends le reste du teston que je lui donnai pour la dépense il n'y a que huit jours. (Aller sans dessein dans une galère!) Prends tout le reliquat de cette pièce. (Ha! malheureuse géniture, tu me coûtes plus d'or que tu n'es pesant.) Paye la rançon, et ce qui restera emploie-le en œuvres pies. (Dans la galère d'un Turc!) Bien, va-t'en. (Mais, misérable, dis-moi, que diable allois-tu faire dans cette galère?) Va prendre dans mes armoires ce pourpoint découpé que quitta feu mon père l'année du grand hiver.

CORBINELI.

A quoi bon ces fariboles? Vous n'y êtes pas. Il faut tout au moins cent pistoles pour sa rançon.

GRANGER.

Cent pistoles! Ha! mon fils, ne tient-il qu'à ma vie pour conserver la tienne? Mais cent pistoles! Corbineli, va-t'en lui dire qu'il se laisse pendre sans dire mot; cependant qu'il ne s'afflige point, car je les en ferai bien repentir.

CORBINELI.

Mademoiselle Genevote n'étoit pas trop sotte, qui refusoit tantôt de vous épouser, sur ce que l'on l'assuroit que vous étiez d'humeur, quand elle seroit esclave en Turquie, de l'y laisser.

GRANGER.

Je les ferai mentir. S'en aller dans la galère d'un Turc! Hé quoi faire, de par tous les diables, dans cette galère? O galère, galère, tu mets bien ma bourse aux galères!

SCÈNE V.

PAQUIER, CORBINELI.

PAQUIER.

Voilà ce que c'est que d'aller aux galères. Qui diable le pressoit? Peut-être que s'il eût eu la patience d'attendre encore huit jours, le roi l'y eût envoyé en si bonne compagnie que les Turcs ne l'eussent pas pris.

CORBINELI.

Notre *domine* ne songe pas que ces Turcs me dévoreront.

PAQUIER.

Vous êtes à l'abri de ce côté-là, car les mahométans ne mangent point de porc

SCÈNE VI.

GRANGER, CORBINELI, PAQUIER.

GRANGER.

Tiens, va-t'en, emporte tout mon bien.

<small>(Granger revient lui donner une bourse, et s'en retourne en même temps.)</small>

ACTE III.

SCÈNE II.

GRANGER, PAQUIER, GENEVOTE.

GRANGER.

Mademoiselle, soyez-vous venue autant à la bonne heure que la grâce aux pendus quand ils sont sur l'échelle.

GENEVOTE.

Est-ce l'amour qui vous a rendu criminel? Vraiment la faute est trop illustre pour ne vous la pas pardonner. Toute la pénitence que je vous en ordonne, c'est de rire avec moi d'un petit conte que je suis venue ici pour vous faire. Ce conte toutefois se peut appeler une histoire, car rien ne fut jamais plus véritable. Elle vient d'arriver, il n'y a pas deux heures, au plus facétieux personnage de Paris; et vous ne sauriez croire à quel point elle est plaisante. Quoi! vous n'en riez pas?

GRANGER.

Mademoiselle, je crois qu'elle est divertissante au delà de ce qui le fut jamais. Mais...

GENEVOTE.

Mais vous n'en riez pas?

GRANGER.

Ha, a, a, a, a!

GENEVOTE.

Il faut, avant que d'entrer en matière, vous anatomiser ce squelette d'homme et de vêtement... Figurez-vous un rejeton de ce fameux arbre coco, qui seul fournit un pays entier des choses nécessaires à la vie. Premièrement, en ses cheveux on trouve de l'huile, de la graisse, et des cordes de luth; sa tête peut fournir de corne les couteliers, et son front, les nécromanciens de grimoire à invoquer le diable; son cerveau, d'enclume; ses yeux, de cire, de vernis et d'écarlate; son visage, de rubis; sa gorge, de clous; sa barbe, de décrottoires; ses doigts, de fuseaux; sa peau, de lime; son haleine, de vomitif; ses cautères, de poix; ses dartres, de farine; ses oreilles, d'ailes à moulin; son derrière, de vent à le faire tourner; sa bouche, de four à ban; et sa personne, d'âne à porter la mounée. Pour son nez, il mérite bien une égratignure particulière. Cet authentique nez arrive partout un quart d'heure devant son maître; dix savetiers de raisonnable rondeur vont travailler dessous à couvert de la pluie. Hé bien, monsieur, ne voilà pas un joli Ganymède? et c'est pourtant le héros de mon histoire. Cet honnête homme régente une classe dans l'Université. C'est bien le plus faquin, le plus chiche, le plus avare, le plus sordide, le plus mesquin... Mais riez donc!

GRANGER.

Ha, a, a, a, a!

GENEVOTE.

Ce vieux rat de collège a un fils, qui, je pense, est le recéleur des perfections que la nature a volées au père. Ce chichepenard, ce radoteur...

GRANGER.

Ah! malheureux, je suis trahi : c'est sans doute ma propre histoire qu'elle me conte. Mademoiselle, passez ces épithètes : il ne faut pas croire tous les mauvais rapports; outre que la vieillesse doit être respectée.

GENEVOTE.

Quoi! le connoissez-vous?

GRANGER.

Non, en aucune façon.

GENEVOTE.

Oh! bien, écoutez donc. Ce vieux bouc veut envoyer son fils en je ne sais quelle ville, pour s'ôter un rival; et afin de venir à bout de son entreprise, il lui veut faire accroire qu'il est fou. Il le fait lier, et lui fait ainsi promettre tout ce qu'il veut; mais le fils n'est pas longtemps créancier de cette fourbe. Comment? vous ne riez point de ce vieux bossu, de ce maussadas à triple étage?

GRANGER.

Baste, baste! faites grâce à ce pauvre vieillard.

GENEVOTE.

Or, écoutez le plus plaisant. Ce goutteux, ce loup-garou, ce moine-bourru...

GRANGER.

Passez outre, cela ne fait rien à l'histoire.

GENEVOTE.

Commanda à son fils d'acheter quelque bagatelle, pour faire un présent à son oncle le Vénitien ; et son fils, un quart d'heure après, lui manda qu'il venoit d'être pris prisonnier par des pirates turcs, à l'embouchure du golfe des Bons-Hommes ; et ce qui n'est pas mal plaisant, c'est que le bonhomme aussitôt envoya la rançon. Mais il n'a que faire de craindre pour sa pécune, elle ne courra point de risque sur la mer de Levant.

GRANGER.

Traître Corbineli, tu m'as vendu ; mais je te ferai donner la salle[1].

---

1. Le fouet, dans la salle destinée à cette correction classique.

LA COMTESSE D'ESCARBAGNAS

COMÉDIE EN UN ACTE

2 décembre 1671

NOTICE PRÉLIMINAIRE.

Madame Henriette d'Orléans était morte le 30 juin 1670, et le 21 août, deux mois avant les premières représentations du *Bourgeois gentilhomme*, Bossuet prononçait dans la basilique de Saint-Denis sa grande oraison funèbre. Après un an et demi de veuvage, Monsieur épousait, le 16 novembre 1671, la princesse palatine Charlotte-Élisabeth de Bavière. « Le 1er décembre, dit la Gazette, Monsieur et Madame arrivèrent à Saint-Germain en Laye sur les quatre heures du soir. » Le roi avait préparé des fêtes pour la réception de sa nouvelle belle-sœur. Afin de lui donner une idée éblouissante des pompes et des plaisirs de sa cour, il choisit les plus beaux endroits des ballets qui avaient été représentés devant lui depuis plusieurs années, et il ordonna à Molière de composer une comédie qui enchaînât tous ces différents morceaux de musique et de danse.

Molière, pour obéir à cet ordre, fit *la Comtesse d'Escarbagnas*, comédie en prose, et une pastorale insérée dans la comédie. Le tout formait sept actes, précédés d'un prologue et suivis chacun d'un intermède. Le prologue et les intermèdes étaient empruntés aux pièces précédemment composées pour la cour : aux *Amants magnifiques*, à *George Dandin*, au *Bourgeois gentilhomme*, au *Ballet des Muses*.

Dès le lendemain de son arrivée, la princesse allemande assista à ce brillant spectacle. On écrit à la Gazette, sous la date du 4 décembre : « Le 2, on donna, le soir, à cette princesse, le divertissement d'un ballet que le roi avoit fait préparer pour la régaler à son arrivée... » Et dans l'*extraordinaire* qui parut à cette occasion, la Gazette ajoute : « Ce fut un ballet dans lequel on a réuni toutes les beautés dispersées dans les divertissements que Leurs Majestés ont pris depuis plusieurs années, et qui sont mêlées dans une nouvelle comédie représentée par la troupe du roi, d'une manière qui les rend encore plus charmantes. »

Un peu plus tard, sous la date du 11, on lui écrit encore : « Les divertissements de la cour ont été continués par le ballet, qui a encore été dansé trois fois. »

On n'en resta pas là ; et, pendant tout le carnaval, le Ballet des ballets ne cessa point d'être représenté. Écoutons Robinet, dans sa lettre du 20 février 1672 :

> Depuis quinze jours on redanse,
> En la royale résidence,
> Ce ballet fait, non sans grands frais,
> Nommé le Ballet des ballets,
> Où, pendant sept heures qu'il dure
> Sans qu'aucun ennui l'on endure,
> On voit les extraits éclatants
> Des ballets faits depuis vingt ans...
> Si bien que c'est un compilé
> De qui l'on est émerveillé,
> Ou, s'il faut qu'ainsi je le die,
> Une pompeuse rapsodie...
> Au reste, Molière l'unique,
> Molière, lequel fait la nique
> Par son comique à tous auteurs,
> Y joue, avec tous les acteurs
> Qui composent sa compagnie,
> Une pièce de son génie,
> Qui, pleine de gais agréments,
> Fait des susdits pompeux fragments
> Toute la liaison et l'âme,
> Je vous assure, en belle gamme.

Le livre du ballet, qui fut, comme à l'ordinaire, imprimé pour ces représentations, porte le titre suivant : « *Ballet des ballets*, dansé devant Sa Majesté en son château de Saint-Germain en Laye, au mois de décembre 1671. A Paris, par Robert Ballard, seul imprimeur du Roi pour la musique, rue S. Jean de Beauvais, au Mont Parnasse. 1671. Avec privilège de Sa Majesté. »

Le prologue réunit le premier intermède des *Amants magnifiques*[1] avec les chants et les danses du prologue de *Psyché*[2]. A la fin de ces chants et de ces danses, Vénus, répondant à l'appel des divinités de la terre et des eaux, descend du ciel dans sa machine; elle fait un petit discours, « qui jette, dit le livret, les fondements de toute la comédie et des divertissements qui vont venir ».

« Après ce prologue de Vénus, les violons jouent une ouverture en attendant le premier acte de la comédie. »

Le livret donne ensuite les noms des acteurs de la comédie et de la pastorale.

Il indique, sans en présenter aucune analyse, le premier acte de la comédie, après lequel vient le premier intermède. Ce premier intermède est formé du premier intermède de *Psyché*, et comprend les plaintes italiennes dont les paroles et la musique sont de Lulli. On remarque ici l'imitation en vers français que nous avons reproduite en note, page 51. Comme le livre du Ballet des ballets a dû être préparé et peut-être composé par Molière, il ne serait pas impossible que le poète eût pris la peine de rimer lui-même cette imitation pour l'agrément des spectateurs qui ignoraient l'italien.

On joue le deuxième acte de la comédie, que suit le deuxième intermède. Celui-ci consiste dans la cérémonie magique de la *Pastorale comique* représentée dans la troisième entrée du Ballet des Muses[3].

Le troisième acte de la comédie précède le troisième intermède, qui n'est autre que le quatrième intermède de *George Dandin* : le combat des suivants de l'Amour et des suivants de Bacchus[4]. La mise en scène est décrite d'une manière nouvelle et qui mérite d'être remarquée[5].

1. Voyez tome X, page 140.
2. Voyez ci-devant, page 21.
3. Voyez tome VIII, page 149.
4. Voyez tome IX, page 102.
5. Voyez ci-après, page 331.

Quatrième acte de la comédie. Quatrième intermède : *Les Bohémiens* :

Entrée d'une Égyptienne dansante et chantante, suivie de douze Égyptiens dansants, tirée de la *Pastorale comique* représentée dans la troisième entrée du Ballet des Muses [1].

Entrée de Vulcain, des Cyclopes et des Fées, qui fait le deuxième intermède de *Psyché* [2].

Cinquième acte de la comédie. Cinquième intermède : Cérémonie turque du *Bourgeois gentilhomme* [3].

Sixième acte de la comédie. Sixième intermède :

Entrée d'Italiens, tirée du Ballet des Nations, représenté à la suite du *Bourgeois gentilhomme* [4].

Entrée d'Espagnols, tirée du même Ballet des Nations [5].

Septième et dernier acte de la comédie. Septième et dernier intermède, comprenant tout le dernier intermède de *Psyché* [6].

Ce qu'il est difficile de spécifier, c'est ce que contenait chacun de ces sept actes qui séparaient les intermèdes. Pour combien y était comprise la Pastorale, dont le livret nous cite les personnages et les acteurs? On pense généralement que la Pastorale était ce divertissement que le vicomte feint de donner à la comtesse, et qui est véritablement pour Julie (scène xx). Ainsi, la pièce comique servait d'introduction, de cadre à la pièce pastorale; et celle-ci, à son tour, était destinée à recevoir ces morceaux de chant et ces entrées de ballet dont le roi avait fait choix. Ce qu'on peut conjecturer de plus raisonnable, c'est que la Pastorale n'avait que cinq actes, suivant la règle ordinaire, et que les deux parties inégales de la pièce comique, dont l'une précède et l'autre suit la représentation de ce divertissement, furent comptées chacune pour un acte. Le *Deh! piangete* formait donc comme l'ouverture de la pastorale; et le grand finale de *Psyché*, « les Noces de l'Amour, » éclatait sur les dernières paroles de la scène xxii et terminait tout le spectacle.

Le livret du Ballet des ballets est reproduit après la pièce

---

1. Voyez tome VIII, page 156.
2. Voyez page 68 du présent volume.
3. Voyez tome X, page 366.
4. Voyez tome X, page 397.
5. Voyez tome X, page 394.
6. Voyez, page 138 de ce volume, le dernier intermède du ballet de *Psyché*.

sauf les couplets, dont nous ne reproduisons que le premier vers, quand ils font partie d'une pièce que nous avons déjà donnée.

« La comtesse d'Escarbagnas était certainement un type de caractère comique que Molière avait depuis longtemps en réserve dans l'esprit avant de le faire figurer sur la scène. Molière, dans sa jeunesse, avait beaucoup parcouru la province, et il l'avait vue, comme il voyait tout, en observateur attentif et profond. La province alors différait de la capitale beaucoup plus qu'elle n'en diffère aujourd'hui. A mesure que l'on s'éloignait de Paris et de Saint-Germain, on était de plus en plus frappé de la rusticité des mœurs, du ton et du langage. Le défaut ou le mauvais état des routes et leur peu de sûreté, quelques autres circonstances encore, rendaient difficiles et rares les communications entre le centre du royaume et ses extrémités. On voyageait peu, on ne correspondait guère, et l'on n'avait pas, comme aujourd'hui, pour y suppléer, vingt feuilles publiques destinées à porter en tous lieux les événements, les usages, les expressions et les modes de la capitale. Peut-on se figurer l'importance qu'avait, aux yeux des autres et à ses propres yeux, l'habitant d'une petite ville, qui, seul de ses concitoyens, avait vu la Seine et le Louvre, les Tuileries et la place Royale, qui peut-être même avait aperçu le roi allant à sa chapelle ou montant dans son carrosse? Comment ne pas faire étalage des belles expressions et des belles manières apprises en un grand mois passé dans quelque hôtel garni du Marais ou du faubourg Saint-Germain? C'est l'histoire de madame d'Escarbagnas. A ce travers accidentel, elle en joint un autre : c'est, comme dit Julie, « son perpétuel entêtement de qualité ». En cela, elle se rapproche de monsieur et de madame de Sottenville; mais elle n'est certainement pas de la maison de la Prudoterie, ou elle a beaucoup dégénéré, car elle reçoit en même temps les soins de trois adorateurs ; et, de ces trois, il y en a un qui subventionne secrètement la maison et solde les mémoires des fournisseurs.

« Quand on voit, dans le Tartuffe ou dans le Misanthrope, une foule de personnages, ayant tous des physionomies différentes, qui sont toutes également vraies, on admire et l'on ne s'étonne pas. Mais ce qui cause une véritable surprise, c'est d'apercevoir, dans un simple croquis, dans une esquisse légère, jusqu'à sept

personnages divers dont les figures ont entre elles autant de
variété que chacune d'elles, prise à part, a d'originalité et de vie.
Je ne parle plus du personnage principal ; je ne considère que
ceux qui sont groupés autour de lui, uniquement pour mettre
en action son ridicule, ou pour lui donner du relief. Est-il un
contraste plus frappant et moins affecté que celui des airs gro-
tesquement nobles de notre comtesse angoumoise, avec les
manières élégamment aisées de Julie et du vicomte? Est-il un
accessoire plus propre à mettre en jeu, à faire valoir et en même
temps à punir les folles prétentions de cette provinciale, que la
naïve rusticité de ces deux valets, qui, n'ayant pas fait le voyage
de Paris, ne peuvent plus comprendre leur maîtresse, et ne
savent plus comment la servir ? Monsieur Bobinet, le précepteur, n'est pas un de ces pédants outrés que nos premiers comiques ont empruntés au vieux théâtre italien, et que Molière lui-
même a imités dans le Métaphraste du *Dépit amoureux ;* monsieur Bobinet représente au naturel cette classe d'êtres
malheureux que la misère obligeait à vendre du latin aux enfants
de famille. Mais deux personnages d'un comique plus fort, plus
saillant, ce sont messieurs Tibaudier le conseiller et Harpin le
receveur des tailles. L'un, robin galant et fade, mêle, dans ses
billets doux, les expressions du Digeste à celles de *l'Astrée ;* il
sent toute l'énorme distance qui sépare un homme de robe de la
veuve d'un noble d'épée. L'autre, M. Harpin, brusque, bourru,
dur, ainsi qu'il convient à un homme de finance, n'a pas pour la
naissance le même respect que son doucereux rival, et, comme
s'il était de notre siècle, pense que l'or se met au niveau de tout,
si même il ne s'élève au-dessus de tout. Chamfort a dit quelque
part : « C'est une chose remarquable que Molière, qui n'épar-
gnoit rien, n'a pas lancé un seul trait contre les gens de finance.
On dit que Molière et les auteurs du temps eurent là-dessus
les ordres de Colbert. » En admettant l'anecdote pour vraie, il
faudrait convenir que Molière n'a pas tout à fait tenu compte
des ordres du puissant ministre : car, si le rôle de M. Harpin
ne contient pas de traits directement lancés contre la profession
des gens de finance, on ne peut nier qu'au moins cette profession ne soit indirectement tournée en ridicule dans le personnage d'un receveur des tailles prodigue, cynique et brutal ;

et, comme on l'a dit justement, le *Turcaret* de Le Sage est tout entier en germe dans ce caractère[1]. »

M. Benjamin Fillon croit que la comtesse d'Escarbagnas est de l'Angoumois : « Je la soupçonne, dit-il dans ses *Recherches sur le séjour de Molière dans l'Ouest de la France*, de ne faire qu'un avec Sarah de Pérusse, fille du comte d'Escars et femme du sieur Jousbert Tison, qui s'intitulait, on ne sait trop pourquoi, comte de Baignac. De l'assemblage des noms de seigneurie des deux époux : Escars et Baignac, Molière aura fait *Escarbagnas*... Ainsi en a-t-il été pour les adorateurs plébéiens de la fière comtesse, qui, de *Harpin* et *Thibaudière*, noms portés par tant de gens depuis les bords de la Charente jusqu'à ceux de la Loire, sont devenus, sous la plume du grand comique, Harpin et Thibaudier. »

Molière ne transporta pas immédiatement *la Comtesse d'Escarbagnas* sur son théâtre; il ne l'y représenta que le 8 juillet de l'année 1672, au bruit des acclamations, à la clarté des feux de joie qui accueillaient les nouvelles des victoires et des conquêtes du roi sur les Hollandais. Le 4, on avait porté à Notre-Dame quarante drapeaux et sept guidons pris à l'ennemi.

La Comtesse d'Escarbagnas fut jouée, sur le théâtre du Palais-Royal, sans les pompeux intermèdes auxquels elle avait servi de prétexte. Mais en quoi consista, sur cette nouvelle scène, le divertissement offert à Julie par le vicomte ? Est-ce *le Mariage forcé* qui remplaça la Pastorale et le Ballet des ballets? Ce qu'il y a de certain, c'est que *la Comtesse d'Escarbagnas* eut quatorze représentations consécutives, et toujours avec *le Mariage forcé*, remonté avec éclat, « accompagné, dit le registre de La Grange, d'ornements dont M. Charpentier a fait la musique, M. de Beauchamp les ballets, et M. Baraillon les habits ».

Extrait du registre de La Grange :

Vendredi 8 juillet, *Escarbagnas* et *Mariage forcé* (en marge : Pièce nouvelle de M. de Molière). . . . . . 716 livres.
Dimanche 10 — . *Escarbagnas* et *idem.* 490

---

1. Ces réflexions sont d'Auger.

Mardi	12	juillet	*Escarbagnas* et *idem* .	518 l.	10 sous.
Vendredi	15	—	*Idem* et *idem*.	449	
Dimanche	17	—	. . . .	881	
Mardi	19	—	. . . .	500	10
Vendredi	22	—	. . . .	546	
Dimanche	24	—	. . . .	892	5
Mardi	26	—	. . . .	375	
Vendredi	29	—	. . . .	354	10
Dimanche	31	—	. . . .	495	5
Mardi	2	août	. . . .	244	15
Vendredi	5	—	. . . .	208	
Dimanche	7	—	. . . .	296	10

La Comtesse d'Escarbagnas reparait avec *les Médecins* (*l'Amour médecin*), le 7 et le 9 octobre de la même année, et avec *le Fin Lourdaud*, le 4 et le 6 novembre.

Telle est la suite des représentations de *la Comtesse d'Escarbagnas* du vivant de son auteur.

La Comtesse d'Escarbagnas fut représentée assez fréquemment pendant la dernière partie du xviie siècle et pendant tout le siècle suivant jusqu'en 1799. Au théâtre Louvois, Mme Julie Molé, l'auteur de *Misanthropie et Repentir*, tenait le rôle de la comtesse avec autorité. Il y eut ensuite une longue interruption. *La Comtesse d'Escarbagnas* ne reparut sur la scène que le 17 janvier 1836 à la Comédie française, avec l'interprétation suivante :

LA COMTESSE.	Mme TOUSEZ.
LE COMTE.	MM. ALEXANDRE.
LE VICOMTE.	MIRECOUR.
JULIE.	Mme BROCARD.
M. TIBAUDIER.	MM. PROVOST.
M. HARPIN.	GUIAUD.
BOBINET.	REGNIER.
ANDRÉE.	Mme DUPONT.
JEANNOT	MM. MONLAUR.
CRIQUET.	DAILLY (Armand).

On avait supprimé la scène xix et le latin du jeune comte, qui n'avait qu'un rôle muet. L'accueil du public fut assez froid. La représentation fut unique.

Nouvelle interruption jusqu'au 27 juin 1864. Il y eut alors

NOTICE PRÉLIMINAIRE.

une reprise un peu plus heureuse de *la Comtesse d'Escarbagnas,* accompagnée de *Mélicerte.* Voici quelle était la distribution :

LA COMTESSE	Mme JOUASSAIN.
LE COMTE	MM. ANDRIEU.
LE VICOMTE	GUICHARD.
JULIE	Mme PONSIN.
M. TIBAUDIER	MM. BARRÉ.
M. HARPIN	TALBOT.
BOBINET	VERDELLET.
ANDRÉE	Mme DINAH FÉLIX.
JEANNOT	MM. SEVESTE.
CRIQUET	E. PROVOST.

Deux autres représentations furent données le 29 juin et le 3 juillet de la même année. Depuis lors, *la Comtesse d'Escarbagnas* n'a pas été revue au théâtre.

Molière ne fit pas imprimer *la Comtesse d'Escarbagnas*. Cette pièce ne vit le jour que dans le huitième volume de l'édition de 1682 : « *La Comtesse d'Escarbagnas*, comédie par J.-B. P. de Molière, représentée pour le roi à S. Germain en Laye, au mois de février 1672 (*sic*). Et donnée au public, sur le théâtre de la salle du Palais-Royal, pour la première fois le 8 juillet 1672, par la troupe du roi. »

LA
COMTESSE D'ESCARBAGNAS

PERSONNAGES.	ACTEURS.
LA COMTESSE D'ESCARBAGNAS	Mlle MAROTTE[1].
LE COMTE, fils de la comtesse d'Escarbagnas	GAUDON.
LE VICOMTE, amant de Julie	LA GRANGE.
JULIE, amante du vicomte	Mlle BEAUVAL[2].
MONSIEUR TIBAUDIER, conseiller, amant de la comtesse	HUBERT.
MONSIEUR HARPIN, receveur des tailles, autre amant de la comtesse	DU CROISY.
MONSIEUR BOBINET, précepteur de Monsieur le comte	BEAUVAL.
ANDRÉE, suivante de la comtesse	Mlle BONNEAU.
JEANNOT, laquais de Monsieur Tibaudier	BOULONNOIS.
CRIQUET, laquais de la comtesse	FINET[3].

La scène est à Angoulême.

1. Mlle de L'Étang, qui, le 24 avril de cette année 1672, devint Mlle de La Grange, ne paraît avoir été chargée de ce rôle, trop important pour elle, qu'à défaut de Madeleine Béjard. Madeleine Béjard mourut le 17 février, par conséquent pendant les représentations mêmes du Ballet des ballets à la cour.

2. Mlle Beauval, quoiqu'elle ne brillât point par la beauté, remplit parfois ces rôles de première amoureuse. Ainsi, c'est elle qui, pendant la maladie de Mlle Molière, la suppléa dans le rôle de Psyché. (Voyez Robinet, lettre du 3 octobre 1671.)

3. Ces noms des acteurs sont ceux donnés par le livret du Ballet des ballets. Voyez ci-après, p. 328. Ils remplirent certainement ces rôles à la cour, mais il a pu y avoir quelques changements pour les représentations à la ville.

LA
COMTESSE D'ESCARBAGNAS

COMÉDIE

SCÈNE PREMIÈRE.

JULIE, LE VICOMTE.

LE VICOMTE.

Hé quoi! madame, vous êtes déjà ici?

JULIE.

Oui. Vous en devriez rougir, Cléante; et il n'est guère honnête à un amant de venir le dernier au rendez-vous.

LE VICOMTE.

Je serois ici il y a une heure, s'il n'y avoit point de fâcheux au monde; et j'ai été arrêté en chemin par un vieux importun de qualité, qui m'a demandé tout exprès des nouvelles de la cour, pour trouver moyen de m'en dire des plus extravagantes qu'on puisse débiter; et c'est là, comme vous savez, le fléau des petites villes, que ces grands nouvellistes qui cherchent partout où répandre les contes qu'ils ramassent. Celui-ci m'a montré d'abord deux feuilles de papier, pleines jusques au bord d'un grand fatras de balivernes, qui viennent, m'a-t-il dit, de l'endroit le plus sûr du monde. Ensuite, comme d'une chose fort curieuse, il m'a fait avec grand mystère une fatigante lecture de toutes les méchantes plaisanteries de la gazette de Hollande[1], * [dont il épouse les intérêts. Il tient que la France est battue en ruine par la plume de cet écrivain, et qu'il ne faut que ce bel esprit pour défaire toutes nos troupes;]** et de là s'est jeté à corps perdu dans le raisonnement du ministère, [dont il remarque tous les défauts, et]*** d'où j'ai cru qu'il ne sortiroit point. A l'entendre parler, il sait les secrets du cabinet mieux que ceux qui les font. La politique de l'État lui laisse voir tous ses desseins; et elle ne fait pas un pas dont il ne pénètre les intentions. Il nous apprend les ressorts cachés de tout ce qui se fait, nous découvre les vues de la prudence de nos voisins, et remue, à sa fantaisie, toutes les affaires de l'Europe. Ses intelligences même s'étendent jusques en

---

* Var. *De toutes les sottises de la gazette de Hollande.* Cette variante est offerte par l'exemplaire de l'édition de 1682 ayant appartenu au lieutenant de police La Reynie. (Voyez la Bibliographie.)

** Ce qui est placé entre crochets manque dans l'exemplaire ayant appartenu à La Reynie. La page y reste cependant composée de même, parce que, afin de combler cette lacune, on a répété plus haut trois lignes et demie, à partir de ces mots : *Pour trouver moyen*, jusqu'à ceux-ci : *Qui cherchent partout.*

*** Ces mots : *dont il remarque tous les défauts*, manquent également dans l'exemplaire ayant appartenu à La Reynie. Cette variante et ces suppressions sont propres à cet exemplaire : elles n'existent dans aucun des textes ordinaires de la même édition que nous avons pu examiner, ni dans l'exemplaire incomplètement *cartonné* que possède la Bibliothèque nationale. Ces modifications ont été faites dans une intention évidente : elles furent certainement motivées par des scrupules politiques. Comment ne se trouvent-elles que dans l'unique exemplaire de La Reynie? Il y a là une particularité bibliographique des plus intéressantes à expliquer.

1. A cette époque, Louis XIV, qui avait réussi à dissoudre la triple alliance formée contre lui par l'Angleterre, la Suède et les Provinces-Unies, était sans cesse injurié par le gazetier de Hollande. L'insolence de ce gazetier, autorisée sans doute par son gouvernement, fut, dit-on, une des causes qui déterminèrent le roi à déclarer la guerre à la Hollande, cette année même.

Afrique et en Asie; et il est informé de tout ce qui s'agite dans le conseil d'en haut du Prête-Jean[1] et du grand Mogol.

JULIE.

Vous parez votre excuse du mieux que vous pouvez, afin de la rendre agréable, et faire qu'elle soit plus aisément reçue.

LE VICOMTE.

C'est là, belle Julie, la véritable cause de mon retardement; et, si je voulois y donner une excuse galante, je n'aurois qu'à vous dire que le rendez-vous que vous voulez prendre peut autoriser la paresse dont vous me querellez; que m'engager à faire l'amant de la maîtresse du logis, c'est me mettre en état de craindre de me trouver ici le premier; que cette feinte où je me force n'étant que pour vous plaire, j'ai lieu de ne vouloir en souffrir la contrainte que devant les yeux qui s'en divertissent; que j'évite le tête-à-tête avec cette comtesse ridicule dont vous m'embarrassez; et, en un mot, que, ne venant ici que pour vous, j'ai toutes les raisons du monde d'attendre que vous y soyez.

JULIE.

Nous savons bien que vous ne manquerez jamais d'esprit pour donner de belles couleurs aux fautes que vous pourrez faire. Cependant, si vous étiez venu une demi-heure plus tôt, nous aurions profité de tous ces moments;

---

1. Le *Prête-Jean*, ou, pour être correct, *le Prêtre-Jean*, fut longtemps, pour le peuple, un souverain mystérieux de l'extrême Orient; il occupa vivement l'imagination du moyen âge, et nous possédons plusieurs des légendes auxquelles ce prince et son fabuleux empire donnèrent naissance. On peut voir un de ces curieux documents à la suite des *OEuvres de Rutebeuf*, publiées par M. A. Jubinal. Des renseignements exacts sur le personnage historique dont s'était emparée la tradition sont donnés par M. G. Pauthier, dans le tome XI de la *Nouvelle Biographie générale* publiée à la librairie Firmin Didot.

car j'ai trouvé en arrivant que la comtesse étoit sortie, et je ne doute point qu'elle ne soit allée par la ville se faire honneur de la comédie que vous me donnez sous son nom.

LE VICOMTE.

Mais tout de bon, madame, quand voulez-vous mettre fin à cette contrainte, et me faire moins acheter le bonheur de vous voir?

JULIE.

Quand nos parents pourront être d'accord; ce que je n'ose espérer. Vous savez, comme moi, que les démêlés de nos deux familles ne nous permettent point de nous voir autre part, et que mes frères, non plus que votre père, ne sont pas assez raisonnables pour souffrir notre attachement.

LE VICOMTE.

Mais pourquoi ne pas mieux jouir du rendez-vous que leur inimitié nous laisse, et me contraindre à perdre en une sotte feinte les moments que j'ai près de vous?

JULIE.

Pour mieux cacher notre amour; et puis, à vous dire la vérité, cette feinte dont vous parlez m'est une comédie fort agréable; et je ne sais si celle que vous nous donnez aujourd'hui me divertira davantage. Notre comtesse d'Escarbagnas, avec son perpétuel entêtement de qualité, est un aussi bon personnage qu'on en puisse mettre sur le théâtre. Le petit voyage qu'elle a fait à Paris l'a ramenée dans Angoulême plus achevée qu'elle n'étoit. L'approche de l'air de la cour a donné à son ridicule de nouveaux agréments, et sa sottise tous les jours ne fait que croître et embellir.

LE VICOMTE.

Oui; mais vous ne considérez pas que le jeu qui vous

divertit tient mon cœur au supplice, et qu'on n'est point capable de se jouer longtemps, lorsqu'on a dans l'esprit une passion aussi sérieuse que celle que je sens pour vous. Il est cruel, belle Julie, que cet amusement dérobe à mon amour un temps qu'il voudroit employer à vous expliquer son ardeur ; et, cette nuit, j'ai fait là-dessus quelques vers, que je ne puis m'empêcher de vous réciter sans que vous me le demandiez, tant la démangeaison de dire ses ouvrages est un vice attaché à la qualité de poète !

C'est trop longtemps, Iris, me mettre à la torture,

Iris, comme vous le voyez, est mis là pour Julie.

> C'est trop longtemps, Iris, me mettre à la torture,
> Et, si je suis vos lois, je les blâme tout bas
> De me forcer à taire un tourment que j'endure,
> Pour déclarer un mal que je ne ressens pas.
>
> Faut-il que vos beaux yeux, à qui je rends les armes,
> Veuillent se divertir de mes tristes soupirs ?
> Et n'est-ce pas assez de souffrir pour vos charmes,
> Sans me faire souffrir encor pour vos plaisirs ?
>
> C'en est trop à la fois que ce double martyre :
> Et ce qu'il me faut taire et ce qu'il me faut dire
> Exerce sur mon cœur pareille cruauté.
>
> L'amour le met en feu, la contrainte le tue ;
> Et, si par la pitié vous n'êtes combattue,
> Je meurs et de la feinte et de la vérité.

JULIE.

Je vois que vous vous faites là bien plus maltraité que vous n'êtes ; mais c'est une licence que prennent messieurs les poètes, de mentir de gaieté de cœur, et de donner à leurs maîtresses des cruautés qu'elles n'ont pas, pour s'accommoder aux pensées qui leur peuvent venir.

Cependant je serai bien aise que vous me donniez ces vers par écrit.

LE VICOMTE.

C'est assez de vous les avoir dits, et je dois en demeurer là. Il est permis d'être parfois assez fou pour faire des vers, mais non pour vouloir qu'ils soient vus.

JULIE.

C'est en vain que vous vous retranchez sur une fausse modestie ; on sait dans le monde que vous avez de l'esprit ; et je ne vois pas la raison qui vous oblige à cacher les vôtres.

LE VICOMTE.

Mon Dieu! madame, marchons là-dessus, s'il vous plaît, avec beaucoup de retenue ; il est dangereux dans le monde de se mêler d'avoir de l'esprit. Il y a là dedans un certain ridicule qu'il est facile d'attraper, et nous avons de nos amis qui me font craindre leur exemple.

JULIE.

Mon Dieu! Cléante, vous avez beau dire ; je vois avec tout cela que vous mourez d'envie de me les donner ; et je vous embarrasserois, si je faisois semblant de ne m'en pas soucier.

LE VICOMTE.

Moi, madame? vous vous moquez ; et je ne suis pas si poète que vous pourriez bien croire, pour... Mais voici votre madame la comtesse d'Escarbagnas. Je sors par l'autre porte pour ne la point trouver, et vais disposer tout mon monde au divertissement que je vous ai promis.

SCÈNE II.

LA COMTESSE, JULIE, ANDRÉE; et CRIQUET,
dans le fond du théâtre[1].

LA COMTESSE.

Ah! mon Dieu! madame, vous voilà toute seule! Quelle pitié est-ce là? Toute seule! Il me semble que mes gens m'avoient dit que le vicomte étoit ici.

JULIE.

Il est vrai qu'il y est venu ; mais c'est assez pour lui de savoir que vous n'y étiez pas, pour l'obliger à sortir.

LA COMTESSE.

Comment! il vous a vue?

JULIE.

Oui.

LA COMTESSE.

Et il ne vous a rien dit?

JULIE.

Non, madame; et il a voulu témoigner par là qu'il est tout entier à vos charmes.

LA COMTESSE.

Vraiment, je le veux quereller de cette action. Quelque amour que l'on ait pour moi, j'aime que ceux qui m'aiment rendent ce qu'ils doivent au sexe; et je ne suis point de l'humeur de ces femmes injustes qui s'applaudissent des incivilités que leurs amants font aux autres belles.

1. On trouve dans le *Courrier des Théâtres* l'indication d'un jeu de scène se rattachant à la représentation du 17 janvier 1836, et qui était de tradition à la Comédie : Criquet et Andrée entrent en scène en mangeant une grande tartine de pain et en mordant dans une pomme, avec un appétit qui fait supposer que la nourriture des gens de la comtesse est assez spartiate.

292   LA COMTESSE D'ESCARBAGNAS.

JULIE.

Il ne faut point, madame, que vous soyez surprise de son procédé. L'amour que vous lui donnez éclate dans toutes ses actions, et l'empêche d'avoir des yeux que pour vous[1].

LA COMTESSE.

Je crois être en état de pouvoir faire naître une passion assez forte, et je me trouve pour cela assez de beauté, de jeunesse, et de qualité, Dieu merci; mais cela n'empêche pas qu'avec ce que j'inspire, on ne puisse garder de l'honnêteté et de la complaisance pour les autres. (Apercevant Criquet.) Que faites-vous donc là, laquais? Est-ce qu'il n'y a pas une antichambre où se tenir, pour venir quand on vous appelle? Cela est étrange, qu'on ne puisse avoir en province un laquais qui sache son monde? A qui est-ce donc que je parle? Voulez-vous vous en aller là dehors, petit fripon?

SCÈNE III.

LA COMTESSE, JULIE, ANDRÉE.

LA COMTESSE, à Andrée.

Filles, approchez.

ANDRÉE.

Que vous plaît-il, madame?

LA COMTESSE.

Otez-moi mes coiffes. Doucement donc, maladroite : comme vous me saboulez la tête avec vos mains pesantes!

ANDRÉE.

Je fais, madame, le plus doucement que je puis.

LA COMTESSE.

Oui; mais le plus doucement que vous pouvez est fort

1. C'est-à-dire : pour d'autres que pour vous. (Voyez tome IX, page 268.)

rudement pour ma tête, et vous me l'avez déboîtée. Tenez encore ce manchon; ne laissez point traîner tout cela, et portez-le dans ma garde-robe. Eh bien! où va-t-elle? où va-t-elle? Que veut-elle faire, cet oison bridé?

ANDRÉE.

Je veux, madame, comme vous m'avez dit, porter cela aux garde-robes.

LA COMTESSE.

Ah! mon Dieu, l'impertinente! (A Julie.) Je vous demande pardon, madame. (A Andrée.) Je vous ai dit ma garde-robe, grosse bête, c'est-à-dire où sont mes habits.

ANDRÉE.

Est-ce, madame, qu'à la cour une armoire s'appelle une garde-robe?

LA COMTESSE.

Oui, butorde; on appelle ainsi le lieu où l'on met les habits.

ANDRÉE.

Je m'en ressouviendrai, madame, aussi bien que de votre grenier, qu'il faut appeler garde-meuble.

SCÈNE IV.

LA COMTESSE, JULIE.

LA COMTESSE.

Quelle peine il faut prendre pour instruire ces animaux-là!

JULIE.

Je les trouve bien heureux, madame, d'être sous votre discipline.

LA COMTESSE.

C'est une fille de ma mère nourrice que j'ai mise à la chambre, et elle est toute neuve encore.

JULIE.

Cela est d'une belle âme, madame; et il est glorieux de faire ainsi des créatures.

LA COMTESSE.

Allons, des sièges. Holà! laquais, laquais, laquais! En vérité, voilà qui est violent, de ne pouvoir pas avoir un laquais pour donner des sièges! Filles, laquais, laquais, filles, quelqu'un! Je pense que tous mes gens sont morts, et que nous serons contraintes de nous donner des sièges nous-mêmes.

SCÈNE V.

LA COMTESSE, JULIE, ANDRÉE.

ANDRÉE.

Que voulez-vous, madame?

LA COMTESSE.

Il se faut bien égosiller avec vous autres!

ANDRÉE.

J'enfermois votre manchon et vos coiffes dans votre armoi... dis-je, dans votre garde-robe.

LA COMTESSE.

Appelez-moi ce petit fripon de laquais.

ANDRÉE.

Holà! Criquet!

LA COMTESSE.

Laissez là votre Criquet, bouvière; et appelez laquais!

ANDRÉE.

Laquais donc, et non pas Criquet, venez parler à madame. Je pense qu'il est sourd. Criq... Laquais, laquais!

SCÈNE VI.

LA COMTESSE, JULIE, ANDRÉE, CRIQUET.

CRIQUET.

Plaît-il ?

LA COMTESSE.

Où étiez-vous donc, petit coquin ?

CRIQUET.

Dans la rue, madame.

LA COMTESSE.

Et pourquoi dans la rue ?

CRIQUET.

Vous m'avez dit d'aller là dehors.

LA COMTESSE.

Vous êtes un petit impertinent, mon ami ; et vous devez savoir que là dehors, en termes de personnes de qualité, veut dire l'antichambre. Andrée, ayez soin tantôt de faire donner le fouet à ce petit fripon-là par mon écuyer ; c'est un petit incorrigible.

ANDRÉE.

Qu'est-ce que c'est, madame, que votre écuyer ? Est-ce maître Charles que vous appelez comme cela ?

LA COMTESSE.

Taisez-vous, sotte que vous êtes : vous ne sauriez ouvrir la bouche que vous ne disiez une impertinence. (A Criquet.) Des sièges. (A Andrée.) Et vous, allumez deux bougies dans mes flambeaux d'argent : il se fait déjà tard. Qu'est-ce que c'est donc, que vous me regardez tout effarée ?

ANDRÉE.

Madame...

LA COMTESSE.

Eh bien ! madame. Qu'y a-t-il ?

ANDRÉE.

C'est que...

LA COMTESSE.

Quoi ?

ANDRÉE.

C'est que je n'ai point de bougies.

LA COMTESSE.

Comment ! Vous n'en avez point ?

ANDRÉE.

Non, madame, si ce n'est des bougies de suif.

LA COMTESSE.

La bouvière ! Et où est donc la cire que je fis acheter ces jours passés ?

ANDRÉE.

Je n'en ai point vu depuis que je suis céans.

LA COMTESSE.

Otez-vous de là, insolente. Je vous renvoierai chez vos parents. Apportez-moi un verre d'eau.

SCÈNE VII.

LA COMTESSE ET JULIE, faisant des cérémonies pour s'asseoir.

LA COMTESSE.

Madame.

JULIE.

Madame.

LA COMTESSE.

Ah ! madame.

JULIE.

Ah ! madame.

SCÈNE VII.

LA COMTESSE.

Mon Dieu! madame.

JULIE.

Mon Dieu! madame.

LA COMTESSE.

Oh! madame.

JULIE.

Oh! madame.

LA COMTESSE.

Hé! madame.

JULIE.

Hé! madame.

LA COMTESSE.

Hé! allons donc, madame.

JULIE.

Hé! allons donc, madame.

LA COMTESSE.

Je suis chez moi, madame. Nous sommes demeurées d'accord de cela. Me prenez-vous pour une provinciale, madame?

JULIE.

Dieu m'en garde, madame[1]!

---

1. Julie ressemble à Élise de *la Critique de l'École des Femmes*. Celle-ci a pareillement, et dans la même intention, un débat de civilité avec la précieuse Climène. Elles se disent vingt fois : *ah! madame! oh! madame!* comme ici Julie et la comtesse. (Voyez tome IV, page 411.)

SCÈNE VIII.

LA COMTESSE, JULIE; ANDRÉE, apportant un verre d'eau
CRIQUET.

LA COMTESSE, à Andrée.

Allez, impertinente : je bois avec une soucoupe. Je vous dis que vous m'alliez querir une soucoupe pour boire.

ANDRÉE.

Criquet, qu'est-ce que c'est qu'une soucoupe ?

CRIQUET.

Une soucoupe ?

ANDRÉE.

Oui.

CRIQUET.

Je ne sais.

LA COMTESSE, à Andrée.

Vous ne vous grouillez pas[1] ?

ANDRÉE.

Nous ne savons tous deux, madame, ce que c'est qu'une soucoupe.

LA COMTESSE.

Apprenez que c'est une assiette, sur laquelle on met le verre.

SCÈNE IX.

LA COMTESSE, JULIE.

LA COMTESSE.

Vive Paris pour être bien servie ! On vous entend là au moindre coup d'œil.

1. C'est-à-dire : vous ne bougez pas. (Voyez tome VII, page 438, et tome X, page 316.

SCÈNE X.

LA COMTESSE, JULIE; ANDRÉE, apportant un verre d'ea avec une assiette dessus; CRIQUET.

LA COMTESSE.

Hé bien! vous ai-je dit comme cela, tête de bœuf? C'est dessous qu'il faut mettre l'assiette.

ANDRÉE.

Cela est bien aisé. (Andrée casse le verre en le-posant sur l'assiette.)

LA COMTESSE.

Hé bien! ne voilà pas l'étourdie? En vérité, vous me payerez mon verre.

ANDRÉE.

Hé bien! oui, madame, je le payerai.

LA COMTESSE.

Mais voyez cette maladroite, cette bouvière, cette butorde, cette....

ANDRÉE, s'en allant.

Dame! madame, si je le paye, je ne veux point être querellée.

LA COMTESSE.

Otez-vous de devant mes yeux.

SCÈNE XI.

LA COMTESSE, JULIE.

LA COMTESSE.

En vérité, madame, c'est une chose étrange que les petites villes! On n'y sait point du tout son monde : et je viens de faire deux ou trois visites, où ils ont pensé me désespérer par le peu de respect qu'ils rendent à ma qualité.

JULIE.

Où auroient-ils appris à vivre? Ils n'ont point fait de voyage à Paris.

LA COMTESSE.

Ils ne laisseroient pas de l'apprendre, s'ils vouloient écouter les personnes ; mais le mal que j'y trouve, c'est qu'ils veulent en savoir autant que moi, qui ai été deux mois à Paris, et vu toute la cour.

JULIE.

Les sottes gens que voilà!

LA COMTESSE.

Ils sont insupportables, avec les impertinentes égalités dont ils traitent les gens. Car, enfin, il faut qu'il y ait de la subordination dans les choses; et ce qui me met hors de moi, c'est qu'un gentilhomme de ville de deux jours, ou de deux cents ans, aura l'effronterie de dire qu'il est aussi bien gentilhomme que feu monsieur mon mari, qui demeuroit à la campagne, qui avoit meute de chiens courants, et qui prenoit la qualité de comte dans tous les contrats qu'il passoit.

JULIE.

On sait bien mieux vivre à Paris, dans ces hôtels dont la mémoire doit être si chère. Cet hôtel de Mouhy, madame, cet hôtel de Lyon, cet hôtel de Hollande, les agréables demeures que voilà[1]!

LA COMTESSE.

Il est vrai qu'il y a bien de la différence de ces lieux-là à tout ceci. On y voit venir du beau monde, qui ne mar-

---

1. Ces *hôtels*, dont la railleuse Julie faisait sonner si haut les noms, n'étaient autres que des hôtels garnis, des auberges.

chande point à vous rendre tous les respects qu'on sauroit souhaiter. On ne s'en lève pas, si l'on veut, de dessus son siège; et, lorsque l'on veut voir la revue, ou le grand ballet de Psyché, on est servie à point nommé.

JULIE.

Je pense, madame, que, durant votre séjour à Paris, vous avez bien fait des conquêtes de qualité.

LA COMTESSE.

Vous pouvez bien croire, madame, que tout ce qui s'appelle les galants de la cour n'a pas manqué de venir à ma porte, et de m'en conter; et je garde dans ma cassette de leurs billets, qui peuvent faire voir quelles propositions j'ai refusées; il n'est pas nécessaire de vous dire leurs noms : on sait ce qu'on veut dire par les galants de la cour.

JULIE.

Je m'étonne, madame, que de tous ces grands noms que je devine, vous ayez pu redescendre à un monsieur Tibaudier, le conseiller, et à un monsieur Harpin, le receveur des tailles. La chute est grande, je vous l'avoue : car, pour monsieur votre vicomte, quoique vicomte de province, c'est toujours un vicomte, et il peut faire un voyage à Paris, s'il n'en a point fait; mais un conseiller et un receveur sont des amants un peu bien minces pour une grande comtesse comme vous.

LA COMTESSE.

Ce sont gens qu'on ménage dans les provinces pour le besoin qu'on en peut avoir; ils servent au moins à remplir les vides de la galanterie, à faire nombre de soupirants; et il est bon, madame, de ne pas laisser un amant seul maître du terrain, de peur que, faute de rivaux, son amour ne s'endorme sur trop de confiance.

JULIE.

Je vous avoue, madame, qu'il y a merveilleusement à profiter de tout ce que vous dites; c'est une école que votre conversation, et j'y viens tous les jours attraper quelque chose.

SCÈNE XII.

LA COMTESSE, JULIE, ANDRÉE, CRIQUET.

CRIQUET, à la comtesse.

Voilà Jeannot de monsieur le conseiller, qui vous demande, madame.

LA COMTESSE.

Hé bien! petit coquin, voilà encore de vos âneries. Un laquais qui sauroit vivre auroit été parler tout bas à la demoiselle suivante, qui seroit venue dire doucement à l'oreille de sa maîtresse : Madame, voilà le laquais de monsieur un tel qui demande à vous dire un mot; à quoi la maîtresse auroit répondu : Faites-le entrer.

SCÈNE XIII.

LA COMTESSE, JULIE, ANDRÉE, CRIQUET, JEANNOT.

CRIQUET.

Entrez, Jeannot.

LA COMTESSE.

Autre lourderie. (A Jeannot.) Qu'y a-t-il, laquais? Que portes-tu là?

JEANNOT.

C'est monsieur le conseiller, madame, qui vous souhaite le bonjour, et, auparavant que de venir, vous envoie des poires de son jardin, avec ce petit mot d'écrit.

LA COMTESSE.

C'est du bon-chrétien, qui est fort beau. Andrée, faites porter cela à l'office.

SCÈNE XIV.

LA COMTESSE, JULIE, CRIQUET, JEANNOT.

LA COMTESSE, donnant de l'argent à Jeannot.

Tiens, mon enfant, voilà pour boire.

JEANNOT.

Oh! non, madame.

LA COMTESSE.

Tiens, te dis-je.

JEANNOT.

Mon maître m'a défendu, madame, de rien prendre de vous.

LA COMTESSE.

Cela ne fait rien.

JEANNOT.

Pardonnez-moi, madame.

CRIQUET.

Hé! prenez, Jeannot. Si vous n'en voulez pas, vous me le baillerez.

LA COMTESSE.

Dis à ton maître que je le remercie.

CRIQUET, à Jeannot, qui s'en va.

Donne-moi donc cela.

JEANNOT.

Oui. Quelque sot!

CRIQUET.

C'est moi qui te l'ai fait prendre.

JEANNOT.

Je l'aurois bien pris sans toi.

LA COMTESSE.

Ce qui me plaît de ce monsieur Tibaudier, c'est qu'il sait vivre avec les personnes de ma qualité, et qu'il est fort respectueux.

SCÈNE XV.

LE VICOMTE, LA COMTESSE, JULIE, CRIQUET.

LE VICOMTE.

Madame, je viens vous avertir que la comédie sera bientôt prête, et que, dans un quart d'heure, nous pouvons passer dans la salle.

LA COMTESSE.

Je ne veux point de cohue, au moins. (A Criquet.) Que l'on dise à mon suisse qu'il ne laisse entrer personne.

LE VICOMTE.

En ce cas, madame, je vous déclare que je renonce à la comédie; et je n'y saurois prendre de plaisir lorsque la compagnie n'est pas nombreuse. Croyez-moi, si vous voulez vous bien divertir, qu'on dise à vos gens de laisser entrer toute la ville.

LA COMTESSE.

Laquais, un siège. (Au vicomte, après qu'il s'est assis.) Vous voilà venu à propos pour recevoir un petit sacrifice que je veux bien vous faire. Tenez, c'est un billet de monsieur Tibaudier qui m'envoie des poires. Je vous donne la liberté de le lire tout haut; je ne l'ai point encore vu.

LE VICOMTE, après avoir lu tout bas le billet.

Voici un billet du beau style, madame, et qui mérite d'être bien écouté. (Il lit.) « Madame, je n'aurois pas pu vous faire le présent que je vous envoie, si je ne recueillois pas plus de fruit de mon jardin que j'en recueille de mon amour. »

LA COMTESSE.

Cela vous marque clairement qu'il ne se passe rien entre nous.

LE VICOMTE.

« Les poires ne sont pas encore bien mûres : mais elles en cadrent mieux avec la dureté de votre âme, qui, par ses continuels dédains, ne me promet pas poires molles. Trouvez bon, madame, que, sans m'engager dans une énumération de vos perfections et charmes, qui me jetteroit dans un progrès à l'infini, je conclue ce mot, en vous faisant considérer que je suis d'un aussi franc chrétien que les poires que je vous envoie, puisque je rends le bien pour le mal; c'est-à-dire, madame, pour m'expliquer plus intelligiblement, puisque je vous présente des poires de bon-chrétien pour des poires d'angoisse, que vos cruautés me font avaler tous les jours.

« TIBAUDIER, votre esclave indigne. »

Voilà, madame, un billet à garder.

LA COMTESSE.

Il y a peut-être quelque mot qui n'est pas de l'Académie; mais j'y remarque un certain respect qui me plaît beaucoup.

JULIE.

Vous avez raison, madame; et, monsieur le vicomte dût-il s'en offenser, j'aimerois un homme qui m'écriroit comme cela.

SCÈNE XVI.

MONSIEUR TIBAUDIER, LE VICOMTE, LA COMTESSE, JULIE, CRIQUET.

LA COMTESSE.

Approchez, monsieur Tibaudier ; ne craignez point d'entrer. Votre billet a été bien reçu, aussi bien que vos poires ; et voilà madame qui parle pour vous contre votre rival.

MONSIEUR TIBAUDIER.

Je lui suis bien obligé, madame ; et, si elle a jamais quelque procès en notre siège, elle verra que je n'oublierai pas l'honneur qu'elle me fait, de se rendre auprès de vos beautés l'avocat de ma flamme.

JULIE.

Vous n'avez pas besoin d'avocat, monsieur, et votre cause est juste.

MONSIEUR TIBAUDIER.

Ce néanmoins, madame, bon droit a besoin d'aide : et j'ai sujet d'appréhender de me voir supplanté par un tel rival, et que madame ne soit circonvenue par la qualité de vicomte.

LE VICOMTE.

J'espérois quelque chose, monsieur Tibaudier, avant votre billet ; mais il me fait craindre pour mon amour.

MONSIEUR TIBAUDIER.

Voici encore, madame, deux petits versets ou couplets que j'ai composés à votre honneur et gloire.

LE VICOMTE.

Ah ! je ne pensois pas que monsieur Tibaudier fût

SCÈNE XVI.

poète ; et voilà pour m'achever, que ces deux petits versets-là !

LA COMTESSE.

Il veut dire deux strophes. (A Criquet.) Laquais, donnez un siège à monsieur Tibaudier. (Bas, à Criquet, qui apporte une chaise.) Un pliant, petit animal [1]. (Haut.) Monsieur Tibaudier, mettez-vous là, et nous lisez vos strophes.

MONSIEUR TIBAUDIER.

Une personne de qualité
Ravit mon âme,
Elle a de la beauté,
J'ai de la flamme ;
Mais je la blâme
D'avoir de la fierté.

LE VICOMTE.

Je suis perdu après cela.

LA COMTESSE.

Le premier vers est beau : *une personne de qualité.*

JULIE.

Je crois qu'il est un peu trop long ; mais on peut prendre une licence pour dire une belle pensée.

LA COMTESSE, à monsieur Tibaudier.

Voyons l'autre strophe.

MONSIEUR TIBAUDIER.

Je ne sais pas si vous doutez de mon parfait amour ;
Mais je sais bien que mon cœur, à toute heure,
Veut quitter sa chagrine demeure,
Pour aller, par respect, faire au vôtre sa cour.
Après cela pourtant, sûre de ma tendresse,
Et de ma foi, dont unique est l'espèce,

---

1. La différence des sièges, tels que fauteuils, chaises sans bras, pliants, tabourets, était à la cour une manière de marquer graduellement le rang des personnes.

Vous devriez à votre tour,
Vous contentant d'être comtesse,
Vous dépouiller en ma faveur d'une peau de tigresse,
Qui couvre vos appas la nuit comme le jour.

LE VICOMTE.

Me voilà supplanté, moi, par monsieur Tibaudier.

LA COMTESSE.

Ne pensez pas vous moquer ; pour des vers faits dans la province, ces vers-là sont fort beaux.

LE VICOMTE.

Comment ! madame, me moquer ! Quoique son rival, je trouve ces vers admirables, et ne les appelle pas seulement deux strophes, comme vous, mais deux épigrammes, aussi bonnes que toutes celles de Martial.

LA COMTESSE.

Quoi ! Martial fait-il des vers ? Je pensois qu'il ne fît que des gants[1].

MONSIEUR TIBAUDIER.

Ce n'est pas ce Martial-là, madame ; c'est un auteur qui vivoit il y a trente ou quarante ans[2].

LE VICOMTE.

Monsieur Tibaudier a lu les auteurs, comme vous le voyez. Mais allons voir, madame, si ma musique et ma comédie, avec mes entrées de ballet, pourront combattre

---

1. Ce « Martial, qui ne faisoit point de vers, » était un marchand parfumeur, et joignait à cette qualité celle de valet de chambre de Monsieur. Chapelle a dit dans son Voyage : « Quand on est dans la grande rue des Parfumeurs, à Montpellier, on croit être dans la boutique de Martial. » Voyez, dans la lettre en vers de Loret (9 nov. 1652), le récit d'une fête que donna
Ce grand vendeur de musc et d'ambre.

2. On sait que l'épigrammatiste Martial vécut de l'an 43 à l'an 104 environ après J.-C. M. Tibaudier, en voulant corriger l'erreur de la comtesse, en commet une beaucoup moins excusable.

dans votre esprit les progrès des deux strophes et du billet que nous venons de voir.

LA COMTESSE.

Il faut que mon fils le comte soit de la partie ; car il est arrivé ce matin de mon château, avec son précepteur que je vois là dedans.

SCÈNE XVII.

LA COMTESSE, JULIE,
LE VICOMTE, MONSIEUR TIBAUDIER,
MONSIEUR BOBINET, CRIQUET.

LA COMTESSE.

Holà ! monsieur Bobinet, monsieur Bobinet, approchez-vous du monde.

MONSIEUR BOBINET.

Je donne le bon vêpres[1] à toute l'honorable compagnie. Que désire madame la comtesse d'Escarbagnas de son très humble serviteur Bobinet ?

LA COMTESSE.

A quelle heure, monsieur Bobinet, êtes-vous parti d'Escarbagnas avec mon fils le comte ?

MONSIEUR BOBINET.

A huit heures trois quarts, madame, comme votre commandement me l'avoit ordonné.

LA COMTESSE.

Comment se portent mes deux autres fils, le marquis et le commandeur ?

---

1. *Vêpres*, du mot latin *vespera*, signifie *soir*. Le *bon vêpres*, c'est le bonsoir. Cette expression surannée peint tout d'abord le pédantesque personnage.

MONSIEUR BOBINET.

Ils sont, Dieu grâce, madame, en parfaite santé.

LA COMTESSE.

Où est le comte ?

MONSIEUR BOBINET.

Dans votre belle chambre à alcôve, madame.

LA COMTESSE.

Que fait-il, monsieur Bobinet ?

MONSIEUR BOBINET.

Il compose un thème, madame, que je viens de lui dicter sur une épître de Cicéron.

LA COMTESSE.

Faites-le venir, monsieur Bobinet.

MONSIEUR BOBINET.

Soit fait, madame, ainsi que vous le commandez.

SCÈNE XVIII.

LA COMTESSE, JULIE, LE VICOMTE,
MONSIEUR TIBAUDIER.

LE VICOMTE, à la comtesse.

Ce monsieur Bobinet, madame, a la mine fort sage ; et je crois qu'il a de l'esprit.

SCÈNE XIX.

LA COMTESSE, JULIE,
LE VICOMTE, LE COMTE, MONSIEUR BOBINET,
MONSIEUR TIBAUDIER.

MONSIEUR BOBINET.

Allons, monsieur le comte, faites voir que vous profitez des bons documents qu'on vous donne. La révérence à toute l'honnête assemblée.

LA COMTESSE, montrant Julie.

Comte, saluez madame ; faites la révérence à monsieur le vicomte ; saluez monsieur le conseiller.

MONSIEUR TIBAUDIER.

Je suis ravi, madame, que vous me concédiez la grâce d'embrasser monsieur le comte votre fils. On ne peut pas aimer le tronc, qu'on n'aime aussi les branches.

LA COMTESSE.

Mon Dieu ! monsieur Tibaudier, de quelle comparaison vous servez-vous là ?

JULIE.

En vérité, madame, monsieur le comte a tout à fait bon air.

LE VICOMTE.

Voilà un jeune gentilhomme qui vient bien dans le monde.

JULIE.

Qui diroit que madame eût un si grand enfant?

LA COMTESSE.

Hélas ! quand je le fis j'étois si jeune que je me jouois encore avec une poupée.

JULIE.

C'est monsieur votre frère, et non pas monsieur votre fils.

LA COMTESSE.

Monsieur Bobinet, ayez bien soin au moins de son éducation.

MONSIEUR BOBINET.

Madame, je n'oublierai aucune chose peur cultiver cette jeune plante, dont vos bontés m'ont fait l'honneur de me confier la conduite ; et je tâcherai de lui inculquer les semences de la vertu.

LA COMTESSE.

Monsieur Bobinet, faites-lui un peu dire quelque petite galanterie de ce que vous lui apprenez.

MONSIEUR BOBINET.

Allons, monsieur le comte, récitez votre leçon d'hier au matin.

LE COMTE.

Omne viro soli quod convenit esto virile,
Omne viri...[1]

LA COMTESSE.

Fi! monsieur Bobinet ; quelles sottises est-ce que vous lui apprenez là[2] ?

---

1. Le vers que madame d'Escarbagnas ne donne pas à son fils le temps d'achever est celui-ci :

Omne viri specie pictum vir dicitur esse.

Les deux vers sont, comme va le dire M. Bobinet, le commencement de la première règle des *Commentarii grammatici* de Despautère ; et ils signifient : « Tout ce qui convient à l'homme seul est du genre masculin, ainsi que tout ce qui est représenté sous la figure de l'homme. » La grammaire latine de Despautère était le rudiment qu'on mettait alors entre les mains des écoliers. Molière en a déjà cité quelques mots dans *la Jalousie du Barbouillé*, dans *le Médecin malgré lui*. Et Cyrano de Bergerac en a fait un véritable abus dans son *Pédant joué*.

Une application analogue du vers de Despautère se trouve dans *le Moyen de parvenir*, de Béroalde de Verville, § xxxii. Artémidore répond à une question du Bonhomme : « *Omne viro soli quod convenit esto virile.* Les docteurs de Paris l'enseignent ainsi aux écoles. Je vous assure, ô vous qui entendez ceci, qu'il est vrai ; et que, comme ce bon père le dit, il n'y va point de sa faute. »

2. On croit que cette scène fut inspirée à Molière par une scène à peu près semblable qui s'était passée chez Mme de Villarceaux, dont le mari était un des amants les plus signalés de Ninon. Un jour, Mme de Villarceaux, voulant faire admirer son fils à une nombreuse compagnie qui se trouvait chez elle, le fit interroger par son précepteur. « Allons, monsieur le marquis, dit le pédadogue : *quem habuit successorem Belus, rex Assyriorum?—Ninum,* » répondit le jeune marquis. Mme de Villarceaux, frappée de ce dernier mot :

LA COMTESSE D'ESCARBAGNAS

SCÈNE IX

Garnier Frères Éditeurs

SCÈNE XX.

MONSIEUR BOBINET.

C'est du latin, madame, et la première règle de Jean Despautère.

LA COMTESSE.

Mon Dieu! ce Jean Despautère-là est un insolent, et je vous prie de lui enseigner du latin plus honnête que celui-là.

MONSIEUR BOBINET.

Si vous voulez, madame, qu'il achève, la glose expliquera ce que cela veut dire.

LA COMTESSE.

Non, non : cela s'explique assez.

SCÈNE XX.

LA COMTESSE, JULIE,
LE VICOMTE, MONSIEUR TIBAUDIER, LE COMTE,
MONSIEUR BOBINET, CRIQUET.

CRIQUET.

Les comédiens envoient dire qu'ils sont tout prêts.

LA COMTESSE.

Allons nous placer. (Montrant Julie.) Monsieur Tibaudier, prenez madame.

LE VICOMTE.

Il est nécessaire de dire que cette comédie n'a été faite que pour lier ensemble les différents morceaux de musique et de danse dont on a voulu composer ce divertissement et que...

« Voilà, dit-elle, de belles instructions que vous donnez à mon fils! N'y a-t-il donc rien à lui apprendre que les folies de son père? » Le précepteur avait beau vouloir expliquer sa question et la réponse; Mme de Villarceaux, irritée, se refusait obstinément à entendre raison.

LA COMTESSE.

Mon Dieu ! voyons l'affaire. On a assez d'esprit pour comprendre les choses.

LE VICOMTE.

Qu'on commence le plus tôt qu'on pourra, et qu'on empêche, s'il se peut, qu'aucun fâcheux ne vienne troubler notre divertissement.

(Après que les violons ont quelque peu joué, et que toute la compagnie est assise.)

SCÈNE XXI.

LA COMTESSE, JULIE,
LE VICOMTE, LE COMTE, MONSIEUR HARPIN,
MONSIEUR TIBAUDIER, aux pieds de la comtesse;
MONSIEUR BOBINET, ANDRÉE,
CRIQUET.

MONSIEUR HARPIN.

Parbleu ! la chose est belle, et je me réjouis de voir ce que je vois !

LA COMTESSE.

Holà ! monsieur le receveur, que voulez-vous donc dire avec l'action que vous faites ? Vient-on interrompre, comme cela, une comédie ?

MONSIEUR HARPIN.

Morbleu ! madame, je suis ravi de cette aventure ; et ceci me fait voir ce que je dois croire de vous, et l'assurance qu'il y a au don de votre cœur, et aux serments que vous m'avez faits de sa fidélité.

LA COMTESSE.

Mais, vraiment, on ne vient point ainsi se jeter au

travers d'une comédie, et troubler un acteur qui parle[1].

MONSIEUR HARPIN.

Hé ! têtebleu ! la véritable comédie qui se fait ici, c'est celle que vous jouez ; et, si je vous trouble, c'est de quoi je me soucie peu.

LA COMTESSE.

En vérité, vous ne savez ce que vous dites.

MONSIEUR HARPIN.

Si fait, morbleu ! je le sais bien ; je le sais bien, morbleu ! et...

(Monsieur Bobinet, épouvanté, emporte le comte et s'enfuit ; il est suivi par Criquet.)

LA COMTESSE.

Hé ! fi, monsieur ! que cela est vilain, de jurer de la sorte !

MONSIEUR HARPIN.

Hé ! ventrebleu ! s'il y a ici quelque chose de vilain, ce ne sont point mes jurements ; ce sont vos actions ; et il vaudroit bien mieux que vous jurassiez, vous, la tête, la

---

1. Dans la pièce telle qu'elle nous a été laissée, aucun acteur de la comédie annoncée par le vicomte n'a encore commencé à parler. Mais, dans la représentation de Saint-Germain, M. Harpin venait certainement interrompre quelque partie du Ballet des ballets, qui formait le divertissement donné à la comtesse d'Escarbagnas. A la ville même, il pouvait y avoir, entre la scène XX et la scène XXI, plus qu'une ouverture jouée par les violons ; il pouvait y avoir un commencement de dialogue emprunté soit au *Mariage forcé* (voyez la Notice préliminaire, p. 279), soit à tout autre divertissement substitué au Ballet des ballets. C'est la seule manière d'expliquer ces mots : « troubler un acteur qui parle, » que le texte imprimé ne justifie pas.

Chaque fois que les comédiens jouent *la Comtesse d'Escarbagnas*, ils ont soin d'intercaler en cet endroit quelque fragment de l'œuvre de Molière : ils choisissent à cet effet, dans les parties les moins connues et les plus rarement interprétées sur la scène, ce qui leur paraît mériter d'être mis en lumière. Ainsi, nous avons vu récemment, à la Comédie française, ce divertissement composé du premier acte de *Mélicerte*.

mort et la sang¹, que de faire ce que vous faites avec monsieur le vicomte.

LE VICOMTE.

Je ne sais pas, monsieur le receveur, de quoi vous vous plaignez ; et si...

MONSIEUR HARPIN, au vicomte.

Pour vous, monsieur, je n'ai rien à vous dire ; vous faites bien de pousser votre pointe, cela est naturel, je ne le trouve point étrange, et je vous demande pardon si j'interromps votre comédie ; mais vous ne devez point trouver étrange aussi que je me plaigne de son procédé ; et nous avons raison tous deux de faire ce que nous faisons.

LE VICOMTE.

Je n'ai rien à dire à cela, et ne sais point les sujets de plainte que vous pouvez avoir contre madame la comtesse d'Escarbagnas.

LA COMTESSE.

Quand on a des chagrins jaloux, on n'en use point de la sorte : et l'on vient doucement se plaindre à la personne que l'on aime.

MONSIEUR HARPIN.

Moi, me plaindre doucement !

LA COMTESSE.

Oui. L'on ne vient point crier de dessus un théâtre ce qui doit se dire en particulier.

MONSIEUR HARPIN.

J'y viens, moi, morbleu ! tout exprès ; c'est le lieu qu'il me faut ; et je souhaiterois que ce fût un théâtre public, pour vous dire avec plus d'éclat toutes vos vérités.

1. Voyez page 220 de ce volume, note 1.

SCÈNE XXI.

LA COMTESSE.

Faut-il faire un si grand vacarme pour une comédie que monsieur le vicomte me donne? Vous voyez que monsieur Tibaudier, qui m'aime, en use plus respectueusement que vous.

MONSIEUR HARPIN.

Monsieur Tibaudier en use comme il lui plaît ; je ne sais pas de quelle façon monsieur Tibaudier a été avec vous ; mais monsieur Tibaudier n'est pas un exemple pour moi, et je ne suis point d'humeur à payer les violons pour faire danser les autres.

LA COMTESSE.

Mais vraiment, monsieur le receveur, vous ne songez pas à ce que vous dites. On ne traite point de la sorte les femmes de qualité ; et ceux qui vous entendent croiroient qu'il y a quelque chose d'étrange entre vous et moi.

MONSIEUR HARPIN.

Hé ! ventrebleu ! madame, quittons la faribole.

LA COMTESSE.

Que voulez-vous donc dire avec votre Quittons la faribole ?

MONSIEUR HARPIN.

Je veux dire que je ne trouve point étrange que vous vous rendiez au mérite de monsieur le vicomte ; vous n'êtes pas la première femme qui joue dans le monde de ces sortes de caractères, et qui ait auprès d'elle un monsieur le receveur, dont on lui voit trahir et la passion et la bourse pour le premier venu qui lui donnera dans la vue. Mais ne trouvez point étrange aussi que je ne sois point la dupe d'une infidélité si ordinaire aux coquettes du temps ; et que je vienne vous assurer, devant bonne compagnie, que je romps commerce avec vous, et que monsieur le receveur ne sera plus pour vous monsieur le donneur.

LA COMTESSE.

Cela est merveilleux comme les amants emportés deviennent à la mode! On ne voit autre chose de tous côtés. Là, là, monsieur le receveur, quittez votre colère, et venez prendre place pour voir la comédie.

MONSIEUR HARPIN.

Moi, morbleu! prendre place? (Montrant monsieur Tibaudier.) Cherchez vos benêts à vos pieds. Je vous laisse, madame la comtesse, à monsieur le vicomte; et ce sera à lui que j'envoierai tantôt vos lettres. Voilà ma scène faite, voilà mon rôle joué. Serviteur à la compagnie.

MONSIEUR TIBAUDIER.

Monsieur le receveur, nous nous verrons autre part qu'ici; et je vous ferai voir que je suis au poil et à la plume[1].

MONSIEUR HARPIN, en sortant.

Tu as raison, monsieur Tibaudier.

LA COMTESSE.

Pour moi, je suis confuse de cette insolence[2].

---

1. On dit, dans le langage de la vénerie, qu'un chien est au poil et à la plume, quand il est dressé à chasser le gibier à poil et le gibier à plume. On employait métaphoriquement cette expression pour faire entendre qu'on était capable de se servir à la fois de la plume et de l'épée.

2. Voilà qui s'éloigne un peu de l'idéal galant de l'époque, et sur la *carte de Tendre* dessinée par cette bonne Mlle de Scudéry, la comtesse d'Escarbagnas, on en conviendra, prend les chemins de traverse. Mme la comtesse d'Escarbagnas, à travers toutes ses minauderies et ses affectations de précieuse, pense au solide. Sous un voile de pruderie existent déjà chez elle les mœurs dépravées qui se débrailleront plus tard dans *Turcaret* et les comédies de ce cycle avec un cynisme inconscient pour ainsi dire, car personne ne semble s'en étonner et ne réclame en faveur de la morale. Cette pièce est donc un curieux tableau où s'accuse la vie secrète de l'époque, et où se meuvent les types subalternes jugés indignes de figurer dans la grande comédie. (TH. GAUTIER.)

LE VICOMTE.

Les jaloux, madame, sont comme ceux qui perdent leur procès; ils ont permission de tout dire. Prêtons silence à la comédie.

SCÈNE XXII.

LA COMTESSE, LE VICOMTE, JULIE, MONSIEUR TIBAUDIER, JEANNOT.

JEANNOT, au vicomte.

Voilà un billet, monsieur, qu'on nous a dit de vous donner vite.

LE VICOMTE, lisant.

« En cas que vous ayez quelque mesure à prendre, je vous envoie promptement un avis. La querelle de vos parents et de ceux de Julie vient d'être accommodée; et les conditions de cet accord, c'est le mariage de vous et d'elle. Bonsoir. » (A Julie.) Ma foi, madame, voilà notre comédie achevée aussi.

(Le vicomte, la comtesse, Julie et monsieur Tibaudier se lèvent.)

JULIE.

Ah! Cléante, quel bonheur! Notre amour eût-il osé espérer un si heureux succès?

LA COMTESSE.

Comment donc? Qu'est-ce que cela veut dire?

LE VICOMTE.

Cela veut dire, madame, que j'épouse Julie; et, si vous me croyez, pour rendre la comédie complète de tout point, vous épouserez monsieur Tibaudier, et donnerez mademoiselle Andrée à son laquais, dont il fera son valet de chambre.

LA COMTESSE.

Quoi! jouer de la sorte une personne de ma qualité?

LE VICOMTE.

C'est sans vous offenser, madame; et les comédies veulent de ces sortes de choses.

LA COMTESSE.

Oui, monsieur Tibaudier, je vous épouse pour faire enrager tout le monde.

MONSIEUR TIBAUDIER.

Ce m'est bien de l'honneur, madame.

LE VICOMTE, à la comtesse.

Souffrez, madame, qu'en enrageant nous puissions voir ici le reste du spectacle[1].

---

1. Ces derniers mots obligent à croire qu'une partie seulement du divertissement était intercalée après la scène xx, et qu'une autre partie était réservée pour cette fin de la pièce. A Saint-Germain, ce qui était réservé pour la fin, c'était sans doute le dernier intermède de *Psyché* : l'Olympe, les entrées successives des dieux, les noces de Psyché et de l'Amour. Au vulgaire et prosaïque esclandre causé par M. Harpin, les spectateurs voyaient succéder les pompeuses féeries de l'Opéra naissant, bien propres à faire oublier les habitants d'Angoulême et leurs ridicules, de sorte que la comédie fuyait et se perdait, pour ainsi parler, dans la grandeur du spectacle. Pour bien comprendre *la Comtesse d'Escarbagnas*, il faut donc se rappeler que les scènes de la vie réelle, et réelle jusqu'à la brutalité, qu'elle présente à nos yeux, étaient destinées à séparer une suite de tableaux mythologiques ou fantastiques dont l'exhibition, suivant le témoignage de Robinet, durait sept heures. Ces sortes de contrastes, toujours cherchés par Molière, lui permettaient de faire intervenir la comédie d'observation et de mœurs jusque dans les fêtes d'où elle paraissait le plus nécessairement exclue.

FIN DE LA COMTESSE D'ESCARBAGNAS.

BALLET DES BALLETS

DANSÉ

DEVANT SA MAJESTÉ EN SON CHATEAU DE SAINT-GERMAIN-EN-LAYE

au mois de décembre 1671 [1].

AVANT-PROPOS.

Le Roi, qui ne veut que des choses extraordinaires dans tout ce qu'il entreprend, s'est proposé de donner un divertissement à Madame à son arrivée à la cour, qui fût composé de tout ce que le théâtre peut avoir de plus beau ; et pour répondre à cette idée, Sa Majesté a choisi tous les plus beaux endroits des divertissements qui se sont représentés devant elle, depuis plusieurs années, et ordonné à Molière de faire une comédie qui enchaînât tous ces beaux morceaux de musique et de danse, afin que ce pompeux et magnifique assemblage de tant de choses différentes puisse fournir le plus beau spectacle qui se soit encore vu pour la salle et le théâtre de Saint-Germain-en-Laye.

1. A Paris, par Robert Ballard, seul imprimeur du roi pour la musique, rue Saint-Jean de Beauvais, au Mont-Parnasse. MDCLXXI. Avec privilège de Sa Majesté.

PROLOGUE.

Le théâtre s'ouvre à l'agréable bruit d'un grand nombre d'instruments, et d'abord il offre aux yeux des spectateurs une vaste mer bordée de chaque côté de sept grands rochers, avec huit fleuves, accoudés sur les marques de ces sortes de déités. Autour desdits fleuves sont seize tritons, et au milieu de la mer quatre amours montés sur des dauphins, avec le dieu Éole derrière eux, élevé au-dessus des ondes sur un petit nuage. Éole commande aux vents de se retirer, et tandis que les amours, les tritons et les fleuves lui répondent, la mer se calme, et du milieu des ondes on voit s'élever une île. Huit pêcheurs sortent du fond de la mer avec des nacres de perles et des branches de corail; et après une danse agréable, le chœur de la musique annonce la venue de Neptune, qu'on voit paraître au milieu des ondes, avec les marques de sa divinité, accompagné de six dieux marins ; et pendant que ce dieu danse avec sa suite, les pêcheurs, les tritons et les fleuves, accompagnent ses pas de gestes différents et de bruit de conques de perles.

ÉOLE : M. d'Estival.

Quatre amours : Jeannot, Regnier, Pierrot et Oudot.
Huit fleuves : MM. Beaumont, Fernon l'aîné, Rebel, Serignan, David, Aurat, Devellois et Gillet.
Seize tritons : MM. Bony, de La Grille, Le Gros, Hédouin, Gaye, Donc, Gingan l'aîné, Gingan le cadet, Fernon le cadet, Deschamps, Langez, Morel, Le Maire, Bernard, Perchot et Oudot.

Neptune : M. de Saint-André.

Six dieux marins : MM. Magny, Favre, Favier cadet, Joubert, Foignard l'aîné et Foignard le cadet.

Huit pêcheurs : MM. Beauchamp, d'Eydieu, Chicanneau, Lestang, Mayeux, Favier, Isaac, et Saint-André cadet.

RÉCIT D'ÉOLE.

Vents qui troublez les plus beaux jours, etc.

PROLOGUE DE VÉNUS

~~~~~~

Flore est au milieu du théâtre suivie de ses nymphes, accompagnée à droit et à gauche de Vertumne, dieu des arbres et des fruits, et de Palémon, dieu des eaux; chacun de ces dieux conduit une troupe de divinités : l'une mène à sa suite des dieux marins, et l'autre des Sylvains.

Une grande machine descend du ciel au milieu de quatre autres plus petites ; elles sont toutes cinq enveloppées d'abord dans des nuages qui descendent sur le théâtre. On découvre Vénus dans celle du milieu, au devant d'une gloire de nuage, avec six petits amours dans celles qui sont des deux côtés, et six autres qui s'envolent en même temps que les machines disparoissent. Après cela le ciel se ferme, et le théâtre se change en un agréable bocage pour le commencement de la comédie.

Aussitôt que Flore aperçoit Vénus, elle la presse de venir achever par ses charmes les douceurs que la paix a commencé de faire goûter sur la terre, et par un récit qu'elle chante elle témoigne l'impatience qu'elle a de profiter du retour de la plus aimable des déesses, qui préside à la plus belle des saisons.

FLORE : Mlle Hilaire.

Nymphes de Flore qui chantent : MM. Langez, Gingan cadet, Gillet, Oudot et Jeannot.

VERTUMNE : M. de La Grille.

PALÉMON : M. Gaye.

SUITE DE VERTUMNE ET DE PALÉMON.

Sylvains : MM. Bony, Le Gros, Hédouin, Donc, Gingan l'aîné, Fernon le cadet, Morel, Deschamps, Le Maire, Bernard et Perchot.

Fleuves : MM. Beaumont, Fernon l'aîné, Rebel, Serignan, David, Devellois, Aurat et Gillet.

Six divinités marines dansant : MM. Magny, Favre, Favier cadet, Joubert, Foignard l'aîné, et Foignard le cadet.

Huit sylvains dansant : MM. Beauchamp, d'Eydieu, Chicanneau, Mayeux, Favier, de Lestang, Isaac et Saint-André cadet.

Vénus : Mlle De Brie.

Douze amours.

RÉCIT DE FLORE,

chanté par Mlle Hilaire.

Ce n'est plus le temps de la guerre, etc.

Les nymphes de Flore, Vertumne et Palémon, avec les divinités qui les accompagnent, joignent leurs voix à celle de Flore pour presser Vénus de descendre sur la terre.

CHOEUR

DES DIVINITÉS DE LA TERRE ET DES EAUX.

Nous goûtons une paix profonde, etc.

Vertumne et Palémon font en chantant une manière de dialogue pour exciter les plus insensibles à cesser de l'être à la vue de Vénus et de l'Amour. Les sylvains et les divinités marines expriment en même temps par leurs danses la joie que leur inspire la présence de ces deux charmantes divinités.

DIALOGUE

DE VERTUMNE ET DE PALÉMON

chanté par MM. de La Grille et Gaye.

VERTUMNE.

Rendez-vous, beautés cruelles, etc.

Flore répond au dialogue de Vertumne et de Palémon par un menuet qu'elle chante : elle fait entendre que l'on ne doit pas perdre le temps des plaisirs, et que c'est une folie à la jeunesse d'être sans amour. Les divinités qui suivent Vertumne et

Palémon mêlent leurs danses au chant de Flore, et chacun fait connoître son empressement à contribuer à la réjouissance générale.

MENUET DE FLORE,
chanté par Mlle HILAIRE.

Est-on sage
Dans le bel âge ? etc.

L'amour charme
Ceux qu'il désarme, etc.

Les divinités de la terre et des eaux, voyant approcher Vénus, recommencent de joindre toutes leurs voix, et continuent par leurs danses de lui témoigner le plaisir qu'elles ressentent à son abord, et la douce espérance dont son retour les flatte.

CHOEUR
DE TOUTES LES DIVINITÉS DE LA TERRE ET DES EAUX.

Nous goûtons une paix profonde, etc.

Vénus descend du ciel sur le théâtre avec les six amours, où elle fait un petit prologue qui jette les fondements de toute la comédie et des divertissements qui vont venir.

Après ce prologue de Vénus, les violons jouent une ouverture, en attendant le premier acte de la comédie.

NOMS

DES ACTEURS DE LA COMÉDIE.

LE VICOMTE. . . . . Le sieur de La Grange.
LA COMTESSE. . . . . Mlle Marotte.
LA SUIVANTE. . . . . Bonneau.
LE PETIT COMTE. . . . . Le sieur Gaudon.
LE PRÉCEPTEUR du petit comte. . . . Le sieur De Beauval.
LE LAQUAIS. . . . . Finet.
LA MARQUISE. . . . . Mlle De Beauval.
LE CONSEILLER. . . . . Le sieur Hubert.
LE RECEVEUR DES TAILLES. . . . . . Le sieur Du Croisy.
LE LAQUAIS DU CONSEILLER. . . . Boulonnois.

POUR LA PASTORALE :

LA NYMPHE. . . . . Mlle De Brie.
LA BERGÈRE EN HOMME. . . . . Mlle Molière.
LA BERGÈRE EN FEMME. . . . . Mlle Molière.
L'AMANT BERGER. . . . . Le sieur Baron.
PREMIER PATRE. . . . . Le sieur Molière.
SECOND PATRE. . . . . Le sieur de La Thorillière.
LE TURC. . . . . Le sieur Molière.

PREMIER ACTE DE LA COMÉDIE.

LA PLAINTE.

Une troupe de personnes affligées viennent déplorer la disgrâce d'une beauté condamnée à la mort par les dieux.

Femme désolée : Mlle Hilaire.
Hommes affligés : MM. Morel et Langez.
Douze flûtes : les sieurs Philbert, Descouteaux, Piesche fils, Nicolas, Louis, Martin et Colin Hottere, Fossart, Duclos, Boutet, Arnal, et Paysan.

PLAINTES EN ITALIEN
chantées par Mlle Hilaire, MM. Morel et Langez.

MADEMOISELLE HILAIRE.
Deh! piangete al pianto mio, etc.

IMITATION EN VERS FRANÇOIS
DES PLAINTES EN ITALIEN
chantées par Mlle Hilaire, MM. Morel et Langez.

MADEMOISELLE HILAIRE.
Mêlez vos pleurs avec mes larmes, etc.

ENTRÉE
DES FURIES ET DES LUTINS.

Huit furies : MM. Le Chantre, Foignard l'aîné, Foignard cadet, Saint-André cadet, Isaac, Favre, Le Roy et La Montagne.

Deux lutins faisant des sauts périlleux : Maurice et Petit-Jean.

CONTINUATION DES PLAINTES.

MADEMOISELLE HILAIRE.

Ahi ! ch'indarno si tarda, etc.

CONTINUATION DES PLAINTES,
APRÈS L'ENTRÉE DES HOMMES AFFLIGÉS ET DES FEMMES DÉSOLÉES.

MADEMOISELLE HILAIRE.

Que c'est un vain secours contre un mal sans remède, etc.

DEUXIÈME ACTE DE LA COMÉDIE.

LES MAGICIENS.

Cérémonie magique de chanteurs et de danseurs.

Deux magiciens dansant : MM. La Pierre et Favier.
Six démons dansant : MM. Dolivet, Le Chantre, Saint-André, Dolivet fils, Saint-André cadet et Lestang.
Trois magiciens assistant et chantant : MM. Le Gros, Gaye et Morel.

Ils chantent.

Déesse des appas
Ne nous refuse pas, etc.

TROISIÈME ACTE DE LA COMÉDIE.

LE COMBAT DE L'AMOUR ET DE BACCHUS.

Le théâtre représente un agréable jardin de cèdres et de myrtes, fermé dans le fond par une belle perspective, et aux deux côtés, au-dessous desdits cèdres, tous les musiciens et concertants du chœur de l'Amour sont assis, et après que le chœur de l'Amour a chanté quelque temps, la perspective s'ouvre, et tout le fond du théâtre représente une grande voûte sous laquelle sont plusieurs satyres, chantant assis sur des tonneaux de vin, tenant des bouteilles et des verres en main, accompagnés de plusieurs autres des deux côtés et derrière eux ; et au-dessus de ladite voûte est une grande balustrade de flacons, derrière laquelle le reste du chœur de Bacchus paroît assis sur un amphithéâtre, au-dessous d'une treille ou berceau de vigne, pendant que deux bergers et deux bergères chantent un dialogue en musique, et que quatre bergers et quatre bergères, avec quatre suivants de Bacchus et quatre bacchantes, dansent leurs entrées.

Chloris : Mlle Hilaire.
Climène : Mlle Des Fronteaux.
Tircis : M. Gingan cadet.
Philène : M. Gaye.

CHOEUR DE L'AMOUR.

Douze bergers chantant dans le chœur de l'Amour : MM. Bony, Hébert, Le Gros, Donc, Beaumont, Fernon cadet, Rebel, Longueil, Langez, Gillet, Pierrot et Regnier.
Vingt-deux bergers du chœur de l'Amour, jouant du violon et de la flûte : Les sieurs Piesche père et fils, Philbert, Des-

cousteaux, Destouches, Allais, Marchand, Laquaisse, Huguenet l'aîné, Huguenet cadet, Laquaisse cadet, La Fontaine, Charlot, Martinot père et fils, Le Roux l'aîné et le cadet, Guenin, Le Grez, Roullé, Magny et Fossart.

CHOEUR DE BACCHUS.

Deux satyres chantant : MM. Estival et Gingan l'aîné.
Seize autres satyres chantant : MM. Hédouin, Fernon l'aîné, Deschamps, Aurat, David, Serignan, Oudot, Morel, Duclos, Le Maire, Perchot, Bernard ; quatre pages de la chapelle.
Autres satyres jouant du hautbois, de la flûte et du violon : les vingt-quatre violons du roi et dix flûtes.

DANSEURS.

Quatre bergers : MM. Chicanneau, Saint-André, La Pierre et Magny.
Quatre bergères : MM. Bonnard, Arnal, Noblet et Foignard l'aîné.
Quatre suivants de Bacchus : MM. Beauchamp, Dolivet, Joubert et Mayeux.
Quatre bacchantes : MM. Pezan, La Vallée, La Montagne et Favier cadet.

CHLORIS.

Ici l'ombre des ormeaux, etc.

Plusieurs bergers et bergères galantes mêlent aussi leurs pas à tout ceci, et occupent les yeux tandis que la musique charme les oreilles.

CLIMÈNE.

Ah ! qu'il est doux, belle Sylvie, etc.

A ces mots toute la troupe de Bacchus arrive, et l'un deux s'avançant à la tête chante fièrement ces paroles :

Arrêtez ! c'est trop entreprendre, etc.

Plusieurs du parti de Bacchus mêlent aussi leurs pas à la musique, et l'on voit ici un combat de danseurs contre danseurs, et de chantres contre chantres.

CHLORIS.

C'est le printemps qui rend l'âme, etc.

Un berger se jette au milieu de cette dispute et chante ces vers aux deux partis :

C'est trop, c'est trop, bergers! Hé! pourquoi ces débats? etc.

Tous les danseurs se mêlent ensemble à l'exemple des autres, et avec cette pleine réjouissance de tous les bergers et bergères finit le divertissement du combat de l'Amour et de Bacchus.

QUATRIÈME ACTE DE LA COMÉDIE.

LES BOHÉMIENS.

Le fond du théâtre se change en une grotte de Vulcain, avec une forge pour les Cyclopes, et auparavant cette entrée on voit paroître une Égyptienne qui danse et chante, accompagnée de douze danseurs jouant de la guitare.

Égyptienne : M. Noblet, qui danse et chante.

PREMIER AIR.

D'un pauvre cœur
Soulagez le martyre, etc.

SECOND AIR.

Croyez-moi, hâtons-nous, ma Sylvie, etc.

Quatre Bohémiens jouant de la guitare : MM. Beauchamp, Chicanneau, de Lorge, et La Vallée.

Quatre Biscayens jouant des castagnettes : MM. La Pierre, Saint-André, Magny et Foignard cadet.

Quatre Biscayennes : MM. Bonnard, Joubert, Pezant et Favier cadet.

VULCAIN.

ENTRÉE DES CYCLOPES ET DES FÉES.

Six cyclopes : MM. La Montagne, Le Chantre, Desmatins, Saint-André cadet, Isaac et Le Roy.
Six fées : MM. Magny, Favre, de Lorge, Bertau, Le Febvre et Chauveau.

CHANSON DE VULCAIN,

chantée par M. DE LA FOREST.

Dépêchez, préparez ces lieux, etc.

Vulcain fait travailler les cyclopes en diligence.

AUTRE RÉCIT.

L'Amour ne veut point qu'on diffère, etc.

CINQUIÈME ACTE DE LA COMÉDIE.

LA CÉRÉMONIE TURQUE.

Un Bourgeois voulant donner sa fille en mariage au fils du Grand Turc, est annobli auparavant par une cérémonie turque, qui se fait en dansant et en chantant.

Il se voit une petite décoration dans le fond du théâtre, avec un portique au milieu d'un jardin, et, au travers, on voit un autre jardin en éloignement.

Les acteurs de la cérémonie sont :

UN MUPHTI, représenté par le seigneur Chiacheron ;

Douze Turcs musiciens assistant à la cérémonie :
MM. Le Gros, Estival, Faussart, Gingan l'aîné, Hedouin,

BALLET DES BALLETS.

Rebel, Gillet, Fernon cadet, Bernard, Deschamps, Langez et Gaye.

Quatre dervis : MM. Morel, Gingan cadet, Noblet et Philbert.
Six Turcs dansant : MM. Beauchamp, Dolivet, Chicanneau, Foignard cadet, Bonnard et La Pierre.

Le muphti invoque Mahomet avec les douze Turcs et les quatre dervis; après on lui amène le Bourgeois, auquel il chante ces paroles :

LE MUPHTI.
Se ti sabir, etc.

Le muphti demande en même langue aux Turcs assistant de quelle religion est le Bourgeois, et ils l'assurent qu'il est mahométan. Le muphti invoque Mahomet en langue franche, et chante les paroles qui suivent :

LE MUPHTI.
Mahameta per Giourdina, etc.

Le muphti demande aux Turcs si le Bourgeois sera ferme dans la religion mahométane, et leur chante ces paroles :

LE MUPHTI.
Star bon Turca, Giourdina? etc.

Le muphti propose de donner le turban au Bourgeois et chante les paroles qui suivent :

LE MUPHTI.
Ti non star furba, etc.

Les Turcs répètent tout ce qu'a dit le muphti pour donner le turban au Bourgeois. Le muphti et les dervis se coiffent avec des turbans de cérémonie, et l'on présente au muphti l'Alcoran, qui fait une seconde invocation avec tout le reste des Turcs assistant; après son invocation, il donne au Bourgeois l'épée et chante ces paroles :

LE MUPHTI.
Ti star nobile, etc.

Le muphti commande aux Turcs de bâtonner le Bourgeois, et chante les paroles qui suivent :

LE MUPHTI.
Dara, dara bastonnara, etc.

Le muphti, après l'avoir fait bâtonner, lui dit en chantant :

LE MUPHTI.
Non tener honta, etc.

Le muphti recommence une invocation, et se retire après la cérémonie avec tous les Turcs, en dansant et chantant avec plusieurs instruments à la turquesque.

SIXIÈME ACTE DE LA COMÉDIE.

LES ITALIENS.

Une musicienne italienne fait le premier récit dont voici les paroles :

La musicienne italienne : Mlle Hilaire.

Di rigori armata il seno, etc.

Après l'air que la musicienne a chanté, deux scaramouches, deux trivelins et deux arlequins, représentent en cadence une nuit à la manière des comédiens italiens.

Les deux scaramouches : MM. Beauchamp et Mayeux.

Les deux trivelins : MM. Foignard l'aîné et Foignard cadet.

Les deux arlequins : M. La Montagne et le seigneur Dominique.

Un musicien italien se joint à Mlle Hilaire, et chante avec elle les paroles qui suivent :

Le musicien italien : M. Gaye.

Bel tempo che vola, etc.

Après le dialogue italien, les scaramouches et trivelins dansent une réjouissance.

LES ESPAGNOLS.

Espagnols chantant : MM. La Grille, Morel et Gillet.

M. MOREL.

Se que me muero dé amor, etc.

Trois Espagnols dansant : MM. Dolivet, Le Chantre et Joubert.
Trois Espagnoles dansant : MM. de L'Estang, Bonnard et Isaac.
Trois musiciens espagnols.

M. MOREL, *Espagnol chantant.*

Ay que locura, con tanto rigor, etc.

SEPTIÈME ET DERNIER ACTE

DE LA COMÉDIE.

Le théâtre se change en une grande décoration céleste, et les deux côtés sont remplis de quatre divinités avec leurs suites, savoir : Apollon, accompagné des Muses et des Arts; Bacchus, de Silène, des Égypans et des Ménades; Mome, de la Raillerie, avec une troupe enjouée de polichinelles et de matassins, et Mars, à la tête d'une troupe de guerriers, suivi de timbales, de tambours et de trompettes, avec un grand nombre de concertants assis sur des nuages au-dessus d'une mer flottante qui est dans le fond du théâtre, et au-dessous d'une gloire fort éloignée, où l'on voit toutes les déités célestes assises par petits pelotons sur des nuages.

Apollon, dieu de l'harmonie, commence le premier à chanter pour inviter les dieux à se réjouir.

RÉCIT D'APOLLON,
chanté par M. LANGEZ.

Unissons-nous, troupe immortelle, etc.

Toutes les divinités célestes chantent ensemble à la gloire de l'Amour.

CHOEUR
DES DIVINITÉS CÉLESTES.

Célébrons ce grand jour, etc.

Bacchus fait entendre qu'il n'est pas si dangereux que l'Amour.

RÉCIT DE BACCHUS,
chanté par M. GAYE.

Si quelquefois,
Suivant nos douces lois, etc.

Mome déclare qu'il n'a point de plus doux emploi que de médire, et que ce n'est qu'à l'Amour seul qu'il n'ose se jouer.

RÉCIT DE MOME,
chanté par M. MOREL.

Je cherche à médire, etc.

Mars avoue que, malgré toute sa valeur, il n'a pu s'empêcher de céder à l'Amour.

RÉCIT DE MARS,
chanté par M. D'ESTIVAL.

Mes plus fiers ennemis vaincus ou pleins d'effroi, etc.

Tous les dieux du ciel unissent leurs voix, et engagent le timbales et les trompettes à répondre à leurs chants et à se mêler avec leurs plus doux concerts.

CHOEUR DES CIEUX
OU SE MÊLENT LES TROMPETTES ET LES TIMBALES.

Chantons les plaisirs charmants, etc.

ENTRÉE
DE LA SUITE D'APOLLON.

SUITE D'APOLLON.

Les neuf Muses : Mlle Hilaire, Mlle Des Fronteaux, MM. Gillet

BALLET DES BALLETS.

Oudot, Descousteaux, Piesche, Marchand, Laquaisse cadet et Mercier.

Les Arts, travestis en bergers galants pour paroître avec plus d'agrément dans cette fête, commencent les premiers à danser. Apollon vient joindre une chanson à leurs danses, et les sollicite d'oublier les soins qu'ils ont accoutumé de prendre le jour, pour profiter des divertissements de cette nuit bienheureuse.

ARTS TRAVESTIS EN BERGERS GALANTS.

Six bergers galants : MM. Saint-André, Chicanneau, Magny, Foignard l'aîné, Foignard cadet et Favre.

CHANSON D'APOLLON,
chantée par M. Langez.

Le dieu qui nous engage, etc.

Au milieu de l'entrée de la suite d'Apollon, deux des Muses qui ont toujours évité de s'engager sous les lois de l'Amour conseillent, aux belles qui n'ont point encore aimé, de s'en défendre avec soin à leur exemple.

CHANSON DES MUSES,
chantée par Mlle Hilaire et par Mlle Des Fronteaux.

Gardez-vous, beautés sévères, etc.

ENTRÉE DE LA SUITE DE BACCHUS.

SUITE DE BACCHUS.

Concertants : MM. de La Grille, Le Gros, Gingan l'aîné, Bernard, La Forêt, Regnier et Jeannot.

Violons : MM. du Manoir père et fils, Balus père et fils, Chaudron fils, Le Peintre, Lique, Le Roux, Le Grais, Varin, Joubert, Rafié, Desmatins, Leger, L'Épine et Le Roux cadet.

Bassons : Les sieurs Colin Hottere et Philidor.

Hautbois : Les sieurs Duclos et Philidor cadet.

Les Ménades et les Égypans viennent danser à leur tour. Bacchus s'avance au milieu d'eux, et chante une chanson à la louange du vin.

Quatre Ménades : MM. Dolivet fils, Bretau, Joubert et Dufort.
Quatre Égypans : MM. Dolivet, Le Chantre, Saint-André cadet et Isaac.

CHANSON DE BACCHUS,

chantée par M. Gaye.

Admirons le jus de la treille, etc.

Silène, nourricier de Bacchus, paroît monté sur un âne. Il chante une chanson qui fait connoître les avantages que l'on trouve à suivre les lois du dieu du vin.

CHANSON DE SILÈNE,

chantée par M. Gingan cadet.

Bacchus veut qu'on boive à longs traits, etc.

Deux satyres se joignent à Silène, et tous trois chantent ensemble un trio à la louange de Bacchus et des douceurs de son empire.

TRIO
DE SILÈNE ET DE DEUX SATYRES.

MM. de La Grille, Gingan cadet et Bernard.

Voulez-vous des douceurs parfaites? etc.

Deux autres satyres enlèvent Silène de dessus son âne, qui leur sert à voltiger et à former des jeux agréables et surprenants.

Deux satyres voltigeurs : MM. de Meniglaise et de Vieux-Amant.

ENTRÉE DE LA SUITE DE MOME.

SUITE DE MOME.

Concertants : MM. Beaumont, Fernon l'aîné, Fernon cadet, Gingan cadet, Deschamps, Aurat, La Montagne et Pierrot.
Violons : MM. Marchand, Laquaisse, Huguenet, Magny, Fossart, Huguenet cadet, Brouard, Destouches, Guenin, Roullé, Charpentier, Ardelet, La Fontaine, Charlot, Martinot père et fils.
Bassons : MM. Nicolas et Martin Hottere.
Hautbois : MM. Piesche père, Plumet et Louis Hottere.

Une troupe de polichinelles et de matassins vient joindre leurs plaisanteries et leurs badinages aux divertissements de cette grande fête. Mome, qui les conduit, chante au milieu d'eux une chanson enjouée sur le sujet des avantages et des plaisirs de la raillerie.

Quatre matassins dansant : MM. de Lorge, Arnal, Pezan et Favier cadet.
Six polichinelles : MM. Girard, La Vallée, Desmatins, La Montagne, Chauveau et...

CHANSON DE MOME,

chantée par M. MOREL.

Folâtrons, divertissons-nous, etc.

ENTRÉE DE LA SUITE DE MARS.

Concertants : MM. Bony, Hédouin, Serignan, Le Maire, Devellois, David et Perchot.
Violons : MM. Masuel, Thaumin, Chicanneau, Bonnefons, La Place, Regnault-Passe, Dubois, Du Vivier, Nivelon, Le Jeune, Du Fresne, Allais, Dumont, Le Bret, D'Auche, Converset et Rousselet fils.
Flûtes : Philbert et Boutet.
M. Rebel, *conducteur.*

Timbalier : Daicre; *sacqudebout :* Ferrier.

Trompettes : Duclos, Denis, La Rivière, L'Orange, La Pleine, Pelissier, Pètre, Rousillon et Rodolfe.

Mars vient au milieu du théâtre, suivi de sa troupe guerrière, qu'il excite à profiter de leur loisir en prenant part au divertissement.

CHANSON DE MARS,

chantée par M. D'ESTIVAL.

Laissons en paix toute la terre, etc.

Trois enseignes : MM. Beauchamp, La Pierre et Favier.
Quatre piquiers : MM. Eydieu, Chicanneau, Isaac et L'Estang.

DERNIÈRE ENTRÉE.

Les quatre troupes différentes de la suite d'Apollon, de Bacchus, de Mome, et de Mars, après avoir achevé leurs entrées particulières, s'unissent ensemble et forment la dernière entrée, qui renferme toutes les autres. Un chœur de toutes les voix et de tous les instruments se joint à la danse générale et termine la fête.

CHOEUR.

Chantons les plaisirs charmants, etc.

FIN DU BALLET DES BALLETS.

LES

FÊTES DE L'AMOUR ET DE BACCHUS

1672

Les divertissements épars dans les compositions de Molière ne furent pas réunis seulement dans le Ballet des ballets; un autre exemple d'une combinaison toute pareille se rencontre presque à la même époque.

En vertu des lettres patentes du roi, qui, à la date du 28 juin 1669, avaient autorisé Pierre Perrin à « établir par tout le royaume des Académies d'*opera* ou représentations en musique en langue françoise, sur le pied de celles d'Italie », Perrin, associé au musicien Cambert, avait ouvert son théâtre au mois de mars 1671. Ils avaient représenté *Pomone* [1] et deux ou trois ouvrages du même genre, lorsque Lulli, dont le crédit allait toujours croissant à la cour, leur arracha leur privilège au moment où l'*Ariane*, de Cambert, allait être mise en scène. « Ayant été informé, dit la permission royale octroyée à Lulli au mois de mars 1672, que les peines et les soins que le sieur Perrin a pris pour cet établissement n'ont pu seconder pleinement notre intention et élever la musique au point que nous nous l'étions promis,... accordons par ces présentes au sieur Lulli d'établir une Académie royale de musique dans notre bonne ville de Paris,... faisons défenses à toutes personnes de faire chanter aucune pièce entière en musique, révoquons le privilège dudit Perrin, etc. » Lulli, qui ne voulait pas laisser jouer l'opéra du musicien qu'il supplantait, eut besoin d'improviser une pièce. Il

---

1. « *Pomone*, opéra ou représentation en musique, composée par M. Perrin, mise en musique par M. Cambert, et représentée par l'Académie royale des *opera*. A Paris, de l'imprimerie de Robert Ballard, 1671. »

rassembla à la hâte quelques morceaux disséminés dans les comédies de Molière, et dont la plupart avaient été déjà recueillis dans le Ballet des ballets. Il en fit les *Fêtes de l'Amour et de Bacchus*, qui lui servirent à inaugurer son théâtre, le 15 novembre 1672. Voici le titre de ce livret : « *Les Fêtes de l'Amour et de Bacchus*, pastorale représentée par l'Académie royale de musique. On la vend à Paris, à l'entrée de la porte de l'Académie royale de musique, près Luxembourg, vis-à-vis *Bel-Air*, 1672. Avec privilège du Roi. » Privilège accordé à J.-B. Lulli, à la date du 20 septembre 1672[1].

L'avant-propos s'exprime en ces termes :

> Il ne suffit pas au roi de porter si loin ses armes et ses conquêtes ; il ne peut souffrir qu'il y ait aucun avantage qui manque à la gloire et à la félicité de son règne ; et, dans le même temps qu'il renverse les États de ses ennemis et qu'il étonne toute la terre, il n'oublie rien de ce qui peut rendre la France le plus florissant empire qui fût jamais. Le grand art de la guerre, qu'il exerce avec une ardeur héroïque et où il fait des progrès si surprenants, n'est point capable de remplir la vaste étendue de son application infatigable. Il trouve encore des soins à réserver pour les plus beaux arts ; et il n'y en a point qui soit digne de quelque estime, qu'il ne favorise avec une particulière bonté. C'est ce que cette Académie royale de musique a le bonheur d'éprouver dans son établissement. Voici un essai qu'elle s'est hâtée de préparer pour l'offrir à l'impatience du public. Elle a rassemblé ce qu'il y avoit de plus agréable dans les divertissements de Chambord, de Versailles et de Saint-Germain ; et elle a cru devoir s'assurer que ce qui a pu divertir un monarque infiniment éclairé ne sauroit manquer de plaire à tout le monde. On a essayé de lier ces fragments choisis, par plusieurs scènes nouvelles ; on y a joint des entrées de ballet ; on y a mêlé des machines volantes et des décorations superbes ; et de toutes ces parties différentes on a formé une pastorale en trois actes précédée d'un grand prologue...

Le prologue, c'est l'entrée du Donneur de livres dans le ballet des Nations, et une entrée des Muses.

Le premier acte, c'est la pastorale qui fait partie des *Amants magnifiques* [2].

Le second acte, c'est la *Pastorale comique* fort développée ;

---

1. Ce privilège assure à Lulli pendant trente ans la propriété des pièces dont il composait la musique, non seulement celle « des airs de musique qui seront faits par lui, mais aussi les vers, paroles, sujets, dessins et ouvrages sur lesquels lesdits airs de musique auront été composés, sans en rien excepter ».
2. Voyez tome X, pages 176 à 184.

Lycas a pris le nom de Forestan. A la fin, on remarque les couplets traduits d'Horace, que Molière a intitulés *Dépit amoureux*[1].

Le troisième acte, c'est le combat des suivants de l'Amour et des suivants de Bacchus, emprunté une seconde fois aux divertissements de 1668.

Molière a-t-il eu quelque part à ce nouvel arrangement de morceaux dont il avait fait presque toutes les paroles ?

Il est permis d'affirmer qu'il demeura tout à fait étranger à cet ouvrage. Il croyait avoir à se plaindre de Lulli, qui, non content de son privilège, avait sollicité et obtenu, le 14 avril 1672, une ordonnance du roi portant défense à tous autres spectacles qu'à l'Académie royale de musique d'employer dans leurs représentations plus de six chanteurs et de douze violons. Molière, pour les représentations de *la Comtesse d'Escarbagnas* et du *Mariage forcé*, qui avaient eu lieu le 8 juillet, renonça, volontairement ou malgré lui, à la musique du Florentin, et demanda celle de nouveaux intermèdes à Marc-Antoine Charpentier, le maître dont Lulli était le plus jaloux et qu'il redoutait davantage. D'Assoucy s'était offert pour remplacer le compositeur italien ; il ne fut pas accepté. M. Taschereau a publié, dans son *Histoire de Molière* (édition 1863), les doléances auxquelles s'abandonna en cette occasion le vieux musicien ; ce document est assez curieux pour que nous le reproduisions à notre tour[2] :

> Malgré le malin détracteur,
> J'ai toujours été serviteur
> De l'incomparable Molière
> Et son plus grand admirateur ;
> Car, sur l'un et l'autre hémisphère,
> Onc ne fut si gentil auteur...
> Aussi chacun le considère,
> Et qui n'est pas estimateur
> De cet esprit plein de lumière
> N'est qu'un fat en toute manière...
> Tu m'en crois bien, ami lecteur ;
> Pour moi, je l'aime et le révère,
> Oui, sans doute, et de tout mon cœur.
> Il est vrai qu'il ne m'aime guère.

---

1. Voyez tome X, page 184.
2. Ce que nous allons citer se trouve pages 118-125 d'un appendice commençant à la page 91 et allant à 138 (136 seulement numérotées), placé à la suite de l'exemplaire de la Bibliothèque impériale, des *Rimes redoublées de M. D'Assoucy*. (TASCHEREAU.)

> Que voulez-vous? c'est un malheur.
> L'abondance fuit la misère,
> Et le petit et pauvre hère
> Ne cadre point à gros seigneur.

Il fut pourtant autrefois mon ami, et je crois qu'il le seroit encore si ses excellentes qualités lui pouvoient permettre d'aimer d'autre que lui-même. Il sait que c'est moi qui ai donné l'âme aux vers de l'*Andromède* de M. de Corneille; que j'étois en réputation de faire de beaux airs auparavant que tous ces illustres Amphions de notre temps y eussent jamais pensé; que je suis sur le point de faire entendre, au Roi et au public, un genre de musique tout particulier, et qu'enfin, à mon très grand regret, je me puis vanter d'être aujourd'hui le doyen de tous les musiciens de la France. C'est pourquoi, entre ces notions, comme j'avois déjà animé plusieurs fois de ses paroles, il ne se fit pas grande violence pour me prier de faire la musique de ses pièces de machines, puisque je ne fais la musique auprès des Rois que pour ma gloire et pour mes amis, sans intérêt. Cependant ayant été averti qu'au préjudice de la parole qu'il m'avoit donnée il employoit un garçon qui, pour avoir les ventricules du cerveau fort endommagés, n'est pas pourtant un fol à lier, mais un fol à plaindre, et qui, ayant eu dans Rome[1] besoin de mon pain et de ma pitié, n'est guère plus sensible à mes grâces que tant d'autres vipères que j'ai nourries dans mon sein, cela m'obligea de lui envoyer cette lettre :

« *A Monsieur Molière.* — Je fus charmé et surpris tout ensemble d'une nouvelle que j'appris hier : on m'assura que vous étiez sur le point de donner votre pièce de machines à l'incomparable M. *** pour en faire la musique, quoique le rapport qu'il y a de ses chants à vos beaux vers ne soit pas tout à fait juste, et que cet homme, qui sans doute est un original, ne soit pas pourtant si original qu'il ne s'en puisse trouver aux Incurables quelque copie. Comme pour les grands desseins il faut de grands personnages, et qu'il ne tient qu'à une paire d'échasses que celui-ci ne soit le plus grand homme de notre siècle, vous avez tort d'hésiter sur un si beau choix. Toutefois, si vous daignez vous souvenir de la promesse que vous me fîtes lorsque je vous allai voir durant votre dernière maladie, aujourd'hui que, perdant M. de Lulli, vous ne sauriez tomber que de bien haut, possible que vous ne tomberiez pas au moins du ciel en terre, vous auriez quelque pitié de vos chers enfants qui sont à la veille de se rompre le col, et ne les sacrifieriez pas à l'ignorance de ceux qui ne me connoissent pas, ou à l'envie de ceux qui me connoissent : et comme dans cette affaire il y va sans doute du vôtre beaucoup plus que du mien, vous penseriez un peu avant que cracher contre le ciel et me faire cette injure, puisque vous ayant offert, et vous offrant encore par cette lettre, de faire votre musique

---

[1]. Charpentier, à l'âge de quinze ans, vers 1650, était en effet allé en Italie pour étudier la peinture; mais la passion pour la musique l'emporta chez lui; il entra à Rome dans l'école de Carissimi, et étudia pendant plusieurs années sous ce maître. (TASCHEREAU.)

purement pour mon plaisir, et d'ailleurs ne pouvant douter ni de l'affection
que j'ai toujours eue pour votre personne, ni de l'estime que j'ai pour votre
mérite, non plus que de ma capacité, vous ne sauriez me manquer de parole sans faire éclater à la vue de tout le monde une aversion d'autant
plus injuste que ceux qui lisent mes ouvrages et m'entendent parler de
vous savent très bien que vous n'avez point de plus grand estimateur ni
de meilleur ami que moi, qui suis et serai encore, après cela, toute ma
vie, votre, etc., etc. »

Je crois pourtant qu'il avoit fait ce qu'il avoit pu pour me tenir sa parole et me procurer un si glorieux emploi ; mais quoi ! parmi les comédiens, il y a toujours des héroïnes et des déesses qu'il faut encenser ; mais si pour l'archet de ma lyre je n'ai pas seulement de la poix-résine, comment aurois-je de l'encens pour des fausses divinités ; et comment, étant si fort brouillé avec le beau sexe, pourrois-je pacifier tant de vierges irritées, n'ayant plus rien désormais à leur donner?

Bientôt après, ajoute M. Taschereau, *le Malade imaginaire* devint l'occasion d'un nouveau mécompte pour D'Assoucy.

Charpentier, l'auteur de *Médée*, était certainement beaucoup plus digne du choix de Molière que le pauvre « empereur du burlesque ». Pour en revenir à ce qui fait le principal objet de cette note, Molière, brouillé avec Lulli, ne dut pas voir avec plaisir des fragments de ses compositions profiter à une autre scène qui s'annonçait comme une rivale dangereuse à la fois par son intolérance et par ses grands moyens de succès. Il faut donc laisser *les Fêtes de l'Amour et de Bacchus* à Quinault, à qui ce livret est communément attribué, et parmi les ouvrages duquel il a figuré jusqu'ici. Il n'était pas sans intérêt, toutefois, de faire remarquer cette exploitation de quelques parties de l'œuvre de Molière, accomplie sous ses yeux et probablement contre sa volonté.

L. M.

LES
FEMMES SAVANTES

COMÉDIE EN CINQ ACTES

11 mars 1672

NOTICE PRÉLIMINAIRE.

De décembre 1671 à février 1672, Molière avait donné, à Saint-Germain en Laye, les représentations du Ballet des ballets. Quand la troupe était à Paris, on jouait *Psyché* sur le théâtre du Palais-Royal ; Molière garda jusqu'aux derniers jours de janvier le rôle de Zéphire ; c'est alors seulement que, très satisfait de la manière dont Angélique Du Croisy avait naguère suppléé mademoiselle Beauval dans le rôle d'une des sœurs de Psyché, il se fit remplacer par cette jeune actrice. C'est ce que Robinet nous apprend dans sa lettre du 23 janvier :

>   Encor mardi *Psyché* je vis,
>   Et mes yeux y furent ravis,
>   Tout aussi bien que mes oreilles,
>   Par maintes nouvelles merveilles
>   Qu'on y découvre incessamment.
>   Mais j'y fus charmé notamment
>   Par un jeune et galant Zéphire,
>   Plus beau que pas un, qui soupire
>   Auprès de la reine des fleurs.
>   C'étoit, ô bénévoles Sœurs,
>   Du Croisy, si jeune pucelle
>   Et pourtant si spirituelle,
>   Qui de Molière ce jour-là
>   Faisoit le rôle qu'il fait là,
>   L'ayant établie en sa place
>   Pour quelques jours qu'il se délasse ;

> Par où cet auteur fait bien mieux
> D'elle l'éloge glorieux
> Que ma Clion ne le peut faire,
> Qui par conséquent doit se taire.

Pendant qu'il menait de front, pour ainsi dire, ces deux grands spectacles, Molière mettait la dernière main à une œuvre toute différente ; il se préparait à régaler la ville de la comédie la plus correcte, la plus calme, la plus régulière qu'il eût écrite. *Les Femmes savantes* furent représentées le 11 mars 1672, et eurent dix-neuf représentations, une moitié avant, l'autre moitié après la clôture de Pâques. Molière avait transformé en une grande œuvre littéraire sa petite comédie des *Précieuses ridicules*. Il avait élargi son sujet, et donné au travers qu'il attaquait un caractère moins particulier et moins transitoire. Au lieu des affectations de langage et des minauderies mises à la mode sous la régence d'Anne d'Autriche, il dirigea la nouvelle satire contre la pédanterie chez les femmes, et peignit les désordres que cette manie, commune à tous les temps, peut introduire dans une honnête famille. Cathos, Madelon, Mascarille, ont principalement un intérêt historique ; ce sont des personnages qui appartiennent à une époque déterminée. Il n'en est plus de même des Philaminte et des Trissotin : quoiqu'ils subissent certaines variations d'âge en âge, ils existent toujours, la race en est impérissable.

Donneau de Vizé, qui avait commencé avec l'année 1672 la publication du *Mercure galant*, rendit compte de cette pièce dans les termes suivants :

« Jamais, dit-il [1], dans une seule année l'on ne vit tant de belles pièces de théâtre, et le fameux Molière ne nous a point trompés dans l'espérance qu'il nous avoit donnée, il y a tantôt quatre ans, de faire représenter au Palais-Royal une pièce comique de sa façon, qui fût tout à fait achevée. On y est bien diverti, tantôt par les Précieuses ou Femmes savantes, tantôt par les agréables railleries d'une certaine Henriette, et puis par les ridicules imaginations d'une visionnaire qui se veut persuader que tout le monde est amoureux d'elle. Je ne parle point du caractère d'un père qui veut faire croire qu'il est le maître dans

---

1. *Mercure galant*, tome I. Lettre du 12 mars 1672.

sa maison, qui se fait fort de tout quand il est seul, et qui cède tout dès que sa femme paroît. Je ne dis rien aussi du personnage de monsieur Trissotin, qui, tout rempli de son savoir et tout gonflé de la gloire qu'il croit avoir méritée, paroît si plein de confiance de lui-même qu'il voit tout le genre humain fort au-dessous de lui. Le ridicule entêtement qu'une mère, que la lecture a gâtée, fait voir pour ce monsieur Trissotin, n'est pas moins plaisant; et cet entêtement, aussi fort que celui du père dans *Tartuffe,* dureroit toujours, si, par un artifice ingénieux de la fausse nouvelle d'un procès perdu et d'une banqueroute (qui n'est pas d'une moins belle invention que l'exempt dans *l'Imposteur*), un frère, qui, quoique bien jeune [1], paroît l'homme du monde du meilleur sens, ne le venoit faire cesser en faisant le dénoûment de la pièce. Il y a au troisième acte une querelle entre ce monsieur Trissotin et un autre savant, qui divertit beaucoup; et il y a, au dernier, un retour d'une certaine Martine, servante de cuisine, qui avoit été chassée au premier, qui fait extrêmement rire l'assemblée par un nombre infini de jolies choses qu'elle dit en son patois pour prouver que les hommes doivent avoir la préférence sur les femmes. Voilà confusément ce qu'il y a de plus considérable dans cette comédie, qui attire tout Paris. Il y a partout mille traits pleins d'esprit, beaucoup d'expressions heureuses, et beaucoup de manières de parler nouvelles et hardies, dont l'invention ne peut être assez louée, et qui ne peuvent être imitées. Bien des gens font des applications de cette comédie; et une querelle de l'auteur, il y a environ huit ans, avec un homme de lettres qu'on prétend être représenté par monsieur Trissotin, a donné lieu à ce qui s'en est publié. Mais M. Molière s'est suffisamment justifié de cela par une harangue qu'il fit au public deux jours avant la première représentation de sa pièce; et puis, ce prétendu original de cette agréable comédie ne doit pas s'en mettre en peine, s'il est aussi sage et aussi habile homme que l'on dit; et cela ne servira qu'à faire éclater davantage son mérite, en faisant naître l'envie de le connoître, de lire ses écrits, et d'aller à ses sermons. Aristophane ne détruisit point la réputation de Socrate, en le jouant dans une de ses farces, et

---

1. C'était Baron qui jouait le rôle d'Ariste.

ce grand philosophe ne fut pas moins estimé de toute la Grèce. Mais pour bien juger du mérite de la comédie dont je viens de parler, je conseillerois à tout le monde de la voir et de s'y divertir, sans examiner autre chose, et sans s'arrêter à la critique de gens qui croient qu'il est d'un bel esprit de trouver à redire. »

Nous trouvons en outre, dans le *Mercure* de juillet 1723, un résumé fort exact de la même comédie, à propos de la reprise qui eut lieu à cette époque : « Molière y donne un caractère pédantesque à plusieurs personnages, mais en différents degrés, et d'une manière variée. Il y en a trois : une mère savante, impérieuse, altière ; une fille savante, précieuse et affectée ; et enfin une tante absolument extravagante avec la même ostentation de savoir. Il introduit ensuite un poète doucereux qui ne lit ses productions avec applaudissement qu'auprès de nos savantes, et qui est partout ailleurs « de ses vers fatigants lecteur infatigable ». Ce poète a pour compagnon un autre versificateur tout farci des anciens, grossier et brutal dans ses manières. L'auteur relève toutes ces nuances d'un savoir ridicule, par la simplicité d'un mari bourgeois, par l'esprit naturel d'une fille cadette, ennemie de toute affectation, par le bon sens d'un amant honnête homme, et par la naïveté d'une servante villageoise. »

Voilà en effet tous les principaux personnages du tableau. Insistons un peu plus sur chacun d'eux. Philaminte a dans l'action le premier rôle ; c'est une maîtresse femme : elle gouverne despotiquement sa maison, et elle porte dans la science le même esprit dominateur. Elle rêve de se former un cercle dont elle serait reine ; elle fait des règlements, des statuts, des lois ; elle menace d'exercer sur le langage une autorité absolue et de proscrire de l'usage les mots qui lui déplaisent, comme elle expulse de son logis les gens qui ne la flattent pas. Elle traite de fort haut son mari, sans toutefois songer à le tromper. Elle a de la dignité ; elle est stoïque et prête à supporter noblement les coups de la fortune. C'est un vigoureux caractère, gâté par un travers dans lequel elle porte son impétuosité naturelle.

Bélise a tout au contraire une volonté faible et une intelligence bornée. Elle serait la digne sœur du bonhomme Chrysale, si elle n'avait rompu en visière avec le bon sens. Sa chimère est de se croire aimée de tout le monde; elle vit dans cette douce illusion, qui suffit à son bonheur. Bélise n'est pas de la création de Molière; elle sort de la comédie de Jean Desmarets, *les Visionnaires*, où elle se nomme Hespérie et est plus bizarre encore. En vain, dit Hespérie,

> En vain vous me direz que je suis inhumaine,
> Que je dois par pitié soulager ses amours.
> Cent fois par jour j'entends de semblables discours;
> Je suis de mille amants sans cesse importunée,
> Et crois qu'à ce tourment le ciel m'a destinée.
> L'on me vient rapporter : Lysis s'en va mourir,
> D'un regard pour le moins venez le secourir;
> Eurylas s'est plongé dans la mélancolie;
> L'amour de Licidas s'est tournée en folie;
> Périandre a dessein de vous faire enlever;
> Une flotte d'amants vient de vous arriver;
> Si Corylas n'en meurt, il sera bien malade;
> Un roi pour vous avoir envoie une ambassade;
> Tircis vous idolâtre et vous dresse un autel;
> C'est pour vous ce matin que s'est fait un duel.
> Aussi de mon portrait chacun veut la copie.
> C'est pour moi qu'est venu le roi d'Éthiopie.
> Hier j'en blessai trois d'un regard innocent;
> D'un autre plus cruel j'en fis mourir un cent.
> Je sens, quand on me parle, une haleine de flamme.
> Ceux qui n'osent parler m'adorent en leur âme.
> Mille viennent par jour se soumettre à ma loi.
> Je sens toujours des cœurs voler autour de moi.
> Sans cesse des soupirs sifflent à mes oreilles.
> Mille vœux élancés m'entourent comme abeilles.
> Les pleurs près de mes pieds courent comme torrents;
> Toujours je pense ouïr la plainte des mourants,
> Un regret, un sanglot, une voix languissante,
> Un cri désespéré d'une douleur pressante,
> Un *je brûle d'amour*, un *hélas! je me meurs!*
> La nuit je n'en dors point, je n'entends que clameurs
> Qui d'un trait de pitié s'efforcent de m'atteindre.
> Voyez, ma chère sœur, suis-je pas bien à plaindre?

Bélise, livrée à ses visions, est d'ailleurs accommodante et ne se fait pas trop prier pour dégager ses amants imaginaires de la parole qu'ils ne lui ont jamais donnée. Tout autre est Armande, la fille aînée de Philaminte : elle n'est pas seulement pédante, elle est jalouse et vindicative; de mauvais sentiments se cachent sous le platonisme prétentieux qu'elle affiche. C'est le caractère de Philaminte abaissé. Ces trois femmes forment le parti du bel esprit, contre lequel ont à lutter Henriette, la fille cadette, et le bonhomme Chrysale, le chef nominal de la famille.

« Quel type charmant que l'aimable Henriette! dit M. Nisard. Elle n'a ni l'ingénuité d'Agnès, qui vient de l'ignorance, ni cette ingénuité trompeuse sous laquelle se cache de la science défendue. C'est une personne d'esprit qui s'est formée et fortifiée dans son naturel par les travers mêmes de ses parents. Elle a le ton de la femme du monde, avec une candeur qui témoigne qu'elle en a trouvé le secret dans un cœur honnête et dans un esprit droit. Ce n'est pas le bon sens de Célimène, où l'égoïsme domine, et par lequel elle fait servir les autres à l'amusement de sa vanité; mais, comme Célimène, Henriette est sans illusions. Tendre sans être romanesque, son bon sens a conduit son cœur; si Clitandre s'exalte en lui parlant d'amour, elle le ramène au vrai :

> L'amour dans son transport parle toujours ainsi :
> Des retours importuns évitons le souci [1].

« Fille respectueuse et attachée à ses parents, elle n'est pas dupe de leurs défauts; et, quand il y va de son bonheur, elle sait se défendre d'une main douce, mais ferme. Dans la conduite, elle est sensée, discrète, honorable. Je n'ai pas peur de l'honnête liberté de ses discours : une fille qui montre ainsi sa pensée n'a rien à cacher; et si j'étais à la place de Chrysale, j'aurais bien plus de souci d'Armande, dont le front rougit au seul mot de mariage, que d'Henriette, qui désire honnêtement la chose, et qui ne voit l'amour que dans un mariage où le cœur est approuvé par la raison. »

Chrysale, le père de famille, opposé à Philaminte, son altière épouse, fait presque toute la pièce. C'est un des caractères les plus admirablement tracés par Molière. « Son travers, dit encore l'écrivain que nous venons de citer, est d'avoir peur de sa femme et de s'imaginer qu'il ne la craint pas. Il cède toujours, en croyant ne faire que sa volonté. Il obéit à haute voix, pour se persuader qu'il commande. Ses colères contre sa fille Armande,

---

1. Acte V, scène v.

sur le dos de laquelle il battrait volontiers sa femme, s'il n'avait un si bon naturel ; sa résolution de résister à Philaminte, quand elle est loin ; sa première charge, pleine de vigueur, quand elle paraît ; le secours qu'il tire d'abord de son bon sens et de la révolte involontaire d'un esprit droit contre un esprit faux ; puis, à mesure que Philaminte élève la voix, sa fermeté tombant, son caractère retirant peu à peu ce que son bon sens a avancé, et le mari cédant avec la persuasion qu'il ne fait que transiger ; tout cela, c'est la nature observée avec profondeur et rendue avec la plus fine gaieté. »

Quelques critiques ont eu grand tort de prétendre que Molière a voulu faire exprimer à Chrysale les doctrines les plus raisonnables sur l'éducation des femmes. Chrysale, dans son dépit contre le savoir et l'esprit étalés mal à propos, s'en prend sans distinction à tout savoir et à tout esprit ; révolté de voir des femmes qui abandonnent les travaux de leur sexe pour manier le télescope et l'astrolabe, il proclame que toute leur étude doit se borner à « connoître un pourpoint d'avec un haut-de-chausses ». Il est un personnage comique, passionné, opposant un ridicule à un ridicule, un excès à un excès.

Chrysale et Henriette sont soutenus par Ariste, frère de Chrysale, et par la servante Martine. C'est là le parti de la simplicité et du naturel, pour ainsi dire, opposé à celui de la pédanterie et de l'affectation. Chacun de ces partis a un prétendant qu'il veut faire épouser à Henriette : l'un est un poète de ruelles, M. Trissotin ; l'autre, Clitandre, est un jeune gentilhomme, plein de sincérité et d'honneur, sensible au vrai mérite, mais ne sachant pas dissimuler le dédain que lui inspirent de sottes prétentions. Philaminte veut marier sa fille à M. Trissotin ; Chrysale voudrait la voir épouser Clitandre ; voilà toute l'intrigue. M. Trissotin convoite la dot plus que la fille ; sa cupidité se découvre ; voilà le dénoûment.

Trissotin et son confrère Vadius tiennent une si grande place dans cette coméd' qu'elle aurait pu s'intituler aussi[1],

---

1. La Grange la désigne plusieurs fois sur son registre par le nom de *Trissotin*. Mme de Sévigné la nomme ainsi dès la surveille de la représentation : « Molière, dit-elle en parlant du cardinal de Retz, lui lira samedi *Trissotin*, qui est une fort plaisante pièce. » (Lettre du 9 mars 1672.)

suivant la remarque d'Auger, *Trissotin ou les Auteurs ridicules*. « Les deux pédants, ajoute ce commentateur, ont chacun une physionomie très distincte. L'un est le pédant du bel esprit, l'autre est celui de l'érudition. Le premier, répandu dans le monde, a une vanité sournoise et jalouse qui ne loue que pour être louée, et une galanterie intéressée qui ne feint la passion que pour arriver à la fortune ; le second, vivant dans la poussière de ses livres grecs et latins, a une brutalité d'orgueil et de colère qui rappelle les injurieux démêlés des Scaliger et des Scioppius. »

On fit, de l'un et l'autre personnage, une application immédiate à deux auteurs contemporains. Il n'est guère douteux qu'en créant Trissotin et Vadius Molière n'ait eu en vue l'abbé Cotin et Ménage. Il ne pourrait y avoir un peu d'hésitation qu'au sujet de ce dernier grand homme : « Il est permis de le nommer ainsi, disait Vizé, puisqu'il a beaucoup d'érudition. » (Aujourd'hui le considérant paraîtrait un peu faible.) Ménage refusa de se reconnaître. « On veut me faire accroire, dit-il, que je suis le savant qui parle d'un ton doux : c'est une chose, cependant, que Molière désavouoit. » On comprend parfaitement ce désaveu de la part de Molière ; le rôle de Vadius n'offre aucun trait qui soit exclusivement propre à la personne de Ménage. Beaucoup de savants, comme Trissotin le reproche à Vadius, et comme on le reprochait à Ménage lui-même, avaient pillé les auteurs grecs et latins. Plus d'un écrivain, comme il est dit de Vadius, et comme il était vrai de Ménage, n'avait vu son nom enchâssé qu'une seule fois dans les mordants hémistiches de Despréaux. Enfin, c'était un événement trop commun que deux beaux esprits commençant un entretien par des louanges réciproques, et le finissant par des injures mutuelles, pour qu'il fallût absolument que la querelle entre Trissotin et Vadius eût été copiée d'après celle que Cotin et Ménage avaient eu ensemble ; cela est si vrai que l'histoire littéraire, lorsqu'elle cherche à indiquer le véritable type de la scène, semble hésiter entre plusieurs altercations de ce genre qui firent quelque bruit. Le public n'en fut pas moins persuadé que Ménage avait servi de modèle à Molière pour peindre Vadius. Molière avait le droit de n'en pas convenir ; Ménage surtout avait grandement raison de ne pas le croire, ou du moins d'en faire le semblant.

Ménage, si l'on s'en rapporte à l'académicien Charpentier, aurait eu l'habile politique de faire partout l'éloge de la pièce ; il ne semble pas que sa réputation souffrît beaucoup de cette piquante raillerie ; il publia cette année même ses *Nouvelles Observations sur la langue françoise*, qui obtinrent un succès honorable.

Pour ce qui est de Trissotin, aucun doute n'est possible : c'est à l'image de l'abbé Cotin que Molière fit ce personnage. On a dit qu'il l'avait nommé d'abord Tricotin ; il aurait changé ce nom en celui de Trissotin, par une concession qu'Auger compare à celle que Piron offrit à l'abbé Desfontaines lorsque, l'ayant appelé *bouc* dans une de ses épigrammes, il lui proposa de remplacer le mot entier par la lettre initiale suivie de points.

Rimeur fécond de rondeaux, de madrigaux et d'énigmes, prédicateur ayant prêché seize carêmes à Paris et ayant eu quelque vogue, quoi qu'en ait dit Boileau, l'abbé Cotin était un personnage considérable. Né en 1604, il était aumônier du roi depuis 1635 environ, et membre de l'Académie française depuis 1655. Mademoiselle de Montpensier l'honorait de son amitié ; elle présentait ses énigmes au roi, qui s'y plaisait ; à la reine, « qui les rendoit illustres entre ses mains ». Il était le favori des salons les plus brillants. Il avait publié un grand nombre d'ouvrages où la galanterie (suivant le sens qu'on attachait alors à ce mot) et la dévotion se mêlent à dose à peu près égale. Aussi avait-il une opinion très avantageuse de lui-même ; il prenait fort gravement le titre de Père de l'énigme française [1], et disait naïvement : « Mon chiffre se compose de deux C entrelacés (Charles Cotin), qui forment un cercle ; ce qui, par un sens un peu mystique, indique le rond de la terre que mes œuvres rempliront... » Tel était le personnage que le public aperçut fort distinctement dans le pédant Trissotin. Il y avait, du reste, d'excellentes raisons pour que cette conviction prévalût contre toutes les protestations possibles. Le sonnet sur la fièvre de la princesse Uranie et le madrigal sur le carrosse amarante étaient textuellement extraits des *Œuvres galantes* de l'abbé publiées

---

1. « Cette qualité me fut donnée par quelques personnes de mérite et de condition. » (*OEuvres galantes de M. Cotin,* Discours sur les énigmes.)

en 1663. C'est Boileau, suivant Monchesnay, qui aurait fait choix de ces deux morceaux, qui acquirent par là une célébrité que leur auteur n'avait certes pas prévue, et remplirent, en effet, « le rond de la terre ».

Il est vrai, d'autre part, que ce caractère ne saurait complétement s'appliquer à l'abbé Cotin. L'abbé Cotin, étant dans les ordres, ne pouvait être le personnage qui aspire à la main d'une jeune fille, et qui est sur le point de l'obtenir. Les lâchetés de Trissotin se résignant philosophiquement à certaine disgrâce que lui peut faire subir le dépit d'une femme épousée malgré elle, puis renonçant à ce mariage dès qu'il croit que la dot a disparu, ces lâchetés sont des traits qui ne peuvent porter sur l'abbé Cotin. Mais n'y a-t-il donc de personnalités au théâtre que celles qui enveloppent tout un personnage et durent toute une pièce ? Trissotin, quand il s'agit d'Henriette, n'est plus l'abbé Cotin ; il est l'abbé Cotin lui-même, en propre original, quand il récite complaisamment ces vers si comiques imprimés sous son nom, et quand, après avoir comblé de louanges impertinentes un pédant qui l'en accable par réciprocité, il le charge d'injures grossières qui lui sont rendues avec la même exactitude.

Quelles circonstances expliquent cette raillerie aristophanesque ? Il faut, pour en découvrir les motifs, entrer dans quelques détails sur les antécédents du poète abbé.

L'abbé Cotin, ayant un penchant fâcheux à la satire, commença par composer un madrigal dont Mlle de Scudéry fut très mécontente. Voici ce madrigal :

Pour un mal d'oreilles.
Suivre la Muse est une erreur bien lourde ;
De ses faveurs voyez le fruit :
Les écrits de Sapho menèrent tant de bruit
Que cette nymphe devint sourde.

Ménage se fit le champion de Sapho et publia contre l'abbé Cotin une épigramme latine de dix-huit vers. L'abbé répliqua par tout un volume intitulé *la Ménagerie*. Cela se passait vers l'époque des *Précieuses ridicules*. Cotin, qui, sans voir la poutre qui était dans son œil, avait attaqué les précieuses en même temps que Mlle de Scudéry-Sapho, qui était à leur tête, crut avoir trouvé un allié en Molière : « Je pensais, disait-il, que toute la Ménagerie fût achevée, quand on m'avertit qu'après *les Précieuses* on doit jouer chez Molière Ménage hypercritique, le faux savant et le pédant coquet. *Vivat!* » Voilà un *vivat* que l'abbé Cotin dut bien regretter par la suite. Et il ajoutait : « Les comédiens ont mis dans leurs affiches qu'il faudra retenir les loges de bonne heure et que tout Paris y doit être, parce que toutes sortes de gens, grands et petits, mariés et non mariés, sont intéressés au *ménage*. C'est une plaisanterie de comédien[1]. » Cotin, on le voit, applaudissait et encourageait Molière.

Attaqué ensuite par Boileau, il riposta plus d'une fois, et notamment par une pièce de vers intitulée : *Despréaux ou la Satire des satires* [2], où, comme il arrive aux gens qui ont le sentiment de leur faiblesse, il ne gardait aucune mesure; il débitait contre Boileau d'absurdes calomnies, en l'accusant d'avoir manqué de respect au roi, et d'avoir outragé le parlement, le clergé, la religion même. Il s'écriait :

> O docteur sans pareil, ô protecteur des lois,
> Et sans qui la vertu se verroit aux abois!
> Il faut, comme à l'unique en piété sur terre,
> Inviter votre muse au grand festin de Pierre.
> Le Marais en convient, et dit sans passion
> Qu'un tel effort d'esprit mérite pension.
> Lieux d'honneur, cabarets dont il est l'amphibie,
> Réglez sur ce pied-là le cours de votre vie;
> Et Priape et Bacchus, dont vous faites vos dieux,
> S'ils venoient vous prêcher, ne prêcheroient pas mieux.
> Quelquefois, emporté des vapeurs de sa bile
> Sans respecter les cieux, sans croire à l'Évangile,
> Afin de débiter des blasphèmes nouveaux,
> Du fond de son sommeil il tire Desbarreaux,
> Qui fait de l'intrépide et, tremblant de foiblesse,
> Attend pour croire en Dieu que la fièvre le presse[3],
> Et riant hors de là du sentiment commun,
> Prêche que trois sont trois et ne sont jamais un[4].
> Quel État peut souffrir une telle insolence?
> Sous un roi très chrétien, qu'en peut dire la France?
> Théophile jamais n'a dit ce méchant mot,
> Et si paya ses vers de deux ans de cachot.

1. Voyez *Précieux et Précieuses*, de M. Ch. Livet, 1860.
2. On a mis en doute que l'abbé Cotin fût l'auteur de cet opuscule; mais nous croyons la contestation mal fondée.
3. Satire I.
4. Satire I. Vers supprimés.

> Voilà ce Despréaux : lui que l'enfer étonne[1]
> Ne croit jamais en Dieu, si ce n'est quand il tonne.

C'est à ces vers que Boileau répliqua :

> Vous les verrez bientôt, féconds en impostures,
> Amasser contre vous des volumes d'injures,
> Traiter en vos écrits chaque vers d'attentat,
> Et d'un mot innocent faire un crime d'État.
> Vous aurez beau vanter le roi dans vos ouvrages,
> Et de ce nom sacré sanctifier vos pages;
> Qui méprise Cotin n'estime point son roi,
> Et n'a, selon Cotin, ni Dieu, ni foi, ni loi.

Cotin, ne se contentant pas d'un adversaire si redoutable, avait mêlé témérairement Molière dans la querelle. C'est Boileau qui l'affirme dans une des notes qu'il mit lui-même à l'édition de ses OEuvres imprimée en 1713 : « Cotin avoit écrit, dit-il, contre moi et contre Molière; ce qui donna occasion à Molière de faire les *Femmes savantes*, et d'y tourner Cotin en ridicule »[2]. Dans la *Critique désintéressée sur les satyres du temps* (1667 ?), qui est bien de Cotin, sans aucune contestation possible, on lit ces quelques lignes qui seraient bien suffisantes, à elles seules, à justifier les représailles de Molière :

« Je leur abandonne donc (aux comédiens) ma réputation, pourvu qu'ils ne m'obligent point à voir leurs farces. Que peut-on répondre à des gens qui sont déclarés infâmes par les lois, même des payens? Que peut-on écrire contre ceux à qui l'on ne peut rien dire de pis que leur nom ?

> *Cum crimine turpior omni*
> *Persona est.*

« Quoi que fassent de semblables bouffons, je leur pardonne ; mais je ne sais si certains braves, descendus des Simons en droite ligne, voudront bien leur pardonner »[3].

La revanche que prit Molière fut rude. Il n'y eut aucune hésitation dans l'opinion publique. L'abbé Cotin fut voué à un ridicule immortel. Il ne semble pas qu'il ait cherché à se défendre

---

1. Boileau avait dit (satire I) :

> Pour moi, qui suis plus simple et que l'enfer étonne,
> Qui croit l'âme immortelle et que c'est Dieu qui tonne...

2. Voyez *le Moliériste*, quatrième année, pages 113, 157, 179, 215, 246, 264, et 291.
3. Passage cité par M. Ed. Thierry dans son *Dossier de La Grange*.

ni, comme avait fait Boileau dans une circonstance analogue[1], à demander secours aux puissantes amitiés qu'il possédait. Il ne se plaignit point et évita même de se trouver en des lieux où l'on aurait pu penser qu'il allait se plaindre. L'Académie française, conduite par l'archevêque de Paris, se rendit, dans le courant du mois de mars, à Versailles, pour remercier le roi, qui avait fait à cette compagnie l'honneur de s'en déclarer le protecteur, quand ce titre était devenu vacant par la mort du chancelier Séguier. Vizé, dans le *Mercure galant*, ajoute à ce propos : « Monsieur Cotin n'étoit point de ce nombre, de peur, dit-on, qu'on ne crût qu'il s'étoit servi de cette occasion pour se plaindre au roi de la comédie qu'on prétend que monsieur de Molière ait faite contre lui. Mais on ne peut croire qu'un homme qui est souvent parmi les premières personnes de la cour, et que Mademoiselle honore du nom de son ami, puisse être cru l'objet d'une si sanglante satire. Le portrait, en effet, qu'on lui attribue, ne convient point à un homme qui a fait des ouvrages qui ont eu une approbation aussi générale que les *Paraphrases sur le Cantique des cantiques*. Je ne parle point de ses œuvres galantes, dont il y a plusieurs éditions ; ce sont des jeux où il s'amusoit avant qu'il fît la profession qu'il a embrassée, avec autant d'austérité qu'il la fait maintenant. » L'abbé Cotin étant mort, à soixante-dix-huit ans, dans la première quinzaine de décembre 1681, le public, qui l'avait totalement oublié, n'apprit qu'il n'existait plus qu'en apprenant qu'on venait de le remplacer à l'Académie française. A peine son successeur, l'abbé de Dangeau, osa-t-il parler de lui ; et, comme si l'on eût craint de divulguer le peu qu'il en avait dit, son discours ne fut point inséré dans le recueil des harangues de la compagnie. Quant au directeur, comme il n'avait pas fait la moindre mention du défunt, on ne vit sans doute aucun inconvénient à publier sa réponse ; et elle nous a été conservée. « Telle fut la fin, telles furent les obsèques littéraires, dit Auger, d'un homme qui n'était dépourvu ni d'esprit ni de savoir, qui était versé dans la philosophie humaine et divine, qui savait l'hébreu et le syriaque, qui pouvait réciter par cœur Homère et Platon, et

---

1. Boileau obtint un arrêt du parlement pour empêcher la représentation d'une petite pièce de Boursault intitulée *la Satire des satires*. Lisez la préface assez piquante qui est en tête de cette pièce.

qui a laissé un madrigal charmant, au moins égal à celui qui seul fit toute la réputation de Sainte-Aulaire. »

Son oraison funèbre fut faite en un quatrain :

> Savez-vous en quoi Cotin
> Diffère de Trissotin?
> Cotin a fini ses jours,
> Trissotin vivra toujours.

Les ressemblances qu'on pourrait trouver entre cette comédie des *Femmes savantes* et quelques compositions antérieures, n'offrent pas d'intérêt. Nous ne citerons donc ni *la Presumida y la Hermosa* (la Présomptueuse et la Belle) de Fernando de Zarate, ni *No hay burlas con el amor* (Ne badinez pas avec l'amour) de Calderon. Il est constant que, à part le caractère de Bélise dont nous avons indiqué l'origine, et quelques traits du *Fidèle*, de Pierre de Larivey, que nous signalerons en leur lieu[1], Molière, pour cette pièce, ne doit rien à personne.

Voici ce que le registre de La Grange nous apprend sur le succès de cette pièce dans sa nouveauté :

Vendredi 11 mars, *Femmes savantes* (à la marge : Pièce nouvelle de M. de Molière) 1 735 l.
Dimanche 13 — Idem. . . . . 1 296 10 s.
Mardi   15 — Idem. 1 696 10
Vendredi 18 — Idem. 1 447
Dimanche 20 — Idem. 1 225
Mardi   22 — Idem. 1 326
Vendredi 25 — Néant. . . . .
Dimanche 27 — *Femmes savantes* . . . 1 060
Mardi·   29 — Idem. 727
Vendredi 1ᵉʳ avril. Idem. 1 029 10
Dimanche 3 — Idem. 650 10
Mardi   5 — Idem. 593
    Clôture annuelle.
Vendredi 29 avril. *Les Femmes savantes ou Trissotin*. . . . . . . 495 l. 10 s.
Dimanche 1ᵉʳ mai. Idem. . . . . . . 622 l.
Mardi   3 — *Trissotin*. 452
Vendredi 6 — Idem. 364

1. Acte II, scène VI.

Dimanche 8 mai.   *Idem*. . . . .   732 l. 15 s.
Mardi   10   —   *Idem*.   268   10
Vendredi 13   —   *Idem*.   258   5
Dimanche 15   —   *Idem*.   560   5

Le 11 août, dans une visite à Saint-Cloud chez Monsieur, *les Femmes savantes,* reçu 330 livres.

Les 18, 21, 23 octobre, *Trissotin*, et de nouveau les 3 et 5 février 1673.

Telles sont toutes les représentations qu'eut cette pièce du vivant de l'auteur : vingt-quatre représentations au théâtre et une au dehors. *Les Femmes savantes* ont eu, en somme, la fortune du *Misanthrope* (voy. tome VII, p. 371).

L'interprétation actuelle à la Comédie française (29 août 1883), est celle-ci :

CHRYSALE. . . . .   M. Leloir.
PHILAMINTE. . . . .   Mmes Edile Riquer.
ARMANDE. . . . .   Emilie Broizat.
HENRIETTE. . . . .   Durand.
ARISTE . . . .   M. Silvain.
BÉLISE . . . .   Mme Amel.
CLITANDRE. . . . .   MM. Le Bargy.
TRISSOTIN. . . . .   Coquelin cadet.
VADIUS . . . .   Coquelin.
MARTINE . . . .   Mme Samary.

Les personnages des *Précieuses ridicules,* disions-nous tout à l'heure, appartiennent à une époque déterminée. Il n'en est pas de même de ceux des *Femmes savantes :* quoiqu'ils subissent certaines variations d'âge en âge, ils existent toujours, la race en est impérissable. Au premier abord, cependant, lorsqu'on lit les *Femmes savantes* on serait tenté de s'imaginer que la peinture que Molière y a tracée est particulière et locale, pour ainsi dire, et que, le temps s'étant écoulé et ayant emporté avec lui les Philaminte, les Cotin, les Ménage et les beaux esprits à rabats, cette comédie n'a plus de valeur pour nous que celle de l'art, de la composition et du style. Mais lorsque nous regardons bien autour de nous, nous nous apercevons vite que tous ces personnages, que nous supposions disparus, subsistent toujours ; que seuls les costumes sont changés ; que vous connaissez dans tel coin de Paris la maison de Chrysale, et Philaminte, et Armande, et heureusement aussi, quoique plus difficile encore à trouver, la simple, bonne et naturelle Henriette. Le propre du génie est de créer ainsi des tableaux dont le fond est éternel, quoique les accessoires se modifient d'âge en âge. L'auteur d'une pièce représentée avec un grand succès en 1881, *le Monde où l'on s'ennuie*, M. Pailleron a découvert le salon de Philaminte dans le château de Mme de Céran à Saint-Germain, un de ces salons littéraires, scientifiques, politiques, qui sont comme le vestibule des académies et des ministères, et il l'a jeté tout vif sur la scène. On nous permettra une rapide analyse qui fera voir précisément comment les sujets comiques se renouvellent et se rajeunissent perpétuellement.

Le château de Mme de Céran à Saint-Germain est un château fort habité et qui doit contenir de nombreuses chambres de maître, car nous allons voir que beaucoup de personnages y reçoivent une hospitalité passagère. Il peut passer pour une sorte de caravansérail aux environs de Paris, lieu commode pour une action comique, mais qui tout de suite constitue l'œuvre de M. Pailleron dans une infériorité flagrante vis-à-vis de l'œuvre du maître. Molière nous introduit en effet au cœur de la famille: c'est là, entre le mari, la femme et les enfants, que l'action se passe. Au château de Mme de Céran, nous sommes sur une sorte de terrain neutre, ou du moins le foyer domestique est ici tellement élargi qu'il a plutôt l'air d'un endroit public. Par cela seul, la solidité de la pièce est fort diminuée. Au lieu de la construction impérissable du vieux poète, nous avons un camp volant qui a la fragilité de tout ce qu'on fait à présent. N'insistons pas sur ce point, si important qu'il soit, et voyons d'abord les hôtes accoutumés que contient le château : d'abord Mme la comtesse de Céran, qui fait et défait les préfets et les professeurs du Collège de France, veuve d'un mari médiocre qu'elle avait poussé dans la politique et dont elle avait réussi à faire un ministre de l'agriculture et du commerce; la duchesse de Réville, la tante de la comtesse, tante à succession, très riche, qui par conséquent a son franc parler et malmène vertement le monde guindé et prétentieux qui fréquente le salon de sa nièce; enfin Mlle Suzanne de Villiers, âgée de dix-huit ans, fille naturelle d'un autre neveu de la duchesse, orpheline que la duchesse a prise sous sa protection. Ajoutez à ces trois femmes, que rattachent entre elles les liens du sang, une jeune Anglaise, miss Lucy Watson, nièce du lord chancelier, orpheline aussi, archimillionnaire, qui, venue pour passer quinze jours au château, y est depuis deux ans, savante, pédante, portant lunettes, et que la comtesse a l'ambition de faire épouser à son fils Roger. Ce dernier achève en ce moment une excursion archéologique dans l'Asie Mineure, et on l'attend d'un moment à l'autre.

En attendant, M. Paul Raymond, sous-préfet d'Agenis, avec sa jeune femme nommée Jeanne, vient passer quelques jours au château, où il entre sous-préfet, et d'où, par l'influence de la comtesse, il espère sortir préfet. Il fait à Jeanne les recommandations les plus sévères : il faut être grave, glisser à propos des citations; quelques mots de latin même ne feraient pas mal. On est dans le salon de la moderne Philaminte : « Je veux qu'avant huit jours on dise de toi : « Eh! eh! cette petite madame Ray-« mond, ce serait une femme de ministre. » Et dans ce monde-ci, vois-tu, quand on dit d'une femme : c'est une femme de ministre, le mari est bien près de l'être. — JEANNE. Comment, tu veux être ministre? — Dame, pour ne pas me faire remarquer. »

Ces deux jeunes époux, qui sont dans le premier quartier de la lune de miel, obligés de jouer une froideur compassée, se dérobent des baisers dans tous les coins où ils espèrent échapper aux regards importuns des hôtes du château.

Le roi de ce salon, le favori des dames, excepté la duchesse bien entendu, c'est Bellac, le professeur à la mode, philosophe galant, aimable, disert, nuageux, qu'une escorte de beautés de tout âge accompagne partout, se pâmant d'admiration à chaque parole qui tombe de ses lèvres : un Trissotin philosophe. Mme de Céran, Lucy, sont dans ce cortège, et Lucy se fait remarquer par son enthousiasme. Bellac, qui sait la dot énorme de l'orpheline anglaise, cherche à la fasciner, contrariant ainsi secrètement les projets de la comtesse dont nous parlions tout à l'heure.

Roger de Céran arrive; il est reçu par sa mère, par la duchesse et par Lucy; il donne quelques détails sur son voyage, dont il se prépare à rendre compte dans la *Revue archéologique*. « LUCY. Sur les monuments funéraires de l'Asie occidentale, n'est-ce pas, Roger? — Roger. Oui, oh! Lucy, il y a là des *tumuli*. — Lucy. Ah! des *tumuli*? — La duchesse. Voyons, voyons, vous marivauderez quand vous serez seuls. »

Suzanne de Villiers l'accueille bien autrement; elle lui saute au cou, tellement que Roger, qui retrouve jeune fille cette pupille qu'il a laissée enfant, est embarrassé de ces gamineries affectueuses. La première chose d'ailleurs que la comtesse a dite à son fils, c'est que Suzanne, qu'elle n'aime pas, recherche les bonnes grâces du professeur Bellac et se conduit avec ce grave personnage d'une façon inconvenante, ce qui ne laisse pas de mettre martel en tête au jeune comte.

Bellac arrive triomphalement au château... Il y a là une soirée littéraire fort amusante; mais nous ne pouvons suivre pas à pas tous les incidents imaginés par l'auteur. On croit que le titulaire d'une place de directeur de la Jeune École vient de mourir. Cette place est ambitionnée par Bellac, par un nommé Saint-Réault, fils d'un orientaliste dont il exploite la réputation, et aussi par la comtesse de Céran pour son fils Roger. Le secrétaire du ministre vient assister au dîner et à la soirée. Autour de ce personnage, les trois ambitions rivales s'agitent. Le secrétaire sourit à tout le monde, ne marchande pas les promesses, d'autant moins embarrassé qu'il a été averti par un télégramme que le directeur de la Jeune École est en parfaite santé.

Mais sous cette intrigue une autre moins apparente se noue. Vous avez deviné que Suzanne de Villiers aime le comte Roger, et qu'au fond elle n'est nullement indifférente à son jeune tuteur. Il faut dire que Bellac a écrit à miss Lucy un petit billet anonyme d'une écriture déguisée, disant : « J'arriverai jeudi; le soir, à dix heures, dans la serre. Ayez la migraine. » Lucy a perdu ce billet, que Suzanne a trouvé. Suzanne s'imagine que c'est Roger qui l'a écrit, et elle est prise d'un violent mouvement de jalousie. Mais en même temps Roger et la duchesse ont intercepté le billet caché par la jeune fille, et ils sont persuadés qu'elle l'a reçu de Bellac. Vous voyez la suite de quiproquos que cela prépare.

Donc, pendant que dans le grand salon du château un poète lit une tragédie inédite, dont on entend quelques bribes de vers lorsque les portes sont un moment ouvertes, la duchesse et Mme de Céran viennent se poster dans la serre pour y surprendre

NOTICE PRÉLIMINAIRE. 369

de coupables rendez-vous... Entre un premier couple : c'est le sous-préfet d'Agenis et sa jeune épouse; ils s'en donnent à cœur joie sur la maîtresse de la maison et sur ses hôtes, et ils se rattrapent des privations que l'austérité du logis leur impose; mais, comme ils sont mariés, cela est sans conséquence. Après eux, Bellac et Lucy : ils échangent un étrange dialogue sur le concept de l'amour qui est double, physiologique et psychologique. Des bruits de rire étouffé qu'ils entendent (c'est Raymond et Jeanne qui les écoutent) les avertissent que la scène a des témoins cachés. « Je suis horriblement compromise! s'écrie Lucy. — Je réparerai, chère miss, je réparerai, » répond Bellac, qui, en effet, ne demande pas autre chose.

Maintenant au tour de Roger et de Suzanne, qui surviennent l'un pour s'assurer si Suzanne a accepté le rendez-vous qu'il croit que Bellac lui a donné, l'autre pour surprendre Roger avec miss Lucy. Roger est d'abord persuadé que Suzanne le prend pour Bellac, et Suzanne ne doute pas que Roger ne pense avoir affaire à Lucy. Mais la méprise ne tarde pas à s'éclaircir. Leurs vrais sentiments éclatent malgré eux. La scène est charmante. Le dénoûment, on n'a pas de peine à le deviner, c'est le mariage de Roger et de Suzanne, et celui de Bellac et de Lucy Watson.

Suzanne est la Henriette de la nouvelle comédie; elle ressemble bien peu, il faut le reconnaître, au personnage de Molière. C'est l'ingénue toute spontanée, tout ignorante; c'est l'enfant qui tout à coup devient femme, telle que le théâtre moderne aime à la représenter. Henriette, c'est bien autre chose : c'est la eune fille qui sait les secrets de la vie, qui connaît le monde, mais qui a le cœur honnête et l'esprit droit. Suzanne est gentille et gracieuse sans doute, mais nous aurions bien plus de confiance dans Henriette, et elle est bien autrement préparée au rôle d'épouse et de mère de famille.

M. Pailleron, dans la courte préface qu'il a mise en tête de la brochure de sa pièce, a éprouvé le besoin de protester contre toute intention de personnalités, contre toute allusion à des personnages connus. « La vérité, dit-il, est que je n'ai pas plus visé un individu qu'un salon : j'ai pris dans les salons et chez les individus les traits dont j'ai fait mes types; mais où voulait-on que je les prisse? Et ce sont si bien des types et si peu des portraits qu'on a mis sur chacun d'eux jusqu'à cinq noms différents. Entre mes prétendus modèles et leurs prétendues copies, d'ailleurs, il y a toute la distance qui sépare les honnêtes gens des intrigants, les délicats des précieux, ceux qui arrivent par leur talent de ceux qui n'ont que le talent d'arriver. Et maintenant, que mes personnages marchent comme M. X..., ou se coiffent comme Mme Y..., qu'est-ce que cela prouve? Un ridicule est toujours à quelqu'un ou à plus d'un. Là n'est pas la question. Est-ce M. X...? Est-ce Mme Y...? Non! Eh bien! alors? Il n'y aurait plus d'études de mœurs contemporaines possibles avec cette tendance à feindre de voir partout des personnalités pour feindre ensuite de s'en indigner. »

Molière eut aussi, en son temps, à se défendre des applications que l'on faisait des personnages de ses *Femmes savantes*. Mais alors cela se passait un peu différemment. Nous avons vu que, deux jours avant la première représentation, Molière, annonçant de vive voix sa prochaine pièce, fit un petit discours pour se justifier à l'avance d'avoir voulu copier personne et pour nier que Trissotin et Vadius eussent aucun original vivant, comme le bruit commençait à s'en répandre. Mais il est vrai de dire qu'alors comme aujourd'hui ces protestations étaient sans crédit auprès des contemporains. La préface imprimée de nos jours n'a pas plus d'efficacité que l'ancienne harangue, et la malice du public a toujours le tort d'envenimer la malice de l'auteur.

———

La pièce fut imprimée à la fin de cette année : « *Les Femmes sçavantes*, comédie par J.-B. P. Molière. Et se vend pour l'autheur. A Paris, au Palais, et chez Pierre Promé, sur le quai des Grands-Augustins, à la Charité. 1673. Avec privilège du Roy. » Le privilège est du 31 décembre 1670, enregistré sous la date du 13 mars 1671. Achevé d'imprimer le 10 décembre 1672. Ces diverses dates sont à remarquer.

Une seconde édition fut faite quatre ans plus tard : « *Les Femmes sçavantes*, comédie par J.-B. P. Molière. A Paris, chez Pierre Trabouillet, au Palais, dans la galerie des Prisonniers, à la Fortune. 1676. Avec privilège du Roy. »

Enfin elle prit place dans le sixième volume de l'édition de 1682 : « *Les Femmes sçavantes*, par J.-B. P. Molière, représentée pour la première fois à Paris, sur le théâtre de la salle du Palais-Royal, le 11 mars 1672, par la troupe du Roy. »

LES

FEMMES SAVANTES

PERSONNAGES.	ACTEURS.
CHRYSALE, bon bourgeois.	Molière[1].
PHILAMINTE, femme de Chrysale	Hubert.
ARMANDE, } filles de Chrysale et de Phila-	Mlle Debrie.
HENRIETTE, } minte.	Mlle Molière.
ARISTE, frère de Chrysale.	Baron.
BÉLISE, sœur de Chrysale.	Mlle Villeaubrun[2].
CLITANDRE, amant d'Henriette.	La Grange.
TRISSOTIN, bel esprit.	La Thorillière.
VADIUS, savant.	Du Croisy.
MARTINE, servante de cuisine.	Martine[3].
LÉPINE, laquais.	***
JULIEN, valet de Vadius.	***
UN NOTAIRE.	***

La scène est à Paris, [dans la maison de Chrysale[4].]

1. Voici le costume de Molière dans ce rôle, d'après l'inventaire après décès :

« *Item.* [Un habit] servant à la représentation des *Femmes savantes*, composé de juste-au-corps et haut-de-chausses de velours noir et ramage à fond aurore, la veste de gaze violette et or, garnie de boutons, un cordon d'or, jarretières, aiguillettes et gants : prisé vingt livres. »

2. Mlle Villeaubrun, c'est Geneviève Béjart, qui avait épousé en 1664 Léonard de Loménie, sieur de La Villeaubrun, fils d'un bourgeois de Limoges, qu'elle perdit dans le courant de cette année 1672.

3. Une servante de Molière qui portait ce nom. Cette indication curieuse se trouve dans *le Mercure* de juillet 1723 et semble mériter confiance. Baron vivait encore, et put rapporter à l'écrivain du *Mercure* ce fait que celui-ci n'aurait certes pas inventé. Molière ne disait-il pas qu'il aurait fait jouer des *fagots?* Toute la distribution de la pièce est aussi donnée par l'article du *Mercure* dont nous parlons.

4. Ces mots : « dans la maison de Chrysale, » ont été ajoutés par l'éditeur de 1734. — On lit dans le manuscrit de Mahelot : « *Trissotin ou les Fames savantes* : Le théâtre est une chambre, il faut 2 livres, 4 chaises et du papier. »

LES
FEMMES SAVANTES

COMÉDIE

ACTE PREMIER.

SCÈNE PREMIÈRE.
ARMANDE, HENRIETTE.

ARMANDE.
Quoi! le beau nom de fille est un titre, ma sœur,
Dont vous voulez quitter la charmante douceur?
Et de vous marier vous osez faire fête?
Ce vulgaire dessein vous peut monter en tête?

HENRIETTE.
Oui, ma sœur.

ARMANDE.
Ah! ce oui se peut-il supporter?
Et sans un mal de cœur sauroit-on l'écouter?

HENRIETTE.
Qu'a donc le mariage en soi qui vous oblige[1],

---

1. *Obliger* a été employé quelquefois par Molière dans le sens du latin *obligare*, lier :
Mes plus ardents respects n'ont pu vous obliger;
Vous avez voulu rompre, il n'y faut plus songer.
(*Le Dépit amoureux*, acte IV, scène III.)
Quelques commentateurs ont proposé d'interpréter dans un sens ana-

Ma sœur...?

ARMANDE.

Ah! mon Dieu! fi!

HENRIETTE.

Comment?

ARMANDE.

Ah! fi! vous dis-je.
Ne concevez-vous point ce que, dès qu'on l'entend,
Un tel mot à l'esprit offre de dégoûtant?
De quelle étrange image on est par lui blessée?
Sur quelle sale vue il traîne la pensée?
N'en frissonnez-vous point? et pouvez-vous, ma sœur,
Aux suites de ce mot résoudre votre cœur?

HENRIETTE.

Les suites de ce mot, quand je les envisage,
Me font voir un mari, des enfants, un ménage;
Et je ne vois rien là, si j'en puis raisonner,
Qui blesse la pensée, et fasse frissonner.

ARMANDE.

De tels attachements, ô ciel! sont pour vous plaire?

HENRIETTE.

Et qu'est-ce qu'à mon âge on a de mieux à faire
Que d'attacher à soi, par le titre d'époux,
Un homme qui vous aime et soit aimé de vous;
Et, de cette union de tendresse suivie,
Se faire les douceurs d'une innocente vie?
Ce nœud bien assorti n'a-t-il pas des appas?

ARMANDE.

Mon Dieu! que votre esprit est d'un étage bas!

logue la phrase d'Henriette, de sorte que les mots *qui vous oblige* signifie-
raient : *qui vous semble oppressif*. Mais la phrase d'Henriette est suspendue, et l'on doit, plus naturellement, sous-entendre : qui vous oblige... à
parler ainsi, à exprimer un tel dégoût.

Que vous jouez au monde un petit personnage,
De vous claquemurer aux choses du ménage,
Et de n'entrevoir point de plaisirs plus touchants
Qu'un idole d'époux[1] et des marmots d'enfants!
Laissez aux gens grossiers, aux personnes vulgaires,
Les bas amusements de ces sortes d'affaires.
A de plus hauts objets élevez vos désirs,
Songez à prendre un goût des plus nobles plaisirs,
Et, traitant de mépris les sens et la matière,
A l'esprit, comme nous, donnez-vous tout entière.
Vous avez notre mère en exemple à vos yeux,
Que du nom de savante on honore en tous lieux :
Tâchez, ainsi que moi, de vous montrer sa fille;
Aspirez aux clartés qui sont dans la famille,
Et vous rendez sensible aux charmantes douceurs
Que l'amour de l'étude épanche dans les cœurs.
Loin d'être aux lois d'un homme en esclave asservie,
Mariez-vous, ma sœur, à la philosophie,
Qui nous monte au-dessus de tout le genre humain,
Et donne à la raison l'empire souverain,
Soumettant à ses lois la partie animale,
Dont l'appétit grossier aux bêtes nous ravale.
Ce sont là les beaux feux, les doux attachements
Qui doivent de la vie occuper les moments;
Et les soins où je vois tant de femmes sensibles
Me paroissent aux yeux des pauvretés horribles[2].

---

1. « Qu'un idole », dans l'édition princeps. Le mot *idole* était autrefois des deux genres.
2. Le platonisme des précieuses n'avait pas toujours pour effet de purifier leur pensée ni même leur langage. Les unes appeloient le mariage *l'amour fini;* les autres, *l'abîme de la liberté;* d'autres enfin juraient, trop énergiquement, qu'elles ne *brutaliseraient jamais avec un homme de*

HENRIETTE.

Le ciel, dont nous voyons que l'ordre est tout-puissant,
Pour différents emplois nous fabrique en naissant ;
Et tout esprit n'est pas composé d'une étoffe
Qui se trouve taillée à faire un philosophe.
Si le vôtre est né propre aux élévations
Où montent des savants les spéculations,
Le mien est fait, ma sœur, pour aller terre à terre,
Et dans les petits soins son foible se resserre.
Ne troublons point du ciel les justes règlements ;
Et de nos deux instincts suivons les mouvements.
Habitez, par l'essor d'un grand et beau génie,
Les hautes régions de la philosophie,
Tandis que mon esprit, se tenant ici-bas,
Goûtera de l'hymen les terrestres appas.
Ainsi, dans nos desseins l'une à l'autre contraire,
Nous saurons toutes deux imiter notre mère :
Vous, du côté de l'âme et des nobles désirs ;
Moi, du côté des sens et des grossiers plaisirs ;
Vous, aux productions d'esprit et de lumière ;
Moi, dans celles, ma sœur, qui sont de la matière.

ARMANDE.

Quand sur une personne on prétend se régler,
C'est par les beaux côtés qu'il lui faut ressembler[1] ;
Et ce n'est point du tout la prendre pour modèle,

---

chair. Molière adoucit plutôt qu'il n'exagère leur style, dans la bouche d'Armande. (Voyez le *Dictionnaire des Précieuses* de Somaize; édition Livet, tome I, page 172.)

1. On lit dans le *Bolœana* de Monchesnay : « Ce fut M. Despréaux qui corrigea ces deux vers de la première scène des *Femmes savantes*, que le poète comique avoit faits ainsi :

> Quand sur une personne on prétend s'ajuster,
> C'est par les beaux côtés qu'il la faut imiter.

ACTE I, SCÈNE I. 377

Ma sœur, que de tousser et de cracher comme elle[1] !
HENRIETTE.
Mais vous ne seriez pas ce dont vous vous vantez,
Si ma mère n'eût eu que de ces beaux côtés ;
Et bien vous prend, ma sœur, que son noble génie
N'ait pas vaqué toujours à la philosophie.
De grâce, souffrez-moi, par un peu de bonté,
Des bassesses à qui vous devez la clarté ;
Et ne supprimez point, voulant qu'on vous seconde[2],
Quelque petit savant qui veut venir au monde.
ARMANDE.
Je vois que votre esprit ne peut être guéri
Du fol entêtement de vous faire un mari ;
Mais sachons, s'il vous plaît, qui vous songez à prendre :
Votre visée au moins n'est pas mise à Clitandre?
HENRIETTE.
Et par quelle raison n'y seroit-elle pas?
Manque-t-il de mérite? est-ce un choix qui soit bas?
ARMANDE.
Non ; mais c'est un dessein qui seroit malhonnête,
Que de vouloir d'un autre enlever la conquête ;*
Et ce n'est pas un fait dans le monde ignoré
Que Clitandre ait pour moi hautement soupiré.
HENRIETTE.
Oui ; mais tous ces soupirs chez vous sont choses vaines,
Et vous ne tombez point aux bassesses humaines ;
Votre esprit à l'hymen renonce pour toujours,
Et la philosophie a toutes vos amours.

* VAR: *Que de vouloir d'une autre enlever la conquête.* (Édition de 1734.)

1. Molière ne fait ici que mettre en vers une locution proverbiale en usage de son temps. (Voyez le *Francion*, de Sorel, livre XI.)
2. C'est-à-dire : qu'on marche sur vos traces, qu'on suive votre exemple.

Ainsi, n'ayant au cœur nul dessein pour Clitandre,
Que vous importe-t-il qu'on y puisse prétendre?
ARMANDE.
Cet empire que tient la raison sur les sens
Ne fait pas renoncer aux douceurs des encens;
Et l'on peut pour époux refuser un mérite
Que pour adorateur on veut bien à sa suite.
HENRIETTE.
Je n'ai pas empêché qu'à vos perfections
Il n'ait continué ses adorations;
Et je n'ai fait que prendre, au refus de votre âme,
Ce qu'est venu m'offrir l'hommage de sa flamme.
ARMANDE.
Mais à l'offre des vœux d'un amant dépité
Trouvez-vous, je vous prie, entière sûreté?
Croyez-vous pour vos yeux sa passion bien forte,
Et qu'en son cœur pour moi toute flamme soit morte?
HENRIETTE.
Il me l'a dit, ma sœur; et, pour moi, je le croi.
ARMANDE.
Ne soyez pas, ma sœur, d'une si bonne foi;
Et croyez, quand il dit qu'il me quitte et vous aime,
Qu'il n'y songe pas bien, et se trompe lui-même.
HENRIETTE.
Je ne sais; mais enfin, si c'est votre plaisir,
Il nous est bien aisé de nous en éclaircir :
Je l'aperçois qui vient; et, sur cette matière,
Il pourra nous donner une pleine lumière.

SCÈNE II.
CLITANDRE, ARMANDE, HENRIETTE.
HENRIETTE.
Pour me tirer d'un doute où me jette ma sœur,
Entre elle et moi, Clitandre, expliquez votre cœur,
Découvrez-en le fond, et nous daignez apprendre
Qui de nous à vos vœux est en droit de prétendre.
ARMANDE.
Non, non, je ne veux point à votre passion
Imposer la rigueur d'une explication :
Je ménage les gens, et sais comme embarrasse
Le contraignant effort de ces aveux en face.
CLITANDRE.
Non, madame; mon cœur, qui dissimule peu,
Ne sent nulle contrainte à faire un libre aveu.
Dans aucun embarras un tel pas ne me jette;
Et j'avouerai tout haut, d'une âme franche et nette,
Que les tendres liens où je suis arrêté,
(Montrant Henriette.)
Mon amour et mes vœux, sont tout de ce côté.
Qu'à nulle émotion cet aveu ne vous porte;
Vous avez bien voulu les choses de la sorte.
Vos attraits m'avoient pris, et mes tendres soupirs
Vous ont assez prouvé l'ardeur de mes désirs ;
Mon cœur vous consacroit une flamme immortelle ;
Mais vos yeux n'ont pas cru leur conquête assez belle.
J'ai souffert sous leur joug cent mépris différents;
Ils régnoient sur mon âme en superbes tyrans ;
Et je me suis cherché, lassé de tant de peines,
Des vainqueurs plus humains, et de moins rudes chaînes.
(Montrant Henriette.)
Je les ai rencontrés, madame, dans ces yeux,

Et leurs traits à jamais me seront précieux;
D'un regard pitoyable ils ont séché mes larmes,
Et n'ont pas dédaigné le rebut de vos charmes.
De si rares bontés m'ont si bien su toucher
Qu'il n'est rien qui me puisse à mes fers arracher;
Et j'ose maintenant vous conjurer, madame,
De ne vouloir tenter nul effort sur ma flamme,
De ne point essayer à rappeler un cœur
Résolu de mourir dans cette douce ardeur.

ARMANDE.

Hé! qui vous dit, monsieur, que l'on ait cette envie,
Et que de vous enfin si fort on se soucie?
Je vous trouve plaisant de vous le figurer,
Et bien impertinent de me le déclarer[1].

HENRIETTE.

Hé! doucement, ma sœur. Où donc est la morale
Qui sait si bien régir la partie animale,
Et retenir la bride aux efforts du courroux?

ARMANDE.

Mais vous qui m'en parlez, où la pratiquez-vous,
De répondre à l'amour que l'on vous fait paroître
Sans le congé de ceux qui vous ont donné l'être?
Sachez que le devoir vous soumet à leurs loix,
Qu'il ne vous est permis d'aimer que par leur choix;
Qu'ils ont sur votre cœur l'autorité suprême,
Et qu'il est criminel d'en disposer vous-même.

HENRIETTE.

Je rends grâce aux bontés que vous me faites voir,
De m'enseigner si bien les choses du devoir.
Mon cœur sur vos leçons veut régler sa conduite;

---

1. Voyez la même situation tome VII, page 500, et tome XI, page 44.

Et pour vous faire voir, ma sœur, que j'en profite,
Clitandre, prenez soin d'appuyer votre amour
De l'agrément de ceux dont j'ai reçu le jour.
Faites-vous sur mes vœux un pouvoir légitime,
Et me donnez moyen de vous aimer sans crime.

CLITANDRE.

J'y vais de tous mes soins travailler hautement ;
Et j'attendois de vous ce doux consentement.

ARMANDE.

Vous triomphez, ma sœur, et faites une mine
A vous imaginer que cela me chagrine.

HENRIETTE.

Moi, ma sœur! point du tout. Je sais que sur vos sens
Les droits de la raison sont toujours tout-puissants,
Et que, par les leçons qu'on prend dans la sagesse,
Vous êtes au-dessus d'une telle foiblesse.
Loin de vous soupçonner d'aucun chagrin, je croi
Qu'ici vous daignerez vous employer pour moi,
Appuyer sa demande, et, de votre suffrage,
Presser l'heureux moment de notre mariage.
Je vous en sollicite ; et, pour y travailler...

ARMANDE.

Votre petit esprit se mêle de railler ;
Et d'un cœur qu'on vous jette on vous voit toute fière.

HENRIETTE.

Tout jeté qu'est ce cœur il ne vous déplaît guère ;
Et, si vos yeux sur moi le pouvoient ramasser,
Ils prendroient aisément le soin de se baisser.

ARMANDE.

A répondre à cela je ne daigne descendre ;
Et ce sont sots discours qu'il ne faut pas entendre.

HENRIETTE.

C'est fort bien fait à vous, et vous nous faites voir
Des modérations qu'on ne peut concevoir.

SCÈNE III.

CLITANDRE, HENRIETTE.

HENRIETTE.

Votre sincère aveu ne l'a pas peu surprise.
CLITANDRE.
Elle mérite assez une telle franchise ;
Et toutes les hauteurs de sa folle fierté
Sont dignes, tout au moins, de ma sincérité.
Mais, puisqu'il m'est permis, je vais à votre père,
Madame...
HENRIETTE.
       Le plus sûr est de gagner ma mère.
Mon père est d'une humeur à consentir à tout ;
Mais il met peu de poids aux choses qu'il résout ;
Il a reçu du ciel certaine bonté d'âme
Qui le soumet d'abord à ce que veut sa femme.
C'est elle qui gouverne, et, d'un ton absolu,
Elle dicte pour loi ce qu'elle a résolu.
Je voudrois bien vous voir pour elle et pour ma tante
Une âme, je l'avoue, un peu plus complaisante,
Un esprit qui, flattant les visions du leur,
Vous pût de leur estime attirer la chaleur.
CLITANDRE.
Mon cœur n'a jamais pu, tant il est né sincère,
Même dans votre sœur flatter leur caractère ;
Et les femmes docteurs ne sont point de mon goût.

Je consens qu'une femme ait des clartés de tout[1] ;
Mais je ne lui veux point la passion choquante
De se rendre savante afin d'être savante ;
Et j'aime que souvent, aux questions qu'on fait,
Elle sache ignorer les choses qu'elle sait :
De son étude enfin je veux qu'elle se cache ;
Et qu'elle ait du savoir sans vouloir qu'on le sache,
Sans citer les auteurs, sans dire de grands mots,
Et clouer de l'esprit à ses moindres propos.
Je respecte beaucoup madame votre mère ;
Mais je ne puis du tout approuver sa chimère,
Et me rendre l'écho des choses qu'elle dit,
Aux encens qu'elle donne à son héros d'esprit.
Son monsieur Trissotin me chagrine, m'assomme ;
Et j'enrage de voir qu'elle estime un tel homme,
Qu'elle nous mette au rang des grands et beaux esprits
Un benêt dont partout on siffle les écrits,
Un pédant dont on voit la plume libérale
D'officieux papiers fournir toute la halle.

HENRIETTE.

Ses écrits, ses discours, tout m'en semble ennuyeux,
Et je me trouve assez votre goût et vos yeux ;
Mais, comme sur ma mère il a grande puissance,
Vous devez vous forcer à quelque complaisance.

---

1. A l'homme, qui doit agir au dehors, qui doit choisir une vocation, il faut à tout prix des connaissances spéciales et solides qui lui permettent de marcher d'un pas résolu dans la carrière où il est entré, et de la parcourir avec succès. Mais pour la femme, qui reste dans le sein de la famille, l'essentiel est de pouvoir prendre intérêt à l'œuvre de celui qui travaille pour elle et pour ses enfants, de pouvoir le suivre d'un regard ami dans le champ où il sème et moissonne. En d'autres termes, ce qu'il lui faut avant tout, ce sont ces *clartés* dont parle Molière. Une ambition plus haute ne lui est point interdite ; mais cela seul est vraiment important. (E. RAMBERT.)

Un amant fait sa cour où s'attache son cœur;
Il veut de tout le monde y gagner la faveur;
Et, pour n'avoir personne à sa flamme contraire,
Jusqu'au chien du logis il s'efforce de plaire[1].

CLITANDRE.

Oui, vous avez raison; mais monsieur Trissotin
M'inspire au fond de l'âme un dominant chagrin.
Je ne puis consentir, pour gagner ses suffrages,
A me déshonorer en prisant ses ouvrages :
C'est par eux qu'à mes yeux il a d'abord paru,
Et je le connoissois avant que l'avoir vu.
Je vis, dans le fatras des écrits qu'il nous donne,
Ce qu'étale en tous lieux sa pédante personne,
La constante hauteur de sa présomption,
Cette intrépidité de bonne opinion,
Cet indolent état de confiance extrême,
Qui le rend en tout temps si content de soi-même,
Qui fait qu'à son mérite incessamment il rit,
Qu'il se sait si bon gré de tout ce qu'il écrit,
Et qu'il ne voudroit pas changer sa renommée
Contre tous les honneurs d'un général d'armée[2].

---

1. Dans *l'Asinaire* de Plaute, la vieille Cléerète dit :

> Volt placere sese amicæ, volt mihi, volt pedisequæ,
> Volt famulis, volt etiam ancillis, et quoque catulo meo
> Subblanditur novos amator, se ut quom videat gaudeat.

« Il veut plaire à celle qu'il aime, plaire à moi, plaire à la suivante, plaire aux domestiques, plaire aux servantes; et il n'y a pas jusqu'à mon petit chien que le nouvel amant ne caresse et ne flatte, pour qu'il lui fasse fête quand il le voit arriver. »

2. Il y a, dans cette tirade contre un sot présomptueux, une verve admirable de mépris et de colère; elle convenait à Molière, l'homme de génie le plus modeste et le plus difficile envers lui même. Entendant un jour ces vers de la satire que Boileau lui a adressée :

> Mais un esprit sublime en vain veut s'élever
> A ce degré parfait qu'il tâche de trouver;

ACTE I, SCÈNE III.

HENRIETTE.

C'est avoir de bons yeux que de voir tout cela.

CLITANDRE.

Jusques à sa figure encor la chose alla,
Et je vis, par les vers qu'à la tête il nous jette,
De quel air il falloit que fût fait le poète ;
Et j'en avois si bien deviné tous les traits
Que, rencontrant un homme un jour dans le Palais[1],
Je gageai que c'étoit Trissotin en personne,
Et je vis qu'en effet la gageure étoit bonne.

HENRIETTE.

Quel conte!

CLITANDRE.

Non ; je dis la chose comme elle est.
Mais je vois votre tante. Agréez, s'il vous plaît,
Que mon cœur lui déclare ici notre mystère,
Et gagne sa faveur auprès de votre mère[2].

Et toujours mécontent de ce qu'il vient de faire,
Il plaît à tout le monde, et ne sauroit se plaire.

« Voilà, dit-il au satirique, en lui serrant la main, la plus belle vérité que vous ayez jamais dite. Je ne suis pas du nombre de ces esprits sublimes dont vous parlez ; mais, tel que je suis, je n'ai rien fait en ma vie dont je sois véritablement content. »

1. *Le Palais*, c'est-à-dire le Palais de Justice, dont les galeries, toutes garnies de boutiques, étaient alors très fréquentées par la meilleure compagnie. Sorel en a fait une description fort piquante dans son roman de *Francion*, et Corneille donna en 1634 une comédie en cinq actes intitulée *la Galerie du Palais*.

2. Dans cette scène excellente, tous les personnages principaux sont esquissés : c'est ici l'exposition des caractères, comme c'était tout à l'heure (scènes I et II) celle du sujet de l'intrigue. Nous connaissons déjà, avant qu'ils paraissent, et le faible Chrysale, et l'impérieuse Philaminte, et le ridicule Trissotin. De plus, Clitandre, en faisant éclater son aversion pour le faux bel esprit, se peint lui-même, et nous montre d'avance l'homme qui, dans la grande scène du quatrième acte, doit venger la raison, l'esprit et le bon goût. (AUGER.)

SCÈNE IV.

BÉLISE, CLITANDRE.

CLITANDRE.

Souffrez, pour vous parler, madame, qu'un amant
Prenne l'occasion de cet heureux moment,
Et se découvre à vous de la sincère flamme...

BÉLISE.

Ah! tout beau : gardez-vous de m'ouvrir trop votre âme.
Si je vous ai su mettre au rang de mes amants,
Contentez-vous des yeux pour vos seuls truchements,
Et ne m'expliquez point, par un autre langage,
Des désirs qui, chez moi, passent pour un outrage.
Aimez-moi, soupirez, brûlez pour mes appas;
Mais qu'il me soit permis de ne le savoir pas.
Je puis fermer les yeux sur vos flammes secrètes,
Tant que vous vous tiendrez aux muets interprètes[1];
Mais, si la bouche vient à s'en vouloir mêler,
Pour jamais de ma vue il vous faut exiler.

CLITANDRE.

Des projets de mon cœur ne prenez point d'alarme.
Henriette, madame, est l'objet qui me charme;
Et je viens ardemment conjurer vos bontés
De seconder l'amour que j'ai pour ses beautés.

BÉLISE,

Ah! certes, le détour est d'esprit[2], je l'avoue :

---

1. Ces expressions de *truchements* et de *muets interprètes*, dont Bélise abusera, rappellent les vers de Corneille dans *la Suivante* :

> L'un dans l'autre, à tous coups, leurs regards se confondent,
> Et, d'un commun accord, ces *muets truchements*
> Ne disent que trop leurs amoureux tourments.

2. Auger trouve cette phrase peu correcte. Il se trompe. Bélise parle sa

Ce subtil faux-fuyant mérite qu'on le loue;
Et, dans tous les romans où j'ai jeté les yeux,
Je n'ai rien rencontré de plus ingénieux.
CLITANDRE.
Ceci n'est point du tout un trait d'esprit, madame;
Et c'est un pur aveu de ce que j'ai dans l'âme.
Les cieux, par les liens d'une immuable ardeur,
Aux beautés d'Henriette ont attaché mon cœur;
Henriette me tient sous son aimable empire,
Et l'hymen d'Henriette est le bien où j'aspire.
Vous y pouvez beaucoup; et tout ce que je veux,
C'est que vous y daigniez favoriser mes vœux.
BÉLISE.
Je vois où doucement veut aller la demande,
Et je sais sous ce nom ce qu'il faut que j'entende.
La figure est adroite; et, pour n'en point sortir,
Aux choses que mon cœur m'offre à vous repartir,
Je dirai qu'Henriette à l'hymen est rebelle,
Et que, sans rien prétendre, il faut brûler pour elle.
CLITANDRE.
Eh! madame, à quoi bon un pareil embarras?
Et pourquoi voulez-vous penser ce qui n'est pas?
BÉLISE.
Mon Dieu! point de façons. Cessez de vous défendre
De ce que vos regards m'ont souvent fait entendre.

---

langue, c'est-à-dire la langue des précieuses. La manière d'employer le mot *esprit* avait été le sujet de discussions fort piquantes, dont nous citerons un passage : « Il ne faut pas être si malavisé de dire : *il a de l'esprit*, ce qui sent son vieil gaulois ; il faut dire : *il a esprit*, sans se soucier de ce que l'on vous objecte que vous oubliez l'article; car il y a des endroits où cela peut avoir la meilleure grâce du monde. » (Voyez le *Recueil de plusieurs pièces en prose les plus agréables du temps*, 1658; et le *Nouveau Langage françois*, par Sorel, chap. IV, p. 406; Amsterdam, 1673.)

Il suffit que l'on est contente du détour
Dont s'est adroitement avisé votre amour,
Et que, sous la figure où le respect l'engage,
On veut bien se résoudre à souffrir son hommage,
Pourvu que ses transports, par l'honneur éclairés,
N'offrent à mes autels que des vœux épurés.

CLITANDRE.

Mais...

BÉLISE.

Adieu. Pour ce coup, ceci doit vous suffire,
Et je vous ai plus dit que je ne voulois dire.

CLITANDRE.

Mais votre erreur...

BÉLISE.

Laissez. Je rougis maintenant,
Et ma pudeur s'est fait un effort surprenant.

CLITANDRE.

Je veux être pendu si je vous aime; et sage...

BÉLISE.

Non, non, je ne veux rien entendre davantage[1].

---

1. Nous avons dit que ce personnage de Bélise est imité de celui d'Hespérie dans les *Visionnaires* de Desmarets, caractère qui avait eu la bonne fortune de divertir particulièrement Louis XIV. La scène qu'on vient de lire est elle-même indiquée dans la comédie de Desmarets :

HESPÉRIE.
Ma sœur, dites le vrai : que vous disoit Phalante ?
MÉLISSE.
Il me parloit d'amour...
HESPÉRIE.
O la ruse excellente !
Donc il s'adresse à vous, n'osant pas m'aborder,
Pour vous donner le soin de me persuader.
MÉLISSE.
Ne flattez point, ma sœur, votre esprit de la sorte :
Phalante me parloit de l'amour qu'il me porte...
HESPÉRIE.
Vous pensez m'abuser d'un entretien moqueur,
Pour prendre mieux le temps de le mettre en mon cœur :

SCÈNE V.

CLITANDRE, seul.

Diantre soit de la folle avec ses visions!
A-t-on rien vu d'égal à ses préventions?
Allons commettre un autre au soin que l'on me donne,
Et prenons le secours d'une sage personne[1].

> Mais, ma sœur, croyez-moi, n'en prenez point la peine,
> En vain vous me direz que je suis inhumaine...

Le débat continue entre les deux sœurs :

MÉLISSE.
Mais laissez-moi donc dire...
BESPÉRIE.
Ah! dieux, quelle pitié!
MÉLISSE.
Qu'il ne vous aime point, mais que c'est moi qu'il aime.
HESPÉRIE.
Ah! ma sœur, quelle ruse afin de m'attraper!
MÉLISSE.
Comment par ce discours pourrois-je vous tromper?
HESPÉRIE.
Par cette habileté vous pensez me séduire
Et dessous votre nom me conter son martyre.

Dans un autre acte, cette même Hespérie, entendant un personnage nommé Philidan, et qualifié *amoureux en idée,* qui débite des vers passionnés pour sa maîtresse imaginaire, s'écrie :

> Respectueux amant, on accepte vos vœux.
> Celle que vous aimez, de ma part, vous assure
> Qu'elle a pitié des maux que votre cœur endure;
> Mais, sans rien désirer, adorez sa vertu.

Thomas Corneille, dans *le Baron d'Albikrac,* joué quatre ans avant *les Femmes savantes,* avait déjà imité l'Hespérie des *Visionnaires.*

---

1. Voici le seul monologue qui existe dans *les Femmes savantes.* Il n'y en a pas un seul dans *le Misanthrope* et dans *le Tartuffe.* Il est des monologues nécessaires, et dont on ne peut faire un reproche aux auteurs; mais s'en passer est toujours un mérite, et ce n'est pas fortuitement que Molière s'en est abstenu dans ses trois principaux chefs-d'œuvre. (AUGER.)

ACTE DEUXIÈME.

SCÈNE PREMIÈRE.

ARISTE, quittant Clitandre, et lui parlant encore.

Oui, je vous porterai la réponse au plus tôt ;
J'appuierai, presserai, ferai tout ce qu'il faut.
Qu'un amant, pour un mot, a de choses à dire !
Et qu'impatiemment il veut ce qu'il désire !
Jamais...

SCÈNE II.

CHRYSALE, ARISTE.

ARISTE.
Ah ! Dieu vous gard', mon frère!
CHRYSALE.
                                      Et vous aussi,
Mon frère !
ARISTE.
Savez-vous ce qui m'amène ici ?
CHRYSALE.
Non ; mais, si vous voulez, je suis prêt à l'entendre.
ARISTE.
Depuis assez longtemps vous connoissez Clitandre ?
CHRYSALE.
Sans doute, et je le vois qui fréquente chez nous.

ARISTE.

En quelle estime est-il, mon frère, auprès de vous ?

CHRYSALE.

D'homme d'honneur, d'esprit, de cœur, et de conduite ;
Et je vois peu de gens qui soient de son mérite.

ARISTE.

Certain désir qu'il a conduit ici mes pas,
Et je me réjouis que vous en fassiez cas.

CHRYSALE.

Je connus feu son père en mon voyage à Rome.

ARISTE.

Fort bien.

CHRYSALE.

C'étoit, mon frère, un fort bon gentilhomme.

ARISTE.

On le dit.

CHRYSALE.

Nous n'avions alors que vingt-huit ans,
Et nous étions, ma foi, tous deux de verts galants.

ARISTE.

Je le crois.

CHRYSALE.

Nous donnions chez les dames romaines[1],
Et tout le monde, là, parloit de nos fredaines :
Nous faisions des jaloux.

---

1. *Donner* est employé dans le sens de *se lancer impétueusement,* comme lorsqu'on dit qu'une troupe a *donné* dans une bataille. C'est à peu près la même acception que celle que présentent ces phrases de *l'Avare :*

« Vous donnez furieusement dans le marquis. » (Acte I, scène v.)

« Les riches bijoux, les meubles somptueux où donnent ses pareilles avec tant de chaleur. » (Acte II, scène vi.)

ARISTE.
Voilà qui va des mieux ;
Mais venons au sujet qui m'amène en ces lieux.

SCÈNE III.

BÉLISE, entrant doucement, et écoutant; CHRYSALE, ARISTE.

ARISTE.
Clitandre auprès de vous me fait son interprète,
Et son cœur est épris des grâces d'Henriette.

CHRYSALE.
Quoi ! de ma fille ?

ARISTE.
Oui ; Clitandre en est charmé,
Et je ne vis jamais amant plus enflammé.

BÉLISE, à Ariste.
Non, non ; je vous entends. Vous ignorez l'histoire,
Et l'affaire n'est pas ce que vous pouvez croire.

ARISTE.
Comment, ma sœur ?

BÉLISE.
Clitandre abuse vos esprits ;
Et c'est d'un autre objet que son cœur est épris.

ARISTE.
Vous raillez. Ce n'est pas Henriette qu'il aime ?

BÉLISE.
Non ; j'en suis assurée.

ARISTE.
Il me l'a dit lui-même.

BÉLISE.
Hé ! oui.

ACTE II, SCÈNE III.

ARISTE.
Vous me voyez, ma sœur, chargé par lui
D'en faire la demande à son père aujourd'hui.

BÉLISE.
Fort bien.

ARISTE.
Et son amour même m'a fait instance
De presser les moments d'une telle alliance.

BÉLISE.
Encor mieux. On ne peut tromper plus galamment.
Henriette entre nous est un amusement,
Un voile ingénieux, un prétexte, mon frère,
A couvrir d'autres feux dont je sais le mystère ;
Et je veux bien, tous deux, vous mettre hors d'erreur.

ARISTE.
Mais puisque vous savez tant de choses, ma sœur,
Dites-nous, s'il vous plaît, cet autre objet qu'il aime.

BÉLISE.
Vous voulez le savoir ?

ARISTE.
Oui. Quoi ?

BÉLISE.
Moi.

ARISTE.
Vous ?

BÉLISE.
Moi-même.

ARISTE.
Hai, ma sœur !

BÉLISE.
Qu'est-ce donc que veut dire ce hai ?
Et qu'a de surprenant le discours que je fai ?

On est faite d'un air, je pense, à pouvoir dire
Qu'on n'a pas pour un cœur soumis à son empire [1];
Et Dorante, Damis, Cléonte et Lycidas
Peuvent bien faire voir qu'on a quelques appas.

ARISTE.

Ces gens vous aiment?

BÉLISE.

Oui, de toute leur puissance.

ARISTE.

Ils vous l'ont dit?

BÉLISE.

Aucun n'a pris cette licence ;
Ils m'ont su révérer si fort jusqu'à ce jour
Qu'ils ne m'ont jamais dit un mot de leur amour.
Mais pour m'offrir leur cœur et vouer leur service,
Les muets truchements ont tous fait leur office.

ARISTE.

On ne voit presque point céans venir Damis.

BÉLISE.

C'est pour me faire voir un respect plus soumis.

ARISTE.

De mots piquants, partout, Dorante vous outrage.

BÉLISE.

Ce sont emportements d'une jalouse rage.

ARISTE.

Cléonte et Lycidas ont pris femme tous deux.

BÉLISE.

C'est par un désespoir où j'ai réduit leurs feux.

---

1. C'est-à-dire : qu'on n'a pas seulement un cœur soumis à son empire, qu'on en a un grand nombre. On dit encore aujourd'hui, par une façon de parler analogue : « Cela peut passer pour une fois, » c'est-à-dire une fois seulement.

ARISTE.
Ma foi, ma chère sœur, vision toute claire.
CHRYSALE, à Bélise.
De ces chimères-là vous devez vous défaire.
BÉLISE.
Ah! chimères! ce sont des chimères, dit-on.
Chimères, moi! Vraiment, chimères est fort bon!
Je me réjouis fort de chimères, mes frères;
Et je ne savois pas que j'eusse des chimères [1].

SCÈNE IV.
CHRYSALE, ARISTE.

CHRYSALE.
Notre sœur est folle, oui.
ARISTE.
    Cela croît tous les jours.
Mais, encore une fois, reprenons le discours.
Clitandre vous demande Henriette pour femme;
Voyez quelle réponse on doit faire à sa flamme.
CHRYSALE.
Faut-il le demander? J'y consens de bon cœur,
Et tiens son alliance à singulier honneur.
ARISTE.
Vous savez que de bien il n'a pas l'abondance,
Que...
CHRYSALE.
 C'est un intérêt qui n'est pas d'importance,

---

1. *Chimères* lui semble, par rapport à elle, un mot si dénué de sens, si déraisonnable, qu'elle ne sauroit trop s'en étonner; et tout ce qu'elle peut faire, c'est de le répéter et d'en rire. Cela est vrai comme observation de la manie.

Il est riche en vertus, cela vaut des trésors :
Et puis son père et moi n'étions qu'un en deux corps.

ARISTE.

Parlons à votre femme, et voyons à la rendre
Favorable...

CHRYSALE.

Il suffit, je l'accepte pour gendre.

ARISTE.

Oui ; mais pour appuyer votre consentement,
Mon frère, il n'est pas mal d'avoir son agrément.
Allons...

CHRYSALE.

Vous moquez-vous ? Il n'est pas nécessaire.
Je réponds de ma femme, et prends sur moi l'affaire.

ARISTE.

Mais...

CHRYSALE.

Laissez-faire, dis-je, et n'appréhendez pas.
Je la vais disposer aux choses de ce pas.

ARISTE.

Soit. Je vais là-dessus sonder votre Henriette,
Et reviendrai savoir...

CHRYSALE.

C'est une affaire faite ;
Et je vais à ma femme en parler sans délai.

SCÈNE V.

CHRYSALE, MARTINE.

MARTINE.

Me voilà bien chanceuse ! Hélas ! l'an dit bien vrai,*

* Var. *Me voilà bien chanceuse ! Hélas ! l'on dit bien vrai,* (1682).

ACTE II, SCÈNE V.

Qui veut noyer son chien l'accuse de la rage [1] ;
Et service d'autrui n'est pas un héritage.

CHRYSALE.

Qu'est-ce donc? Qu'avez-vous, Martine?

MARTINE.

Ce que j'ai?

CHRYSALE.

Oui.

MARTINE.

J'ai que l'an[2] me donne aujourd'hui mon congé,* Monsieur.

CHRYSALE.

Votre congé?

MARTINE.

Oui. Madame me chasse.

* VAR. *J'ai que l'on me donne aujourd'hui mon congé,* (1682).

1. Comme Sancho Pança, comme tous les gens du peuple, Martine enfile des proverbes. Ce sont leurs sentences. Le vers :

Qui veut noyer son chien l'accuse de la rage,

se trouve, mot pour mot, dans *le Gouvernement de Sanche Pance*, comédie de Guérin de Bouscal, imprimée en 1641, et restée longtemps au théâtre.

2. Il y a *l'an* dans les éditions originales. Cette forme du pronom était anciennement en usage; mais, pour se conformer à l'orthographe qui était adoptée dans la plupart des dialectes, c'est *l'en* qu'il faudrait écrire : « Et tenoit *l'en* que le dit arcevesque avoit ung dyable privé qu'il appeloit *Toret*, par lequel il disoit toutes choses que *l'en* lui demandoit... Maugier cheit en la mer, et si se noya que *l'en* ne le peut sauver. » (*Chronique de Normandie*, dans le *Recueil des Historiens des Gaules*, XI, 338.)

Les exemples, dit Génin dans son *Lexique de la langue de Molière*, en sont trop communs pour s'arrêter à les recueillir ; mais il est intéressant d'observer que cette forme était encore, au XVIe siècle, en usage à la cour et chez les mieux parlants. Dans l'aînée de toutes les grammaires françaises, celle que Palsgrave écrivit en anglais pour la sœur de Henri VIII, (1530), on voit constamment *l'en* figurer à côté de *l'on :* « Au singulier, dit Palsgrave, le pronom personnel a huit formes : *je, tu, il, elle, l'en, l'on* ou *on,* et *se.* Exemple : *l'en, l'on* ou *on parlera*, etc. Annotations pour savoir quand on doit employer *l'en, l'on* ou *on*... *L'en, l'on* ou *on* peult estre joyeux. »

CHRYSALE.

Je n'entends pas cela. Comment ?

MARTINE.

On me menace,
Si je ne sors d'ici, de me bailler cent coups !

CHRYSALE.

Non, vous demeurerez; je suis content de vous.
Ma femme bien souvent a la tête un peu chaude;
Et je ne veux pas, moi...

SCÈNE VI.

PHILAMINTE, BÉLISE, CHRYSALE, MARTINE.

PHILAMINTE, apercevant Martine.

Quoi! je vous vois, maraude!
Vite, sortez, friponne; allons, quittez ces lieux;
Et ne vous présentez jamais devant mes yeux.

CHRYSALE.

Tout doux.

PHILAMINTE.

Non, c'en est fait.

CHRYSALE.

Hé !

PHILAMINTE.

Je veux qu'elle sorte.

CHRYSALE.

Mais qu'a-t-elle commis pour vouloir de la sorte... ?

PHILAMINTE.

Quoi! vous la soutenez ?

CHRYSALE.

En aucune façon.

PHILAMINTE.

Prenez-vous son parti contre moi?

CHRYSALE.

Mon Dieu! non;
Je ne fais seulement que demander son crime.

PHILAMINTE.

Suis-je pour la chasser sans cause légitime?

CHRYSALE.

Je ne dis pas cela, mais il faut de nos gens...

PHILAMINTE.

Non; elle sortira, vous dis-je, de céans.

CHRYSALE.

Hé bien! oui. Vous dit-on quelque chose là contre?

PHILAMINTE.

Je ne veux point d'obstacle aux désirs que je montre.

CHRYSALE.

D'accord.

PHILAMINTE.

Et vous devez, en raisonnable époux,
Être pour moi contre elle, et prendre mon courroux.

CHRYSALE.

(Se tournant vers Martine.)

Aussi fais-je. Oui, ma femme avec raison vous chasse,
Coquine, et votre crime est indigne de grâce.

MARTINE.

Qu'est-ce donc que j'ai fait?

CHRYSALE, bas.

Ma foi, je ne sais pas.

PHILAMINTE.

Elle est d'humeur encore à n'en faire aucun cas.

CHRYSALE.

A-t-elle, pour donner matière à votre haine,

Cassé quelque miroir ou quelque porcelaine?
PHILAMINTE.
Voudrois-je la chasser? et vous figurez-vous
Que pour si peu de chose on se mette en courroux?
CHRYSALE.
(A Martine.)   (A Philaminte.)
Qu'est-ce à dire? L'affaire est donc considérable?
PHILAMINTE.
Sans doute. Me voit-on femme déraisonnable?
CHRYSALE.
Est-ce qu'elle a laissé, d'un esprit négligent,
Dérober quelque aiguière ou quelque plat d'argent?
PHILAMINTE.
Cela ne seroit rien.
CHRYSALE, à Martine.
Oh! oh! peste, la belle!
(A Philaminte.)
Quoi! l'avez-vous surprise à n'être pas fidèle?
PHILAMINTE.
C'est pis que tout cela.
CHRYSALE.
Pis que tout cela!
PHILAMINTE.
Pis.
CHRYSALE.
(A Martine.)   (A Philaminte.)
Comment! diantre, friponne! Euh! a-t-elle commis...?
PHILAMINTE.
Elle a, d'une insolence à nulle autre pareille,
Après trente leçons, insulté mon oreille
Par l'impropriété d'un mot sauvage et bas
Qu'en termes décisifs condamne Vaugelas [1].

1. Il est question de Vaugelas jusqu'à cinq fois dans cette pièce; ce qui

ACTE II, SCÈNE VI.

CHRYSALE.

Est-ce là...?

PHILAMINTE.

Quoi! toujours, malgré nos remontrances,
Heurter le fondement de toutes les sciences,
La grammaire, qui sait régenter jusqu'aux rois,
Et les fait, la main haute, obéir à ses lois[1]!

CHRYSALE.

Du plus grand des forfaits je la croyois coupable.

PHILAMINTE.

Quoi! vous ne trouvez pas ce crime impardonnable?

CHRYSALE.

Si fait.

PHILAMINTE.

Je voudrois bien que vous l'excusassiez.

CHRYSALE.

Je n'ai garde.

prouve en quelle recommandation était la mémoire de ce grammairien, mort en 1650, c'est-à-dire vingt deux ans avant *les Femmes savantes*. Il est certain que ses *Remarques sur la Langue françoise* avaient fait de lui le législateur du langage; témoin ce passage d'une lettre de Balzac : « Le mot *féliciter* n'est pas encore françois, mais il le sera l'année qui vient; et M. Vaugelas m'a promis de ne lui être pas contraire quand nous solliciterons sa réception. » Claude Favre, seigneur de Vaugelas, était né en 1585, à Bourg en Bresse.

1. Le proverbe latin, *Cæsar est supra grammaticam*, « César est au-dessus de la grammaire, » est contraire à l'opinion de Philaminte; mais Philaminte a raison contre le proverbe, car on sait que Claude, tout César qu'il était, n'eut pas le pouvoir d'ajouter à l'alphabet trois lettres qu'il jugeait nécessaires. (AUGER.)
Dans les disputes qui eurent lieu au XVIIe siècle pour ou contre l'admission de certains mots nouveaux, on entendit Vaugelas s'écrier : « Il n'est permis à qui que ce soit de faire des mots nouveaux, *pas même aux souverains*. De sorte, ajoutait Vaugelas, que Pomponius Marcellus eut raison de reprendre Tibère d'en avoir fait un, et de dire qu'il pouvoit bien donner le droit de bourgeoisie aux hommes, mais non pas aux mots, car *leur autorité ne s'étend pas jusque-là.* »

BÉLISE.

Il est vrai que ce sont des pitiés.
Toute construction est par elle détruite ;
Et des lois du langage on l'a cent fois instruite !

MARTINE.

Tout ce que vous prêchez est, je crois, bel et bon ;
Mais je ne saurois, moi, parler votre jargon.

PHILAMINTE.

L'impudente ! appeler un jargon le langage
Fondé sur la raison et sur le bel usage !

MARTINE.

Quand on se fait entendre, on parle toujours bien,
Et tous vos biaux dictons ne servent pas de rien.

PHILAMINTE.

Hé bien ! ne voilà pas encore de son style ?
Ne servent pas de rien !

BÉLISE.

O cervelle indocile !
Faut-il qu'avec les soins qu'on prend incessamment,
On ne te puisse apprendre à parler congrûment !
De *pas* mis avec *rien* tu fais la récidive ;
Et c'est, comme on t'a dit, trop d'une négative.

MARTINE.

Mon Dieu ! je n'avons pas étugué comme vous,
Et je parlons tout droit comme on parle cheux nous[1].

PHILAMINTE.

Ah ! peut-on y tenir ?

BÉLISE.

Quel solécisme horrible !

1. François Ier disait et écrivait : *j'avons, j'allons*. D'où l'on voit que ces formes, considérées comme des vices de la rusticité, sont nées au Louvre, et sont descendues de la bouche des rois dans celle des paysans. (F. GÉNIN.)

ACTE II, SCÈNE VI.

PHILAMINTE.

En voilà pour tuer une oreille sensible !

BÉLISE.

Ton esprit, je l'avoue, est bien matériel !
Je n'est qu'un singulier, *avons* est pluriel.
Veux-tu toute ta vie offenser la grammaire[1] ?

MARTINE.

Qui parle d'offenser grand'mère ni grand-père ?

PHILAMINTE.

O ciel !

BÉLISE.

Grammaire est prise à contre-sens par toi[2],
Et je t'ai déjà dit d'où vient ce mot ?

MARTINE.

Ma foi,
Qu'il vienne de Chaillot, d'Auteuil ou de Pontoise,
Cela ne me fait rien.

BÉLISE.

Quelle âme villageoise !
La grammaire, du verbe et du nominatif,
Comme de l'adjectif avec le substantif,
Nous enseigne les lois.

MARTINE.

J'ai, madame, à vous dire

---

1. Du temps de Molière, ce mot se prononçait *granmaire;* nous en avons la preuve dans le titre du livre où l'abbé de Dangeau, devancier de M. Marle, prétend rapprocher l'orthographe de la prononciation : *Essais de granmaire qui contiennent une lettre sur l'ortografe*, etc. Dangeau orthographie ici comme devait prononcer Bélise. (E. FOURNIER.)

2. *Grammaire est prise...* — Il faudrait *est pris*. En langage de grammaire, les mots, considérés comme mots seulement, sont toujours au singulier masculin, quels que soient leur genre et leur nombre. On dit : *grammaire est féminin, avons est pluriel*. On sous-entend *un mot* : *grammaire est un mot féminin*, etc. (AUGER.)

Que je ne connois point ces gens-là.
####### PHILAMINTE.
Quel martyre !
####### BÉLISE.
Ce sont les noms des mots ; et l'on doit regarder
En quoi c'est qu'il les faut faire ensemble accorder.
####### MARTINE.
Qu'ils s'accordent entre eux, ou se gourment, qu'importe [1] ?
####### PHILAMINTE, à Bélise.
Hé ! mon Dieu ! finissez un discours de la sorte.
(A Chrysale.)
Vous ne voulez pas, vous, me la faire sortir ?
####### CHRYSALE.
(A part.)
Si fait. A son caprice il me faut consentir.
Va, ne l'irrite point ; retire-toi, Martine.
####### PHILAMINTE.
Comment ! vous avez peur d'offenser la coquine !
Vous lui parlez d'un ton tout à fait obligeant !
####### CHRYSALE.
(D'un ton ferme.) (Bas.)
Moi ? point. Allons, sortez. Va-t'en, ma pauvre enfant.

---

1. Dans *le Fidèle*, de Pierre Larivey, il y a une scène qui rappelle celle-ci. Une servante, nommée Babille, va trouver un pédant nommé Josse. Celui-ci, au lieu de songer à ce qu'elle lui dit, épilogue sur les fautes de langue de la pauvre fille, qui, en s'excusant, en fait de plus grosses encore que les premières. Babille dit : « Le seigneur Fidèle *sont*-il en la maison ? » Le pédant répond : « *Femina proterva*, rude, indoncte, impérite, ignare, qui t'a enseigné à parler de cette façon ? Tu as fait une faute en grammaire, une discordance au nombre, parce que FIDÈLE *est numeri singularis*, et SONT, *numeri pluralis*. — Toutes ces vostres niaiseries ne m'importent rien. » Le pédant répond : « En ce sens on ne dit pas *ne m'importent rien*, parce que *duæ negationes affirmant*. — Je n'ai point appris toutes ces choses-là, chacun sait ce qu'il a appris. — Sentence de Sénèque, au livre *de Moribus* : *Unusquisque scit quod didicit*, » etc. Ce dernier trait est excellent, mais il ne pouvait entrer dans le cadre de Molière.

SCÈNE VII.

PHILAMINTE, CHRYSALE, BELISE.

CHRYSALE.

Vous êtes satisfaite, et la voilà partie;
Mais je n'approuve point une telle sortie:
C'est une fille propre aux choses qu'elle fait,
Et vous me la chassez pour un maigre sujet[1].

PHILAMINTE.

Vous voulez que toujours je l'aie à mon service,
Pour mettre incessamment mon oreille au supplice,
Pour rompre toute loi d'usage et de raison
Par un barbare amas de vices d'oraison[2],
De mots estropiés, cousus, par intervalles,
De proverbes traînés dans les ruisseaux des halles[3]?

BÉLISE.

Il est vrai que l'on sue à souffrir ses discours;
Elle y met Vaugelas en pièces tous les jours;

---

1. Chrysale cède aux caprices de sa femme, mais il ne s'y rend pas. Il semble même n'avoir écarté Martine que pour la défendre avec plus de liberté. Chrysale est un homme faible, mais c'est aussi un homme plein de raison, et les convenances sont toujours de son côté. En effet, quelque tort que puisse avoir une maîtresse de maison, un honnête homme ne doit jamais l'humilier devant sa servante. Aussi Chrysale attend-il, pour blâmer Philaminte, que Martine se soit retirée. (AIMÉ MARTIN.)

2. Oraison, du latin *oratio*, discours, langage.

3. *Les Lois de la galanterie*, espèce de code philologique à l'usage des précieuses, imprimé en 1658, dans le *Recueil de plusieurs pièces en prose les plus agréables du temps,* montrent que Molière a copié sur quelques ridicules du temps les délicatesses de Philaminte et de Bélise. « Vous parlerez toujours dans les termes les plus polis dont la cour reçoive l'usage, *fuyant ceux qui sont trop anciens.* Vous vous garderez surtout d'user de proverbes et de quolibets, car si vous vous en serviez, ce seroit *parler en bourgeois,* et le langage des halles. S'il y a des mots inventés depuis peu, et dont les gens du monde prennent plaisir de se servir, ce sont ceux-là qu'on doit avoir incessamment à la bouche, etc. »

Et les moindres défauts de ce grossier génie
Sont ou le pléonasme, ou la cacophonie.
CHRYSALE.
Qu'importe qu'elle manque aux lois de Vaugelas,
Pourvu qu'à la cuisine elle ne manque pas ?
J'aime bien mieux, pour moi, qu'en épluchant ses herbes,
Elle accommode mal les noms avec les verbes,
Et redise cent fois un bas ou méchant mot,
Que de brûler ma viande ou saler trop mon pot.
Je vis de bonne soupe, et non de beau langage.
Vaugelas n'apprend point à bien faire un potage ;
Et Malherbe et Balzac, si savants en beaux mots,
En cuisine peut-être auroient été des sots.
PHILAMINTE.
Que ce discours grossier terriblement assomme !
Et quelle indignité, pour ce qui s'appelle homme,
D'être baissé sans cesse aux soins matériels,
Au lieu de se hausser vers les spirituels !
Le corps, cette guenille, est-il d'une importance,
D'un prix à mériter seulement qu'on y pense ?
Et ne devons-nous pas laisser cela bien loin ?
CHRYSALE.
Oui, mon corps est moi-même, et j'en veux prendre soin.
Guenille, si l'on veut ; ma guenille m'est chère.
BÉLISE.
Le corps avec l'esprit fait figure, mon frère ;
Mais, si vous en croyez tout le monde savant,
L'esprit doit sur le corps prendre le pas devant;
Et notre plus grand soin, notre première instance[1],

---

1. Le mot *instance,* employé de cette façon, appartient au style de Bélise, qui est, plus que Philaminte, une précieuse suivant l'ancien modèle.

ACTE II, SCÈNE VII.   407

Doit être à le nourrir du suc de la science.

CHRYSALE.

Ma foi, si vous songez à nourrir votre esprit,
C'est de viande bien creuse, à ce que chacun dit ;
Et vous n'avez nul soin, nulle sollicitude,
Pour...

PHILAMINTE.

Ah! *sollicitude* à mon oreille est rude ;
Il put[1] étrangement son ancienneté.

BÉLISE.

Il est vrai que le mot est bien collet monté[2].

CHRYSALE.

Voulez-vous que je dise ? il faut qu'enfin j'éclate,
Que je lève le masque, et décharge ma rate :
De folles on vous traite, et j'ai fort sur le cœur...

---

1. Et non *il pue*, comme l'écrivent à tort quelques éditeurs modernes.
   Ce présent se dérive de la forme *puir*, qui est la primitive ; *puer* est moderne. Montaigne dit : « C'est *puir* que sentir bon. »
   Puer ou *puir*, verbe neutre. On ne conjugue point *je pue*, ni *je puis*, comme il semble qu'on devroit conjuguer ; mais *je pus, tu pus, il put...* (TRÉVOUX.)
   Trévoux prouve qu'en 1740 la forme moderne n'avait pas encore supplanté l'ancienne complètement, et que *puir* subsistait toujours dans le présent de l'indicatif.

2. Un *collet monté* était un collet où il entrait du carton et du fil de fer pour le soutenir. Comme, du temps de Molière, c'était déjà une mode antique, il est possible que Bélise entende par là que le mot *sollicitude* est bien suranné.
   L'expression qu'elle emploie, et qui a tout à fait l'air d'être de l'invention des précieuses, reçut du commun usage un sens un peu différent et qui s'est conservé jusqu'à nos jours. Ces collets raides de carton et de fil d'archal obligeaient les gens à tenir la tête haute et droite. C'est ce qui fait dire d'une chose qui a l'air contraint, ou d'une personne qui affecte une gravité outrée, qu'*elle est collet monté*. C'est en ce sens que Mme de Sévigné, parlant du chevalier de Méré, dit : « Son chien de style, et la ridicule critique qu'il fait en *collet monté* d'un esprit libre, badin et charmant comme Voiture, etc. »

PHILAMINTE.

Comment donc?

CHRYSALE, à Bélise.

C'est à vous que je parle, ma sœur.
Le moindre solécisme en parlant vous irrite ;
Mais vous en faites, vous, d'étranges en conduite.
Vos livres éternels ne me contentent pas ;
Et, hors un gros Plutarque à mettre mes rabats[1],
Vous devriez brûler tout ce meuble inutile,
Et laisser la science aux docteurs de la ville ;
M'ôter, pour faire bien, du grenier de céans,
Cette longue lunette à faire peur aux gens,
Et cent brimborions dont l'aspect importune ;
Ne point aller chercher ce qu'on fait dans la lune,
Et vous mêler un peu de ce qu'on fait chez vous,
Où nous voyons aller tout sens dessus dessous[2].
Il n'est pas bien honnête, et pour beaucoup de causes,
Qu'une femme étudie et sache tant de choses.
Former aux bonnes mœurs l'esprit de ses enfants,
Faire aller son ménage, avoir l'œil sur ses gens,
Et régler la dépense avec économie,
Doit être son étude et sa philosophie.

---

1. Ces *rabats*, c'est-à-dire les collets rabattus que portaient les hommes, étaient empesés, et il importait qu'ils ne prissent point de plis. C'est pour cela qu'on les tenait étendus entre les feuillets d'un gros livre, comme le Plutarque *in-folio* de M. Chrysale.

Dans *le Roman bourgeois*, de Furetière, un personnage ridicule, nommé Bélastre, va chez un libraire, et lui demande *un livre.* — *Quel livre?* dit le marchand. *A quoi voulez-vous vous en servir?* — *C'est pour mettre mes rabats en presse*, répond Bélastre. On a remarqué qu'il y a un *Plutarque*, dans l'inventaire après décès de Marie Cressé, la mère de Molière ; et que trois volumes in-folio du même Plutarque, un à Paris et deux à Auteuil, figurent dans le catalogue des livres de Molière. (Voyez les *Recherches* de M. E. Soulié, pages 14 et 92.)

2. L'édition princeps porte *sans-dessus-dessous*.

Nos pères, sur ce point, étoient gens bien sensés,
Qui disoient qu'une femme en sait toujours assez
Quand la capacité de son esprit se hausse
A connoître un pourpoint d'avec un haut-de-chausse[1].
Les leurs ne lisoient point, mais elles vivoient bien ;
Leurs ménages étoient tout leur docte entretien ;
Et leurs livres, un dé, du fil et des aiguilles,
Dont elles travailloient au trousseau de leurs filles.
Les femmes d'à présent sont bien loin de ces mœurs :
Elles veulent écrire, et devenir auteurs.
Nulle science n'est pour elles trop profonde,
Et céans beaucoup plus qu'en aucun lieu du monde :
Les secrets les plus hauts s'y laissent concevoir,
Et l'on sait tout chez moi, hors ce qu'il faut savoir.
On y sait comme vont lune, étoile polaire,
Vénus, Saturne et Mars, dont je n'ai point affaire ;
Et, dans ce vain savoir, qu'on va chercher si loin,
On ne sait comme va mon pot, dont j'ai besoin.
Mes gens à la science aspirent pour vous plaire,
Et tous ne font rien moins que ce qu'ils ont à faire.
Raisonner est l'emploi de toute ma maison,
Et le raisonnement en bannit la raison !
L'un me brûle mon rôt, en lisant quelque histoire ;
L'autre rêve à des vers, quand je demande à boire :
Enfin, je vois par eux votre exemple suivi,

1. Le mot est historique, et Molière l'a emprunté à Montaigne : « A l'adventure, nous et la théologie ne requerrons pas beaucoup de science aux femmes : et François, duc de Bretagne, fils de Jean V, comme on lui parla de son mariage avec Isabeau, fille d'Escosse, et qu'on lui adjousta qu'elle avoit esté nourrie simplement et sans aulcune instruction de lettres, respondit « qu'il l'en aimoit mieux, et qu'une femme estoit assez sçavante « quand elle sçavoit mettre différence entre la chemise et le pourpoinct de « son mary. » (*Essais*, livre I, chap. XIV. Voyez aussi *Chevræana*, tome I, page 192, et les *Annales* de Bouchet.)

Et j'ai des serviteurs et ne suis point servi[1].
Une pauvre servante au moins m'étoit restée
Qui de ce mauvais air n'étoit point infectée ;
Et voilà qu'on la chasse avec un grand fracas,
A cause qu'elle manque à parler Vaugelas.
Je vous le dis, ma sœur, tout ce train-là me blesse ;
Car c'est, comme j'ai dit, à vous que je m'adresse.
Je n'aime point céans tous vos gens à latin,
Et principalement ce monsieur Trissotin.
C'est lui qui, dans des vers, vous a tympanisées[2] ;
Tous les propos qu'il tient sont des billevesées.
On cherche ce qu'il dit après qu'il a parlé ;
Et je lui crois, pour moi, le timbre un peu fêlé.

PHILAMINTE.

Quelle bassesse, ô ciel! et d'âme et de langage!

---

1. Voyez dans l'*Académie des Femmes*, de Chappuzeau, une tirade à peu près semblable, acte II, scène V :

> Lorsque ce sexe croit en savoir plus que nous,
> De notre autorité d'abord il est jaloux.
> Une femme qui lit, et qui lit Campanelle !
> Que c'est un beau moyen de gâter sa cervelle !
> Et que, tandis qu'elle a cette démangeaison,
> Un mari passe bien son temps à la maison !
> Quand sur tous ces auteurs son foible esprit travaille,
> Que des valets en bas ont beau faire gogaille,
> Et qu'on a souvent tort d'imputer au cerceau
> Que le vin va trop vite, et s'enfuit du tonneau !
> Une bonne quenouille en la main d'une femme
> Lui sied bien, et la met à couvert de tout blâme ;
> Son ménage florit, la règle va partout,
> Et de ses serviteurs elle vient mieux à bout.
> Mais un livre, bon Dieu! qu'en prétend-elle faire ?
> Ne voudroit-elle point encor monter en chaire,
> Et, lasse à la maison de nous questionner,
> Nous venir en public derechef sermonner ?
> Si nous n'y donnons ordre, après cette équipée,
> Bientôt avec un livre elle prendra l'épée !
> Non, non, résolûment, jamais femme qui lit,
> Quand j'en devrois mourir, n'entrera dans mon lit.

2. C'est-à-dire : vous a donné une célébrité ridicule.

BÉLISE.

Est-il de petits corps un plus lourd assemblage?
Un esprit composé d'atomes plus bourgeois?
Et de ce même sang se peut-il que je sois?
Je me veux mal de mort d'être de votre race ;
Et, de confusion, j'abandonne la place[1].

SCÈNE VIII.
PHILAMINTE, CHRYSALE.

PHILAMINTE.

Avez-vous à lâcher encore quelque trait?

CHRYSALE.

Moi? Non. Ne parlons plus de querelle ; c'est fait.
Discourons d'autre affaire. A votre fille aînée
On voit quelque dégoût pour les nœuds d'hyménée ;
C'est une philosophe enfin, je n'en dis rien :
Elle est bien gouvernée, et vous faites fort bien ;
Mais de tout autre humeur se trouve sa cadette ;
Et je crois qu'il est bon de pourvoir Henriette,
De choisir un mari...

PHILAMINTE.

C'est à quoi j'ai songé,
Et je veux vous ouvrir l'intention que j'ai.
Ce monsieur Trissotin, dont on nous fait un crime,
Et qui n'a pas l'honneur d'être dans votre estime,
Est celui que je prends pour l'époux qu'il lui faut ;
Et je sais mieux que vous juger de ce qu'il vaut.

---

1. L'*air bourgeois*, des *atomes bourgeois* : ces expressions sont citées comme nouvelles dans le *Dictionnaire des Précieuses,* publié onze ans avant *les Femmes savantes.* « Je me veux mal de mort » était encore, suivant Somaize, une locution à la mode.

La contestation est ici superflue ;
Et de tout point chez moi l'affaire est résolue.
Au moins ne dites mot du choix de cet époux ;
Je veux à votre fille en parler avant vous.
J'ai des raisons à faire approuver ma conduite,
Et je connoîtrai bien si vous l'aurez instruite.

SCÈNE IX.

ARISTE, CHRYSALE.

ARISTE.

Hé bien! la femme sort, mon frère, et je vois bien
Que vous venez d'avoir ensemble un entretien.

CHRYSALE.

Oui.

ARISTE.

Quel est le succès? Aurons-nous Henriette?
A-t-elle consenti? l'affaire est-elle faite?

CHRYSALE.

Pas tout à fait encor.

ARISTE.

Refuse-t-elle?

CHRYSALE.

Non.

ARISTE.

Est-ce qu'elle balance?

CHRYSALE.

En aucune façon.

ARISTE.

Quoi donc?

CHRYSALE.

C'est que pour gendre elle m'offre un autre homme.

ACTE II, SCÈNE IX.

ARISTE.

Un autre homme pour gendre?

CHRYSALE.

Un autre.

ARISTE.

Qui se nomme?

CHRYSALE.

Monsieur Trissotin.

ARISTE.

Quoi! ce monsieur Trissotin...?

CHRYSALE.

Oui, qui parle toujours de vers et de latin

ARISTE.

Vous l'avez accepté?

CHRYSALE.

Moi, point : à Dieu ne plaise!

ARISTE.

Qu'avez-vous répondu?

CHRYSALE.

Rien; et je suis bien aise
De n'avoir point parlé, pour ne m'engager pas.

ARISTE.

La raison est fort belle, et c'est faire un grand pas.
Avez-vous su du moins lui proposer Clitandre?

CHRYSALE.

Non; car, comme j'ai vu qu'on parloit d'autre gendre,
J'ai cru qu'il étoit mieux de ne m'avancer point.

ARISTE.

Certes, votre prudence est rare au dernier point.
N'avez-vous point de honte, avec votre mollesse?
Et se peut-il qu'un homme ait assez de foiblesse
Pour laisser à sa femme un pouvoir absolu,

Et n'oser attaquer ce qu'elle a résolu?
CHRYSALE.
Mon Dieu! vous en parlez, mon frère, bien à l'aise,
Et vous ne savez pas comme le bruit me pèse.
J'aime fort le repos, la paix et la douceur,
Et ma femme est terrible avecque son humeur ;
Du nom de philosophe elle fait grand mystère [1],
Mais elle n'en est pas pour cela moins colère,
Et sa morale, faite à mépriser le bien,
Sur l'aigreur de sa bile opère comme rien.
Pour peu que l'on s'oppose à ce que veut sa tête,
On en a pour huit jours d'effroyable tempête.
Elle me fait trembler dès qu'elle prend son ton ;
Je ne sais où me mettre, et c'est un vrai dragon ;
Et cependant, avec toute sa diablerie,
Il faut que je l'appelle et mon cœur et ma mie [2].
ARISTE.
Allez, c'est se moquer. Votre femme, entre nous,
Est, par vos lâchetés, souveraine sur vous.
Son pouvoir n'est fondé que sur votre foiblesse ;
C'est de vous qu'elle prend le titre de maîtresse;
Vous-même à ses hauteurs vous vous abandonnez,
Et vous faites mener en bête par le nez.
Quoi! vous ne pouvez pas, voyant comme on vous nomme,
Vous résoudre une fois à vouloir être un homme,

---

1. *Mystère* est pris ici dans le sens de chose auguste et sacrée.
2. Imitation de Plaute. Dans la *Casine,* Stalinon dit, en apercevant sa femme Cléostrate :

> Tristem adstare adspicio : blande hæc mihi mala res adpellanda 'st.
> Uxor mea, meaque amœnitas, quid tu agis?

« Je la vois là avec son air refrogné et maussade; il me faut pourtant aborder tendrement cette furie. (Haut, à Cléostrate.) Ma petite femme, ma mignonne, que fais-tu là? »

ACTE II, SCÈNE IX.

A faire condescendre une femme à vos vœux,
Et prendre assez de cœur pour dire un Je le veux!
Vous laisserez, sans honte, immoler votre fille
Aux folles visions qui tiennent la famille,
Et de tout votre bien revêtir un nigaud,
Pour six mots de latin qu'il leur fait sonner haut;
Un pédant qu'à tous coups votre femme apostrophe
Du nom de bel esprit et de grand philosophe,
D'homme qu'en vers galants jamais on n'égala;
Et qui n'est, comme on sait, rien moins que tout cela !
Allez, encore un coup, c'est une moquerie;
Et votre lâcheté mérite qu'on en rie.

CHRYSALE.

Oui, vous avez raison, et je vois que j'ai tort.
Allons, il faut enfin montrer un cœur plus fort,
Mon frère.

ARISTE.

    C'est bien dit.

CHRYSALE.

        C'est une chose infâme
Que d'être si soumis au pouvoir d'une femme.

ARISTE.

Fort bien.

CHRYSALE.

    De ma douceur elle a trop profité.

ARISTE.

Il est vrai.

CHRYSALE.

    Trop joui de ma facilité.

ARISTE.

Sans doute.

CHRYSALE.

    Et je lui veux faire aujourd'hui connoître

Que ma fille est ma fille, et que j'en suis le maître,
Pour lui prendre un mari qui soit selon mes vœux.

ARISTE.

Vous voilà raisonnable, et comme je vous veux.

CHRYSALE.

Vous êtes pour Clitandre, et savez sa demeure ;
Faites-le-moi venir, mon frère, tout à l'heure.

ARISTE.

J'y cours tout de ce pas[1].

CHRYSALE.

C'est souffrir trop longtemps,
Et je m'en vais être homme à la barbe des gens.

1. Ariste est un de ces frères ou beaux-frères, remplis de sagesse et de fermeté, que, dans plusieurs de ses grandes comédies, Molière a opposés à la folie, à la faiblesse d'un personnage principal ; mais son rôle est le moins important de tous ceux du même genre. Il faut, en effet, moins de paroles et d'efforts de raisonnement pour prouver à un homme qu'il a tort de se laisser mener par sa femme, qu'il n'en faut à l'Ariste de *l'École des Maris* pour combattre un faux système d'éducation ; au Cléante du *Tartuffe*, pour démasquer la fausse dévotion, sans porter atteinte à la dévotion véritable ; et au Béralde du *Malade imaginaire*, pour attaquer la triste et dangereuse manie de se médicamenter pour les maux qu'on croit avoir, infaillible moyen de se donner les maux qu'on n'a pas. Tel qu'il est, toutefois, l'Ariste des *Femmes savantes* est un personnage nécessaire : il est le seul de la pièce qui ait le droit de gourmander Chrysale sur sa faiblesse et de l'en faire rougir. (AUGER.)

ACTE TROISIÈME.

SCÈNE PREMIÈRE.

PHILAMINTE, ARMANDE, BÉLISE,
TRISSOTIN, LÉPINE.

PHILAMINTE.

Ah! mettons-nous ici pour écouter à l'aise
Ces vers, que, mot à mot, il est besoin qu'on pèse.

ARMANDE.

Je brûle de les voir.

BÉLISE.

Et l'on s'en meurt chez nous.

PHILAMINTE, à Trissotin.

Ce sont charmes pour moi que ce qui part de vous [1].

ARMANDE.

Ce m'est une douceur à nulle autre pareille.

BÉLISE.

Ce sont repas friands qu'on donne à mon oreille.

PHILAMINTE.

Ne faites point languir de si pressants désirs.

---

1. Mlle de Montpensier écrivait à l'abbé Cotin : « Vous ne sauriez croire combien je reçois de plaisir quand vous me faites la grâce de m'écrire, et de m'envoyer des vers de vos amis; mais quand j'en rencontre des vôtres, je sens une joie parfaite, car j'avoue que j'ai pour vous une tendresse toute particulière. » (Voyez *OEuvres galantes*, tome I, page 406.)

ARMANDE.

Dépêchez.

BÉLISE.

Faites tôt, et hâtez nos plaisirs.

PHILAMINTE.

A notre impatience offrez votre épigramme.

TRISSOTIN, à Philaminte.

Hélas ! c'est un enfant tout nouveau-né, madame :
Son sort assurément a lieu de vous toucher,
Et c'est dans votre cour que j'en viens d'accoucher.

PHILAMINTE.

Pour me le rendre cher, il suffit de son père.

TRISSOTIN.

Votre approbation lui peut servir de mère.

BÉLISE.

Qu'il a d'esprit !

SCÈNE II.

HENRIETTE, PHILAMINTE, BÉLISE, ARMANDE,
TRISSOTIN, LÉPINE.

PHILAMINTE, à Henriette, qui veut se retirer.

Holà ! pourquoi donc fuyez-vous ?

HENRIETTE.

C'est de peur de troubler un entretien si doux.

PHILAMINTE.

Approchez, et venez, de toutes vos oreilles,
Prendre part au plaisir d'entendre des merveilles.

HENRIETTE.

Je sais peu les beautés de tout ce qu'on écrit,
Et ce n'est pas mon fait que les choses d'esprit.

PHILAMINTE.

Il n'importe : aussi bien ai-je à vous dire ensuite
Un secret dont il faut que vous soyez instruite.

TRISSOTIN, à Henriette.

Les sciences n'ont rien qui vous puisse enflammer,
Et vous ne vous piquez que de savoir charmer.

HENRIETTE.

Aussi peu l'un que l'autre ; et je n'ai nulle envie...

BÉLISE.

Ah ! songeons à l'enfant nouveau-né, je vous prie.

PHILAMINTE, à Lépine.

Allons, petit garçon, vite de quoi s'asseoir.

(Le laquais tombe avec la chaise.)

Voyez l'impertinent ! Est-ce que l'on doit choir,
Après avoir appris l'équilibre des choses ?

BÉLISE.

De ta chute, ignorant, ne vois-tu pas les causes,
Et qu'elle vient d'avoir, du point fixe, écarté
Ce que nous appelons centre de gravité ?

LÉPINE.

Je m'en suis aperçu, madame, étant par terre.

PHILAMINTE, à Lépine, qui sort.

Le lourdaud !

TRISSOTIN.

Bien lui prend de n'être pas de verre.

ARMANDE.

Ah ! de l'esprit partout !

BÉLISE.

Cela ne tarit pas.

(Ils s'asseyent.)

PHILAMINTE.

Servez-nous promptement votre aimable repas.

TRISSOTIN.

Pour cette grande faim qu'à mes yeux on expose,
Un plat seul de huit vers me semble peu de chose ;
Et je pense qu'ici je ne ferai pas mal
De joindre à l'épigramme, ou bien au madrigal,
Le ragoût d'un sonnet qui, chez une princesse,
A passé pour avoir quelque délicatesse.
Il est de sel attique assaisonné partout,
Et vous le trouverez, je crois, d'assez bon goût.

ARMANDE.

Ah ! je n'en doute point.

PHILAMINTE.

Donnons vite audience.

BÉLISE. (A chaque fois qu'il veut lire, elle l'interrompt.)

Je sens d'aise mon cœur tressaillir par avance.
J'aime la poésie avec entêtement,
Et surtout quand les vers sont tournés galamment.

PHILAMINTE.

Si nous parlons toujours, il ne pourra rien dire.

TRISSOTIN.

So...

BÉLISE, à Henriette.

Silence, ma nièce[1].*

---

* L'éditeur de 1734 a jugé à propos de compléter ce vers, que Molière avait laissé inachevé, et il a fait ajouter par Armande : *Ah! laissez-le donc lire*. Nous avons déjà fait observer que Molière ne s'attache pas à former partout des vers réguliers, lorsque le dialogue est ainsi interrompu par une lecture. (Voyez tome VII, page 498.)

1. Bélise, qui parle toujours, impose silence à Henriette, qui ne dit rien. L'enthousiasme lui trouble la tête.

ACTE III, SCÈNE II.

TRISSOTIN.

SONNET A LA PRINCESSE URANIE SUR SA FIÈVRE [1].

Votre prudence est endormie,
De traiter magnifiquement
Et de loger superbement
Votre plus cruelle ennemie.

BÉLISE.

Ah! le joli début!

ARMANDE.

Qu'il a le tour galant!

PHILAMINTE.

Lui seul des vers aisés possède le talent.

ARMANDE.

A *prudence endormie* il faut rendre les armes.

BÉLISE.

Loger son ennemie est pour moi plein de charmes.

PHILAMINTE.

J'aime *superbement* et *magnifiquement*;
Ces deux adverbes joints font admirablement.

BÉLISE.

Prêtons l'oreille au reste.

TRISSOTIN.

Votre prudence est endormie,
De traiter magnifiquement
Et de loger superbement
Votre plus cruelle ennemie.

ARMANDE.

Prudence endormie!

---

1. Le sonnet, tel que Trissotin va le lire, se trouve dans les *OEuvres galantes, en prose et en vers*, de *M. Cotin*, chez Étienne Loyson. Paris, 1663. Il est intitulé: *Sonnet à Mademoiselle de Longueville, à présent duchesse de Nemours, sur sa fièvre quarte*.

BÉLISE.

Loger son ennemie !

PHILAMINTE.

Superbement et *magnifiquement !*

TRISSOTIN.

Faites-la sortir, quoi qu'on die,
De votre riche appartement,
Où cette ingrate insolemment
Attaque votre belle vie.

BÉLISE.

Ah ! tout doux ! laissez-moi, de grâce, respirer.

ARMANDE.

Donnez-nous, s'il vous plaît, le loisir d'admirer.

PHILAMINTE.

On se sent, à ces vers, jusques au fond de l'âme,
Couler je ne sais quoi qui fait que l'on se pâme.

ARMANDE.

Faites-la sortir, quoi qu'on die,
De votre riche appartement.

Que *riche appartement* est là joliment dit !
Et que la métaphore est mise avec esprit !

PHILAMINTE.

Faites-la sortir, quoi qu'on die[1],

Ah ! que ce *quoi qu'on die* est d'un goût admirable !
C'est, à mon sentiment, un endroit impayable.

ARMANDE.

De *quoi qu'on die* aussi mon cœur est amoureux.

BÉLISE.

Je suis de votre avis, *quoi qu'on die* est heureux.

---

1. Il ne s'agit pas de la forme du mot *die*, alors très usitée, mais de l'emploi de cette expression : quoi qu'on die.

######### ARMANDE.
Je voudrois l'avoir fait.
######### BÉLISE.
Il vaut toute une pièce.
######### PHILAMINTE.
Mais en comprend-on bien, comme moi, la finesse?
######### ARMANDE et BÉLISE.
Oh! oh!
######### PHILAMINTE.
Faites-la sortir, quoi qu'on die.
Que de la fièvre on prenne ici les intérêts,
N'ayez aucun égard, moquez-vous des caquets,
Faites-la sortir, quoi qu'on die,
Quoi qu'on die, quoi qu'on die.
Ce *quoi qu'on die* en dit beaucoup plus qu'il ne semble.
Je ne sais pas, pour moi, si chacun me ressemble;
Mais j'entends là-dessous un million de mots.
######### BÉLISE.
Il est vrai qu'il dit plus de choses qu'il n'est gros.
######### PHILAMINTE, à Trissotin.
Mais quand vous avez fait ce charmant *quoi qu'on die*,
Avez-vous compris, vous, toute son énergie?
Songiez-vous bien vous-même à tout ce qu'il nous dit?
Et pensiez-vous alors y mettre tant d'esprit?
######### TRISSOTIN.
Hai! hai!
######### ARMANDE.
J'ai fort aussi l'*ingrate* dans la tête,
Cette ingrate de fièvre, injuste, malhonnête,
Qui traite mal les gens qui la logent chez eux.
######### PHILAMINTE.
Enfin les quatrains sont admirables tous deux.

Venons-en promptement aux tiercets[1], je vous prie.
ARMANDE.
Ah! s'il vous plaît, encore une fois *quoi qu'on die.*
TRISSOTIN.
Faites-la sortir, quoi qu'on die,
PHILAMINTE, ARMANDE et BÉLISE.
Quoi qu'on die!
TRISSOTIN.
De votre riche appartement,
PHILAMINTE, ARMANDE et BÉLISE.
Riche appartement!
TRISSOTIN.
Où cette ingrate insolemment,
PHILAMINTE, ARMANDE et BÉLISE.
Cette ingrate de fièvre!
TRISSOTIN.
Attaque votre belle vie.
PHILAMINTE.
Votre belle vie!
ARMANDE et BÉLISE.
Ah!
TRISSOTIN.
Quoi! sans respecter votre rang,
Elle se prend à votre sang,
PHILAMINTE, ARMANDE et BÉLISE.
Ah!
TRISSOTIN.
Et nuit et jour vous fait outrage!

Si vous la conduisez aux bains,
Sans la marchander davantage,
Noyez-la de vos propres mains.

---

1. Le vrai mot est *tercet.* Un sonnet est composé de quatorze vers distribués en deux quatrains et deux tercets.

PHILAMINTE.

On n'en peut plus.
BÉLISE.

On pâme.
ARMANDE.

On se meurt de plaisir.
PHILAMINTE.

De mille doux frissons vous vous sentez saisir.
ARMANDE.

Si vous la conduisez aux bains,
BÉLISE.

Sans la marchander davantage,
PHILAMINTE.

Noyez-la de vos propres mains.
De vos propres mains, là, noyez-la dans les bains.
ARMANDE.

Chaque pas dans vos vers rencontre un trait charmant.
BÉLISE.

Partout on s'y promène avec ravissement.
PHILAMINTE.

On n'y sauroit marcher que sur de belles choses.
ARMANDE.

Ce sont petits chemins tout parsemés de roses.
TRISSOTIN.

Le sonnet donc vous semble...
PHILAMINTE.

Admirable, nouveau :
Et personne jamais n'a rien fait de si beau.
BÉLISE, à Henriette.

Quoi! sans émotion pendant cette lecture!
Vous faites là, ma nièce, une étrange figure!

HENRIETTE.

Chacun fait ici-bas la figure qu'il peut,
Ma tante; et bel esprit, il ne l'est pas qui veut.

TRISSOTIN.

Peut-être que mes vers importunent madame.

HENRIETTE.

Point. Je n'écoute pas.

PHILAMINTE.

Ah! voyons l'épigramme.

TRISSOTIN.

SUR UN CARROSSE DE COULEUR AMARANTE DONNÉ
A UNE DAME DE SES AMIES[1].

PHILAMINTE.

Ses titres ont toujours quelque chose de rare.

ARMANDE.

A cent beaux traits d'esprit leur nouveauté prépare.

TRISSOTIN.

L'amour si chèrement m'a vendu son lien,

PHILAMINTE, ARMANDE et BÉLISE.

Ah!

TRISSOTIN.

Qu'il m'en coûte déjà la moitié de mon bien;
Et quand tu vois ce beau carrosse,
Où tant d'or se relève en bosse
Qu'il étonne tout le pays,
Et fait pompeusement triompher ma Laïs...

PHILAMINTE.

Ah! *ma Laïs!* voilà de l'érudition.

1. L'épigramme se trouve dans le même volume que le sonnet, et elle est intitulée ainsi : *Sur un carrosse de couleur amarante, acheté pour une dame.* MADRIGAL. A la fin, on lit cette note : « En faveur des Grecs et des Latins, et de quelques-uns de nos François, qui affectent ces rencontres aux mots, quoique froides, j'ai fait grâce à cette épigramme. »

ACTE III, SCÈNE II.

BÉLISE.

L'enveloppe[1] est jolie, et vaut un million.

TRISSOTIN.

Et quand tu vois ce beau carrosse,
Où tant d'or se relève en bosse
Qu'il étonne tout le pays,
Et fait pompeusement triompher ma Laïs,
Ne dis plus qu'il est amarante,
Dis plutôt qu'il est de ma rente.

ARMANDE.

Oh! oh! oh! celui-là ne s'attend point du tout.

PHILAMINTE.

On n'a que lui qui puisse écrire de ce goût.

BÉLISE.

Ne dis plus qu'il est amarante,
Dis plutôt qu'il est de ma rente.

Voilà qui se décline, *ma rente, de ma rente, à ma rente.*

PHILAMINTE.

Je ne sais, du moment que je vous ai connu,
Si, sur votre sujet, j'ai l'esprit prévenu ; *
Mais j'admire partout vos vers et votre prose.

TRISSOTIN, à Philaminte.

Si vous vouliez de vous nous montrer quelque chose,
A notre tour aussi nous pourrions admirer.

PHILAMINTE.

Je n'ai rien fait en vers; mais j'ai lieu d'espérer
Que je pourrai bientôt vous montrer, en amie,
Huit chapitres du plan de notre académie.

* VAR. *Si, sur votre sujet, j'eus l'esprit prévenu;* (1682).

1. L'enveloppe, c'est-à-dire cette manière voilée de désigner une fille entretenue. Ce mot continua à avoir cette signification au siècle suivant, et l'on sait que Voltaire appelait Necker M. de l'Enveloppe.

Platon s'est au projet simplement arrêté,
Quand de sa République il a fait le traité ;
Mais à l'effet entier je veux pousser l'idée
Que j'ai sur le papier en prose accommodée.
Car enfin, je me sens un étrange dépit
Du tort que l'on nous fait du côté de l'esprit ;
Et je veux nous venger, toutes tant que nous sommes,
De cette indigne classe où nous rangent les hommes,
De borner nos talents à des futilités,
Et nous fermer la porte aux sublimes clartés.

ARMANDE.

C'est faire à notre sexe une trop grande offense,
De n'étendre l'effort de notre intelligence
Qu'à juger d'une jupe, ou de l'air d'un manteau,
Ou des beautés d'un point, ou d'un brocart nouveau.

BÉLISE.

Il faut se relever de ce honteux partage,
Et mettre hautement notre esprit hors de page.

TRISSOTIN.

Pour les dames on sait mon respect en tous lieux ;
Et, si je rends hommage aux brillants de leurs yeux,
De leur esprit aussi j'honore les lumières.

PHILAMINTE.

Le sexe aussi vous rend justice en ces matières ;
Mais nous voulons montrer à de certains esprits,
Dont l'orgueilleux savoir nous traite avec mépris,
Que de science aussi les femmes sont meublées ;
Qu'on peut faire, comme eux, de doctes assemblées,
Conduites en cela par des ordres meilleurs ;
Qu'on y veut réunir ce qu'on sépare ailleurs[1],

---

1. Allusion à l'Académie française, fondée en 1633, et à l'Académie des sciences, établie en 1666.

ACTE III, SCÈNE II. 429

Mêler le beau langage et les hautes sciences,
Découvrir la nature en mille expériences ;
Et, sur les questions qu'on pourra proposer,
Faire entrer chaque secte, et n'en point épouser.

TRISSOTIN.

Je m'attache pour l'ordre au péripatétisme [1].

PHILAMINTE.

Pour les abstractions, j'aime le platonisme.

ARMANDE.

Épicure me plaît, et ses dogmes sont forts.

BÉLISE.

Je m'accommode assez, pour moi, des petits corps ;
Mais le vide à souffrir me semble difficile,
Et je goûte bien mieux la matière subtile.

TRISSOTIN.

Descartes, pour l'aimant, donne fort dans mon sens.

ARMANDE.

J'aime ses tourbillons [2].

1. On sait que le *péripatétisme* est la doctrine d'Aristote.
2. Dans cet étalage de science que font nos trois pédantes et leur *héros d'esprit*, il n'y a pourtant pas un mot qui porte à faux, ou qui soit dit en l'air. L'*ordre*, ou l'enchaînement logique des propositions, distingue, en effet, le péripatétisme, et les *abstractions* du platonisme sont célèbres. Quant à Épicure, on sait que les *petits corps*, ou atomes, étaient le principe de sa physique, et qu'il admettait *le vide;* et peut-être, dans ces paroles d'Armande, *Épicure me plaît et ses dogmes sont forts*, est-il permis d'apercevoir une marque de la prédilection de Molière pour la doctrine de ce philosophe, que Gassendi, son maître, lui avait enseignée. Enfin, personne n'ignore que la *matière subtile,* les *tourbillons*, et les *mondes tombants*, appartiennent au système du monde imaginé par Descartes, et que ce grand homme a cru expliquer les propriétés de l'*aimant* par un certain mouvement de la matière subtile à travers la matière cannelée. L'éducation forte qu'avait reçue Molière, et son savoir, aussi varié que profond, se font sentir en toute circonstance.

Destouche, dans *la Fausse Agnès,* semble avoir imité ce passage. Angélique dit : « J'aime les tourbillons ; mais j'ai peine à résister à l'attraction. Descartes me ravit, et Newton m'entraîne. » Puis elle demande à la

PHILAMINTE.
Moi, ses mondes tombants.
ARMANDE.
Il me tarde de voir notre assemblée ouverte,
Et de nous signaler par quelque découverte.
TRISSOTIN.
On en attend beaucoup de vos vives clartés;
Et pour vous la nature a peu d'obscurités.
PHILAMINTE.
Pour moi, sans me flatter, j'en ai déjà fait une;
Et j'ai vu clairement des hommes dans la lune.
BÉLISE.
Je n'ai point encor vu d'hommes, comme je crois;
Mais j'ai vu des clochers tout comme je vous vois[1].
ARMANDE.
Nous approfondirons, ainsi que la physique,
Grammaire, histoire, vers, morale, et politique.
PHILAMINTE.
La morale a des traits dont mon cœur est épris,
Et c'étoit autrefois l'amour des grands esprits;
Mais aux stoïciens je donne l'avantage,
Et je ne trouve rien de si beau que leur Sage.
ARMANDE.
Pour la langue, on verra dans peu nos règlements,

---

comtesse lequel des deux systèmes elle préfère, et la comtesse répond :
« Oh! je suis furieusement pour l'attraction. J'aime tout ce qui attire.
— Je m'en étois doutée. Et madame la présidente? — Pour moi, je me
jette à corps perdu dans les tourbillons. » (AUGER.)

1. Helvétius raconte qu'un curé et une femme galante, ayant ouï dire
que la lune était habitée, tâchaient, le télescope en main, d'en reconnaître
les habitants? « Je vois deux ombres qui s'inclinent l'une vers l'autre, dit
la dame. — Que dites-vous, s'écria le curé ; ce sont les deux clochers d'une
cathédrale. »

Et nous y prétendons faire des remuements[1].
Par une antipathie, ou juste, ou naturelle,
Nous avons pris chacune une haine mortelle
Pour un nombre de mots, soit ou verbes, ou noms,
Que mutuellement nous nous abandonnons :
Contre eux nous préparons de mortelles sentences,
Et nous devons ouvrir nos doctes conférences
Par les proscriptions de tous ces mots divers,
Dont nous voulons purger et la prose et les vers[2].

PHILAMINTE.

Mais le plus beau projet de notre académie,
Une entreprise noble, et dont je suis ravie,
Un dessein plein de gloire, et qui sera vanté
Chez tous les beaux esprits de la postérité,
C'est le retranchement de ces syllabes sales,
Qui dans les plus beaux mots produisent des scandales;
Ces jouets éternels des sots de tous les temps;
Ces fades lieux communs de nos méchants plaisants ;
Ces sources d'un amas d'équivoques infâmes,
Dont on vient faire insulte à la pudeur des femmes [3].

TRISSOTIN.

Voilà certainement d'admirables projets!

BÉLISE.

Vous verrez nos statuts quand ils seront tous faits.

---

1. Les précieuses s'assemblaient, en effet, pour disserter sur le langage, et admettre ou rejeter les expressions et les locutions nouvelles. Nous leur devons une multitude de phrases très énergiques, et un premier essai de l'orthographe adoptée par Voltaire.

2. Plusieurs académiciens avaient conçu le projet de bannir de la langue les mots les plus utiles, comme *car, encore, néanmoins, pourquoi,* etc. Molière fait allusion à ce ridicule projet, dont Saint-Évremont et Ménage s'étaient déjà moqués.

3. Voyez tome IV, page 421.

TRISSOTIN.

Ils ne sauroient manquer d'être tous beaux et sages.

ARMANDE.

Nous serons, par nos lois, les juges des ouvrages ;
Par nos lois, prose et vers, tout nous sera soumis :
Nul n'aura de l'esprit, hors nous et nos amis[1].
Nous chercherons partout à trouver à redire,
Et ne verrons que nous qui sache bien écrire.*

SCÈNE III.

PHILAMINTE, BÉLISE, ARMANDE, HENRIETTE, TRISSOTIN, LÉPINE.

LÉPINE, à Trissotin.

Monsieur, un homme est là, qui veut parler à vous ;
Il est vêtu de noir, et parle d'un ton doux.

(Ils se lèvent.)

TRISSOTIN.

C'est cet ami savant qui m'a fait tant d'instance
De lui donner l'honneur de votre connoissance.

PHILAMINTE.

Pour le faire venir vous avez tout crédit.

(Trissotin va au-devant de Vadius.)

---

* Il y a *qui sache bien écrire* dans les éditions de 1673, de 1676 et de 1682. Les éditeurs ont tous mis *qui sachent bien écrire,* croyant à une faute d'impression. Il nous semble que l'orthographe des textes originaux peut s'expliquer par une ellipse : nous ne verrons *personne autre* que nous, qui sache bien écrire.

1. Ce vers est devenu proverbe : c'est la maxime fondamentale des coteries savantes et littéraires. Aimé Martin prétend que Molière a dirigé ce trait contre Ménage, qui réunissait dans sa maison une petite société de beaux esprits, afin de juger en dernier ressort de tous les ouvrages en littérature. « Molière, dit-il, n'avoit peut-être pas oublié que le poème de Charles Perrault, sur la peinture, y avoit été jugé supérieur au sien. » (Voyez *Ménagiana*, t. III, p. 11. Le poème de Perrault parut en 1668.)

SCÈNE IV.

PHILAMINTE, BÉLISE, ARMANDE, HENRIETTE.

PHILAMINTE, à Armande et à Bélise.
Faisons bien les honneurs au moins de notre esprit.
(A Henriette, qui veut sortir.)
Holà! Je vous ai dit, en paroles bien claires,
Que j'ai besoin de vous.

HENRIETTE.
Mais pour quelles affaires?
PHILAMINTE.
Venez : on va dans peu vous les faire savoir.

SCÈNE V.

TRISSOTIN, VADIUS, PHILAMINTE, BÉLISE, ARMANDE, HENRIETTE.

TRISSOTIN, présentant Vadius.
Voici l'homme qui meurt du désir de vous voir;
En vous le produisant, je ne crains point le blâme
D'avoir admis chez vous un profane, madame.
Il peut tenir son coin parmi de beaux esprits.
PHILAMINTE.
La main qui le présente en dit assez le prix.
TRISSOTIN.
Il a des vieux auteurs la pleine intelligence,
Et sait du grec, madame, autant qu'homme de France.
PHILAMINTE, à Bélise.
Du grec, ô ciel! du grec! Il sait du grec, ma sœur!

BÉLISE, à Armande.

Ah! ma nièce, du grec!

ARMANDE.

Du grec! quelle douceur!

PHILAMINTE.

Quoi! monsieur sait du grec? Ah! permettez, de grâce,
Que pour l'amour du grec, monsieur, on vous embrasse.
(Vadius les baise toutes, jusques à Henriette, qui le refuse.)

HENRIETTE.

Excusez-moi, monsieur, je n'entends pas le grec.
(Ils s'asseyent.)

PHILAMINTE.

J'ai pour les livres grecs un merveilleux respect.

VADIUS.

Je crains d'être fâcheux par l'ardeur qui m'engage
A vous rendre aujourd'hui, madame, mon hommage;
Et j'aurai pu troubler quelque docte entretien.

PHILAMINTE.

Monsieur, avec du grec on ne peut gâter rien.

TRISSOTIN.

Au reste, il fait merveille en vers ainsi qu'en prose,
Et pourroit, s'il vouloit, vous montrer quelque chose.

VADIUS.

Le défaut des auteurs, dans leurs productions,
C'est d'en tyranniser les conversations;
D'être au Palais, au Cours, aux ruelles, aux tables,
De leurs vers fatigants lecteurs infatigables.
Pour moi, je ne vois rien de plus sot, à mon sens,
Qu'un auteur qui partout va gueuser des encens;
Qui, des premiers venus saisissant les oreilles,
En fait le plus souvent les martyrs de ses veilles.
On ne m'a jamais vu ce fol entêtement;

ACTE III, SCÈNE V.

Et d'un Grec, là-dessus, je suis le sentiment,
Qui, par un dogme exprès, défend à tous ses sages
L'indigne empressement de lire leurs ouvrages.
Voici de petits vers pour de jeunes amants,
Sur quoi je voudrois bien avoir vos sentiments.

TRISSOTIN.

Vos vers ont des beautés que n'ont point tous les autres.

VADIUS.

Les Grâces et Vénus règnent dans tous les vôtres.

TRISSOTIN.

Vous avez le tour libre, et le beau choix des mots.

VADIUS.

On voit partout chez vous l'*ithos* et le *pathos*[1].

TRISSOTIN.

Nous avons vu de vous des églogues d'un style
Qui passe en doux attraits Théocrite et Virgile[2].

VADIUS.

Vos odes ont un air noble, galant et doux,
Qui laisse de bien loin votre Horace après vous[3].

TRISSOTIN.

Est-il rien d'amoureux comme vos chansonnettes?

VADIUS.

Peut-on rien voir d'égal aux sonnets que vous faites?

TRISSOTIN.

Rien qui soit plus charmant que vos petits rondeaux?

---

1. Ce sont des termes de rhétorique empruntés à la langue grecque : ἦθος, les mœurs : πάθος, le sentiment.

2. Ménage avait composé des églogues qui jouissaient de quelque réputation. (Voyez *Poésies de Ménage;* Elzeviers, 1663, livre I.)

3. Ici Molière met en action un passage fort piquant de l'*Éloge de la Folie* d'Érasme : « Rien au monde n'est si plaisant que de voir des ânes s'entre-gratter, soit par des vers, soit par des éloges qu'ils s'adressent sans pudeur. Vous surpassez Alcée, dit l'un ; et vous Callimaque, dit l'autre : vous éclipsez l'orateur romain; et vous, vous effacez le divin Platon. »

VADIUS.

Rien de si plein d'esprit que tous vos madrigaux?

TRISSOTIN.

Aux ballades surtout vous êtes admirable.

VADIUS.

Et dans les bouts-rimés je vous trouve adorable.

TRISSOTIN.

Si la France pouvoit connoître votre prix,

VADIUS.

Si le siècle rendoit justice aux beaux esprits,

TRISSOTIN.

En carrosse doré vous iriez par les rues.

VADIUS.

On verroit le public vous dresser des statues.

(A Trissotin.)

Hom! C'est une ballade, et je veux que tout net
Vous m'en...

TRISSOTIN, à Vadius.

Avez-vous vu certain petit sonnet
Sur la fièvre qui tient la princesse Uranie [1]?

VADIUS.

Oui; hier il me fut lu dans une compagnie.

TRISSOTIN.

Vous en savez l'auteur?

VADIUS.

Non; mais je sais fort bien
Qu'à ne le point flatter son sonnet ne vaut rien.

TRISSOTIN.

Beaucoup de gens pourtant le trouvent admirable.

---

1. Comme chacun d'eux n'a loué que pour être loué à son tour, c'est à qui maintenant brillera le plus aux yeux de ces dames. Vadius s'apprête à dire des vers : vite, Trissotin détourne la conversation pour parler des siens.

ACTE III, SCÈNE V.

VADIUS.

Cela n'empêche pas qu'il ne soit misérable ;
Et, si vous l'avez vu, vous serez de mon goût.

TRISSOTIN.

Je sais que là-dessus je n'en suis point du tout,
Et que d'un tel sonnet peu de gens sont capables.

VADIUS.

Me préserve le ciel d'en faire de semblables !

TRISSOTIN.

Je soutiens qu'on ne peut en faire de meilleur ;
Et ma grande raison, c'est que j'en suis l'auteur.

VADIUS.

Vous ?

TRISSOTIN.

Moi.

VADIUS.

Je ne sais donc comment se fit l'affaire.

TRISSOTIN.

C'est qu'on fut malheureux de ne pouvoir vous plaire.

VADIUS.

Il faut qu'en écoutant j'aie eu l'esprit distrait[1],
Ou bien que le lecteur m'ait gâté le sonnet.

---

1. Un jour, Louis XIV montra au maréchal de Grammont un madrigal qu'il avait fait, et que lui-même ne trouvait pas bon. « Lisez, lui dit-il, et voyez si vous avez jamais lu un madrigal si impertinent. » Le vieux courtisan y fut pris, et enchérit sur ce qu'avait dit le maître. « N'est-il pas vrai que celui qui l'a fait est bien fat ? — Sire, il n'y a pas moyen de lui donner un autre nom. — Oh bien ! dit le roi, je suis ravi que vous m'en ayez parlé si bonnement : c'est moi qui l'ai fait. — Oh ! sire, quelle trahison ! que Votre Majesté me le rende : je l'ai lu brusquement. — Non, monsieur le maréchal ; les premiers sentiments sont toujours les plus naturels. » Le roi a fort ri de cette folie, ajoute Mme de Sévigné, qui nous a conservé cette anecdote ; et tout le monde trouve que voilà la plus cruelle petite chose que l'on puisse faire à un vieux courtisan. (*Lettres de Mme de Sévigné*, 1er décembre 1664.)

Mais laissons ce discours, et voyons ma ballade.

TRISSOTIN.

La ballade, à mon goût, est une chose fade :
Ce n'en est plus la mode; elle sent son vieux temps.

VADIUS.

La ballade pourtant charme beaucoup de gens.

TRISSOTIN.

Cela n'empêche pas qu'elle ne me déplaise.

VADIUS.

Elle n'en reste pas pour cela plus mauvaise.

TRISSOTIN.

Elle a pour les pédants de merveilleux appas.

VADIUS.

Cependant nous voyons qu'elle ne vous plaît pas.

TRISSOTIN.

Vous donnez sottement vos qualités aux autres.

(Ils se lèvent tous.)

VADIUS.

Fort impertinemment vous me jetez les vôtres.

TRISSOTIN.

Allez, petit grimaud, barbouilleur de papier.

VADIUS.

Allez, rimeur de balle[1], opprobre du métier.

TRISSOTIN.

Allez, fripier d'écrits, impudent plagiaire.

VADIUS.

Allez, cuistre...

PHILAMINTE.

Eh! messieurs, que prétendez-vous faire?

---

1. On nomme *marchandises de balle* les marchandises de qualité inférieure que colportent les petits marchands appelés *porte-balle*. *Rimeur de balle* est dans le même sens.

ACTE III, SCÈNE V.

TRISSOTIN, à Vadius.

Va, va restituer tous les honteux larcins
Que réclament sur toi les Grecs et les Latins[1].

VADIUS.

Va, va-t'en faire amende honorable au Parnasse
D'avoir fait à tes vers estropier Horace.

TRISSOTIN.

Souviens-toi de ton livre, et de son peu de bruit.

VADIUS.

Et toi, de ton libraire à l'hôpital réduit.

TRISSOTIN.

Ma gloire est établie ; en vain tu la déchires.

VADIUS.

Oui, oui, je te renvoie à l'auteur des *Satires*.

TRISSOTIN.

Je t'y renvoie aussi.

VADIUS.

J'ai le contentement
Qu'on voit qu'il m'a traité plus honorablement.
Il me donne en passant une atteinte légère
Parmi plusieurs auteurs qu'au Palais on révère[2] ;
Mais jamais dans ses vers il ne te laisse en paix,
Et l'on t'y voit partout être en butte à ses traits.

---

1. Ce trait porte juste sur Ménage, à qui ses nombreux plagiats avaient presque seuls fait une célébrité. Le poète Linière disait qu'il fallait le conduire au pied du Parnasse, et le marquer sur l'épaule.
2. Boileau, en effet, n'a parlé qu'une seule fois de Ménage, et ne lui a porté *qu'une atteinte légère :*

> Chapelain veut rimer, et c'est là sa folie :
> Mais bien que ses durs vers, d'épithètes enflés,
> Soient des moindres grimauds chez Ménage sifflés, etc.

Ces vers de la quatrième satire font allusion à la coterie littéraire qui s'assemblait chez Ménage. Le nom de Cotin, au contraire, revient sans cesse dans les Satires, et se trouve jusqu'à neuf fois dans la satire *A mon esprit.*

TRISSOTIN.

C'est par là que j'y tiens un rang plus honorable.
Il te met dans la foule ainsi qu'un misérable ;
Il croit que c'est assez d'un coup pour t'accabler,
Et ne t'a jamais fait l'honneur de redoubler.
Mais il m'attaque à part comme un noble adversaire
Sur qui tout son effort lui semble nécessaire ;
Et ses coups, contre moi redoublés en tous lieux,
Montrent qu'il ne se croit jamais victorieux.

VADIUS.

Ma plume t'apprendra quel homme je puis être.

TRISSOTIN.

Et la mienne saura te faire voir ton maître.

VADIUS.

Je te défie en vers, prose, grec, et latin.

TRISSOTIN.

Eh bien ! nous nous verrons seul à seul chez Barbin [1].

SCÈNE VI.

TRISSOTIN, PHILAMINTE, ARMANDE, BÉLISE, HENRIETTE.

TRISSOTIN.

A mon emportement ne donnez aucun blâme :
C'est votre jugement que je défends, madame,
Dans le sonnet qu'il a l'audace d'attaquer.

PHILAMINTE.

A vous remettre bien je me veux appliquer ;

---

1. Barbin, un des principaux libraires de l'époque, avait sa boutique au Palais, sur le second perron de la Sainte-Chapelle. Boileau a fait de cette boutique le théâtre ou plutôt l'arsenal du fameux combat qu'il a décrit dans *le Lutrin*.

LES FEMMES SAVANTES.

Mais parlons d'autre affaire. Approchez, Henriette ;
Depuis assez longtemps mon âme s'inquiète
De ce qu'aucun esprit en vous ne se fait voir ;
Mais je trouve un moyen de vous en faire avoir.

HENRIETTE.

C'est prendre un soin pour moi qui n'est pas nécessaire :
Les doctes entretiens ne sont point mon affaire ;
J'aime à vivre aisément ; et, dans tout ce qu'on dit,
Il faut se trop peiner pour avoir de l'esprit ;
C'est une ambition que je n'ai point en tête.
Je me trouve fort bien, ma mère, d'être bête ;
Et j'aime mieux n'avoir que de communs propos,
Que de me tourmenter pour dire de beaux mots.

PHILAMINTE.

Oui ; mais j'y suis blessée, et ce n'est pas mon compte
De souffrir dans mon sang une pareille honte.
La beauté du visage est un frêle ornement,
Une fleur passagère, un éclat d'un moment
Et qui n'est attaché qu'à la simple épiderme [1] ;
Mais celle de l'esprit est inhérente et ferme.
J'ai donc cherché longtemps un biais de vous donner
La beauté que les ans ne peuvent moissonner,
De faire entrer chez vous le désir des sciences,
De vous insinuer les belles connoissances ;
Et la pensée enfin où mes vœux ont souscrit,
C'est d'attacher à vous un homme plein d'esprit.

(Montrant Trissotin.)

Et cet homme est monsieur, que je vous détermine [2]
A voir comme l'époux que mon choix vous destine.

---

1. L'Académie fait ce mot masculin. Il y a eu quelque hésitation, autrefois, sur le genre qu'il lui fallait attribuer.
2. C'est-à-dire : que je veux vous déterminer.

HENRIETTE.

Moi ! ma mère ?

PHILAMINTE.

Oui, vous. Faites la sotte un peu.

BÉLISE, à Trissotin.

Je vous entends ; vos yeux demandent mon aveu
Pour engager ailleurs un cœur que je possède.
Allez ; je le veux bien. A ce nœud je vous cède ;
C'est un hymen qui fait votre établissement.

TRISSOTIN, à Henriette.

Je ne sais que vous dire en mon ravissement,
Madame ; et cet hymen, dont je vois qu'on m'honore,
Me met...

HENRIETTE.

Tout beau ! monsieur ; il n'est pas fait encore :
Ne vous pressez pas tant.

PHILAMINTE.

Comme vous répondez !
Savez-vous bien que si...? Suffit. Vous m'entendez.

(A Trissotin.)

Elle se rendra sage. Allons, laissons-la faire.

SCÈNE VII.

HENRIETTE, ARMANDE.

ARMANDE.

On voit briller pour vous les soins de notre mère ;
Et son choix ne pouvoit d'un plus illustre époux...

HENRIETTE.

Si le choix est si beau, que ne le prenez-vous ?

ARMANDE.

C'est à vous, non à moi, que sa main est donnée.

HENRIETTE.

Je vous le cède tout, comme à ma sœur aînée.

ARMANDE.

Si l'hymen, comme à vous, me paroissoit charmant,
J'accepterois votre offre avec ravissement.

HENRIETTE.

Si j'avois, comme vous, les pédants dans la tête,
Je pourrois le trouver un parti fort honnête.

ARMANDE.

Cependant, bien qu'ici nos goûts soient différents,
Nous devons obéir, ma sœur, à nos parents.
Une mère a sur nous une entière puissance ;
Et vous croyez en vain, par votre résistance...

SCÈNE VIII.

CHRYSALE, ARISTE, CLITANDRE, HENRIETTE, ARMANDE.

CHRYSALE, à Henriette, lui présentant Clitandre.

Allons, ma fille, il faut approuver mon dessein.
Otez ce gant. Touchez à monsieur dans la main,
Et le considérez désormais dans votre âme
En homme dont je veux que vous soyez la femme.

ARMANDE.

De ce côté, ma sœur, vos penchants sont fort grands.

HENRIETTE.

Il nous faut obéir, ma sœur, à nos parents :
Un père a sur nos vœux une entière puissance.

ARMANDE.

Une mère a sa part à notre obéissance.

CHRYSALE.

Qu'est-ce à dire ?

ARMANDE.
Je dis que j'appréhende fort
Qu'ici ma mère et vous ne soyez pas d'accord ;
Et c'est un autre époux...

CHRYSALE.
Taisez-vous, péronnelle ;
Allez philosopher tout le soûl avec elle,
Et de mes actions ne vous mêlez en rien.
Dites-lui ma pensée, et l'avertissez bien
Qu'elle ne vienne pas m'échauffer les oreilles :
Allons vite.

SCÈNE IX.

CHRYSALE, ARISTE, HENRIETTE, CLITANDRE.

ARISTE.
Fort bien. Vous faites des merveilles.

CLITANDRE.
Quel transport ! quelle joie ! Ah ! que mon sort est doux !

CHRYSALE.
Allons, prenez sa main, et passez devant nous,
Menez-la dans sa chambre. Ah ! les douces caresses !
(A Ariste.)
Tenez, mon cœur s'émeut à toutes ces tendresses,
Cela regaillardit tout à fait mes vieux jours ;
Et je me ressouviens de mes jeunes amours.

ACTE QUATRIÈME.

SCÈNE PREMIÈRE.
PHILAMINTE, ARMANDE.

ARMANDE.
Oui, rien n'a retenu son esprit en balance ;
Elle a fait vanité de son obéissance ;
Son cœur, pour se livrer, à peine devant moi
S'est-il donné le temps d'en recevoir la loi,
Et sembloit suivre moins les volontés d'un père
Qu'affecter de braver les ordres d'une mère.

PHILAMINTE.
Je lui montrerai bien aux lois de qui des deux
Les droits de la raison soumettent tous ses vœux,
Et qui doit gouverner, ou sa mère ou son père,
Ou l'esprit ou le corps, la forme ou la matière.

ARMANDE.
On vous en devoit bien, au moins, un compliment ;
Et ce petit monsieur en use étrangement,
De vouloir, malgré vous, devenir votre gendre.

PHILAMINTE.
Il n'en est pas encore où son cœur peut prétendre.
Je le trouvois bien fait, et j'aimois vos amours ;
Mais, dans ses procédés, il m'a déplu toujours...

Il sait que, Dieu merci, je me mêle d'écrire ;
Et jamais il ne m'a prié[1] de lui rien lire.

SCÈNE II.

CLITANDRE, entrant doucement, et écoutant sans se montrer ;
ARMANDE, PHILAMINTE.

ARMANDE.

Je ne souffrirois point, si j'étois que de vous,
Que jamais d'Henriette il pût être l'époux.
On me feroit grand tort d'avoir quelque pensée
Que là-dessus je parle en fille intéressée ;
Et que le lâche tour que l'on voit qu'il me fait
Jette au fond de mon cœur quelque dépit secret.
Contre de pareils coups l'âme se fortifie
Du solide secours de la philosophie,
Et par elle on se peut mettre au-dessus de tout.
Mais vous traiter ainsi, c'est vous pousser à bout ;
Il est de votre honneur d'être à ses vœux contraire ;
Et c'est un homme enfin qui ne doit point vous plaire.
Jamais je n'ai connu, discourant entre nous,
Qu'il eût au fond du cœur de l'estime pour vous.

PHILAMINTE.

Petit sot !

ARMANDE.

Quelque bruit que votre gloire fasse,
Toujours à vous louer il a paru de glace.

PHILAMINTE.

Le brutal !

ARMANDE.

Et vingt fois, comme ouvrages nouveaux,

---

1. La grammaire exige qu'on écrive *priée*.

J'ai lu des vers de vous qu'il n'a point trouvés beaux [1].
PHILAMINTE.
L'impertinent !
ARMANDE.
Souvent nous en étions aux prises ;
Et vous ne croiriez point de combien de sottises...
CLITANDRE, à Armande.
Hé! doucement, de grâce. Un peu de charité,
Madame, ou, tout au moins, un peu d'honnêteté.
Quel mal vous ai-je fait? et quelle est mon offense,
Pour armer contre moi toute votre éloquence?
Pour vouloir me détruire, et prendre tant de soin
De me rendre odieux aux gens dont j'ai besoin?
Parlez, dites, d'où vient ce courroux effroyable?
Je veux bien que madame en soit juge équitable.
ARMANDE.
Si j'avois le courroux dont on veut m'accuser,
Je trouverois assez de quoi l'autoriser.
Vous en seriez trop digne ; et les premières flammes
S'établissent des droits si sacrés sur les âmes,
Qu'il faut perdre fortune, et renoncer au jour,
Plutôt que de brûler des feux d'un autre amour.
Au changement de vœux nulle horreur ne s'égale ;
Et tout cœur infidèle est un monstre en morale.
CLITANDRE.
Appelez-vous, madame, une infidélité
Ce que m'a de votre âme ordonné la fierté?
Je ne fais qu'obéir aux lois qu'elle m'impose ;
Et, si je vous offense, elle seule en est cause.
Vos charmes ont d'abord possédé tout mon cœur.

---

1. Dans l'édition princeps, *trouvé* est au singulier.

Il a brûlé deux ans d'une constante ardeur ;
Il n'est soins empressés, devoirs, respects, services,
Dont il ne vous ait fait d'amoureux sacrifices.
Tous mes feux, tous mes soins ne peuvent rien sur vous,
Je vous trouve contraire à mes vœux les plus doux :
Ce que vous refusez, je l'offre au choix d'une autre.
Voyez. Est-ce, madame, ou ma faute, ou la vôtre ?
Mon cœur court-il au change, ou si vous l'y poussez ?
Est-ce moi qui vous quitte, ou vous qui me chassez ?

ARMANDE.

Appelez-vous, monsieur, être à vos vœux contraire,
Que de leur arracher ce qu'ils ont de vulgaire,
Et vouloir les réduire à cette pureté
Où du parfait amour consiste la beauté ?
Vous ne sauriez pour moi tenir votre pensée
Du commerce des sens nette et débarrassée ;
Et vous ne goûtez point, dans ses plus doux appas,
Cette union des cœurs, où les corps n'entrent pas.
Vous ne pouvez aimer que d'une amour grossière,
Qu'avec tout l'attirail des nœuds de la matière ;
Et, pour nourrir les feux que chez vous on produit,
Il faut un mariage, et tout ce qui s'ensuit.
Ah ! quel étrange amour ! et que les belles âmes
Sont bien loin de brûler de ces terrestres flammes !
Les sens n'ont point de part à toutes leurs ardeurs ;
Et ce beau feu ne veut marier que les cœurs.
Comme une chose indigne, il laisse là le reste ;
C'est un feu pur et net comme le feu céleste :
On ne pousse avec lui que d'honnêtes soupirs,
Et l'on ne penche point vers les sales désirs.
Rien d'impur ne se mêle au but qu'on se propose ;
On aime pour aimer, et non pour autre chose ;

Ce n'est qu'à l'esprit seul que vont tous les transports,
Et l'on ne s'aperçoit jamais qu'on ait un corps.

CLITANDRE.

Pour moi, par un malheur, je m'aperçois, madame,
Que j'ai, ne vous déplaise, un corps tout comme une âme;
Je sens qu'il y tient trop pour le laisser à part :
De ces détachements je ne connois point l'art ;
Le ciel m'a dénié cette philosophie,
Et mon âme et mon corps marchent de compagnie.
Il n'est rien de plus beau, comme vous avez dit,
Que ces vœux épurés qui ne vont qu'à l'esprit,
Ces unions de cœurs, et ces tendres pensées,
Du commerce des sens si bien débarrassées ;
Mais ces amours pour moi sont trop subtilisés :
Je suis un peu grossier, comme vous m'accusez ;
J'aime avec tout moi-même, et l'amour qu'on me donne
En veut, je le confesse, à toute la personne.
Ce n'est pas là matière à de grands châtiments ;
Et, sans faire de tort à vos beaux sentiments,
Je vois que, dans le monde, on suit fort ma méthode,
Et que le mariage est assez à la mode,
Passe pour un lien assez honnête et doux,
Pour avoir désiré de me voir votre époux,
Sans que la liberté d'une telle pensée
Ait dû vous donner lieu d'en paroître offensée.

ARMANDE.

Hé bien! monsieur, hé bien! puisque, sans m'écouter,
Vos sentiments brutaux veulent se contenter ;
Puisque, pour vous réduire à des ardeurs fidèles,
Il faut des nœuds de chair, des chaînes corporelles,
Si ma mère le veut, je résous mon esprit
A consentir pour vous à ce dont il s'agit.

CLITANDRE.

Il n'est plus temps, madame : une autre a pris la place ;
Et, par un tel retour, j'aurois mauvaise grâce
De maltraiter l'asile et blesser les bontés
Où je me suis sauvé de toutes vos fiertés.

PHILAMINTE.

Mais enfin, comptez-vous, monsieur, sur mon suffrage,
Quand vous vous promettez cet autre mariage ?
Et, dans vos visions savez-vous, s'il vous plaît,
Que j'ai pour Henriette un autre époux tout prêt ?

CLITANDRE.

Hé ! madame, voyez votre choix, je vous prie :
Exposez-moi, de grâce, à moins d'ignominie,
Et ne me rangez pas à l'indigne destin
De me voir le rival de monsieur Trissotin.
L'amour des beaux esprits, qui chez vous m'est contraire,
Ne pouvoit m'opposer un moins noble adversaire.
Il en est, et plusieurs, que, pour le bel esprit,
Le mauvais goût du siècle a su mettre en crédit ;
Mais monsieur Trissotin n'a pu duper personne,
Et chacun rend justice aux écrits qu'il nous donne.
Hors céans, on le prise en tous lieux ce qu'il vaut,
Et ce qui m'a vingt fois fait tomber de mon haut,
C'est de vous voir au ciel élever des sornettes
Que vous désavoueriez si vous les aviez faites.

PHILAMINTE.

Si vous jugez de lui tout autrement que nous,
C'est que nous le voyons par d'autres yeux que vous.

SCÈNE III.

TRISSOTIN, PHILAMINTE, ARMANDE, CLITANDRE.

TRISSOTIN, à Philaminte.

Je viens vous annoncer une grande nouvelle[1] :
Nous l'avons, en dormant, madame, échappé belle.
Un monde près de nous a passé tout du long,
Est chu tout au travers de notre tourbillon ;
Et, s'il eût en chemin rencontré notre terre,
Elle eût été brisée en morceaux comme verre.

PHILAMINTE.

Remettons ce discours pour une autre saison :
Monsieur n'y trouveroit ni rime ni raison ;
Il fait profession de chérir l'ignorance,
Et de haïr, surtout, l'esprit et la science.

CLITANDRE.

Cette vérité veut quelque adoucissement.
Je m'explique, madame, et je hais seulement
La science et l'esprit qui gâtent les personnes.
Ce sont choses, de soi, qui sont belles et bonnes ;
Mais j'aimerois mieux être au rang des ignorants
Que de me voir savant comme certaines gens.

TRISSOTIN.

Pour moi, je ne tiens pas, quelque effet qu'on suppose,
Que la science soit pour gâter quelque chose.

CLITANDRE.

Et c'est mon sentiment qu'en faits comme en propos

---

1. Cotin avait composé et publié une dissertation fort longue et fort ridicule qui porte le titre de *Galanterie sur la Comète apparue en décembre 1664 et janvier 1665.*

La science est sujette à faire de grands sots.
TRISSOTIN.
Le paradoxe est fort.
CLITANDRE.
Sans être fort habile,
La preuve m'en seroit, je pense, assez facile.
Si les raisons manquoient, je suis sûr qu'en tous cas
Les exemples fameux ne me manqueroient pas.
TRISSOTIN.
Vous en pourriez citer qui ne concluroient guère.
CLITANDRE.
Je n'irois pas bien loin pour trouver mon affaire.
TRISSOTIN.
Pour moi, je ne vois pas ces exemples fameux.
CLITANDRE.
Moi, je les vois si bien qu'ils me crèvent les yeux.
TRISSOTIN.
J'ai cru jusques ici que c'étoit l'ignorance
Qui faisoit les grands sots, et non pas la science.
CLITANDRE.
Vous avez cru fort mal, et je vous suis garant
Qu'un sot savant est sot plus qu'un sot ignorant.
TRISSOTIN.
Le sentiment commun est contre vos maximes,
Puisque ignorant et sot sont termes synonymes.
CLITANDRE.
Si vous le voulez prendre aux usages du mot,
L'alliance est plus forte entre pédant et sot.
TRISSOTIN.
La sottise, dans l'un, se fait voir toute pure.
CLITANDRE.
Et l'étude, dans l'autre, ajoute à la nature.

ACTE IV, SCÈNE III.

TRISSOTIN.

Le savoir garde en soi son mérite éminent.

CLITANDRE.

Le savoir, dans un fat, devient impertinent.

TRISSOTIN.

Il faut que l'ignorance ait pour vous de grands charmes,
Puisque pour elle ainsi vous prenez tant les armes.

CLITANDRE.

Si pour moi l'ignorance a des charmes si grands,
C'est depuis qu'à mes yeux s'offrent certains savants.

TRISSOTIN.

Ces certains savants-là peuvent, à les connoître,
Valoir certaines gens que nous voyons paroître.

CLITANDRE.

Oui, si l'on s'en rapporte à ces certains savants;
Mais on n'en convient pas chez ces certaines gens.

PHILAMINTE, à Clitandre.

Il me semble, monsieur...

CLITANDRE.

Hé! madame, de grâce;
Monsieur est assez fort, sans qu'à son aide on passe :
Je n'ai déjà que trop d'un si rude assaillant;
Et, si je me défends, ce n'est qu'en reculant.

ARMANDE.

Mais l'offensante aigreur de chaque repartie
Dont vous...

CLITANDRE.

Autre second? Je quitte la partie.

PHILAMINTE.

On souffre aux entretiens ces sortes de combats,
Pourvu qu'à la personne on ne s'attaque pas.

CLITANDRE.

Hé! mon Dieu! tout cela n'a rien dont il s'offense.
Il entend raillerie autant qu'homme de France;
Et de bien d'autres traits il s'est senti piquer,
Sans que jamais sa gloire ait fait que s'en moquer[1].

TRISSOTIN.

Je ne m'étonne pas, au combat que j'essuie,
De voir prendre à monsieur la thèse qu'il appuie;
Il est fort enfoncé dans la cour, c'est tout dit.
La cour, comme l'on sait, ne tient pas pour l'esprit.
Elle a quelque intérêt d'appuyer l'ignorance;
Et c'est en courtisan qu'il en prend la défense.

CLITANDRE.

Vous en voulez beaucoup à cette pauvre cour;
Et son malheur est grand de voir que, chaque jour,
Vous autres beaux esprits vous déclamiez contre elle;
Que de tous vos chagrins vous lui fassiez querelle,
Et, sur son méchant goût lui faisant son procès,
N'accusiez que lui seul de vos méchants succès.
Permettez-moi, monsieur Trissotin, de vous dire,
Avec tout le respect que votre nom m'inspire,
Que vous feriez fort bien, vos confrères et vous,

---

[1] L'abbé Cotin était d'un esprit assez batailleur, et avait eu de nombreuses querelles. « Clitiphon, dit Somaize, et c'est l'abbé Cotin qu'il désigne ainsi, est un auteur qui a beaucoup d'invention; il est en grande guerre avec Sophie (Mlle de Scudéry) pour des épigrammes qu'il a faites dessus elle, auxquelles les amis de cette précieuse (Ménage principalement) ont répondu même à son déçu. Il y a un gros volume des guerres de ces deux personnes, qui ne se sont pourtant battues qu'à coups de plume. J'ai depuis entendu parler d'une trêve entre eux qui ne durera que jusqu'à tant que la démangeaison d'écrire lui revienne et qu'il n'ait rien autre chose à faire : car, à bien parler, ces petites invectives sont des enfants de l'oisiveté. » (*Dictionnaire des Précieuses*, édition Livet, t. Ier, p. 61.)

De parler de la cour d'un ton un peu plus doux;
Qu'à le bien prendre, au fond, elle n'est pas si bête
Que, vous autres messieurs, vous vous mettez en tête;
Qu'elle a du sens commun pour se connoître à tout;
Que chez elle on se peut former quelque bon goût,
Et que l'esprit du monde y vaut, sans flatterie,
Tout le savoir obscur de la pédanterie.

TRISSOTIN.

De son bon goût, monsieur, nous voyons les effets.

CLITANDRE.

Où voyez-vous, monsieur qu'elle l'ait si mauvais?

TRISSOTIN.

Ce que je vois, monsieur? C'est que pour la science
Rasius et Baldus[1] font honneur à la France;
Et que tout leur mérite, exposé fort au jour,
N'attire point les yeux et les dons de la cour.

CLITANDRE.

Je vois votre chagrin, et que, par modestie,
Vous ne vous mettez point, monsieur, de la partie;
Et, pour ne vous point mettre aussi dans le propos,
Que font-ils pour l'État, vos habiles héros?
Qu'est-ce que leurs écrits lui rendent de service,
Pour accuser la cour d'une horrible injustice,
Et se plaindre en tous lieux que sur leurs doctes noms
Elle manque à verser la faveur de ses dons?
Leur savoir à la France est beaucoup nécessaire!
Et des livres qu'ils font la cour a bien affaire!
Il semble à trois gredins, dans leur petit cerveau,
Que, pour être imprimés et reliés en veau,
Les voilà dans l'État d'importantes personnes;

---

1. Ce sont des noms imaginaires.

Qu'avec leur plume ils font les destins des couronnes ;
Qu'au moindre petit bruit de leurs productions,
Ils doivent voir chez eux voler les pensions [1] ;
Que sur eux l'univers a la vue attachée ;
Que partout de leur nom la gloire est épanchée ;
Et qu'en science ils sont des prodiges fameux,
Pour savoir ce qu'ont dit les autres avant eux,
Pour avoir eu trente ans des yeux et des oreilles,
Pour avoir employé neuf ou dix mille veilles
A se bien barbouiller de grec et de latin,
Et se charger l'esprit d'un ténébreux butin
De tous les vieux fatras qui traînent dans les livres.
Gens qui de leur savoir paroissent toujours ivres ;
Riches, pour tout mérite, en babil importun ;
Inhabiles à tout, vides de sens commun,
Et pleins d'un ridicule et d'une impertinence
A décrier partout l'esprit et la science [2].

1. Nous avons vu (tome IV, page 370) que l'abbé Cotin avait douze cents livres de pension. L'abbé espéra un instant obtenir une abbaye : Mademoiselle l'a appelé M. l'abbé. — Mais où est son abbaye? — Dans la lune, où tant d'autres ont des marquisats et des principautés. « C'est là quelque part sans doute que doit être mon abbaye, car dans le monde connu il n'en est point fait mention. J'ai parcouru toutes les cartes de géographie de bout en bout, et ne l'y ai point trouvée. » C'était du moins se plaindre avec enjouement, et il ne paraît pas que cette tirade de Clitandre contre l'âpre humeur de certains beaux esprits s'adresse spécialement à l'abbé Cotin.

2. Ce n'est pas là seulement une discussion pleine d'esprit et de reparties piquantes ; c'est encore une scène dramatique, parce que Clitandre, emporté par sa franchise, ne dit pas un mot qui n'achève de le ruiner dans l'esprit de Philaminte : nouvel exemple de la manière dont s'unissent, dans la poésie de Molière, la pensée et l'action. (E. RAMBERT.)
L'apologie de la cour, faite par Clitandre, n'est pas seulement une convenance du personnage et une adresse de la part du poète, c'est aussi une justice : il y avait à la cour de Louis XIV trop d'esprit, trop d'élégance, trop de délicatesse, et un sentiment trop sûr des bienséances, pour qu'il n'y eût pas aussi beaucoup de goût : car le goût se compose de toutes ces choses. (AUGER.)

PHILAMINTE.

Votre chaleur est grande; et cet emportement
De la nature en vous marque le mouvement.
C'est le nom de rival qui dans votre âme excite...

SCÈNE IV.

TRISSOTIN, PHILAMINTE, CLITANDRE, ARMANDE, JULIEN.

JULIEN.

Le savant qui tantôt vous a rendu visite,
Et de qui j'ai l'honneur de me voir le valet,*
Madame, vous exhorte à lire ce billet.

PHILAMINTE.

Quelque important que soit ce qu'on veut que je lise,
Apprenez, mon ami, que c'est une sottise
De se venir jeter au travers d'un discours;
Et qu'aux gens d'un logis il faut avoir recours,
Afin de s'introduire en valet qui sait vivre.

JULIEN.

Je noterai cela, madame, dans mon livre.

PHILAMINTE lit.

« Trissotin s'est vanté, madame, qu'il épouseroit votre fille. Je vous donne avis que sa philosophie n'en veut qu'à vos richesses, et que vous ferez bien de ne point conclure ce mariage que vous n'ayez vu le poème que je compose contre lui. En attendant cette peinture, où je prétends vous le dépeindre de toutes ses couleurs, je vous envoie Horace, Virgile, Térence, et Catulle, où vous verrez notés en marge tous les endroits qu'il a pillés. »

* Var. *Et de qui j'ai l'honneur d'être l'humble valet,* (1682).

Voilà sur cet hymen que je me suis promis,
Un mérite attaqué de beaucoup d'ennemis ;
Et ce déchaînement aujourd'hui me convie
A faire une action qui confonde l'envie,
Qui lui fasse sentir que l'effort qu'elle fait
De ce qu'elle veut rompre aura pressé l'effet.
     (A Julien.)
Reportez tout cela sur l'heure à votre maître,
Et lui dites qu'afin de lui faire connoître
Quel grand état je fais de ses nobles avis,
Et comme je les crois dignes d'être suivis,
          (Montrant Trissotin.)
Dès ce soir à monsieur je marierai ma fille.

SCÈNE V.

PHILAMINTE, ARMANDE, CLITANDRE.

PHILAMINTE, à Clitandre.
Vous, monsieur, comme ami de toute la famille,
A signer leur contrat vous pourrez assister ;
Et je vous y veux bien, de ma part, inviter.
Armande, prenez soin d'envoyer au notaire,
Et d'aller avertir votre sœur de l'affaire.

ARMANDE.
Pour avertir ma sœur, il n'en est pas besoin ;
Et monsieur que voilà saura prendre le soin
De courir lui porter bientôt cette nouvelle,
Et disposer son cœur à vous être rebelle.

PHILAMINTE.
Nous verrons qui sur elle aura plus de pouvoir,
Et si je la saurai réduire à son devoir.

SCÈNE VI.

ARMANDE, CLITANDRE.

ARMANDE.
J'ai grand regret, monsieur, de voir qu'à vos visées
Les choses ne soient pas tout à fait disposées.
CLITANDRE.
Je m'en vais travailler, madame, avec ardeur,
A ne vous point laisser ce grand regret au cœur.
ARMANDE.
J'ai peur que votre effort n'ait pas trop bonne issue.
CLITANDRE.
Peut-être verrez-vous votre crainte déçue.
ARMANDE.
Je le souhaite ainsi.
CLITANDRE.
J'en suis persuadé,
Et que de votre appui je serai secondé.
ARMANDE.
Oui ; je vais vous servir de toute ma puissance.
CLITANDRE.
Et se service est sûr de ma reconnoissance.

SCÈNE VII.

CHRYSALE, ARISTE, HENRIETTE, CLITANDRE.

CLITANDRE.
Sans votre appui, monsieur, je serai malheureux ;
Madame votre femme a rejeté mes vœux,
Et son cœur prévenu veut Trissotin pour gendre.

CHRYSALE.

Mais quelle fantaisie a-t-elle donc pu prendre?
Pourquoi, diantre! vouloir ce monsieur Trissotin?

ARISTE.

C'est par l'honneur qu'il a de rimer à latin,
Qu'il a sur son rival emporté l'avantage.

CLITANDRE.

Elle veut dès ce soir faire ce mariage.

CHRYSALE.

Dès ce soir?

CLITANDRE.

Dès ce soir.

CHRYSALE.

Et dès ce soir je veux,
Pour la contrecarrer, vous marier tous deux.

CLITANDRE.

Pour dresser le contrat, elle envoie au notaire.

CHRYSALE.

Et je vais le querir pour celui qu'il doit faire.

CLITANDRE, montrant Henriette.

Et madame doit être instruite par sa sœur
De l'hymen où l'on veut qu'elle apprête son cœur.

CHRYSALE.

Et moi, je lui commande, avec pleine puissance,
De préparer sa main à cette autre alliance.
Ah! je leur ferai voir si, pour donner la loi,
Il est dans ma maison d'autre maître que moi[1].

---

1. Il ne faut pas confondre la faiblesse de Chrysale avec celle d'Orgon, qui dégénère en tyrannie. Orgon est un homme passionné, égoïste, prêt à tout sacrifier à ses caprices, à son entêtement. Chrysale est un homme faible qui sent sa faiblesse, et qui s'exerce à raffermir sa volonté en en faisant une loi à ceux qu'il veut obliger.

(A Henriette.)

Nous allons revenir : songez à nous attendre.
Allons, suivez mes pas, mon frère, et vous, mon gendre.

HENRIETTE, à Ariste.

Hélas! dans cette humeur conservez-le toujours.

ARISTE.

J'emploierai toute chose à servir vos amours.

SCÈNE VIII.

HENRIETTE, CLITANDRE.

CLITANDRE.

Quelque secours puissant qu'on promette à ma flamme,
Mon plus solide espoir, c'est votre cœur, madame.

HENRIETTE.

Pour mon cœur, vous pouvez vous assurer de lui.

CLITANDRE.

Je ne puis qu'être heureux, quand j'aurai son appui.

HENRIETTE.

Vous voyez à quels nœuds on prétend le contraindre.

CLITANDRE.

Tant qu'il sera pour moi, je ne vois rien à craindre.

HENRIETTE.

Je vais tout essayer pour nos vœux les plus doux;
Et si tous mes efforts ne me donnent à vous,
Il est une retraite où notre âme se donne,
Qui m'empêchera d'être à toute autre personne.

CLITANDRE.

Veuille le juste ciel me garder en ce jour
De recevoir de vous cette preuve d'amour[1]?

1. Les comédiens suppriment quelquefois cette scène à la représentation. Il me semble qu'ils ont tort. Sans doute elle est inutile au dévelop-

pement de l'action ; mais elle ne l'est pas à celui des amours de Clitandre et d'Henriette, dont la peinture ne serait pas achevée sans ce coup de pinceau. Les deux amants sont en grand danger : leur sort semble dépendre uniquement de la résolution d'un homme qui n'en a jamais eu de sa vie (car ils ignorent quel secours Ariste leur prépare). N'est-il pas naturel que, dans ce moment de crise, ils aient besoin de se trouver ensemble sans témoins, pour se réconforter par de mutuelles protestations de tendresse et de persévérance? (AUGER).

ACTE CINQUIÈME.

SCÈNE PREMIÈRE.
HENRIETTE, TRISSOTIN.

HENRIETTE.
C'est sur le mariage où ma mère s'apprête
Que j'ai voulu, monsieur, vous parler tête à tête;
Et j'ai cru, dans le trouble où je vois la maison,
Que je pourrois vous faire écouter la raison.
Je sais qu'avec mes vœux vous me jugez capable
De vous porter en dot un bien considérable;
Mais l'argent, dont on voit tant de gens faire cas,
Pour un vrai philosophe a d'indignes appas;
Et le mépris du bien et des grandeurs frivoles
Ne doit point éclater dans vos seules paroles.

TRISSOTIN.
Aussi n'est-ce point là ce qui me charme en vous;
Et vos brillants attraits, vos yeux perçants et doux,
Votre grâce et votre air, sont les biens, les richesses,
Qui vous ont attiré mes vœux et mes tendresses :
C'est de ces seuls trésors que je suis amoureux.

HENRIETTE.
Je suis fort redevable à vos feux généreux.
Cet obligeant amour a de quoi me confondre,
Et j'ai regret, monsieur, de n'y pouvoir répondre.

Je vous estime autant qu'on sauroit estimer ;
Mais je trouve un obstacle à vous pouvoir aimer.
Un cœur, vous le savez, à deux ne sauroit être ;
Et je sens que du mien Clitandre s'est fait maître.
Je sais qu'il a bien moins de mérite que vous,
Que j'ai de méchants yeux pour le choix d'un époux ;
Que, par cent beaux talents, vous devriez me plaire :
Je vois bien que j'ai tort, mais je n'y puis que faire ;
Et tout ce que sur moi peut le raisonnement,
C'est de me vouloir mal d'un tel aveuglement.

TRISSOTIN.

Le don de votre main, où l'on me fait prétendre,
Me livrera ce cœur que possède Clitandre ;
Et, par mille doux soins, j'ai lieu de présumer
Que je pourrai trouver l'art de me faire aimer.

HENRIETTE.

Non : à ses premiers vœux mon âme est attachée,
Et ne peut de vos soins, monsieur, être touchée.
Avec vous librement j'ose ici m'expliquer,
Et mon aveu n'a rien qui vous doive choquer.
Cette amoureuse ardeur, qui dans les cœurs s'excite,
N'est point, comme l'on sait, un effet du mérite :
Le caprice y prend part ; et, quand quelqu'un nous plaît,
Souvent nous avons peine à dire pourquoi c'est.
Si l'on aimoit, monsieur, par choix et par sagesse,
Vous auriez tout mon cœur et toute ma tendresse ;
Mais on voit que l'amour se gouverne autrement.
Laissez-moi, je vous prie, à mon aveuglement,
Et ne vous servez point de cette violence
Que, pour vous, on veut faire à mon obéissance.
Quand on est honnête homme, on ne veut rien devoir
A ce que des parents ont sur nous de pouvoir :

On répugne à se faire immoler ce qu'on aime,
Et l'on veut n'obtenir un cœur que de lui-même.
Ne poussez point ma mère à vouloir, par son choix,
Exercer sur mes vœux la rigueur de ses droits.
Otez-moi votre amour, et portez à quelque autre
Les hommages d'un cœur aussi cher que le vôtre.

TRISSOTIN.

Le moyen que ce cœur puisse vous contenter?
Imposez-lui des lois qu'il puisse exécuter.
De ne vous point aimer peut-il être capable,
A moins que vous cessiez, madame, d'être aimable,
Et d'étaler aux yeux les célestes appas?...

HENRIETTE.

Eh! monsieur, laissons là ce galimatias.
Vous avez tant d'Iris, de Philis, d'Amarantes,
Que partout dans vos vers vous peignez si charmantes,
Et pour qui vous jurez tant d'amoureuse ardeur...

TRISSOTIN.

C'est mon esprit qui parle, et ce n'est pas mon cœur.
D'elles on ne me voit amoureux qu'en poète,
Mais j'aime tout de bon l'adorable Henriette.

HENRIETTE.

Eh! de grâce, monsieur...

TRISSOTIN.

Si c'est vous offenser,
Mon offense envers vous n'est pas prête à cesser.
Cette ardeur, jusqu'ici de vos yeux ignorée,
Vous consacre des vœux d'éternelle durée.
Rien n'en peut arrêter les aimables transports;
Et, bien que vos beautés condamnent mes efforts,
Je ne puis refuser le secours d'une mère
Qui prétend couronner une flamme si chère;

Et, pourvu que j'obtienne un bonheur si charmant,
Pourvu que je vous aie, il n'importe comment.

HENRIETTE.

Mais savez-vous qu'on risque un peu plus qu'on ne pense,
A vouloir sur un cœur user de violence;
Qu'il ne fait pas bien sûr, à vous le trancher net,
D'épouser une fille en dépit qu'elle en ait;
Et qu'elle peut aller, en se voyant contraindre,
A des ressentiments que le mari doit craindre?

TRISSOTIN.

Un tel discours n'a rien dont je sois altéré[1] :
A tous événements le sage est préparé.
Guéri, par la raison, des foiblesses vulgaires,
Il se met au-dessus de ces sortes d'affaires,
Et n'a garde de prendre aucune ombre d'ennui
De tout ce qui n'est pas pour dépendre de lui.

HENRIETTE.

En vérité, monsieur, je suis de vous ravie;
Et je ne pensois pas que la philosophie
Fût si belle qu'elle est, d'instruire ainsi les gens
A porter constamment de pareils accidents.
Cette fermeté d'âme, à vous si singulière,
Mérite qu'on lui donne une illustre matière,
Est digne de trouver qui prenne avec amour
Les soins continuels de la mettre en son jour;
Et comme, à dire vrai, je n'oserois me croire
Bien propre à lui donner tout l'éclat de sa gloire,
Je le laisse à quelque autre, et vous jure, entre nous,
Que je renonce au bien de vous voir mon époux.

---

1. C'est-à-dire *troublé*.

ACTE V, SCÈNE II.

TRISSOTIN, en sortant.

Nous allons voir bientôt comment ira l'affaire;
Et l'on a là dedans fait venir le notaire.

SCÈNE II.

CHRYSALE, CLITANDRE, HENRIETTE, MARTINE.

CHRYSALE.

Ah! ma fille, je suis bien aise de vous voir;
Allons, venez-vous-en faire votre devoir,
Et soumettre vos vœux aux volontés d'un père.
Je veux, je veux apprendre à vivre à votre mère;
Et, pour la mieux braver, voilà, malgré ses dents,
Martine que j'amène et rétablis céans.

HENRIETTE.

Vos résolutions sont dignes de louange.
Gardez que cette humeur, mon père, ne vous change;
Soyez ferme à vouloir ce que vous souhaitez,
Et ne vous laissez point séduire à vos bontés.
Ne vous relâchez pas, et faites bien en sorte
D'empêcher que sur vous ma mère ne l'emporte.

CHRYSALE.

Comment! Me prenez-vous ici pour un benêt?

HENRIETTE.

M'en préserve le ciel!

CHRYSALE.

Suis-je un fat, s'il vous plaît?

HENRIETTE.

Je ne dis pas cela.

CHRYSALE.

Me croit-on incapable
Des fermes sentiments d'un homme raisonnable?

HENRIETTE.

Non, mon père.

CHRYSALE.

Est-ce donc qu'à l'âge où je me voi,
Je n'aurois pas l'esprit d'être maître chez moi?

HENRIETTE.

Si fait.

CHRYSALE.

Et que j'aurois cette foiblesse d'âme,
De me laisser mener par le nez à ma femme?

HENRIETTE.

Eh! non, mon père.

CHRYSALE.

Ouais! Qu'est-ce donc que ceci?
Je vous trouve plaisante à me parler ainsi!

HENRIETTE.

Si je vous ai choqué, ce n'est pas mon envie.

CHRYSALE.

Ma volonté céans doit être en tout suivie.

HENRIETTE.

Fort bien, mon père.

CHRYSALE.

Aucun, hors moi, dans la maison
N'a droit de commander.

HENRIETTE.

Oui; vous avez raison.

CHRYSALE.

C'est moi qui tiens le rang de chef de la famille.

HENRIETTE.

D'accord.

CHRYSALE.

C'est moi qui dois disposer de ma fille.

HENRIETTE.

Eh! oui.

CHRYSALE.

Le ciel me donne un plein pouvoir sur vous.

HENRIETTE.

Qui vous dit le contraire?

CHRYSALE.

Et, pour prendre un époux,
Je vous ferai bien voir que c'est à votre père
Qu'il vous faut obéir, non pas à votre mère[1].

HENRIETTE.

Hélas! vous flattez là le plus doux de mes vœux;
Veuillez être obéi : c'est tout ce que je veux.

CHRYSALE.

Nous verrons si ma femme à mes désirs rebelle...

CLITANDRE.

La voici qui conduit le notaire avec elle.

CHRYSALE.

Secondez-moi bien tous.

MARTINE.

Laissez-moi. J'aurai soin
De vous encourager, s'il en est de besoin.

---

1. C'est un excellent trait de caractère que cette algarade sans motif faite par Chrysale à Henriette. N'osant gourmander sa femme, qui contrarie ses volontés, il s'en venge en querellant sa fille, qui ne demande pas mieux que de lui obéir, et il en saisit le plus léger prétexte. Par là il croit encore faire preuve de fermeté, et puis il se met en haleine pour le combat qu'il va avoir à soutenir.

SCÈNE III.

PHILAMINTE, BÉLISE, ARMANDE, TRISSOTIN, UN NOTAIRE, CHRYSALE, CLITANDRE, HENRIETTE, MARTINE.

PHILAMINTE, au notaire.

Vous ne sauriez changer votre style sauvage,
Et nous faire un contrat qui soit en beau langage?

LE NOTAIRE.

Notre style est très bon; et je serois un sot,
Madame, de vouloir y changer un seul mot.

BÉLISE.

Ah! quelle barbarie au milieu de la France!
Mais au moins en faveur, monsieur, de la science,
Veuillez, au lieu d'écus, de livres, et de francs,
Nous exprimer la dot en mines et talents;
Et dater par les mots d'ides et de calendes[1].

LE NOTAIRE.

Moi? Si j'allois, madame, accorder vos demandes,
Je me ferois siffler de tous mes compagnons.

PHILAMINTE.

De cette barbarie en vain nous nous plaignons.

---

1. Balzac, dans *le Barbon,* satire en prose contre Montmaur, prête aussi à son pédant la manie de dater par *ides* et *calendes,* et d'exprimer les sommes d'argent en *mines* et *talents.* « Je vous laisse à penser, dit-il, si un homme de cette humeur date ses lettres du 1er et du 20e du mois, ou bien des *calendes* et des *ides...* Il compte son âge quelquefois par *lustres,* et quelquefois par *olympiades.* Il suppute son argent, tantôt par *sesterces romains,* tantôt par *drachmes,* et tantôt par *mines attiques.* »

ACTE V, SCÈNE III.

Allons, monsieur, prenez la table pour écrire.
(Apercevant Martine.)
Ah! ah! cette impudente ose encor se produire?
Pourquoi donc, s'il vous plaît, la ramener chez moi?

CHRYSALE.

Tantôt avec loisir on vous dira pourquoi.
Nous avons maintenant autre chose à conclure.

LE NOTAIRE.

Procédons au contrat. Où donc est la future?

PHILAMINTE.

Celle que je marie est la cadette.

LE NOTAIRE.

Bon.

CHRYSALE, montrant Henriette.

Oui, là voilà, monsieur : Henriette est son nom.

LE NOTAIRE.

Fort bien. Et le futur?

PHILAMINTE, montrant Trissotin.

L'époux que je lui donne
Est monsieur.

CHRYSALE, montrant Clitandre.

Et celui, moi, qu'en propre personne
Je prétends qu'elle épouse est monsieur.

LE NOTAIRE.

Deux époux!
C'est trop pour la coutume.

PHILAMINTE, au notaire.

Où vous arrêtez-vous?
Mettez, mettez, monsieur, Trissotin pour mon gendre.

CHRYSALE.

Pour mon gendre mettez, mettez, monsieur, Clitandre.

LE NOTAIRE.

Mettez-vous donc d'accord, et, d'un jugement mûr,
Voyez à convenir entre vous du futur.

PHILAMINTE.

Suivez, suivez, monsieur, le choix où je m'arrête.

CHRYSALE.

Faites, faites, monsieur, les choses à ma tête.

LE NOTAIRE.

Dites-moi donc à qui j'obéirai des deux.

PHILAMINTE, à Chrysale.

Quoi donc? vous combattrez les choses que je veux!

CHRYSALE.

Je ne saurois souffrir qu'on ne cherche ma fille
Que pour l'amour du bien qu'on voit dans ma famille.

PHILAMINTE.

Vraiment, à votre bien on songe bien ici!
Et c'est là, pour un sage, un fort digne souci!

CHRYSALE.

Enfin, pour son époux, j'ai fait choix de Clitandre.

PHILAMINTE.

(Montrant Trissotin.)

Et moi, pour son époux, voici qui je veux prendre.
Mon choix sera suivi; c'est un point résolu.

CHRYSALE.

Ouais! Vous le prenez là d'un ton bien absolu!

MARTINE.

Ce n'est point à la femme à prescrire, et je sommes
Pour céder le dessus en toute chose aux hommes.

CHRYSALE.

C'est bien dit.

MARTINE.

Mon congé cent fois me fût-il hoc[1],
La poule ne doit point chanter devant le coq[2].

CHRYSALE.

Sans doute.

---

1. « Me fût-il hoc », me fût-il assuré. La Fontaine, dans sa fable intitulée *le Loup et le Cheval,* a employé le même proverbe :

> Bonne chasse, dit-il, qui l'auroit à son croc!
> Eh! que n'es-tu mouton? car tu me serois hoc.

Et Saint-Évremond :

> Le paradis vous est hoc :
> Pendez le rosaire au croc.

Cette expression proverbiale vient du *hoc,* jeu de cartes qu'on appelle ainsi parce qu'il y a six cartes, savoir, les quatre rois, la dame de pique et le valet de carreau, qui sont *hoc,* c'est-à-dire assurées à celui qui les joue, et qui coupent toutes les autres cartes. Et parce qu'en jouant ces sortes de cartes on a coutume de dire *hoc,* de là vient que, dans le discours familier, pour dire qu'une chose est assurée à quelqu'un, on dit : « cela lui est hoc. » (*Dictionnaire de l'Académie.*)

Ce mot vient de *hoc,* qui en gascon veut dire *oui,* de sorte qu'en disant: « cela est hoc, » c'est à dire : *oui,* j'y consens. Le Languedoc est nommé ainsi comme *langue de hoc,* parce qu'on y dit *hoc* pour *oui.* (TRÉVOUX.)

Hoc est un mot français, un mot de la vieille langue, où il signifie *un croc :*

> « Un *hoc* à tanneur, de quoy l'on trait les cuirs hors de l'eaue. »
> (*Lettres de rémiss.* de 1369.)

(Voyez du Cange au mot *Hoccus.*) « Cela m'est hoc » est donc une locution faite, dont le sens revient à : cela ne peut me manquer, cela m'est acquis aussi infailliblement que si je le tirais de la rivière avec un croc; j'ai *accroché* cela. Mon congé cent fois me fût-il *hoc,* c'est-à-dire eussé-je *accroché* cent fois mon congé. — *Hoc* ou *croc,* le nom de l'instrument mis pour celui du butin qu'il procure. (F. GÉNIN.)

Pour nous, au milieu d'explications si variées, nous croyons que le mot *hoc* n'est autre que le mot latin lui-même *hoc* resté dans le sens de *cela,* ce qui est tout prêt, sous les yeux, sous la main. On trouve la locution « cela m'est hoc » employée pour signifier « cela m'est indifférent, » comme on dit : « s'en soucier autant que de cela. » (Voyez *Ancien Théâtre françois,* collection Jannet, tome IX, page 61.)

2. Jean de Meun, l'un des auteurs du *Roman de la Rose,* avait dit, longtemps avant Martine :

> C'est chose qui moult me déplaist,
> Quand poule parle et coq se taist.

MARTINE.

Et nous voyons que d'un homme on se gausse,
Quand sa femme, chez lui, porte le haut-de-chausse[1].

CHRYSALE.

Il est vrai.

MARTINE.

Si j'avois un mari, je le dis,
Je voudrois qu'il se fît le maître du logis;
Je ne l'aimerois point, s'il faisoit le Jocrisse[2],
Et, si je contestois contre lui par caprice,
Si je parlois trop haut, je trouverois fort bon
Qu'avec quelques soufflets il rabaissât mon ton.

CHRYSALE.

C'est parler comme il faut.

MARTINE.

Monsieur est raisonnable,
De vouloir pour sa fille un mari convenable.

1. Tous ces dictons de Martine viennent directement de l'ancienne farce française. Voyez dans l'*Ancien Théâtre françois,* de la collection Jannet, tome I, page 9 :

> Garde toi bien en bonne estreine
> De toy mettre dessoubz ta femme...
> Car saches, s'elle te chevauche
> Soit du pied droict soit du pied gauche,
> Tout ton faict ira à rebours :
> Tu iras maintenant le cours,
> Maintenant le trot, et puis l'amble...

Voyez page 30 :

> Les gens me tiendroient pour beste,
> Se n'estois maistre à la maison;
> Aussi est-ce droit et raison.

Page 48 :

> Aussi je veulx certifier
> Que le cas est à femme laid
> Faire son maistre son varlet.

C'est enfin un lieu commun de plaisanterie qui avait grand succès auprès de nos aïeux, et auquel nos villageois n'ont pas encore renoncé.

2. Voyez, sur l'origine de ce nom, tome III, page 313, note 2.

CHRYSALE.

Oui.

MARTINE.

Par quelle raison, jeune et bien fait qu'il est,
Lui refuser Clitandre? Et pourquoi, s'il vous plaît,
Lui bailler un savant, qui sans cesse épilogue?
Il lui faut un mari, non pas un pédagogue;
Et, ne voulant savoir le grais[1] ni le latin,
Elle n'a pas besoin de monsieur Trissotin.

CHRYSALE.

Fort bien.

PHILAMINTE.

Il faut souffrir qu'elle jase à son aise.

MARTINE.

Les savants ne sont bons que pour prêcher en chaise[2];
Et, pour mon mari, moi, mille fois je l'ai dit,
Je ne voudrois jamais prendre un homme d'esprit.
L'esprit n'est point du tout ce qu'il faut en ménage.
Les livres cadrent mal avec le mariage[3];
Et je veux, si jamais on engage ma foi,
Un mari qui n'ait point d'autre livre que moi,
Qui ne sache A ne B, n'en déplaise à madame,
Et ne soit, en un mot, docteur que pour sa femme.

PHILAMINTE, à Chrysale.

Est-ce fait? et, sans trouble, ai-je assez écouté
Votre digne interprète?

---

1. C'est l'ancienne et légitime prononciation du mot *grec*, comme dans *échecs, legs*. Ce passage nous montre que, du temps de Molière, le peuple la retenait encore.

2. *Chaise* n'est point une erreur de Martine. Autrefois, on appelait ainsi ce que nous nommons aujourd'hui *chaire;* on disait : *une chaise de prédicateur, de régent*.

3. Le mot *cadrer* n'est pas de la langue de Martine, à moins qu'elle ne l'ait retenu pour l'avoir entendu dire à sa maîtresse.

CHRYSALE.
Elle a dit vérité.
PHILAMINTE.
Et moi, pour trancher court toute cette dispute,
Il faut qu'absolument mon désir s'exécute.
(Montrant Trissotin.)
Henriette et monsieur seront joints de ce pas.
Je l'ai dit, je le veux : ne me répliquez pas;
Et, si votre parole à Clitandre est donnée,
Offrez-lui le parti d'épouser son aînée.
CHRYSALE.
Voilà dans cette affaire un accommodement[1].
(A Henriette et à Clitandre.)
Voyez; y donnez-vous votre consentement?
HENRIETTE.
Hé! mon père!
CLITANDRE, à Chrysale.
Hé! monsieur!
BÉLISE.
On pourroit bien lui faire
Des propositions qui pourroient mieux lui plaire;
Mais nous établissons une espèce d'amour
Qui doit être épuré comme l'astre du jour :
La substance qui pense y peut être reçue;
Mais nous en bannissons la substance étendue.

1. Chrysale est un personnage tout comique et de caractère et de langage; il a toujours raison, mais il n'a jamais une volonté; il parle d'or, et, après avoir mis la main de sa fille Henriette dans celle de Clitandre, et juré de soutenir son choix, il trouve tout simple de donner cette même Henriette à Trissotin, et sa sœur Armande à l'amant d'Henriette; il appelle cela un accommodement! Ce dernier trait est celui qui peint le mieux cette faiblesse de caractère, de tous les défauts le plus commun, et peut-être le plus dangereux. (LA HARPE.)

SCÈNE IV.

ARISTE, CHRYSALE, PHILAMINTE, BÉLISE, HENRIETTE, ARMANDE, TRISSOTIN, UN NOTAIRE, CLITANDRE, MARTINE.

ARISTE.

J'ai regret de troubler un mystère joyeux
Par le chagrin qu'il faut que j'apporte en ces lieux.
Ces deux lettres me font porteur de deux nouvelles
Dont j'ai senti pour vous les atteintes cruelles :

(A Philaminte.)

L'une, pour vous, me vient de votre procureur;

(A Chrysale.)

L'autre, pour vous, me vient de Lyon.

PHILAMINTE.

Quel malheur,
Digne de nous troubler, pourroit-on nous écrire?

ARISTE.

Cette lettre en contient un que vous pouvez lire.

PHILAMINTE.

« Madame, j'ai prié monsieur votre frère de vous rendre cette lettre, qui vous dira ce que je n'ai osé vous aller dire. La grande négligence que vous avez pour vos affaires a été cause que le clerc de votre rapporteur ne m'a point averti, et vous avez perdu absolument votre procès, que vous deviez gagner. »

CHRYSALE, à Philaminte.

Votre procès perdu!

PHILAMINTE, à Chrysale.

Vous vous troublez beaucoup!

Mon cœur n'est point du tout ébranlé de ce coup.
Faites, faites paraître une âme moins commune,
A braver, comme moi, les traits de la fortune.

« Le peu de soin que vous avez vous coûte quarante mille écus; et c'est à payer cette somme, avec les dépens, que vous êtes condamnée par arrêt de la cour. »

Condamnée! Ah! ce mot est choquant, et n'est fait
Que pour les criminels.

ARISTE.

Il a tort, en effet;
Et vous vous êtes là justement récriée.
Il devoit avoir mis que vous êtes priée,
Par arrêt de la cour, de payer au plus tôt
Quarante mille écus, et les dépens qu'il faut.

PHILAMINTE.

Voyons l'autre.

CHRYSALE.

« Monsieur, l'amitié qui me lie à monsieur votre frère me fait prendre intérêt à tout ce qui vous touche. Je sais que vous avez mis votre bien entre les mains d'Argante et de Damon, et je vous donne avis qu'en même jour ils ont fait tous deux banqueroute. »

O ciel! tout à la fois perdre ainsi tout mon bien!

PHILAMINTE, à Chrysale.

Ah! quel honteux transport! Fi! tout cela n'est rien:
Il n'est pour le vrai sage aucun revers funeste;
Et, perdant toute chose, à soi-même il se reste.
Achevons notre affaire, et quittez votre ennui.

(Montrant Trissotin.)

Son bien nous peut suffire et pour nous et pour lui.

TRISSOTIN.

Non, madame, cessez de presser cette affaire.
Je vois qu'à cet hymen tout le monde est contraire;
Et mon dessein n'est point de contraindre les gens.

PHILAMINTE.

Cette réflexion vous vient en peu de temps;
Elle suit de bien près, monsieur, notre disgrâce.

TRISSOTIN.

De tant de résistance à la fin je me lasse.
J'aime mieux renoncer à tout cet embarras,
Et ne veux point d'un cœur qui ne se donne pas.

PHILAMINTE.

Je vois, je vois de vous, non pas pour votre gloire,
Ce que jusques ici j'ai refusé de croire.

TRISSOTIN.

Vous pouvez voir de moi tout ce que vous voudrez,
Et je regarde peu comment vous le prendrez;
Mais je ne suis pas homme à souffrir l'infamie
Des refus offensants qu'il faut qu'ici j'essuie.
Je vaux bien que de moi l'on fasse plus de cas;
Et je baise les mains à qui ne me veut pas.

SCÈNE V.

ARISTE, CHRYSALE, PHILAMINTE, BÉLISE, ARMANDE, HENRIETTE, CLITANDRE, UN NOTAIRE, MARTINE.

PHILAMINTE.

Qu'il a bien découvert son âme mercenaire!
Et que peu philosophe est ce qu'il vient de faire!

CLITANDRE.

Je ne me vante point de l'être; mais enfin

Je m'attache, madame, à tout votre destin ;
Et j'ose vous offrir, avecque ma personne,
Ce qu'on sait que de bien la fortune me donne.
PHILAMINTE.
Vous me charmez, monsieur, par ce trait généreux,
Et je veux couronner vos désirs amoureux.
Oui, j'accorde Henriette à l'ardeur empressée...
HENRIETTE.
Non, ma mère : je change à présent de pensée.
Souffrez que je résiste à votre volonté.
CLITANDRE.
Quoi! vous vous opposez à ma félicité?
Et, lorsqu'à mon amour je vois chacun se rendre...
HENRIETTE.
Je sais le peu de bien que vous avez, Clitandre,
Et je vous ai toujours souhaité pour époux,
Lorsqu'en satisfaisant à mes vœux les plus doux
J'ai vu que mon hymen ajustoit vos affaires ;
Mais, lorsque nous avons les destins si contraires,
Je vous chéris assez, dans cette extrémité,
Pour ne vous charger point de notre adversité.
CLITANDRE.
Tout destin, avec vous, me peut être agréable ;
Tout destin me seroit, sans vous, insupportable.
HENRIETTE.
L'amour, dans son transport, parle toujours ainsi ;
Des retours importuns évitons le souci.
Rien n'use tant l'ardeur de ce nœud qui nous lie
Que les fâcheux besoins des choses de la vie ;
Et l'on en vient souvent à s'accuser tous deux
De tous les noirs chagrins qui suivent de tels feux.

ARISTE, à Henriette.

N'est-ce que le motif que nous venons d'entendre
Qui vous fait résister à l'hymen de Clitandre?

HENRIETTE.

Sans cela vous verriez tout mon cœur y courir;
Et je ne fuis sa main que pour le trop chérir.

ARISTE.

Laissez-vous donc lier par des chaînes si belles.
Je ne vous ai porté que de fausses nouvelles;
Et c'est un stratagème, un surprenant secours,
Que j'ai voulu tenter pour servir vos amours,
Pour détromper ma sœur, et lui faire connoître
Ce que son philosophe à l'essai pouvoit être.

CHRYSALE.

Le ciel en soit loué!

PHILAMINTE.

J'en ai la joie au cœur,
Par le chagrin qu'aura ce lâche déserteur.
Voilà le châtiment de sa basse avarice,
De voir qu'avec éclat cet hymen s'accomplisse.

CHRYSALE, à Clitandre.

Je le savois bien, moi, que vous l'épouseriez.

ARMANDE, à Philaminte.

Ainsi donc à leurs vœux vous me sacrifiez?

PHILAMINTE.

Ce ne sera point vous que je leur sacrifie;
Et vous avez l'appui de la philosophie,
Pour voir d'un œil content couronner leur ardeur.

BÉLISE.

Qu'il prenne garde au moins que je suis dans son cœur :
Par un prompt désespoir souvent on se marie,
Qu'on s'en repent après tout le temps de sa vie.

CHRYSALE, au notaire.

Allons, monsieur, suivez l'ordre que j'ai prescrit,
Et faites le contrat ainsi que je l'ai dit[1].

1. Riccoboni regardait le dénoûment des *Femmes savantes* comme un des plus parfaits qui fussent au théâtre. En effet, il est excellent, parce qu'il est vraisemblable, et parce qu'il laisse à chacun son caractère. Philaminte cède aux circonstances, et non à son mari. Chrysale triomphe d'être le maître lorsque l'on ne lui dispute plus rien. Trissotin porte la peine de son avarice. Henriette et Clitandre obtiennent la récompense d'un amour généreux. Armande et Bélise sont punies de leur vanité par le triomphe de leur rivale; et les femmes savantes enfin sont dupes, et ne sont point corrigées. Jamais pièce ne s'est terminée d'une manière plus heureuse, plus dramatique et plus morale.

Les Femmes savantes sont un modèle excellent de la comédie vraiment française. Nulle part Molière n'a déployé plus de finesse. Que d'à-propos! que de traits qui frappent avec justesse! que de grâce, que d'esprit, que de légèreté! Rien d'ailleurs qui nuise à ce qui fait la grandeur de Molière. Il est toujours cet observateur profond dont les bons mots ne sont pas des traits d'esprit, mais des traits de nature; toujours ce poète souverain qui, en abordant un type par son côté comique, réussit à le pénétrer tout entier, et qui, comme l'a dit un commentateur, n'ajoute pas les ridicules au caractère, mais les en fait découler. (E. RAMBERT.)

FIN DES FEMMES SAVANTES.

DESPRÉAUX

ou

LA SATIRE DES SATIRES[1]
(1666)

Favori de Pallas, quelque nom qu'on lui donne,
Ou celui de Minerve, ou celui de Bellone ;
Saint-Aignan, dont l'épée et la plume à son tour
Ont avecque le roi ravi toute la cour[2] ;
Toi qui sais quel je suis et quel est mon génie,
Toi qui m'as vu souvent en bonne compagnie,
Et ne m'as jamais vu m'entretenir d'autrui
Qu'à dessein d'approuver le bien qu'on dit de lui ;
A peine pourras-tu, lisant cette satire,
Deviner que c'est moi qui viens de te l'écrire.
Son aigreur est si fort contraire à mon humeur
Que, craignant ses transports, je crains d'être rimeur.
On ne m'a jamais vu d'un esprit incommode ;
Je permets que chacun se gouverne à sa mode ;
Dans ce qu'un autre fait je prends peu d'intérêt,

---

1. Voyez la Notice préliminaire, p. 361.
2. François de Beauvillier, duc de Saint-Aignan, lieutenant général des armées du roi, premier gentilhomme de la chambre, ami et protecteur des poètes à la cour, se mêlait lui-même de poésie. Les ennemis de Molière essayèrent, dit-on, de lui faire tort auprès du duc de Saint-Aignan, en insinuant que le personnage d'Oronte du *Misanthrope* avait été composé d'après ce seigneur. Mais il ne paraît point qu'ils aient réussi à altérer son amitié pour le poète comédien. (L. M.)

Et laisse volontiers le monde comme il est [1].
De tout ce que je vois j'ai l'âme satisfaite;
J'ai vu de mauvais vers sans blâmer le poète;
J'ai lu ceux de Molière, et ne l'ai point sifflé,
Et j'épargne La Serre avec son style enflé.
J'ai dès mes jeunes ans toujours fait mon possible
Pour conserver en moi ce naturel paisible :
Cependant, ô grand duc, le moyen d'endurer
Ce qu'on fait à présent, et n'en pas murmurer ?
Mon inclination me défendoit d'écrire,
Mais le cadet Boileau me force à la satire;
Lui, qu'on ne voit jamais dans le sacré vallon,
Veut trancher du Phébus, et faire l'Apollon [2];
Lui, que l'on ne connoit qu'à cause de son frère;
Lui, comme il dit lui-même, accablé de misère,
Et qui, n'étant vêtu que de simple bureau,
Passe l'été sans linge et l'hiver sans manteau;
Ce malheureux sans nom, sans mérite et sans grâce,
Se place en conquérant au sommet du Parnasse.
Il descend de la nue, et la foudre à la main
Tonne sur Charpentier, tonne sur Chapelain;
Puis, donnant à ses vers une digne matière,
Comme un de ses héros il encense Molière.
Que s'il ne me tient pas pour un original,
Je n'ai pas comme lui copié Juvénal;
Je n'ai pas comme lui, pour faire une satire,
Pillé dans les auteurs ce que j'avois à dire :
Sachant l'art de placer chaque chose en son lieu,
Je ne puis d'un farceur me faire un demi-dieu;
D'un chantre du Pont-Neuf je fais peu mon Virgile,
Et le *Roman bourgeois* ne règle pas mon stile;
Enfin, pour attaquer ce qu'on fait aujourd'hui,
Horace et Martial m'ont moins prêté qu'à lui.
Je n'ai point avec eux un si lâche commerce,

---

1. Dans *la Critique désintéressée des satires de ce temps*, l'abbé Cotin vante de même son caractère accommodant et son humeur débonnaire : ce qui ne paraît pas très justifié par ce qu'on sait de lui.
2. Satire I. Ce renvoi et ceux qui vont suivre sont, dans le texte original, à la marge.

LA SATIRE DES SATIRES.

Je n'ai jamais traduit les satires de Perse;
Et si je voulois faire un compliment au roi,
Je lui dirois au moins quelque chose de moi.
Qu'on ne m'accuse point de caprice ou de haine :
La simple vérité coule avecque ma veine;
Je dis mon sentiment, je ne suis point menteur;
J'appelle Horace, Horace, et Boileau traducteur :
Si vous voulez savoir la manière de l'homme,
Il applique à Paris ce qu'il a lu de Rome;
Ce qu'il dit en françois, il le doit au latin;
Et ne fait pas un vers qu'il ne fasse un larcin.
Si le bon Juvénal étoit mort sans écrire,
Le malin Despréaux n'eût point fait de satire,
Et s'il ne disoit rien que ce qui vient de lui,
Il ne pourroit jamais rien dire contre autrui.
Que faire à tout cela? Chacun a son génie :
Un fou veut critiquer, et c'est là sa manie;
Chaque fat a son sens, qui partout le conduit;
Horace invente bien, Despréaux le traduit.
Tout poète ici-bas rit de son camarade :
Boileau rit de Scarron, Scarron de Benserade;
Quelques heures devant qu'Herbin fût au congrès,
Il rioit hardiment du malheur de Langez[1];
Le sage est bien souvent berné d'un frénétique,
Et le peuple grossier blâme un grand politique.
Celui qui mot à mot traduit un livre entier
Censure impunément Quinault et Pelletier :
Quand il vient à nommer un galant de notre âge,
Sa rime sans raison lui présente Ménage,
Et, comme si l'esprit n'étoit fait que pour lui,
Il veut censurer tout ce qu'on fait aujourd'hui.
Il croit, sans épargner la majesté suprême,
Que le roi, d'un auteur juge peu par lui-même :
Quoiqu'il aille tirer Phébus de l'Hôpital
Et réparer du sort l'aveuglement fatal,

---

1. Le congrès du marquis de Langez ou Langeuis est un des événements judiciaires du XVIIe siècle qui firent le plus de bruit, et contribua plus qu'aucun autre à faire abolir cet antique usage. (Voyez Tallemant des Réaux, ch. CCLVI.)

Que peut-on espérer d'un monarque si juste [1],
Et sans un Mécénas, à quoi sert un Auguste?
Puisqu'on n'emporte à peine, en suivant les neuf Sœurs,
Qu'un laurier chimérique et de maigres honneurs [2].
Triomphant à souhait dans une autre satire,
Il se fait à son prince égal comme de cire.
Quand ton bras, ô Louis, des peuples redouté [3],
Va la foudre à la main rétablir l'équité,
Et retient les méchants par la peur des supplices;
Moi, la plume à la main, je gourmande les vices.
Tant cet audacieux mêle mal à propos
Les louanges d'un fat à celles d'un héros!
Un poète, dit-il, fut jadis à la mode [4]*;*
Mais aujourd'hui des fous c'est le plus incommode [5]*,*
Et l'esprit le plus beau, l'auteur le plus poli,
Ne parviendra jamais au sort de l'Angeli.
Paris n'est que pour ceux dont l'adresse funeste
Nous a fait plus de maux que la guerre et la peste;
A la cour la vertu n'a plus ni feu ni lieu,
Et le roi des savants s'y voit maudit de Dieu.
Despréaux sans argent, crotté jusqu'à l'échine,
S'en va chercher son pain de cuisine en cuisine;
Son Turlupin l'assiste, et jouant de son nez,
Chez le sot campagnard gagne de bons dîners [6].

1. Satire I.
2. Satire I.
3. Discours au Roi.
4. Discours au Roi.
5. Satire I.
6. D'autres textes de *la Satire des satires* donnent :

> Là Frantaupin l'assiste...

Et c'est aussi la leçon qu'on trouve dans *la Critique désintéressée*, dont nous parlerons tout à l'heure. Turlupin ou Frantaupin, on a longtemps supposé que Cotin avait voulu de la sorte désigner Molière : mais on s'est probablement trompé ; les vers qui viennent après :

> On les promet tous deux quand on fait chère entière
> Ainsi que l'on promet et *Tartuffe* et Molière,

contredisent cette supposition.
On croit maintenant qu'il s'agit de Boileau-Puymorin, un des frères de Despréaux, qui avait le talent d'exécuter des espèces d'intermèdes bouffons en parlant et en chantant du nez. (L. M.)

Despréaux à ce jeu répond par sa grimace,
Et fait, en bateleur, cent tours de passe-passe;
Puis ensuite enivrés et du bruit et du vin,
L'un sur l'autre tombant renversent le festin.
On les promet tous deux quand on fait chère entière,
Ainsi que l'on promet et *Tartuffe* et Molière; *
Il n'est comte danois ni baron allemand
Qui n'ait à ses repas un couple si charmant,
Et dans la Croix de fer eux seuls en valent mille
Pour faire aux étrangers l'honneur de cette ville;
Ils ne se quittent point. O Dieu! quelle amitié!
Et que leur mauvais sort est digne de pitié!
Ce couple si divin par les tables mendie,
Et pour vivre aux Costaux donne la comédie,
Tandis que dans Paris le vice en souverain
Marche la mitre en tête et la crosse à la main.
D. Doucement.
        R. C'est ainsi que Despréaux révère
Des plus dignes prélats la sagesse exemplaire
A qui le ciel commet le salut des mortels,
Et qui veillent pour eux au pied de nos autels.
Si l'on croit ce censeur, *lorsque tout est tranquille,*
Les voleurs à l'instant s'emparent de la ville [1];
Le bois le plus funeste et le moins fréquenté
Est, au prix de Paris, un lieu de sûreté.
Le chemin aujourd'hui par qui chacun s'élève
Fut le chemin jadis qui menoit à la Grève;
Et Mouleron ne doit qu'à ses crimes divers [2]
Ses superbes lambris, ses jardins toujours verts.
Despréaux ainsi loue et bénit cet empire
Où le crime est puni, l'innocence respire.
Ce fou *d'un siècle d'or fait un siècle de fer,*
Où du plus bas pédant on fait un duc et pair [3];

* VAR. *On les donne à Paris, quand on fait chère entière*
       Comme on donne à la cour et Tartuffe *et* Molière

1. Satire VI.
2. Satire I.
3. Satire I.

Où dans le temps qui court un cœur lâche et servile
Trouve seul chez les grands un esclavage utile,
Lorsqu'il est leur complice et qu'instruit de leurs tours
Il les tient en état de le craindre toujours.
D. Il se pique pourtant d'une belle morale.
R. Écoutons ce docteur instruisant sa cabale;
Lui seul va redresser notre siècle tortu,
Et partout rétablir l'honneur et la vertu.
Voici comme il s'y prend. Enfin il le faut dire,
Souvent de tous nos maux la raison est le pire[1];
C'est elle qui, farouche au milieu des plaisirs,
D'un remords importun vient brider nos désirs;
La fâcheuse a pour nous des rigueurs sans pareilles,
C'est un pédant qu'on a sans cesse à ses oreilles,
Qui toujours nous gourmande, et loin de nous toucher,
Souvent comme Joly perd son temps à prêcher :
En vain certains rêveurs nous l'habillent en reine,
Veulent sur tous nos sens la rendre souveraine,
Et s'en formant en terre une divinité,
Pensent aller par elle à la félicité :
C'est elle, disent-ils, qui nous montre à bien vivre;
Ces discours, il est vrai, sont fort beaux dans un livre.
O docteur sans pareil ! ô protecteur des lois,
Et sans qui la vertu se verroit aux abois,
Il faut, comme à l'unique en piété sur terre,
Inviter votre muse au grand *Festin de Pierre;*
Le Marais en convient, et dit sans passion
Qu'un tel effort d'esprit mérite pension.
Lieux d'honneur, cabarets dont il est amphibie,
Réglez sur ce pied-là le cours de votre vie ;
Et Priape et Bacchus, dont vous faites vos dieux,
S'ils venoient vous prêcher ne prêcheroient pas mieux.
Quelquefois emporté des vapeurs de sa bile,
Sans respecter les cieux, sans croire à l'Évangile,
Afin de débiter des blasphèmes nouveaux,
De son profond sommeil il tire Des Barreaux,

---

1. Satire IV.

Qui fait de l'intrépide, et tremblant de foiblesse
Attend, pour croire en Dieu, que la fièvre le presse,
Et riant hors de là du sentiment commun [1]
Prêche que trois sont trois, et ne sont jamais un [2].
Quel État peut souffrir une telle insolence?
Sous un roi si chrétien, qu'en peut dire la France?
Théophile jamais n'a dit ce méchant mot,
Et s'il paya ses vers de deux ans de cachot.
Voilà ce Despréaux, lui que l'enfer étonne,
Ne croit jamais en Dieu si ce n'est quand il tonne [3] ;
Sans cela parlement, ville, cour et clergé,
N'échappent point des traits de ce fol enragé.
D. Parlement?

    R. Pour Boileau, c'est un pays barbare [4]
Où son esprit se perd, où sa raison s'égare;
Où l'on voit tous les jours l'innocence aux abois
Errer dans les détours d'un dédale de lois,
Et, dans l'amas confus des chicanes énormes,
Ce qui fut blanc au fond rendu noir par les formes.
D. Cela me semble fort, et ce trait est hardi :
Et qu'en dira Thémis au premier mercredi?
Assez mal à propos Despréaux se découvre.
R. Despréaux a, dit-il, des protecteurs au Louvre,
Et ce fameux auteur, qui passe l'Arétin,
Se débite en plein jour, au Palais, chez Barbin ;
Ses beaux vers ont trouvé, quoi qu'on en puisse dire,
Un marchand pour les vendre et des fous pour les lire
D. On y voit des endroits heureusement touchés,
J'y trouve de l'esprit, et de beaux sens cachés ;
Il exhale en bons mots les vapeurs de sa bile [6] :
C'est ainsi que parloit Horace après Lucile,
Et vengeant la vertu par des traits éclatants,

---

1. Satire I.
2. Les passages cités par l'auteur de *la Satire des satires* avaient été choisis avec sagacité. La plupart ont été supprimés par Boileau dans l'édition de 1674. (L. M.)
3. Satire II.
4. Satire I.
5. Satire II.
6. Satire VII.

Otoit ainsi le masque aux vices de son temps.
R. Notre homme, infatué de sa façon d'écrire,
A ce compte n'est pas si près de se dédire :
S'offense qui voudra, rien ne peut l'alarmer ;
Il n'a que ce moyen de se faire estimer ;
Les plus noires vapeurs de sa mélancolie
Sont, au moins à ses yeux, une illustre folie ;
A ses vers empruntés la Béjard applaudit,
Il règne sur Parnasse, et Molière l'a dit[1].

ORACLE.

Le destin de ces frénétiques
Que l'on appelle satiriques,
C'est de mourir le cou cassé,
Et vivre le coude percé.

Hæc a te non multum abludit imago.

(HOR.)

---

1. Molière, dans cette pièce, n'est pas moins de cinq fois pris à partie par l'auteur, avec une intention blessante qui dut justement l'irriter. (L. M.)

Au moment où nous mettons sous presse ce volume (janvier 1884), une réimpression de *la Satire des satires* et de *la Critique désintéressée sur les satires du temps*, avec une notice par le bibliophile Jacob, paraît à la Librairie des Bibliophiles, dans la Nouvelle Collection Moliéresque publiée par Damase Jouaust. (L. M.)

La pièce qu'on vient de lire a donné lieu à l'anecdote suivante. Mignot, pâtissier-traiteur, rue de la Harpe, vis-à-vis de la rue Percée, dont Boileau avait dit dans sa satire III (1665) :

Car Mignot, c'est tout dire, et dans le monde entier
Jamais empoisonneur ne sut mieux son métier,

intenta un procès à Boileau, mais sa requête ne fut pas accueillie. Pour satisfaire son ressentiment, il prit le parti d'envelopper ses biscuits dans *la Satire des satires*, composée par l'abbé Cotin. Le moyen lui aurait réussi en un sens : les curieux accoururent ; il achalanda ainsi sa boutique et il se trouva en somme que Boileau lui avait rendu service. Le pâtissier pardonna au satirique, mais Cotin garda sa rancune et revint à l'attaque, comme nous le verrons tout à l'heure.

C'est bien à *la Satire des satires* que réplique Boileau lorsqu'il écrit dans sa satire IX (1667) :

> Avant lui (Boileau) Juvénal avait dit en latin
> Qu'on est assis à l'aise aux sermons de Cotin.

Et plus loin :

> Qui méprise Cotin n'estime pas son roi,
> Et n'a, selon Cotin, ni Dieu, ni foi, ni loi.

Brossette, dans son commentaire rédigé sous l'inspiration et presque sous la dictée de Boileau, ne peut, de même, que désigner *la Satire des satires* lorsqu'il écrit :

« Fier et présomptueux comme il étoit, Cotin ne put souffrir que son talent pour la chaire lui fût contesté[1]. Pour s'en venger, il fit une mauvaise satire contre M. Despréaux, dans laquelle il lui reprochoit comme un grand crime d'avoir imité Horace et Juvénal. Cotin ne s'en tint pas là : il publia un libelle en prose, intitulé *la Critique désintéressée sur les satires du temps*, dans lequel il chargeoit notre auteur des injures les plus grossières[2] et lui imputoit des crimes imaginaires. Il s'avisa encore, malheureusement pour lui, de faire entrer Molière dans cette dispute et ne l'épargna pas plus que M. Despréaux. Celui-ci ne s'en vengea que par de nouvelles railleries, comme on le verra dans les satires suivantes ; mais Molière acheva de le ruiner de réputation, en l'immolant sur le théâtre à la risée

---

1. Boileau avait dit dans la satire du repas ridicule (1665) :

> Moi qui ne compte rien ni le vin ni la chère,
> Si l'on n'est plus au large assis en un festin
> Qu'aux sermons de Cassaigne et de l'abbé Cotin.

2. En ceci Brossette est inexact. Il n'y a pas ce qu'on appelle des injures grossières dans *la Critique désintéressée*.

publique dans la comédie des *Femmes savantes* sous le nom de Tricotin, qu'il changea dans la suite en celui de Trissotin. »

Ainsi Brossette impute à l'abbé Cotin deux opuscules satiriques : l'un en vers (ce ne saurait être que *la Satire des satires*) et l'autre en prose : *la Critique désintéressée sur les satires du temps*.

Que Boileau et Molière aient été convaincus que l'abbé Cotin était l'auteur de l'un et de l'autre de ces opuscules agressifs, cela est évident et suffit à expliquer les représailles qu'ils ont exercées contre lui. De plus, tenez pour certain qu'ils ne se sont pas plus trompés pour le premier opuscule que pour le second. Ils étaient d'abord mieux placés que nous pour le bien savoir, car ces secrets-là étaient promptement devinés et divulgués dans le monde littéraire du XVIIe siècle. Et l'examen attentif de *la Critique désintéressée* confirmera tout lecteur sagace dans cette opinion.

La Critique désintéressée est un morceau trop étendu et d'ailleurs trop peu intéressant dans sa plus grande partie pour que nous ayons pu songer à la reproduire ici. Il suffira de quelques remarques que, je pense, on trouvera concluantes :

La Critique désintéressée, d'abord, se borne à répéter les arguments de *la Satire des satires* ; elle n'en est que la paraphrase en prose. L'auteur de *la Critique* feint, sans doute, de juger, même de reprendre l'auteur de *la Satire des satires*, mais avec une complaisance bien significative. Il glisse dans son nouveau factum des corrections au premier.

Ainsi, comme on avait été choqué que dans l'oracle final de *la Satire des satires*, *mourir* eût été mis devant *vivre*, l'auteur de *la Critique* prend la peine de le corriger ainsi :

> C'est le sort de ces frénétiques
> Que l'on appelle satiriques,
> De vivre le coude percé
> Et de mourir le cou cassé.

Il refait ou retouche plusieurs autres passages. Au lieu de :

> Lui qu'on ne connoît point dans le sacré vallon,
> Veut trancher du Phébus, et faire l'Apollon;

il propose :

> Ce jeune homme inconnu dans le sacré vallon,
> En dépit des neuf Sœurs tranche de l'Apollon.

Au lieu de :

> Théophile jamais n'a dit ce méchant mot
> Et s'il paya ses vers de deux ans de cachot;

il propose pour le dernier vers, dont la forme commençait à être un peu surannée :

> Quand il paya ses vers de deux ans de cachot.

Ce sont là évidemment des corrections d'auteur, et d'un auteur qui ne se cache pas trop.

La Critique désintéressée n'a ni date d'impression, ni nom de libraire. On lit à la fin : « Chez l'Hermite, à Paris, à la Correction fraternelle. » Il y a une sorte de post-scriptum qui va de la page 57 à la page 63 de l'édition originale et qui est, à notre avis, fort à remarquer.

Dans toute *la Critique*, pas plus dans cette dernière partie que dans le reste, Molière, à la différence de ce qu'on voit dans *la Satire des satires*, n'est ni nommé, ni personnellement désigné une seule fois ; sans doute l'auteur a compris qu'il a été imprudent dans son premier factum. Mais ce post-scriptum dont nous parlons est, d'une manière fort inattendue, dirigé entièrement, sous le nom d'un certain Aristippe, contre le théâtre et contre les comédiens en général. C'est de là que M. Édouard Thierry a extrait les quelques lignes que nous avons citées ci-devant, page 362. Mais il a abrégé le passage, qui mérite d'être connu plus au long ; l'interlocuteur d'Aristippe lui dit : « Je ne sais comment je pourrai vous sauver des comédiens ; ils menacent de vous jouer à la Farce, et ne peuvent plus souffrir les entraves et les fers que vous donnez à la comédie... »

Aristippe répond avec une aigreur soudaine :

« Je leur abandonne ma réputation, pourvu qu'ils ne m'obligent point à voir leurs farces. Que peut-on répondre à des gens qui sont déclarés infâmes par les lois, même des païens ? Que peut-on écrire contre ceux à qui l'on ne peut rien dire de pis que leur nom ?

> *Cum crimine turpior omni*
> *Persona est.*

« Gros-Guillaume a joué le Parlement et le Châtelet jusque dans le Louvre ; il a joué des maréchaux de France et des ducs et pairs ; il a dit de la première justice du royaume qu'il l'avoit prise pour un moulin, parce qu'il n'y voyoit porter que des sacs. Après cela, que lui ferois-je [1] ?

« Quoi que fassent de semblables bouffons, je leur pardonne ; mais je ne sais si certains braves, descendus des Simons en droite ligne, voudront bien leur pardonner.

« Vous savez ce qui arriva hier au matin [2]. Le cardinal de Richelieu contrefit le duc d'Épernon en sa présence. Après l'avoir contrefait assez longtemps, il lui dit comme par excuse : « Monsieur, pardonnez-moi cette petite liberté entre amis. » Le duc répondit au cardinal : « Ah ! monsieur, je sais mon « monde ; tous les jours Marais [3] me copie devant le roi, et si « je ne m'en fais que rire. »

Il nous semble évident que, lorsque l'abbé Cotin a écrit ce morceau, il savait déjà que Molière se proposait de le traduire en ridicule sur la scène, et déjà Molière avait formé le dessein de sa comédie. L'abbé Cotin s'efforce de parer le coup ; il tâche d'y riposter par avance. La petite dissertation qu'a faite le prétendu Aristippe n'est qu'un détour habile pour en arriver à cette riposte anticipée, à cette protestation de dédain et de mépris. Après la représentation des *Femmes savantes*, qu'aurait-il pu dire autre chose et qu'aurait-il pu dire de plus ?

L. M.

1. Il y a bien : que lui ferois-je ? et non : que leur ferois-je ? Ce *lui* est très digne d'attention.

2. C'est une manière de présenter l'anecdote ; nous n'avons pas besoin de dire que nous sommes loin à cette époque du duc d'Épernon et de Richelieu.

3. Bouffon de Louis XIII.

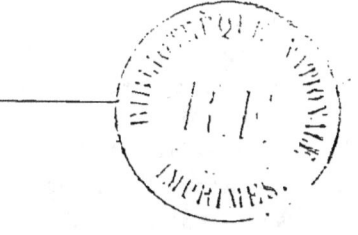

TABLE

DU TOME ONZIÈME.

Psyché, tragi-comédie et ballet, en cinq actes. 17 janvier 1671 . . 1
    Notice préliminaire. 3
    Le libraire au lecteur 19
    Psyché 21
    Psyché, tragi-comédie et ballet (livret). 127

Les Fourberies de Scapin, comédie en trois actes. 24 mai 1671. 145
    Notice préliminaire 147
    Les Fourberies de Scapin. 167
    Le Pédant joué, comédie par M. Cyrano de Bergerac (Extraits). . 263

La Comtesse d'Escarbagnas, comédie en un acte. 2 décembre 1671 271
    Notice préliminaire 273
    La Comtesse d'Escarbagnas. 283
    Ballet des ballets 321
    Les Fêtes de l'Amour et de Bacchus (1672) 343

TABLE DES MATIÈRES.

Les Femmes Savantes, comédie en cinq actes. 11 mars 1672 . . 349
    Notice préliminaire 351
    Les Femmes savantes. 371
Despréaux ou *la Satire des satires* (1666) 483

FIN DE LA TABLE DU TOME ONZIÈME.

Paris. — Typ. A. Quantin, 7, rue Saint-Benoît. — [705]

OUVRAGES GRAND IN-8° JÉSUS
MAGNIFIQUEMENT ILLUSTRÉS. — GALERIES DE PORTRAITS
GRAVURES SUR ACIER

A 20 fr. le volume. — 1/2 reliure soignée tr. dorées.................. 26 fr.

GALERIE DE PORTRAITS HISTORIQUES
Tirée des *Causeries du Lundi* par SAINTE-BEUVE. Portraits gravés sur acier. 1 volume.

NOUVELLE GALERIE DES GRANDS ÉCRIVAINS FRANÇAIS
Tirée des *Portraits littéraires* et des *Causeries du Lundi* ; par SAINTE-BEUVE, de l'Académie française. Illustrée de portraits grav. au burin par MM. Gouttière, Delannoy, Nargeot, etc., 1 volume.

GALERIE DES GRANDS ÉCRIVAINS FRANÇAIS
Par LE MÊME, semblable au précédent pour l'exécution et les illustrations. 1 volume.

NOUVELLE GALERIE DE FEMMES CÉLÈBRES
Tirée des *Causeries du Lundi*, des *Portraits littéraires*, des *Portraits de Femmes*, par SAINTE-BEUVE, illustrée de portraits inédits. 1 volume.

GALERIE DE FEMMES CÉLÈBRES
Par LE MÊME, semblable pour l'exécution à celui ci-dessus. 1 volume.
Ces volumes se complètent l'un par l'autre. Ils contiennent la fleur des *Causeries du Lundi*, des *Portraits littéraires* et des *Portraits de Femmes*.

LETTRES CHOISIES DE MADAME DE SÉVIGNÉ
Avec une magnifique galerie de portraits sur acier, représentant les personnages principaux qui figurent dans sa correspondance. 1 très beau volume.

HISTOIRE DE FRANCE
Depuis la fondation de la monarchie, par MENNECHET, illustrée de 20 gravures sur acier, d'après les grands maîtres de l'école française, gravées par F. DELANNOY, OUTHWAITE, etc. 1 vol.

LA FRANCE GUERRIÈRE
Récits historiques d'après les chroniques et les mémoires de chaque siècle, par CHARLES D'HÉRICAULT et LOUIS MOLAND. Ouvrage illustré de nombreuses et très belles gravures sur acier. 1 volume.

DANTE ALIGHIERI
La Divine Comédie, traduite en français par le chevalier ARTAUD DE MONTOR, avec une préface de M. LOUIS MOLAND. Nouvelle édition illustrée d'après les dessins de YAN' DARGENT, 1 fort volume.

GALERIE ILLUSTRÉE D'HISTOIRE NATURELLE
Tirée de Buffon, par FLOURENS. Gravures sur acier, coloriées avec le plus grand soin, dessins nouveaux de ED. TRAVIÈS et HENRI GOBIN. 1 fort volume.

LA FEMME JUGÉE PAR LES GRANDS ÉCRIVAINS DES DEUX SEXES
La femme devant *Dieu*, devant la *Nature*, devant la *Loi*, et devant la *Société*. Riche et précieuse mosaïque de toutes les opinions émises sur la femme depuis les siècles les plus reculés jusqu'à nos jours, par les moralistes, les Pères de l'église, les historiens, les poètes, etc. ; par L.-J. LARCHER, avec une introduction de M. BESCHERELLE AÎNÉ, orné de 20 superbes gravures sur acier, dessins de STAAL. 1 magnifique volume.

LES FEMMES D'APRÈS LES AUTEURS FRANÇAIS
Par E. MULLER. Ouvrage illustré des portraits des femmes les plus illustres, gravés au burin, d'après les dessins de STAAL, par DELANNOY, REGNAULT. 1 volume.

LETTRES CHOISIES DE VOLTAIRE
Précédées d'une notice et accompagnées de notes explicatives, par M. L. MOLAND, ornées d'une galerie de portraits historiques. Dessins de PHILIPPOTEAUX et STAAL, gravés sur acier. 1 fort volume 20 fr., 15 fr. par exception, demi-reliure doré sur tranche.................. 20 fr.

Paris. — Typ. A. QUANTIN, rue Saint-Benoît, 7.

www.ingramcontent.com/pod-product-compliance
Lightning Source LLC
Chambersburg PA
CBHW070947240426
43669CB00036B/1903